A SURVEY OF

French Literature

VOLUME FIVE:
THE TWENTIETH CENTURY

A SURVEY OF

French Literature

VOLUME FIVE:
THE TWENTIETH CENTURY

MORRIS BISHOP

THIRD EDITION

KENNETH T. RIVERS

 Publishing
R. Pullins Co.

For Dianna Lipp Rivers

with added appreciation to
Beatrice Rivers and Alison Jolly

NOTE ABOUT ILLUSTRATIONS

One of the most easily noticed differences between this edition and its predecessors is the addition of extensive visual material. Nearly half the new illustrations included have come from the Bibliothèque nationale de France (the French National Library), which was of considerable help to the editor. The remaining illustrations are, except for the few noted otherwise, in the public domain and derived primarily from rare books in private collections. The line drawings illustrating each century are by Alison Mason Kingsbury; they constitute the only pictures carried over from the previous editions.

Copyright © 2006 Alison Jolly and Kenneth T. Rivers

ISBN 1-58510-182-6

This book is published by Focus Publishing / R. Pullins Company, PO Box 369, Newburyport, MA 01950. All rights reserved. No part of this publication may be produced, stored in a retrieval system, produced on stage or otherwise performed, transmitted by any means, electronic, mechanical, by photocopying, recording, or by any other media or means without the prior written permission of the publisher.

Printed in the United States of America

10 9 8 7 6 5 4 3 2 1

Table of Contents

(All works are complete unless otherwise indicated.)

Preface

The editors of this compilation have been guided by certain principles: to introduce the student to the greatest masters of French literature; to make a Survey of Literature rather than a course in literary history; to choose famous examples rather than obscure ones; to choose examples more for their merit, interest, and present vitality than for their "significance" or importance for other than literary reasons; to present one long selection in preference to a collection of *morceaux*; and to make the entire text as user-friendly as possible for instructor and student alike.

This volume is divided into fifteen lessons, representing the maximum number of assignments usually possible in an American college semester. Even so, in the choice of selections, the editors have been forced to compromise sometimes. In choosing texts, a balancing of qualities has been necessary, as not every work of an important author is simultaneously interesting, famous, self-contained, and of convenient length. The editors have made what seemed to them the best choice for the readers' purposes.

In this Third Edition, account has been taken of suggestions offered by many over past years. We are proud to give a greater representation to women writers, such as Simone de Beauvoir, Marguerite Yourcenar, Vera Feyder, Anne Hébert and Amélie Nothomb, all of whom have now been added to our roster of twentieth-century authors. There is also more representation of authors from outside of France, such as three of the four above-mentioned writers, as well as André Breton, Aimé Césaire, Léopold Sédar Senghor, Samuel Beckett, Abdellatif Laâbi, and Zachary Richard. And we have seen fit to add other famous names such as Jules Verne, Antonin Artaud, Claude Simon, and Jean Genet. Eric Rohmer has been inserted as the first screenplay writer in the anthology, an indication of the importance of cinema in the century. The selections from a few of the other authors throughout the edition, such as Marcel Proust and André Gide, have been somewhat shortened to make them more manageable for class assignments. The footnotes throughout have been somewhat amplified, in order to assist students who may not have the strongest of vocabularies or much background in French culture. The introductions have been expanded, updated, and reorganized. Bibliographical information is now included at the end of the volume. And as regards the appearance of the text, numerous visual materials have been added, including, where possible, portraits of authors or pictures of their home-town areas in order to give a sense of social context and make their work seem all the more real to the reader. Moreover, the appearance of the text has been modernized to enhance clarity and ease of use.

Your editors will embark on no long defense of their own judgment, which others have every right to impugn. No doubt every instructor will quarrel with a number of the editors' choices and omissions. Some authors are absent from this volume because their rights-owners were unresponsive. In other cases, it was necessary to make cuts in order to expand the selections of important authors such as Apollinaire, Cocteau, and Camus, as well as to make room for new writers – a half-century's worth since the Second Edition. Some readers will bemoan the absence of Giraudoux, Saint-Exupéry, Malraux, and a few of the lesser poets whose reputations have declined over the years. We are sorry, but the French-speaking world has happily produced more immortals with more great works to their credit than we can accommodate. Still, the texts of the thirty-two authors present presumably supply more than enough reading for anyone's needs.

Introductions and footnotes are in English. Our students need not labor with an editor's

French; they might better get on as fast as possible to the memorable words of the great authors.

In the footnotes, words and phrases which would not be in the vocabulary of a typical good student are translated, and other aids to fluent reading and ready comprehension are given. Since footnotes should aid and not distract, the editors have struggled against the temptation to give unnecessary information. What is there is enough to keep most students from having to consult the dictionary or the encyclopedia very often.

Introduction

Literature is the best that man has ever thought and dreamed. As such, it has always been the substance of liberal education in the Western world, in ancient Greece and Rome, in Moslem lands, in China. It has served to form young minds according to the tradition of their culture and of the world. It has been welcome to the young, for it has given them access to understanding, strength, solace, and joy.

Among the literatures of the world, each nationality naturally chooses its own as the most helpful and harmonious to its spirit. For most of us, English literature, including American, is the richest and the most directly appealing. There may be some dispute as to which literature is second in importance. Some would elect Greek literature, some German; and other claims may be made. But for the great majority of educated Americans, French literature comes second to English for its past and present meaning. Each national literature has its general characteristics, as well as its list of masterpieces.

In the first place, French literature, by comparison with others, is a serious literature. French writers have always been deeply concerned with the essential problems of man in his world, with the definition of his relation to Nature and to God, with the analysis of his behavior in society, with the understanding of his obscure emotions. French authors often cast their observations in a light and graceful form, but on the whole they are more interested in presenting a general contention about life than are their English or American counterparts.

The seriousness of the writer is matched by the seriousness of the French reader. The intellectual content of the average French book is greater than that of a corresponding American book. The French read books instead of just magazines; the sale of serious books in proportion to the population is larger in France than in the United States. Every French newspaper reserves a section for literary articles and discussions, and even when, during the Second World War, the newspapers were reduced to two or four pages, the literary columns were preserved. The universal French respect for literature has given its authors a popular prestige which both rewards and stimulates them.

Secondly, French literature is a rational literature. It derives more from cold and sober reason than from the mysterious impulses of inspiration. It is a literature of the idea, of thought, rather than of the lyric outburst. Unlike Italian and English literature, it is supreme in prose rather than in poetry. The French seek in their reading more an intellectual pleasure than an emotional experience. (There are many exceptions to these statements, of course; that is the fault of all generalizations.) French literature is, thirdly, a psychological literature. The center of its concern is man's nature as revealed by his actions. The first great monument of French literature, the *Chanson de Roland*, is a fine, stirring epic of battle and adventure; but even in this primitive tale the events are provoked by the character of the actors. This preoccupation with human psychology has continued to our own time. To the French, man is more interesting than external Nature, than machinery, commerce, the technics of civilization. Fourthly, French literature is, relative to many others, free. Despite external restrictions imposed in certain periods, French writers have always been impelled to push their thought and observation to their logical ends. If their speculation brings them to perilous and unwelcome conclusions, if they discover evil and ugliness in the human spirit, they will not be deterred by convention from stating their conclusions. For this reason, more squeamish peoples than the French have invested French literature with an aura of wickedness, with regard to both the radicalism of its thought and its frankness in reporting the relations of the sexes. Fifthly and finally, French literature is artistic. The French are deeply conscious of form in all the arts. They admire good technique. They are trained in their schools to an exact appreciation of literary form by the remorseless word-by-word analysis of paragraphs and stanzas. Practically everyone who can read a newspaper has strong opinions about literary style. When Victor Hugo's *Hernani* was staged, a run-on line (in which the thought is carried from one line to the next without a break, contrary to classic rule) caused a riot in the audience.

As the public has a strong sense of literary form, the author typically is intensely concerned with questions of technique. He weighs his words, plays endlessly with la coupe de la phrase; he insists upon the ordonnance, or harmonious structure, of the whole. The result is that most literary judges regard French literature as the most notably artistic in the world. (In Camus' *La Peste* a would-be author spends his entire life working on the first sentence of his novel. The American reader finds this development absurd; to the French it is grotesque, but not absurd.)

Such are the most striking qualities of French literature, as they seem to your editor, after a lifetime of reading. His judgments are by no means final; they are to be taken as casts at truth, not Truth, not dogmas to be memorized for examination purposes.

The student should read with a free mind, accepting or rejecting the critical judgments provided, developing one's own critical judgment. Reading is itself a creative act. There is no reward in the dull repetition of secondhand opinions. Students should not let someone else do their reading for them.

The reward of reading is the literary experience by which one lends oneself to great writers, accepts as much as possible of their wisdom, shares in the story they tell, feels the delayed charge of their poetic emotion. What one should gain from the reading of this book is a greater understanding, if not wisdom. And what one should chiefly gain is pleasure. For intellectual pleasure, of a high, rare, and noble quality, is the chief end of literary study.

The editor congratulates you, the student, on the opportunity you will have, in reading this book, to gain understanding and delight. The editor envies you.

M. B.

The beliefs that Morris Bishop expressed above were highly popular in the mid-twentieth century when he expressed them. Like others of his generation, he clearly believed that literature, even when secular, was something sacred and ennobling. In ensuing years, this belief became somewhat degraded in our society. Even some academics went so far as to see literature as corruptive of morals and wasteful of the precious resources of higher education. Similarly, the biographical approach that was synonymous with Morris Bishop fell into disfavor as formalists and post-structuralists often deleted "the author" from their studies and concentrated solely on the literary text in isolation. Now, the twenty-first century is seeing a strong revival of interest in biography and other historical studies designed to give the text an understandable context in which to be analyzed. And American universities are increasingly recognizing the need for students to have the literature of the world in their curriculum to help them become truly cultivated and aware citizens of the planet. The Bishop approach is back, and to good purpose. International understanding is the noblest of goals, and the study of French literature, central to Western culture and thought for over a thousand years, is definitely one of the finest places to start—and one of the most pleasurable as well.

Congratulations to all of you who are about to experience this profound and stimulating literature for the first time, and also those of you who are back to experience it once again.

Like my predecessor, this editor envies you.

K.R, 2005

The Early Twentieth Century

Time Line of the Early Twentieth Century

1900	1910	1920	1930	1940	1950

HISTORY

1902. First radio message
1903. Wright Brothers' airplane flight
1904–5. Russo-Japanese War
1905. Separation of Church and State in France
1907+. Cubist painters
1914. Panama Canal opened
1914–18. World War I (then called the Great War)
1917. Russian Revolution
1919. Treaty of Versailles
1920. League of Nations
1929. Stock Market crash begins decade-long Great Depression
1933. Hitler, German Chancellor
1936+. Front populaire, France
1936–39. Spanish Civil War
1938. Hitler takes Austria
1939–45. World War II
1940. France conquered by Germany
1944. Liberation of France ends German Occupation
1945. WW II ends, United Nations organized
1946–58. French Fourth Republic

FRENCH LITERATURE

1900+. Les Cahiers de la Quinzaine
1909. Gide: *La Porte étroite*
1909+. La Nouvelle Revue Française
1910. Péguy: *Jeanne d'Arc*
1912. Claudel: *L'Annonce faite à Marie*
1913–27. Proust: *A la recherche du temps perdu*
1913. Apollinaire: *Alcools*
1919. Gide: *La Symphonie pastorale*
1920. Valéry: *Le Cimetière marin*
1922. Colette: *La Maison de Claudine* / Mauriac: *Le Baiser au lépreux*
1927. Gide: *Les Faux-monnayeurs*
1933. Malraux: *La Condition humaine* / Giraudoux: *Intermezzo*
1934. Giono: *Le Chant du monde*
1938. Sartre: *La Nausée* / Yourcenar: *Nouvelles orientales*
1939. Éluard: *Chansons*
1942. Camus: *L'Étranger* / Saint-John Perse: *Exil*
1942. Saint-Exupéry: *Pilote de guerre*
1946. Prévert: *Paroles* / Anouilh: *Médée*
1947. Camus: *La Peste* / Genet: *Querelle de Brest*
1949. Beauvoir: *Le Deuxième sexe*

OTHER LITERATURES

1900. Dreiser: *Sister Carrie*
1901. Kipling: *Kim*
1902. Conrad: *Typhoon; Heart of Darkness*
1907–08. Rilke: *Neue Gedichte*
1913. Lawrence: *Sons and Lovers* / Shaw: *Candida*
1914. Frost: *North of Boston*
1915. Maugham: *Of Human Bondage*
1917. Pirandello: *Cosi è (se vi pare)* / Eliot: *Prufrock*
1920. O'Neill: *The Emperor Jones* / Lewis: *Main Street*
1922. Joyce: *Ulysses*
1923. Kafka: *Das Schloss*
1924. Forster: *A Passage to India*
1928. García Lorca: *Romancero gitano*
1929. Hemingway: *A Farewell to Arms* / Faulkner: *The Sound and the Fury*
1929. Wolfe: *Look Homeward, Angel*
1930–36. Dos Passos: *U. S. A.*
1932. Huxley: *Brave New World*
1933. Yeats: *Collected Poems*
1938. Wilder: *Our Town*
1940. Steinbeck: *The Grapes of Wrath*
1940. Koestler: *Darkness at Noon*
1945. Orwell: *Animal Farm*
1945. Mailer: *The Naked and the Dead*
1949. Miller: *Death of a Salesman*
1949. Orwell: *1984*
1949. Welty: *The Golden Apples*

Catastrophe and Survival

The first half of the twentieth century was for France a period of calamity. France was the battlefield of two wars. In the first she lost 1,358,000 people; in the second, about 600,000, out of a population of around 40,000,000. (The numbers of war dead in the United States, with four times France's population, are, for the first war, 126,000; for the second, 393,000.) The French have been familiar with war, death, and suffering in a way that we can hardly comprehend. The invasions of France, the German occupation, governmental instability, the loss of the colonies Tunisia, Indochina, and Algeria, and the start of uprisings throughout the rest of the French colonial empire profoundly disturbed the nation's self-confidence. France passed through two violent currency inflations that wiped out savings and bore heaviest on the cultivated, leisured middle class, which has always supplied most of France's writers and readers. Industrialization destroyed ancient ways of life and called into question ancient truths. Tradition became suspect; a reference to "the wisdom of our forefathers" was good only for a laugh.

Calamity makes prevalent a mood of insecurity, disquiet, and fear. In periods of calamity, when old securities and verities totter, people turn to radical remedies, whether in politics, economics, or philosophy; they seek on the one hand assurance, and on the other hand escape.

Many literary figures, seeking assurance, became advocates of faiths or causes: religious, political, social. Of course, this is not new; writers have always had their convictions. And yet, more than in the preceding century, authors seemed to sink themselves in their faiths, zealously preaching and proselytizing. Commitment, or engagement, was regarded as a necessity. Catholic piety had a new renaissance among writers and among the people, while the anticlericalism of the preceding period dwindled. And communism, an almost mystic faith as well as a political and economic doctrine, attracted many intellectuals. A few, though none of the first rank, took their refuge in a home-grown fascism.

While many found the answers to their needs in the acceptance of faiths, others sought escape from all subjections. A hidden world was opened to the escapists by Freud and the psychologists—the world of the subconscious. After the Dadaists, who thumbed their noses at all convention, came the Surrealists, intrepid spelunkers of the subterranean caves of the spirit. Also, a philosophical atheism resulted from the perception that God had protected no one from the slaughter and misery of the world wars. The Existentialists, who denied pre-existing religious meaning to life and advocated that humanity create new meaning for itself in ethics and action, provided the dominant philosophy of the century.

The literature of the entre-deux-guerres is extremely varied. Many writers, especially the older ones, continued on paths already well posted. One cannot suddenly reject one's training, habits, and admirations. There is much of the earlier conventions in Gide, Colette, Claudel, and Perse.

The new spirit had its forerunners before 1914. Cubist painting, atonal music, hermetic and nihilistic writing pointed the way. Proust, Gide, Apollinaire, and others made bold ventures with new doctrines and forms. After the First World War these innovators found their disciples and their audience.

This between-the-wars literature is not so much a French as a world phenomenon. It is then international, like the faiths it proclaims. It is also generally social-conscious, implicating the writer in the real world. It is rebellious, disrespectful of tradition. It is unmoral, for morality, too, is a tradition. It is likely also to be defiant, arrogant, and secretly unsure of itself. And it is very often difficult, refusing the traditional accommodation and courtesy of a writer to his audience.

1. Jules Verne

[1828-1905]

Jules Verne. From the 1911 F.T. Daniels edition of Works of Jules Verne.

The Futurist

We choose to begin the Twentieth Century with the man who invented it — Jules Verne.

Considered the father of science fiction, a genre that has risen greatly in esteem in recent years, Verne is a novelist whose reputation has likewise taken a sharp upward turn. In his later years, Verne, the best-selling author of his era, moaned that "mon grand regret dans la vie est que je n'ai jamais compté dans la littérature française." Today, he has his place among the unforgettables.

Stocks, Bonds, and Novels

Born in Nantes, on the Atlantic coast, on February 28, 1828, Jules Verne grew up with a love of the sea and dreams of faraway lands in which he could have exciting adventures. Geography and science were his strong suits academically. His father, an attorney, sent Jules to law school in Paris. But there Jules met Victor Hugo, Alexandre Dumas, and other literary figures who inspired him to try his hand at writing. Unsuccessful as a playwright and unadept at law, Verne nevertheless acquired family responsibilities by marrying a widow with two children, and later fathering a son of his own. Desperate to earn a good living for the family, Verne became a stockbroker. He hated this occupation and resolved to become a novelist.

Verne ran off an amazing streak of best-sellers. Many are still widely read today, including *Cinq semaines en ballon* (1863), *Voyage au centre de la terre* (1864), *De la terre à la lune* (1865), *Vingt mille lieues sous les mers* (1869-70), *Le tour du monde en 80 jours* (1873), and *L'Ile mystérieuse* (1874-75). All of these and more have been made into Hollywood movies. Several of his works take place at least in part in the United States— Verne even correctly predicted, a century in advance, that the first moon launch would take place in Florida. Accordingly, Verne seems so much a part of the American tradition that many Americans are not even aware that he was French.

His novels are stories of high adventure, usually but not always with a scientific slant. Verne continued the long French tradition of extraordinary voyage fiction despite not having the opportunity to travel as much as he would have liked in real life. He researched his topics well, however, and kept up with all the latest scientific theories. He gave his fictional seafarer, Captain Nemo, something akin to an atomic submarine, and eventually the United States Navy named its first nuclear sub the *Nautilus* in honor of Nemo's vessel.

Shot in the leg by his nephew in a strange incident in 1886, Verne was less able than ever to travel easily in his later years. But to his dying day he kept dreaming up adventures for his characters to live out, and the public kept buying the results. When he was 77 he passed away in Amiens, where there is still a museum devoted to him. There is also a Verne museum in Nantes, the city of his birth, where a statue of Captain Nemo was erected in 2005 as part of a huge centennial celebration in honor of Verne. Not to be outdone, Paris announced a spectacle in which the Stade de France soccer coliseum would be turned into a monstrous crater into which spelunkers descend "to the center of the earth" amidst a light show, music, acrobats, 360-degree projected images, and other extravaganzas. Verne would have felt proud.

Warning Signs

Although Verne's books are exciting reading, they are not for the most part what has been commonly considered high literature. His style is fairly unartistic. Apollinaire scoffed at Verne's writing, exclaiming "Jules Verne! Quel style! Rien que des substantifs!" Actually, to us it seems as though Verne is not all nouns but rather all verbs, keeping the action going at all times. Verne is also all questions—questions about what lies ahead, questions about science, questions about humanity's fate. These questions are posed to send up warning signs as we speed headlong into an uncertain future.

Although it is true that his early works exhibited an almost naive optimism about science, his later works are much more interesting and profound because they ponder serious issues about the problems inherent in scientific progress. What if technology is used for war instead of peace? What if the most advanced scientific minds choose to use their technological achievements to sinister ends? Will nations be powerless to stop technologically advanced terrorists? Can humankind evolve morally to keep up with the progress that is made scientifically?

A good example of Verne's mature work is *Maître du monde*, a novel published in 1904, a year before Verne's death. The story takes place entirely in the United States, specifically North Carolina (presumably a nod to the Wright Brothers for their recently successful experiments in flight there in 1903.) Verne's plot has an American government agent named Strock investigating what we would call UFO sightings. Actually, the unidentified objects terrorizing the population are not just flying but also zooming along at unimaginable speeds on the land, on the sea, and even under the sea.

MAÎTRE DU MONDE

[*Realizing that some unidentified scientific genius has constructed the bizarre craft or crafts that have the public alarmed, the United States Government responds the way that Verne thinks it always responds to problems—by trying to buy someone off. An ad on behalf of the U.S. government and the governments of the major European powers is placed in the newspapers offering the inventor any price he wants in exchange for his invention. A reply comes from the inventor in the form of a letter-to-the-editor that says it was composed on board* The Terror — *whatever that might be.*]

À bord de l'Épouvante,
Ce 15 juillet.

À l'Ancien et au Nouveau Monde,

Les propositions émanant des divers États de l'Europe, comme celles qui ont été faites en dernier lieu par les États Unis d'Amérique, ne peuvent attendre d'autre réponse que la présente:

C'est un refus absolu et définitif du prix offert pour l'acquisition de mon appareil.[1]

Cette invention ne sera ni française,

---

1. *appareil*: machine.

ni allemande, ni autrichienne, ni russe, ni anglaise, ni américaine.

L'appareil restera ma propriété, et j'en ferai l'usage qui me conviendra.

Avec lui, j'ai tout pouvoir sur le monde entier, et il n'est pas de puissance humaine qui soit en mesure de lui résister dans n'importe quelle circonstance.

Qu'on n'essaie pas de s'en emparer. Il est et sera hors de toute atteinte. Le mal qu'on voudrait me faire, je le rendrais au centuple.[2]

Quant au prix qui m'est proposé, je le dédaigne, je n'en ai pas besoin. D'ailleurs, le jour où il me plairait d'avoir des millions ou des milliards, je n'aurais qu'à étendre la main pour les prendre.

Que l'Ancien et le Nouveau Continent le sachent, ils ne peuvent rien contre moi, et je puis tout contre eux.

Et cette lettre, je la signe:

Maître du Monde.

[*Strock manages eventually to stow away aboard the would-be Master of the World's vehicle and ends up the prisoner of the inventor.*]

Le lendemain, lorsque je me réveillai après un assez lourd sommeil, l'appareil ne faisait plus aucun mouvement. Je m'en rendis compte aussitôt: il ne roulait pas sur terre, il ne naviguait ni sur ni sous les eaux, il ne volait pas au milieu des airs. Devais-je en conclure que son inventeur avait regagné la mystérieuse retraite où jamais être humain n'avait mis le pied avant lui?…

Et alors, puisqu'il ne s'était pas débarrassé de ma personne, son secret allait-il enfin m'être révélé?…

Peut-être s'étonnera-t-on que j'eusse si profondément dormi pendant ce voyage aérien. Je m'en suis étonné moi-même, et je me demandai si ce sommeil ne fut pas provoqué par une substance soporifique[3] mêlée à mon dernier repas…le capitaine de l'Épouvante voulant me mettre ainsi dans l'impossibilité de connaître le lieu de son atterrissement?…Tout ce que je puis affirmer, c'est qu'elle avait été terrible, l'impression que je ressentis au moment où l'appareil, au lieu d'être entraîné dans les tourbillons de la cataracte, s'enleva sous l'action de son moteur, comme un oiseau dont les larges ailes battaient avec une extraordinaire puissance!…

Ainsi, donc, cet appareil du Maître du Monde répondait à ce quadruple fonctionnement: il était à la fois automobile, bateau, submersible, engin d'aviation. Terre, eau, air, à travers ces trois éléments, il pouvait se mouvoir, et avec quelle force, avec quelle rapidité!… Quelques instants lui suffisaient à opérer ces merveilleuses transformations!…La même machine présidait à ces locomotions diverses!…J'avais été le témoin de ces métamorphoses!…Mais, ce que j'ignorais encore, ce que je découvrirais peut-être, c'était à quelle source d'énergie puisait cet appareil, et enfin quel était l'inventeur de génie qui, après l'avoir créé de toutes pièces, le dirigeait avec autant d'habileté que d'audace!

Au moment où l'Épouvante dominait la chute canadienne, j'étais accoté contre le panneau[4] de ma cabine. Cette claire soirée me permettait d'observer la direction que suivait l'aviateur[5]. Il filait au-dessus de la rivière et dépassa Suspension-Bridge, à trois milles en aval du Horse-Shoe-Fall. C'est à cet endroit que commencent les infranchissables rapides du Niagara, qui se coude alors pour descendre vers l'Ontario.

A partir de ce point, il me sembla bien que l'appareil obliquait vers l'est…

Le capitaine se tenait toujours à l'arrière. Je ne lui avais pas adressé la parole…À quoi bon?…Il ne m'eût pas répondu.

Ce que je remarquai, c'est que l'Épouvante gouvernait avec une surprenante facilité. Assurément, les routes atmosphériques lui étaient aussi familières

---

2. *centuple*: hundredfold.
3. *une substance soporifique*: sleeping potion.
4. *panneau*: hatchway.

5. Le mot «aviateur» s'applique à l'appareil volant comme à celui qui le conduit. (Jules Verne's footnote.)

que les routes maritimes et les routes terrestres.

Et, en présence de pareils résultats, ne comprend-on pas l'immense orgueil de celui qui s'était proclamé Maître du Monde?…Ne disposait-il pas d'un engin supérieur à tous autres sortis de la main des hommes et contre lequel les hommes ne pouvaient rien?…Et, en vérité, pourquoi l'eût-il vendu, pourquoi eût-il accepté ces millions qui lui furent offerts?…Oui! cela m'expliquait bien l'absolue confiance en lui-même qui se dégageait de toute sa personne!…Et jusqu'où son ambition le porterait-elle, si, par son excès même, elle dégénérait quelque jour en folie?…

Une demi-heure après l'envolée de l'Épouvante, j'étais tombé, sans m'en rendre compte, dans un complet anéantissement. Je le répète, cet état avait dû être provoqué par quelque soporifique. Sans doute, le capitaine ne voulait pas me laisser reconnaître quelle direction il suivait.

Donc, l'aviateur a-t-il continué son vol à travers l'espace, a-t-il navigué à la surface d'une mer ou d'un lac, s'est-il lancé sur les routes du territoire américain, je ne saurais le dire. Aucun souvenir ne m'est resté de ce qui s'est passé pendant cette nuit du 31 juillet au 1er août.

Maintenant qu'allait être la suite de cette aventure, et principalement, en ce qui me concernait, quelle en serait la conclusion?…

[*The mad scientist eventually visits his captive.*]

—Oui!…Inspecteur Strock!…

—Et vous…le Maître du Monde?…

—De ce monde auquel il s'est déjà révélé comme le plus puissant des hommes!…

—Vous?…m'écriai-je au comble de la stupéfaction.

—Moi…répondit-il, en se redressant dans tout son orgueil, moi…Robur… Robur-le-Conquérant!»

[*None other than Robur the Conqueror, a character from an earlier Verne novel,*]

this crazed inventor had previously run afoul of the Weldon Institute of Aviation whose members, great believers in hot air balloons and blimps, had publicly ridiculed Robur for proclaiming heavier-than-air vehicles — airplanes — to be the future of flight. Robur had tried to get even once before; now he is back, piloting the all-powerful Terror *on a mission to complete his vengeance on a world not ready to appreciate his genius or handle his level of science.*]

L'après-midi ne fut marqué par aucun incident. L'Épouvante ne marchait qu'à moyenne vitesse. Quelles étaient les intentions de son capitaine, je n'aurais pu le deviner. À suivre cette direction, il rencontrerait l'une ou l'autre des Grandes Antilles, puis, au fond du golfe, le littoral du Venezuela ou de la Colombie. Mais, la nuit prochaine, peut-être l'aviateur reprendrait-il les routes de l'air pour franchir ce long isthme du Guatemala et du Nicaragua, afin de gagner l'île X, dans les parages du Pacifique?…

Le soir venu, le soleil se coucha sur un horizon d'un rouge sang. La mer brasillait autour de l'Épouvante, qui semblait soulever une nuée d'étincelles sur son passage. Il fallait s'attendre à ce que les matelots appellent «un coup de chien».

Ce fut, sans doute, l'avis de Robur. Au lieu de rester sur le pont, je dus rentrer dans ma cabine, dont le panneau se referma sur moi.

Quelques instants après, au bruit qui se fit à bord, je compris que l'appareil allait s'immerger. En effet, cinq minutes plus tard, il filait paisiblement entre les profondeurs sous-marines.

Très accablé, autant par la fatigue que par les préoccupations, je tombai dans un profond sommeil, naturel cette fois—, et qui n'avait pas été provoqué par quelque drogue soporifique.

À mon réveil—après combien d'heures, impossible de m'en rendre compte—, l'Épouvante n'était pas encore remontée à la surface de la mer.

Cette manœuvre ne tarda pas à s'exécuter. La lumière du jour traversa les hublots,[6] en même temps que se prononçaient des mouvements de roulis et de tangage,[7] sous l'influence d'une houle[8] assez forte.

Je pus reprendre place près du panneau, et dirigeai mon premier regard vers l'horizon.

Un orage montait du nord-ouest, des nuages lourds, entre lesquels s'échangeaient de vifs éclairs. Déjà retentissaient les roulements de la foudre, longuement répercutés par les échos de l'espace.

Je fus surpris—plus que surpris—effrayé de la rapidité avec laquelle cet orage gagnait vers le zénith. C'est à peine si un bâtiment aurait eu le temps d'amener sa voilure pour éviter d'engager, tant l'assaut fut aussi prompt que brutal.

Soudain, le vent se déchaîna avec une impétuosité inouïe, comme s'il eût crevé cette barrière de vapeur. En un instant, se souleva une mer effroyable. Les lames échevelées, déferlant sur toute leur longueur, couvrirent en grand l'Épouvante. Si je ne me fusse solidement accroché à la rambarde, je passais par-dessus bord.

Il n'y avait qu'un seul parti à prendre, transformer l'appareil en sous-marin. Il retrouverait la sécurité et le calme à quelques dizaines de pieds sous les eaux. Braver plus long-temps les fureurs de cette mer démontée, c'eût été se perdre…

Robur se tenait sur le pont, où j'attendais l'ordre de rentrer dans ma cabine. Cet ordre ne fut pas donné. On ne fit même aucun préparatif pour l'immersion.

L'œil plus ardent que jamais, impassible devant cet orage, le capitaine le regardait bien en face, comme pour le défier, sachant qu'il n'avait rien à craindre de lui. Encore fallait-il que l'Épouvante plongeât sans perdre une minute, et Robur ne semblait pas décidé à cette manœuvre.

Non! il conservait son attitude hautaine, en homme qui, dans son intraitable orgueil, se croyait au-dessus ou en dehors de l'humanité!…À le voir ainsi, je me demandais, non sans effroi, si cet homme n'était pas un être fantastique, échappé du monde surnaturel!…

Alors, voici les mots qui sortirent de sa bouche, et qui s'entendaient au milieu des sifflements de la tempête et des fracas de la foudre!

«Moi…Robur…Robur…Maître du Monde!…»

Il fit un geste, que Turner[9] et son compagnon comprirent…C'était un ordre, et, sans une hésitation, ces malheureux, aussi fous que leur capitaine, l'exécutèrent.

Ses grandes ailes déployées, l'aviateur s'enleva comme il s'était enlevé au-dessus des chutes du Niagara. Mais, ce jour-là, s'il avait évité les tourbillons de la cataracte, cette fois, ce fut parmi les tourbillons de la tempête que le porta son vol insensé.

L'aviateur filait entre mille éclairs, au milieu des fracas du tonnerre, en plein ciel embrasé. Il évoluait à travers ces coruscations[10] aveuglantes, au risque d'être foudroyé!

Robur n'avait rien changé à son attitude. La barre d'une main, la manette du régulateur de l'autre, les ailes battant à se rompre, il poussait l'appareil au plus fort de l'orage, là où les décharges électriques s'échangeaient le plus violemment d'un nuage à l'autre.

Il aurait fallu se précipiter sur ce fou, l'empêcher de jeter l'aviateur au cœur de cette fournaise aérienne!…Il aurait fallu l'obliger à redescendre, à chercher sous les eaux un salut qui n'était plus possible ni à la surface de la mer ni au sein des hautes zones atmosphériques!…Là, il pourrait attendre en toute sécurité que cette effroyable lutte des éléments eût pris fin!…

Alors, tous mes instincts, toute ma passion du devoir de s'exaspérer en moi!… Oui! c'était pure folie, mais ne pas arrêter ce malfaiteur que mon pays avait mis hors la loi, qui menaçait le monde entier avec sa

---

6. *hublots*: portholes.
7. *roulis, tangage*: pitching, rolling.
8. *houle*: sea surge, swell.

9. *Turner*: one of the shipmates.
10. *coruscations*: sparklings.

terrible invention, ne pas lui mettre la main au collet, ne pas le livrer à la justice!… Étais-je ou n'étais-je pas Strock, inspecteur principal de la police?…Et, oubliant où je me trouvais, seul contre trois, au-dessus d'un océan démonté, je bondis vers l'arrière, et, d'une voix qui domina le fracas de l'orage, je criai en me précipitant sur Robur:

«Au nom de la loi, je…»

Soudain, l'Épouvante trembla comme frappée d'une violente secousse électrique. Toute sa charpente tressaillit ainsi que tressaille la charpente humaine sous les décharges du fluide. L'appareil, atteint au milieu de son armature, se disloqua de toutes parts.

L'Épouvante venait d'être foudroyée,[11] coup sur coup, et ses ailes rompues, ses turbines brisées, elle tomba d'une hauteur de plus de mille pieds dans les profondeurs du golfe!…

[*Does Strock survive this death-defying plunge into the sea? Hint: if he did not, how could he be telling this story?*]

2. Post-Symbolist Poets
Péguy, Claudel, Valéry

Following the era of the Symbolists came a number of poets who did not have enough in common with each other to constitute a movement, but who all made use of the new freedoms of imagery and versification to their own particular ends. Péguy, Claudel, and Valéry are the three greatest of these.

Charles Péguy

[1873–1914]

Idealist

Péguy has long been a cult favorite. He appeals to many devout idealists, revolted by commercialism, political cynicism, all the meannesses of life and thought. He recalls to us the simple virtues of the humble and the oppressed. He was a noble man and a gifted, though diffuse, poet who may well deserve a cult.

Martyr of Orléans

Charles Péguy was born in the city of Orléans, of peasant stock. In infancy he lost his father, a cabinet-maker; his mother and grandmother, almost illiterate, barely supported the family by plaiting rush chair-seats. His promise in school enabled him to obtain all

Charles Peguy. Watercolor portrait by Jean Pierre Laurens. Orleans, France. Photo © Snark / Art Resource NY.

11. *foudroyée*: struck by lightning.

Chartres Cathedral, center of Péguy's Catholicism. Courtesy of Bibliothèque nationale de France.

his education on scholarships. In the École Normale Supérieure he was deeply influenced by the philosopher Bergson, who substituted motion and change for static philosophic values, and Romain Rolland, who made of idealism a feasible plan of life. Renouncing a teaching career, Péguy established a magazine, *Les Cahiers de la Quinzaine*, which encouraged the most radical, diverse kinds of thought and expression. He demanded of his contributors only sincerity. Many remarkable works appeared in the Cahiers, noteworthily Péguy's own writings and Rolland's *La Vie de Beethoven* and *Jean-Christophe*. In August 1914, Péguy was mobilized as a lieutenant, and on September 5, defending his country from the enemy, he was killed by a rifle bullet.

His Own Catholicism

His thought had its evolution. Coming of age in the midst of the Dreyfus case, he ardently espoused the cause of justice against the hierarchies of the Army, the Church, and organized society. However, Dreyfusism was taken over by politicians with their own selfish aims, and Péguy turned to Marxist socialism and then to philosophical anarchy. Spending much time in Chartres, a town near Orléans famous for its Cathedral, Péguy in 1908 became a Catholic, of a rather peculiar sort. He rejected dogmas he did not like, such as eternal damnation. But he accepted the doctrine of salvation and the cult of the saints, especially the Virgin Mary and Jeanne d'Arc (another Orléans martyr, who was still considered by the Church a heretic and a dangerous figure to support until her canonization in 1920). With the Church, he exalted the humble and meek, his own forbears, and put down the mighty (or the capitalists) from their seats. He made, in sum, a doctrine of heroism, somewhat curiously reconciling Catholicism, socialism, anarchism, and patriotism.

Chant of the Sincere

The style of his poetry was something new in French. It is the freest of free verse, deriving its effects from the flow of thought, from endless repetition, from the juxtaposition of high abstraction and savory colloquialism. He seeks, and gains, an incantatory quality, as of an ecclesiastical chant adapted by an intensely sincere illiterate. The style is sometimes deliciously naïve, craftily so.

Religious Passion

The first selection is from *Le Mystère des Saints Innocents* (1912); the speaker is Madame Gervais, a young nun who is fervent, contemplative, simple-hearted. The second selection is from another enormous poem, *Ève* (1914). *"Heureux ceux qui sont morts"* is a poignant forecast of Péguy's own death, fated soon to occur.

Notice that Péguy's punctuation, entirely his own, represents the pauses of speech rather than grammatical structure.

Dieu et les Français

Je suis leur père, dit Dieu, je suis roi,
    ma situation est exactement la
    même,
Je suis exactement comme ce roi, qui
    était je pense un roi d'Angleterre,
Qui ne voulut point envoyer de
    secours, aucune aide
A son fils engagé dans une mauvaise
    bataille,
Parce qu'il voulait que l'enfant
Gagnât[1] lui-même ses éperons[2] de
    chevalier.
Il faut qu'ils gagnent le ciel eux-
    mêmes et qu'ils fassent eux-mêmes
    leur salut.
Tel est l'ordre, tel est le secret, tel est
    le mystère.
Or dans cet ordre, et dans ce secret, et
    dans ce mystère
Nos Français sont avancés entre tous.
    Ils sont mes témoins.
Préférés.
Ce sont eux qui marchent le plus tout
    seuls.
Ce sont eux qui marchent le plus eux-
    mêmes.
Entre tous ils sont libres et entre tous
    ils sont gratuits.
Ils n'ont pas besoin qu'on leur
    explique vingt fois la même chose.
Avant qu'on ait fini de parler, ils sont
    partis.
Peuple intelligent,
Avant qu'on ait fini de parler, ils ont
    compris.
Peuple laborieux,
Avant qu'on ait fini de parler, l'œuvre
    est faite.
Peuple militaire,
Avant qu'on ait fini de parler, la
    bataille est donnée.
Peuple soldat, dit Dieu, rien ne vaut le
    Français dans la bataille.
(Et ainsi rien ne vaut le Français dans
    la croisade).
Ils ne demandent pas toujours des
    ordres et ils ne demandent pas
    toujours des explications sur ce
    qu'il faut faire et sur ce qui va se
    passer.
Ils trouvent tout d'eux-mêmes, ils
    inventent tout d'eux-mêmes, à
    mesure qu'il faut.
Ils savent tout tout seuls. On n'a pas
    besoin de leur envoyer des ordres à
    chaque instant.
Ils se débrouillent[3] tout seuls. Ils
    comprennent tout seuls. En pleine
    bataille. Ils suivent l'événement.
Ils se modifient suivant l'événement.
    Ils se plient à l'événement. Ils
    se moulent sur l'événement. Ils
    guettent, ils devancent l'événement.
Ils se retournent, ils savent toujours ce
    qu'il faut faire sans aller demander
    au général.
Sans déranger le général. Or il y a
    toujours la bataille, dit Dieu.

---

1.   *Gagnât*: earn. (Imperfect subjunctive of *gagner*.)
2.   *éperons*: spurs.
3.   *se débrouillent*: shift for themselves, find their own answers.

Il y a toujours la croisade.
Et on est toujours loin du général.

C'est embêtant,[4] dit Dieu. Quand il
n'y aura plus ces Français,
Il y a des choses que je fais, il n'y
aura plus personne pour les
comprendre.

Peuple, les peuples de la terre te
disent léger
Parce que tu es un peuple prompt.
Les peuples pharisiens te disent léger
Parce que tu es un peuple vite.
Tu es arrivé avant que les autres
soient partis.
Mais moi je t'ai pesé, dit Dieu, et je
ne t'ai point trouvé léger.
O peuple inventeur de la cathédrale, je
ne t'ai point trouvé léger en foi.
O peuple inventeur de la croisade je ne
t'ai point trouvé léger en charité.
Quant à l'espérance, il vaut mieux ne
pas en parler, il n'y en a que pour
eux.

Tels sont nos Français, dit Dieu. Ils ne
sont pas sans défauts. Il s'en faut.
Ils ont même beaucoup de défauts.
Ils ont plus de défauts que les autres.
Mais avec tous leurs défauts je les
aime encore mieux que tous les
autres avec censément[5] moins de
défauts.
Je les aime comme ils sont. Il n'y a
que moi, dit Dieu, qui suis sans
défauts. Mon fils et moi.
Un Dieu avait un fils.

Et comme créatures il n'y en a que
trois qui aient été sans défauts.
Sans compter les anges.
Et c'est Adam et Ève avant le péché.
Et c'est la Vierge temporellement et
éternellement.
Dans sa double éternité.
Et deux femmes seulement ont été
pures étant charnelles.
Et ont été charnelles étant pures.
Et c'est Ève et Marie.
Ève jusqu'au péché.
Marie éternellement.

Nos Français sont comme tout le
monde, dit Dieu. Peu de saints,
beaucoup de pécheurs.
Un saint, trois pécheurs. Et trente
pécheurs. Et trois cents pécheurs.
Et plus.
Mais j'aime mieux un saint qui a des
défauts qu'un pécheur qui n'en a
pas. Non, je veux dire:
J'aime mieux un saint qui a des
défauts qu'un neutre qui n'en a
pas.
Je suis ainsi. Un homme avait deux
fils.[6]
Or ces Français, comme ils sont, ce
sont mes meilleurs serviteurs.
Ils ont été, ils seront toujours mes
meilleurs soldats dans la croisade.
Or il y aura toujours la croisade.
Enfin ils me plaisent. C'est tout dire.
Ils ont du bon et du mauvais.
Ils ont du pour et du contre. Je connais
l'homme.

---

4. *embêtant*: annoying.
5. *censément*: supposedly.

6. Reference to the parable of the prodigal son
(Luke 15:11–32).

PRIÈRE POUR NOUS AUTRES CHARNELS

Heureux ceux qui sont morts pour la terre charnelle,
Mais pourvu que ce fût dans une juste guerre.
Heureux ceux qui sont morts pour quatre coins de terre.
Heureux ceux qui sont morts d'une mort solennelle.
Heureux ceux qui sont morts dans les grandes batailles,
Couchés dessus le sol à la face de Dieu.
Heureux ceux qui sont morts sur un dernier haut lieu,
Parmi tout l'appareil des grandes funérailles.

Heureux ceux qui sont morts pour des cités charnelles,
Car elles sont le corps de la cité de Dieu.
Heureux ceux qui sont morts pour leur âtre[7] et leur feu,
Et les pauvres honneurs des maisons paternelles.

Car elles sont l'image et le commencement
Et le corps et l'essai de la maison de Dieu.
Heureux ceux qui sont morts dans cet embrassement,
Dans l'étreinte d'honneur et le terrestre aveu.[8]

Car cet aveu d'honneur est le commencement
Et le premier essai d'un éternel aveu.
Heureux ceux qui sont morts dans cet écrasement,
Dans l'accomplissement de ce terrestre vœu.

Car ce vœu de la terre est le commencement
Et le premier essai d'une fidélité,
Heureux ceux qui sont morts dans ce couronnement
Et cette obéissance et cette humilité.

Heureux ceux qui sont morts, car ils sont retournés
Dans la première argile[9] et la première terre.
Heureux ceux qui sont morts dans une juste guerre.
Heureux les épis mûrs et les blés moissonnés.

---

7. *âtre*: hearth.
8. *terrestre aveu*: i.e., the pledge of solidarity with   the earth.
9. *argile*: clay.

Paul Claudel

[1868–1955]

Poet of Grace

Although known by many today primarily as the brother of sculptress Camille Claudel (the tragic subject of a famous movie named after her), Paul Claudel was the famous one in his time, a poet of elegant grace and sincerity. His transformation from rebel to believer is one of the most storied conversions in literary history, and is a strong factor in his poetry.

Touched by God

Paul Claudel was born in a village called Villeneuve-sur-Fère northeast of Paris, where his family had been fixed for centuries. His father, a small government employee, was fortunately assigned to Paris in time to permit Paul's attendance at a great Parisian lycée. The boy was an outstanding and precocious student. Indeed he was precocious until he was 87.

Paul Claudel in his ambassadorial uniform, Prague ca. 1910-11. Archives Charmet/Bridgeman Art Library.

Rebelling against the prevailing materialism and skepticism of the 1880s, he attended Mallarmé's Tuesday soirées and admired the Symbolists. He was deeply stirred by the apocalyptic visions of Rimbaud. During a vespers service at the Notre-Dame de Paris cathedral, on Christmas Day, 1886, he had a mystical experience. According to Claudel, God called him by name and inspired in him an ardent faith, which he proclaimed in nearly all his works.

Though he devoutly accepted orthodox Catholic dogma in theory, Claudel was considered something of a trouble-maker by the Church for asking so many embarrassing questions in his works. Filled with the joy of St. Francis rather than with the terrified distress of St. Augustine, Claudel was a hearty, humorous Catholic, one who insisted that the wonder of the universe, of life, can be understood only through Christian revelation, often with a personal interpretation.

Literary Diplomat

He entered the French diplomatic service and had a brilliant career, serving as Ambassador to Japan, Belgium, and the United States. His long years outside of France detached him from French literary schools and influences and helped to make him an independent.

The literary production of this busy diplomat is staggering. A hundred volumes, including poetry, drama, fiction, impressions of travel (especially in Asia), literary and artistic criticism, Biblical commentaries, translations of Greek tragedies — the mere listing shows the richness and abundance of his mind. If we must classify him, we may call him essentially a poet, expressing himself in many literary forms.

He was a poet who believed in inspiration rather than in the classical precepts of reason and patient toil. The world, as Baudelaire had said, is a forest of symbols which the poet must interpret. The poet's intuition reveals to him the meaning of the symbols, dictates his revelations. To express his surging intuitions, Claudel could not be cramped by traditional verse forms. Influenced by the Bible, and perhaps by Walt Whitman, he invented his own form, illustrated in the second of our selections. This is based on the verset, the Biblical "verse." A verset, he says, is "une idée isolée par du blanc"; it is based on speech and represents what a voice can utter in a single breath. It abandons syllable-counting and can easily dispense with rhyme.

Claudel's dramas had a long-delayed success in the theater. He began to write them as early as 1883, when he was fifteen. They defied all current rules of dramatic composition; they were, and are, wild, extravagant, poetic, and, in the common view, unplayable. But *L'Annonce faite à Marie*, a modern miracle play, was produced with great success in 1912; it was long a staple of American college dramatic societies. More recently, Claudel's lyric visions of sin and redemption, of man and God, of worlds and time, have been triumphantly staged. Noteworthy are *Partage de Midi, Le Soulier de satin*, and *Jeanne au bûcher* (with music by Honegger).

Notre-Dame Cathedral, site of Claudel's conversion. Courtesy of Bibliothèque nationale de France.

Controversial Status

Claudel's place in French literature is not securely fixed. Some critics have called him the greatest French poet of his century, while others see him as hopelessly outdated. The critics' judgments have always appeared swayed not only by their temperament and aesthetic preferences, but also by religion and politics.

HYMNE DU SAINT SACREMENT

[Excerpt]

[The poem is one of a series celebrating the Christian year. The Fête du saint sacrement, or Fête-Dieu, or Corpus Christi, is celebrated in France on the second Sunday after Pentecost (Whitsunday). It falls commonly in June and serves as a thanksgiving for the grain harvest. The festival is naturally associated with the biblical story of Ruth and Boaz (also the subject of a poem by Victor Hugo in our Volume 4). Notice how Claudel begins with an eighteen-syllable line and with alternations of masculine and feminine rhymes, but soon tires of his own restrictions and does what he pleases.]

Les six longues journées sont finies,
  l'œuvre de la moisson[1] est faite.
Toute l'orge[2] et le blé sont à bas, la
  paille est par terre avec le grain,
Les six jours de la moisson sont faits
  et le septième jour est demain,
Et déjà les troupes des travailleurs ont
  regagné pour la fête
Bethléem, la « Maison du pain[3] ».

Le riche Booz, cette nuit, est resté seul
  dans son champ.
C'est un homme craignant Dieu, un
  cœur droit que la sagesse habite.
Bienheureux qui sur le pauvre et la
  veuve est intelligent,[4]
Et dont les faucheurs[5] inexacts laissent
  derrière eux en marchant
Des épis pour la glaneuse Moabite.[6]

Cependant qu'il est couché sans
  dormir au milieu de l'immense
  moisson préparée,
Regardant la pleine lune du sabbat, la
  nuit jubilaire[7] et consacrée,
Voici qu'il sent à son côté comme[8] un
  chien timide qui le frôle,
Et la glaneuse Ruth, s'étant lavée et
  parée,
Met la tête au creux de son épaule.

« Ma fille, que me voulez-vous? Vous
  voyez que je suis solitaire et vieux.
J'ai vécu de longs jours avant vous et
  maintenant ma barbe est grise.
Va, Ruth, vers le frère de ton mari,
  selon que la loi de Moïse le veut.[9] »
Et Ruth lui répond sans lever les yeux:
« A l'ombre de Celui que mon cœur
  désirait je me suis assise. »

Nous de même, mon Dieu, nous
  voyons que Vous êtes solitaire et
  abandonné,
Comme un vieillard au milieu de ces
  passants d'un jour, ces jeunes gens
  occupés et frivoles.
Mais parce que nous avons goûté
  le miel qui passe toute saveur de
  Votre bonté,
Versant la tête sur Votre épaule, nous
  Vous offrons un cœur trop plein
  pour des paroles
Cette pauvre chose que nous pouvons
  donner.

Donnez-nous à manger, homme riche
  de la
« Maison du pain »!
Recevez pour toujours l'Étrangère
  dans Votre demeure!
Nous en avons assez loin de Vous
  d'avoir soif et d'avoir faim!
Que ne nous faille plus jamais,
  soustrait à l'envie du publicain,
L'épi gratuit épargné par Votre
  faucheur.

Donnez-nous aujourd'hui notre pain
  supersubstantiel.
J'en ai assez de cette manne d'un
  matin, de ce pain qui passe en
  ombre et figure.
Nous en avons assez du goût de la
  chair et du sang, du lait, des fruits
  et du miel.
Arbre de vie, donnez-nous le pain
  réel.
Vous-même êtes ma nourriture.

[*From Corona benignitatis anni Dei,
1915*]

---

1. *moisson*: harvest.
2. *orge*: barley. (The biblical story deals with the barley harvest.)
3. *Maison du pain*: the meaning of the Hebrew word Bethlehem.
4. *intelligent*: i.e., understanding.
5. *faucheurs*: reapers. (See Ruth 2:16.)
6. *Moabite*: of Moab, present Jordan.
7. *jubilaire*: i.e., celebrating a festive occasion or jubilee.
8. *comme*: i.e., something like.
9. According to Mosaic law, a childless widow had the right to demand children of her husband's brother. (See Deuteronomy 25:5–10.)

Paul Valéry

[1871–1945]

Symbolism's Last Champion

Had he come to prominence a quarter-century earlier, Valéry might well have been considered the quintessential symbolist, building image upon image in total disregard for logic while reaching for the unreachable. Instead, he spent much of his life as an anachronism, but a brilliant one.

A Southerner's Detachment

Paul Valéry was born at Sète, a southern French seaport. He came of an old family of the Midi; his mother was born in Genoa, Italy. He was educated in Montpellier, a French city just inland from the sea. Thus he was completely a Mediterranean, by ancestry and training. The Mediterraneans are supposed to be enamored of light, clarity, pure form, reason. Valéry embodies this type, though plenty of Mediterraneans do not. He came to Paris,

Paul Valéry. Portrait by Jacques Emile Blanche. Musee des Beaux-Arts, Rouen, France. Photo © Erich Lessing / Art Resource NY.

worked in minor secretarial and governmental posts, and became a devoted admirer of Mallarmé. He wrote poems in the master's manner, and several works in prose, including the remarkable *Soirée avec Monsieur Teste* (1895), the analysis of a mind that has freed itself from the world to live in pure intellectual activity. In 1898 he abandoned the literary life to pursue his ideal of detachment, withdrawal, rigorous thought.

Comeback

Nineteen years later, his friend André Gide begged him for a contribution to his magazine, *La Nouvelle Revue Française*. Valéry yielded, turned up some old poems, and began writing new ones. He soon found that notoriety, even fame, was not so disagreeable after all. Before long he was generally hailed as the greatest living French poet, even by those who renounced all effort to understand him. His prose essays and studies, extraordinarily acute in thought and polished in form, rank with the finest speculative literature of our time.

What's Love Got to Do With It?

Like Descartes, Valéry had his method, his procedure. He demanded absolute intellectual clarity. He said: "Les choses du monde ne m'intéressent que sous le rapport de l'intellect." He counseled distrust of words, with their clinging connotations. He distrusted all emotion, which so subtly colors and distorts thought. Sentiment, like inspiration, is an obsolete nineteenth-century concept, he thought. Love will vanish, he once stated: "The last lover will be classed as a sexual maniac. People will give up love, just as they are giving up intoxication. And we shall read *Tristan* much as we read of gluttony and vomiting in our Latin authors." Escaping emotional distractions, we must follow our logic to its utmost limit, no matter how strange its deductions may appear.

The Montpellier of Valéry's student days. Courtesy of Bibliothèque nationale de France.

Intellectual Obscurity

Such a pro-clarity method must result, one would think, in luminous clarity. But Valéry is in fact a very difficult writer. His logic is perhaps too lofty; it dispenses with the usual transitional steps. He could not understand why people thought him difficult; he found Musset's loose generalities much harder than his own work. Thus the mathematician deems his formulas revealingly clear, and he cannot comprehend how anyone can call them obscure.

We are used to difficult poetry nowadays. However, we have a right to ask that if we must labor to interpret a poem, the poet shall reward us with an experience of value to us. Those who have given to Valéry the labor leading to comprehension report, almost universally, that the poet has given them an experience of value.

❖ ⚜ ❖

LE CIMETIÈRE MARIN

[*This,* The Seaside Cemetery *(1920), is Valéry's most famous poem. Its theme is the poet's own dilemma—his contradictory impulses toward an active life and toward pure contemplation, implying complete withdrawal from the world. The poem requires concentration on the part of the reader.*

Fix well in mind this summary of the thought. The poet returns in imagination to the seaside cemetery of Sète, where he had dreamed in youth. Among the tombs, under the noonday sun, he contemplates the sea. All is calm and peace. He is imbued with a sense of changelessness, of everlasting. Yet he is uneasy; his own shadow rejects the light; he awaits some echo which may prove his existence, prove the fact of change. The sun burns away life; the poet's doubts and constraints are flaws in that perfection. But patience; his disquiet is doomed to universal death, which mocks the pious lie of immortality. The true, irrefutable worm does not live in the tomb but in life and consciousness. The ancient philosophical conundrums of Zeno's arrow,[1] of Achilles and the tortoise,[2] were intended to show that change is wholly illusion, that time and motion are just notions. The poet

---

1. Fifth-century B.C. Greek philosopher Zeno postulated that motion does not really exist because an arrow, once fired through the air, is standing still at any particular point in time. Think of a movie of an arrow in flight—the film is actually made up of individual still pictures run consecutively.
2. Zeno's Paradox is a wry observation about our rather shabby notion of reality. He says that if

Achilles (or any Greek hero, presumably) is chasing a turtle, he must arrive at the place the turtle is now. But by then the turtle will have moved forward. So Achilles must repeat the procedure, only to find the turtle has moved forward a bit more. Thus Achilles can never catch up. But we know that surely a person can outrun a turtle. So our sense of reality and our understanding of the laws of motion must be at odds.

must reject such comforting doctrines. He cannot escape from change and action into pure contemplation. "Le vent se lève…il faut tenter de vivre!"

Do you have the time to read this poem more than once? (No problem—Zeno proved that time doesn't exist.) First read the poem through rapidly in French without mental translation. Then read it again slowly with reference to the notes, working out the more puzzling passages. Then read it a third time, endeavoring to feel the beauty the poem contains and releases to those who will give it the necessary attention.]

Ce toit tranquille, où marchent des
    colombes,[3]
Entre les pins palpite, entre les
    tombes;
Midi le juste y compose de feux[4]
La mer, la mer, toujours
    recommencée!
O récompense après une pensée
Qu'un long regard sur le calme des
    dieux![5]

Quel pur travail de fins éclairs[6]
    consume
Maint diamant d'imperceptible
    écume,
Et quelle paix semble se concevoir!
Quand sur l'abîme un soleil se repose,
Ouvrages[7] purs d'une éternelle cause,
Le Temps scintille et le Songe est
    savoir.[8]

Stable trésor, temple simple à
    Minerve,[9]
Masse de calme, et visible réserve,
Eau sourcilleuse,[10] Œil qui gardes en
    toi

Tant de sommeil sous un voile de
    flamme,
O mon silence!…Édifice dans l'âme,
Mais comble d'or aux mille tuiles,
    Toit![11]

Temple du Temps, qu'un seul soupir
    résume,
A ce point pur je monte et
    m'accoutume,
Tout entouré de mon regard marin;
Et comme aux dieux mon offrande
    suprême,
La scintillation sereine sème
Sur l'altitude[12] un dédain souverain.[13]

Comme le fruit se fond en jouissance,
Comme en délice il change son
    absence
Dans une bouche où sa forme se
    meurt,
Je hume ici ma future fumée,
Et le ciel chante à l'âme consumée
Le changement des rives en rumeur.[14]

---

3.   *Ce toit…colombes*: i.e., the sea, seen from the cemetery, is like a roof, with its waves rippling like tiles, with its sailboats strutting like doves.

4.   *Midi…feux*: i.e., Noonday, just (because blazing with clarity), composes the waves with fiery reflections.

5.   *O récompense…dieux*: i.e., after painful thought it is a relief to gaze on the divine calm of the sea. Notice the alliterations in this stanza.

6.   *éclairs*: flashes of light (whether in a diamond or a wave).

7.   *Ouvrages*: refers to le Temps and le Songe in the next line.

8.   *le Songe est savoir*: i.e., in the noonday peace a dream seems all the knowledge we need.

9.   *Minerve*: goddess of wisdom. (In the following lines the poet identifies the sea with his own silent depths.)

10.   *sourcilleuse*: frowning (because the waves are shaped like eyebrows).

11.   *Édifice…Toit*! i.e., my silence is a structure I have built in my soul, but, like the sea, it has a thousand-tiled golden roof. (Note the deliberate cacophony of the last three words.)

12.   altitude: depths (in Latin sense).

13.   *Temple…souverain*: Throughout this stanza note the alliterations; the pairs in the first two lines: Temple-Temps, seul-soupir, point-pur, monte-m'accoutume; the preponderance of s in the last two lines.

14.   *Comme le fruit…rumeur*: i.e., as the eaten fruit loses its form but melts into a sense of enjoyment, so do I breathe the scent of the vapor I shall become, so does heaven console the consumed soul by the promise that it will flow, like the sea, past other murmuring shores. (Again, note in this stanza the alliterations in f, in ch, in r. Continue to watch for alliterations in following stanzas.)

Beau ciel, vrai ciel, regarde-moi qui
   change!
Après tant d'orgueil, après tant
   d'étrange
Oisiveté, mais pleine de pouvoir,[15]
Je m'abandonne à ce brillant espace,
Sur les maisons des morts mon ombre
   passe
Qui m'apprivoise à son frêle
   mouvoir.[16]

L'âme exposée aux torches du
   solstice,
Je te soutiens, admirable justice
De la lumière aux armes sans pitié!
Je te rends pure à ta place première:[17]
Regarde-toi!…Mais rendre la lumière
Suppose d'ombre une morne moitié.

O pour moi seul, à moi seul, en moi-
   même,
Auprès d'un cœur, aux sources du
   poème,
Entre le vide et l'événement pur,[18]
J'attends l'écho de ma grandeur
   interne,
Amère, sombre et sonore citerne,[19]
Sonnant dans l'âme un creux toujours
   futur!

Sais-tu, fausse captive des feuillages,
Golfe mangeur de ces maigres
   grillages,
Sur mes yeux clos, secrets
   éblouissants,[20]

Quel corps me traîne à sa fin
   paresseuse,
Quel front l'attire à cette terre
   osseuse?
Une étincelle y pense à mes absents.[21]

Fermé, sacré, plein d'un feu sans
   matière,
Fragment terrestre offert à la lumière,
Ce lieu me plaît, dominé de
   flambeaux,[22]
Composé d'or, de pierre et d'arbres
   sombres,
Où tant de marbre est tremblant[23] sur
   tant d'ombres;
La mer fidèle y dort sur mes
   tombeaux![24]

Chienne[25] splendide, écarte l'idolâtre!
Quand solitaire au sourire de pâtre,[26]
Je pais[27] longtemps, moutons
   mystérieux,
Le blanc troupeau de mes tranquilles
   tombes,
Éloignes-en les prudentes colombes,
Les songes vains, les anges curieux![28]

Ici venu, l'avenir est paresse.
L'insecte net[29] gratte la sécheresse;
Tout est brûlé, défait, reçu dans l'air
A je ne sais quelle sévère essence…
La vie est vaste, étant ivre d'absence,
Et l'amertume est douce, et l'esprit
   clair.

---

15. *Beau ciel…pouvoir*: The poet recalls his nineteen years of arrogant silence, of idleness which was nevertheless full of potency.
16. *Sur les maisons…mouvoir*: i.e., my shadow is cast upon the graves, and this shadow takes possession of my own spirit.
17. *Je te rends…première*: i.e., the soul, like the sea, reflects light perfectly.
18. *événement pur*: pure event (perhaps the abstraction, or spirit, or soul of an event).
19. *citerne*: cistern (here thought of as empty).
20. At this point the poet turns from his contemplation of the sea and sun to regard the graves. The brilliant reflection from the water seems, though falsely, to be captured by the foliage, to be actually devouring the thin grilled railings of the tombs. But the poet must close his eyes to preserve these dazzling secrets in his thought.
21. *Quel corps…absents*: Do you know, O sea, what a body is dragging me to its idle end, what a mind draws my body to this land of bones? There is some spark in my mind which is thinking of my absent ones.
22. *flambeaux*: i.e., shafts of light.
23. *tremblant*: i.e., shimmering with reflected light.
24. *La mer…tombeaux*: i.e., the sea's reflection dwells on the tombs. (The epithet *fidèle* is developed in the following lines.)
25. *Chienne*: bitch; in this case, watchdog.
26. *pâtre*: The poet becomes the shepherd; the tombs, his sheep.
27. *pais*: tend, watch the grazing of.
28. *Éloignes-en…curieux*: i.e., dismiss from my mind doves and angels, familiar carved symbols on tombs, and let me contemplate the pure idea of death.
29. *L'insecte net*: the cicada.

Les morts cachés sont bien dans cette
    terre
Qui les réchauffe et sèche leur
    mystère.
Midi là-haut, Midi sans mouvement
En soi se pense et convient à soi-
    même...
Tête complète et parfait diadème,[30]
Je suis en toi le secret changement.[31]

Tu n'as que moi pour contenir tes
    craintes![32]
Mes repentirs, mes doutes, mes
    contraintes
Sont le défaut de ton grand diamant...
Mais dans leur nuit toute lourde de
    marbres,
Un peuple vague[33] aux racines des
    arbres
A pris déjà ton parti lentement.

Ils ont fondu dans une absence épaisse,
L'argile rouge a bu la blanche
    espèce,[34]
Le don de vivre a passé dans les fleurs!
Où sont des morts les phrases
    familières,
L'art personnel, les âmes singulières?[35]
La larve[36] file où se formaient des
    pleurs.

Les cris aigus des filles chatouillées,[37]
Les yeux, les dents, les paupières
    mouillées,

Le sein charmant qui joue avec le feu,
Le sang qui brille aux lèvres qui se
    rendent,
Les derniers dons, les doigts qui les
    défendent,
Tout va sous terre et rentre dans le jeu!

Et vous, grande âme, espérez-vous un
    songe
Qui n'aura plus ces couleurs de
    mensonge
Qu'aux yeux de chair l'onde et l'or
    font ici?[38]
Chanterez-vous quand serez[39]
    vaporeuse?
Allez! Tout fuit! Ma présence est
    poreuse,
La sainte impatience meurt aussi![40]

Maigre immortalité noire et dorée,[41]
Consolatrice affreusement laurée,[42]
Qui de la mort fais un sein maternel,
Le beau mensonge et la pieuse ruse!
Qui ne connaît, et qui ne les refuse,
Ce crâne vide et ce rire éternel!

Pères profonds, têtes inhabitées,[43]
Qui sous le poids de tant de pelletées,[44]
Êtes la terre et confondez nos pas,[45]
Le vrai rongeur, le ver irréfutable[46]
N'est point pour vous qui dormez
    sous la table,[47]
Il vit de vie, il ne me quitte pas!

---

30. *Tête...diadème*: i.e., the sun, symbol of perfection and changelessness.
31. *Je suis...changement*: i.e., only the poet, Man, is
transient, sentient, in the face of Nature.
32. *Tu n'as...craintes*: i.e., I alone can feel, and
my feelings are the flaw in Nature's diamond
perfection.
33. *Un peuple vague*: i.e., the dead, who have become
a part of Nature and accept her commands.
34. *L'argile...espèce*: The red clay (of the Mediterranean region) has drunk up the white species
(Frenchman's flesh).
35. *singulières*: individual, unique. (Compare this
whole passage with Villon: *Ballade des dames
du temps jadis*.)
36. *larve*: larva.
37. *chatouillées*: tickled.
38. The poet questions if the soul may hope for
an after-life, a dream more substantial than the

falsities of this world's appearances.
39. *serez*: The omission of the subject pronoun hei-
ghtens the archaism, the recollection of medieval
questioning.
40. *La sainte...aussi*: i.e., even the impatience of the
devout for another life also dies.
41. *noire et dorée*: reference to the trappings of
French funeral ceremonies.
42. *laurée*: laureled. (The laurel symbolized the
reward of the blessed. In this passage Valéry
rejects all belief in immortality.)
43. *inhabitées*: uninhabited.
44. *pelletées*: shovelfuls of earth.
45. *confondez nos pas*: a double meaning: you, the
dead, do not distinguish the footsteps of the
living; and yóu disturb us as we walk.
46. *le ver irréfutable*: i.e., thought.
47. *table*: here, stone slab.

Amour, peut-être, ou de moi-même
    haine?
Sa[48] dent secrète est de moi si
    prochaine
Que tous les noms lui peuvent
    convenir!
Qu'importe! Il voit, il veut, il songe,
    il touche!
Ma chair lui plaît, et jusque sur ma
    couche,
A ce vivant je vis d'appartenir![49]

Zénon! Cruel Zénon! Zénon d'Élée![50]
M'as-tu percé de cette flèche ailée
Qui vibre, vole, et qui ne vole pas!
Le son m'enfante et la flèche me tue![51]
Ah! le soleil…Quelle ombre de tortue
Pour l'âme, Achille immobile à
    grands pas!

Non, non!…Debout! Dans l'ère
    successive![52]
Brisez, mon corps, cette forme
    pensive!
Buvez, mon sein, la naissance du vent!

Une fraîcheur, de la mer exhalée,
Me rend mon âme…O puissance
    salée!
Courons à l'onde en rejaillir[53] vivant!

Oui! Grande mer de délires douée,
Peau de panthère et chlamyde trouée
De mille et mille idoles du soleil,[54]
Hydre[55] absolue, ivre de ta chair
    bleue,
Qui te remords l'étincelante queue[56]
Dans un tumulte au silence pareil,

Le vent se lève!…il faut tenter de
    vivre![57]
L'air immense ouvre et referme mon
    livre,
La vague en poudre ose jaillir des
    rocs!
Envolez-vous, pages tout éblouies![58]
Rompez, vagues! Rompez d'eaux
    réjouies
Ce toit tranquille où picoraient des
    focs![59]

---

48. *Sa*: refers to ver.
49. *A ce vivant…appartenir*: I live by belonging to this living creature, the "irrefutable worm" of questioning thought.
50. *Zénon d'Élée*: The above-mentioned Zeno of Elea, who preached unity and immutability. His arrow story and his tortoise paradox reveal motion and time to be illusions, and Being is absolute, immutable, an unalterable unity.
51. *Le son…tue*: Sound brings me to life, the arrow slays me. (Hence motion, or life, exists, and Zeno's immutable absolute does not. Plato, Aristotle, and Einstein all side with Valéry against Zeno, incidentally.)
52. Here begins the final movement of the poem. The wind rouses the sea, disposes of the argument of eternal immutability, summons the poet from the cemetery to life.
53. *en rejaillir*: in order to spring up from it again. (Notice, incidentally, how much more compact French can be than English.)
54. *Peau de panthère…soleil*: Sea, speckled with light like a panther's hide, and, like a tattered chlamys, or Greek cloak, pierced with a thousand flecks of sunlight. (In Valéry's time, few persons in Europe knew the difference between a leopard, which has spots, and a panther, which usually does not.)
55. *Hydre*: Hydra, mythological water monster. When one of its nine heads was cut off, two others took its place. (The waves' multitudinous repetitions suggest the comparison.)
56. The serpent biting its own tail makes a circle, which, like the sea, symbolizes endless repetition.
57. The rising wind invades the poet's spirit.
58. *éblouies*: sun-dazzled.
59. *Ce toit…focs*: This calm roof (of the sea), on which the dipping jibs of the sailboats were pecking, like doves. (The image and the words of the poem's first line are here picked up, to make a circle.)

3. Marcel Proust

[1871–1922]

The Longest Novel

Critics generally agree that Proust's sixteen-volume novel, *A la recherche du temps perdu*, is the most important French literary work of the twentieth century, and many assert that it is the greatest book of all modern literature. A member of high society who was nevertheless something of an outsider due to his half-Jewish heritage, Proust spent much of his life analyzing society and himself, then telling what he learned in one gigantic novel.

Marcel Proust. Courtesy of Bibliothèque nationale de France.

Strange Invalid

Marcel Proust's father, Adrien, was an eminent, successful Paris physician and a Catholic, whereas Proust's mother, Jeanne Weil, was a member of a wealthy, intellectual Jewish family of aristocrats. A good deal has been made of Proust's Judeo-Christian inheritance, and perhaps indeed the warring religious strains caused a psychological malaise that found release in his work. He adored his mother with an almost pathological intensity, and a good deal has been made of this also. Although Marcel was born in Paris, much of his childhood was spent in the family's country house in Illiers (near Chartres), which was the model for the fictional Combray of his novel. (In fact, today the town officially calls itself Illiers-Combray.) At nine he was attacked by a severe asthma, which became chronic. The terror of suffocation determined the course of his life. Having always to protect himself against pollen and dust, he could not undertake a normal career and resigned himself to being a semi-invalid. It is said that a sick man forever scrutinizes himself. Proust's illness certainly sharpened his sensibility and encouraged his morbid self-observation.

As a young man he turned naturally to literature and made a certain reputation as an aesthetic dilettante, writing a good deal about music and literature. With much persistence he established himself in the aristocratic society of Paris. A man of great charm, sensitivity, and wit (and an extraordinary mimic), he was welcomed in the most exclusive noble salons, although his homosexuality set him apart to some extent. Anguished by the death of his mother in 1905, he withdrew more and more from the world, to live a strange hermit's existence in his torridly heated Parisian apartment that he had lined with cork to kept the dust away. Sitting in bed, wrapped in shawls and sweaters, he wrote incessantly of his search for lost time. He would appear occasionally at social functions, or he would give a fabulous party at the Ritz at midnight, always, as it later transpired, in order to make notes and to obtain needed details on costumes, backgrounds, or behavior.

Ignored Genius

Proust began his career writing art theory, translations, pastiches, and miscellaneous odds and ends that gave little hint of his future greatness but nevertheless served to hone his sensibilities. He polished his style by writing a novel, *Jean Santeuil*, which went unknown for many years. He spent a decade writing a first draft of *A la recherche du temps perdu*, then decided he needed to completely rewrite it. A half dozen years after that, he finally had a draft that he considered worthy.

The first two volumes of his book were published in 1913 at his own expense, for no publisher would undertake them. They appeared under the title *Du côté de chez Swann*, a reference to the fact that from Marcel's home in Combray there were two directions for walks: the way to his neighbor Swann's house and the way to the château of the noble Guermantes. These symbolize the author's alternatives in life: the way to intellectual cultivation and the way to social success. The segment of *Du côté de chez Swann* known as *Un Amour de Swann* remains probably the most extraordinarily accurate and perceptive account of the state of falling in and out of love ever put to paper. Despite the quality of Proust's work, the volumes sold poorly, attracting readers only slowly over the years.

Recognition at Last

The enterprising *Nouvelle Revue Française* signed him up after the World War I Armistice in 1918, and a section of his book, A *l'Ombre des jeunes filles en fleurs*, received the prestigious Goncourt Prize in 1919. He became first notorious and then famous. More volumes followed: *Du côté de Guermantes* (1921), *Sodome et Gomorrhe* (1922), and the three posthumously published parts, *La Prisonnière, La Fugitive ou Albertine disparue*, and *Le Temps retrouvé*. (These are usually divided up into five or six smaller volumes in most editions.) As his health grew steadily worse, Proust worked all the more feverishly on his concluding tomes. On his deathbed, in 1922, he asked for some of his manuscript pages in which he had described the death of one of his characters. He said: "J'ai plusieurs retouches à y faire, maintenant que me voici presque au même point."

This one great book eventually received the general title of *A la recherche du temps perdu*, which was incorrectly translated in English as *Remembrance of Things Past*. It is a novelized memoir. That is to say, it consists mostly of Proust's recollections of his world, yet is also a novel in that the Marcel of the book is not exactly Proust (the fictional Marcel at least never admits to his homosexuality), the other characters are composites, and most of the events are arranged or invented. It is a social study of aristocratic society disintegrating in futility and vice. And it is an aesthetic and psychological study of art and of human motives and behavior. It overpasses, then, the usual limits of literary forms; it comes close to being the whole of a man's life and thought.

Stream of Consciousness

The structure of the book is unique. It seems at first to be an endless stream of consciousness (something for which there is no exact term in French; the psychiatric term "association libre" being the closest equivalent.) Proust jets forth all his thoughts (much like James Joyce) with innumerable parentheses and digressions, his sentences going on for dozens of lines, and any one idea extending sometimes for hundreds of pages. Yet the construction is in fact logical, even rigorous. We are introduced at the beginning to several themes, such as idyllic memory, mother love, loneliness; these recur and blend symphonically until they are fused and explained in the final volume, *Le Temps retrouvé*. The development is then psychological, not chronological. It is based on association—not the association of ideas on the mind's surface, but the associations that exist in the obscure subconscious. The book is an epic of the subconscious. Its unity is expressed in the title; it is the search for the reality that exists not in present experience but in lost time. The meaning of lost time becomes clear only when, at the end, time is rediscovered.

The essential word, the essential thought, is Time. The book opens with the word "Longtemps." After a million and a half more words, it ends with "temps." Proust said to an interviewer: "Il y a une géométrie plane et une géométrie dans l'espace; eh bien, pour moi, le roman, ce n'est pas seulement de la psychologie plane, mais de la psychologie dans le temps. Cette substance invisible du temps, j'ai tâché de l'isoler."

Time is succession, but succession is not the important thing. The important thing is relation independent of succession. Past, present, and future coalesce; the past is a part of the future, the future a part of the past. We cannot be conscious of time unless we can recognize two points in time that give us a sense of dimension, of meaning.

Our guide in time is memory

We have a useful workaday memory, which can arrange events of the past in chronological order. But this is a secondary, minor memory. The significant memory lies deeper, in the subconscious. It ranges backward and forward, to and fro, concerned only with making its own associations, and finding in the associations joy. This memory, the true memory, is beyond the control of our conscious will. This is how it works:

At certain moments the spirit is serene, arrested in an equilibrium of peace and joy. Such moments are marked by some casual sensory experience. At one such moment the boy Marcel was given a cup of linden tea, into which he dipped a madeleine, a little sweet cake. At another he passed a napkin of a certain coarse texture over his mouth. Again, a local train was stalled by a tree-lined field and a trainman passed, testing the wheels with a hammer, making a certain note, crescendo and diminuendo. These sensory experiences are treasured by memory as symbols of joy. And in later life the unexpected taste of a madeleine dipped in linden tea, the crushing of coarse linen on the mouth, a clinking sound reproducing that of the trainman's hammer may bring to us a sudden bliss. This sense of bliss, an almost mystical experience, is the best thing there is in life. The quest of bliss is the dominating theme of Proust's book; this is the meaning of his endless search for lost time. Indeed, his style flows like time itself, with never a pause; Proust was barely dissuaded from printing his first two volumes as a single paragraph.

And if you find Proust less than easy, reflect that for a considerable number of people Proust has been the great revelation. He has shown them how to look at themselves, how to understand themselves. For them, the *Search for Lost Time* is more than a book; it is an experience of life. Maybe you are one of those people.

DU CÔTÉ DE CHEZ SWANN

[Excerpt about the madeleine]

[*The narrator, Marcel, ponders the association that the half-awake state of mind has to memory. He finds that his voluntary memory has trouble recalling early events very well. But to his own surprise, a fluke sensory experience involving a cake and some tea results in a phenomenal psychological epiphany in which past time is reawakened.*]

C'est ainsi que, pendant lontemps, quand, réveillé la nuit, je me ressouvenais de Combray, je n'en revis jamais que cette sorte de pan[1] lumineux, découpé au milieu d'indistinctes ténèbres, pareil à ceux que l'embrasement d'un feu de bengale[2] ou quelque projection électrique[3] éclairent et sectionnent dans un édifice dont les autres parties restent plongées dans la nuit: à la base assez large, le petit salon, la salle à manger, l'amorce[4] de l'allée obscure par où arriverait M. Swann, l'auteur inconscient de mes tristesses, le vestibule où je m'acheminais vers la première marche de l'escalier, si cruel à monter, qui constituait à lui seul le tronc fort étroit de cette pyramide irrégulière; et, au faîte, ma chambre à coucher avec le petit couloir à porte vitrée pour l'entrée de maman; en un mot, toujours vu à la même heure, isolé de tout ce qu'il pouvait y avoir autour, se détachant seul sur l'obscurité, le décor strictement nécessaire (comme celui qu'on voit indiqué en tête des vieilles pièces[5] pour les représentations en province) au drame de mon déshabillage; comme si Combray n'avait consisté qu'en deux étages reliés par un mince escalier et comme s'il n'y avait jamais été que sept heures du soir. A vrai dire, j'aurais pu répondre à qui m'eût interrogé que Combray comprenait encore autre chose et existait à d'autres heures. Mais comme ce que je m'en serais rappelé m'eût été fourniseulement par la mémoire volontaire, la mémoire de l'intelligence, et comme les renseignements qu'elle donne sur le passé ne conservent rien de lui, je n'aurais jamais eu envie de songer à ce reste de Combray. Tout cela était en réalité mort pour moi.

Mort à jamais? C'était possible.

Il y a beaucoup de hasard en tout ceci, et un second hasard, celui de notre mort, souvent ne nous permet pas d'attendre longtemps les faveurs du premier.

Je trouve très raisonnable la croyance celtique que les âmes de ceux que nous avons perdus sont captives dans quelque être inférieur, dans une bête, un végétal, une chose inanimée, perdues en effet pour nous jusqu'au jour, qui pour beaucoup ne vient jamais, où nous nous trouvons passer près de l'arbre, entrer en possession de l'objet qui est leur prison. Alors elles tressaillent, nous appellent, et sitôt que nous les avons reconnues, l'enchantement est brisé. Délivrées par nous, elles ont vaincu la mort et reviennent vivre avec nous.

Il en est ainsi de notre passé. C'est peine perdue[6] que nous cherchions à l'évoquer, tous les efforts de notre intelligence sont inutiles. Il est caché hors de son domaine et de sa portée, en quelque objet matériel (en la sensation que nous donnerait cet objet matériel) que nous ne soupçonnons pas. Cet objet, il dépend du hasard que nous le rencontrions avant de mourir, ou que nous ne le rencontrions pas.

Il y avait déjà bien des années que, de Combray, tout ce qui n'était pas le théâtre et le drame de mon coucher n'existait plus pour moi, quand un jour d'hiver, comme

---

1. *pan*: section.
2. *l'embrasement...bengale*: the blazing of Bengal fire (colored fire for fireworks).
3. *projection électrique*: searchlight.
4. *amorce*: beginning.
5. *en tête des vieilles pièces*: i.e., illustrations showing stage settings and properties, printed at top of old plays for amateur use.
6. *peine perdue*: a waste of time.

je rentrais à la maison, ma mère, voyant que j'avais froid, me proposa de me faire prendre, contre mon habitude, un peu de thé. Je refusai d'abord et, je ne sais pourquoi, je me ravisai.[7] Elle envoya chercher un de ces gâteaux courts et dodus[8] appelés Petites Madeleines qui semblent avoir été moulés dans la valve rainurée d'une coquille de Saint-Jacques.[9] Et bientôt, machinalement, accablé par la morne journée et la perspective d'un triste lendemain, je portai à mes lèvres une cuillerée du thé où j'avais laissé s'amollir un morceau de madeleine. Mais à l'instant même où la gorgée[10] mêlée des miettes du gâteau toucha mon palais,[11] je tressaillis, attentif à ce qui se passait d'extraordinaire en moi. Un plaisir délicieux m'avait envahi, isolé, sans la notion de sa cause. Il m'avait aussitôt rendu les vicissitudes de la vie indifférentes, ses désastres inoffensifs, sa brièveté illusoire, de la même façon qu'opère l'amour, en me remplissant d'une essence précieuse: ou plutôt cette essence n'était pas en moi, elle était moi. J'avais cessé de me sentir médiocre, contingent,[12] mortel. D'où avait pu me venir cette puissante joie? Je sentais qu'elle était liée au goût du thé et du gâteau, mais qu'elle le dépassait infiniment, ne devait pas être de même nature. D'où venait-elle? Que signifiait-elle? Où l'appréhender? Je bois une seconde gorgée où je ne trouve rien de plus que dans la première, une troisième qui m'apporte un peu moins que la seconde. Il est temps que je m'arrête, la vertu du breuvage semble diminuer. Il est clair que la vérité que je cherche n'est pas en lui, mais en moi. Il l'y a éveillée, mais ne la connaît pas, et ne peut que répéter indéfiniment, avec de moins en moins de force, ce même témoignage que je ne sais pas interpréter et que je veux au moins pouvoir lui redemander et retrouver intact à ma disposition, tout à l'heure, pour

Madeleines.

un éclaircissement décisif. Je pose la tasse et me tourne vers mon esprit. C'est à lui de trouver la vérité. Mais comment? Grave incertitude, toutes les fois que l'esprit se sent dépassé par lui-même; quand lui, le chercheur, est tout ensemble le pays obscur où il doit chercher et où tout son bagage ne lui sert de rien. Chercher? pas seulement: créer. Il est en face de quelque chose qui n'est pas encore et que seul il peut réaliser, puis faire entrer dans sa lumière.

Et je recommence à me demander quel pouvait être cet état inconnu, qui n'apportait aucune preuve logique, mais l'évidence de sa félicité, de sa réalité

---

7. *me ravisai*: changed my mind.
8. *dodus*: plump.
9. *valve...Saint-Jacques*: fluted valve of scallop shell. Even today, madeleine cakes, which are similar in size to a small cookie, are usually baked in the shape of a seashell. They taste somewhat like spongecake, but usually have a touch of tartness supplied by orange or lemon zest.
10. *gorgée*: gulp.
11. *palais*: palate.
12. *contingent*: dependent.

devant laquelle les autres s'évanouissaient. Je veux essayer de le faire réapparaître. Je rétrograde par la pensée au moment où je pris la première cuillerée de thé. Je retrouve le même état, sans une clarté nouvelle. Je demande à mon esprit un effort de plus, de ramener encore une fois la sensation qui s'enfuit. Et, pour que rien ne brise l'élan[13] dont il va tâcher de la ressaisir, j'écarte tout obstacle, toute idée étrangère, j'abrite[14] mes oreilles et mon attention contre les bruits de la chambre voisine. Mais sentant mon esprit qui se fatigue sans réussir, je le force au contraire à prendre cette distraction que je lui refusais, à penser à autre chose, à se refaire avant une tentative suprême. Puis une deuxième fois, je fais le vide devant lui, je remets en face de lui la saveur encore récente de cette première gorgée et je sens tressaillir en moi quelque chose qui se déplace, voudrait s'élever, quelque chose qu'on aurait désancré,[15] à une grande profondeur; je ne sais ce que c'est, mais cela monte lentement; j'éprouve la résistance et j'entends la rumeur des distances traversées.

Certes, ce qui palpite ainsi au fond de moi, ce doit être l'image, le souvenir visuel, qui, lié à cette saveur, tente de la suivre jusqu'à moi. Mais il se débat[16] trop loin, trop confusément; à peine si je perçois le reflet neutre où se confond l'insaisissable tourbillon des couleurs remuées; mais je ne puis distinguer la forme, lui demander, comme au seul interprète possible, de me traduire le témoignage de sa contemporaine, de son inséparable compagne, la saveur, lui demander de m'apprendre de quelle circonstance particulière, de quelle époque du passé il s'agit.

Arrivera-t-il jusqu'à la surface de ma claire conscience, ce souvenir, l'instant ancien que l'attraction d'un instant identique est venue de si loin solliciter,

émouvoir, soulever tout au fond de moi? Je ne sais. Maintenant je ne sens plus rien, il est arrêté, redescendu peut-être; qui sait s'il remontera jamais de sa nuit? Dix fois il me faut recommencer, me pencher vers lui. Et chaque fois la lâcheté qui nous détourne de toute tâche difficile, de toute œuvre importante, m'a conseillé de laisser cela, de boire mon thé en pensant simplement à mes ennuis d'aujourd'hui, à mes désirs de demain qui se laissent remâcher[17] sans peine.

Et tout d'un coup le souvenir m'est apparu. Ce goût, c'était celui du petit morceau de madeleine que le dimanche matin à Combray (parce que ce jour-là je ne sortais pas avant l'heure de la messe), quand j'allais lui dire bonjour dans sa chambre, ma tante Léonie m'offrait après l'avoir trempé dans son infusion de thé ou de tilleul.[18] La vue de la petite madeleine ne m'avait rien rappelé avant que je n'y eusse goûté; peut-être parce que, en ayant souvent aperçu depuis, sans en manger, sur les tablettes des pâtissiers,[19] leur image avait quitté ces jours de Combray pour se lier à d'autres plus récents; peut-être parce que, de ces souvenirs abandonnés si longtemps hors de la mémoire, rien ne survivait, tout s'était désagrégé;[20] les formes—et celle aussi du petit coquillage de pâtisserie, si grassement sensuel sous son plissage[21] sévère et dévot[22]—s'étaient abolies, ou, ensommeillées, avaient perdu la force d'expansion qui leur eût permis de rejoindre la conscience.[23] Mais, quand d'un passé ancien rien ne subsiste, après la mort des êtres, après la destruction des choses, seules, plus frêles mais plus vivaces, plus immatérielles, plus persistantes, plus fidèles, l'odeur et la saveur restent encore longtemps, comme des âmes, à se rappeler, à attendre, à espérer, sur la ruine de tout le reste, à porter sans fléchir, sur leur

---

13. *élan*: vigor.
14. *j'abrite*: I shelter, protect.
15. *désancré*: dislodged.
16. *se débat*: struggles.
17. *remâcher*: chew over, ponder upon.
18. *tilleul*: linden herb tea.
19. *tablettes des pâtissiers*: pastry-shop shelves.
20. *désagrégé*: disintegrated.
21. *plissage*: folds, indented lines.
22. *dévot*: devout (because suggestive of cockle shells, symbol of pilgrims).
23. *conscience*: consciousness.

gouttelette presque impalpable, l'édifice immense du souvenir.[24]

Et dès que j'eus reconnu le goût du morceau de madeleine trempé dans le tilleul que me donnait ma tante (quoique je ne susse pas encore et dusse[25] remettre à bien plus tard de découvrir pourquoi ce souvenir me rendait si heureux), aussitôt la vieille maison grise sur la rue, où était sa chambre, vint comme un décor de théâtre s'appliquer au petit pavillon[26] donnant sur le jardin, qu'on avait construit pour mes parents sur ses derrières (ce pan tronqué[27] que seul j'avais revu jusque-là); et avec la maison, la ville, la Place où on m'envoyait avant déjeuner, les rues où j'allais faire des courses depuis le matin jusqu'au soir et par tous les temps, les chemins qu'on prenait si le temps était beau. Et comme dans ce jeu où les Japonais s'amusent à tremper dans un bol de porcelaine rempli d'eau de petits morceaux de papier jusque-là indistincts qui, à peine y sontils plongés s'étirent,[28] se contournent,[29] se colorent, se différencient, deviennent des fleurs, des maisons, des personnages consistants et reconnaissables, de même maintenant toutes les fleurs de notre jardin et celles du parc de M. Swann, et les nymphéas[30] de la Vivonne,[31] et les bonnes gens du village et leurs petits logis, et l'église et tout Combray et ses environs, tout cela qui prend forme et solidité, est sorti, ville et jardins, de ma tasse de thé.

Combray de loin, à dix lieues à la ronde,[32] vu du chemin de fer quand nous y arrivions la dernière semaine avant Pâques,

ce n'était qu'une église résumant la ville, la représentant, parlant d'elle et pour elle aux lointains, et, quand on approchait, tenant serrés autour de sa haute mante[33] sombre, en plein champ, contre le vent, comme une pastoure[34] ses brebis, les dos laineux et gris des maisons rassemblées qu'un reste de remparts du moyen âge cernait[35] çà et là d'un trait[36] aussi parfaitement circulaire qu'une petite ville dans un tableau de primitif. A l'habiter, Combray était un peu triste, comme ses rues dont les maisons construites en pierres noirâtres du pays, précédées de degrés extérieurs, coiffées de pignons qui rabattaient l'ombre devant elles,[37] étaient assez obscures pour qu'il fallût dès que le jour commençait à tomber relever les rideaux dans les « salles »;[38] des rues aux graves noms de saints (desquels plusieurs se rattachaient à l'histoire des premiers seigneurs de Combray): rue Saint-Hilaire, rue Saint-Jacques où était la maison de ma tante, rue Sainte-Hildegarde, où donnait la grille,[39] et rue du Saint-Esprit sur laquelle s'ouvrait la petite porte latérale de son jardin; et ces rues de Combray existent dans une partie de ma mémoire si reculée, peintes de couleurs si différentes de celles qui maintenant revêtent pour moi le monde, qu'en vérité elles me paraissent toutes, et l'église qui les dominait sur la Place, plus irréelles encore que les projections de la lanterne magique;[40] et qu'à certains moments, il me semble que pouvoir encore traverser la rue Sainte-Hilaire, pouvoir louer une chambre rue de l'Oiseau—à la

---

24. This tasting of a madeleine by Marcel as an adult proves to have an almost supernatural power over his psyche. Not only does it evoke the pleasure that he had experienced when he used to eat this treat as a child, but it unexpectedly brings back the totality of his childhood memories and experiences long forgotten. All of Combray comes flooding back into his mind as if he were really reliving the past.

25. *susse, dusse*: imperfect subjunctive of *savoir* and *devoir*.

26. *pavillon*: small set-back house.

27. *pan tronqué*: truncated section.

28. *s'étirent*: stretch out.

29. *se contournent*: twist.

30. *nymphéas*: water lilies.

31. *Vivonne*: Proust's name for the small river watering his Combray (in fact the Loir, dear to Ronsard).

32. *à dix lieues à la ronde*: within a 25-mile radius.

33. *mante*: cloak.

34. *pastoure*: shepherdess.

35. *cernait*: enclosed.

36. *trait*: line.

37. *coiffées...devant elles*: capped with projecting gables which cast shadows before the houses.

38. *salles*: living rooms (provincial term).

39. *grille*: garden gate.

40. *lanterne magique*: a magic lantern was a sort of projection device, before the days of real motion pictures, that cast images in the form of slides that told a story.

vieille hôtellerie de l'Oiseau Flesché,[41] des soupiraux[42] de laquelle montait une odeur de cuisine qui s'élève encore par moments en moi aussi intermittente et aussi chaude— serait une entrée en contact avec. l'Au-delà plus merveilleusement surnaturelle que de faire la connaissance de Golo et de causer avec Geneviève de Brabant.[43]

[*Marcel goes on to provide thousands of pages of memoirs of life in his town. But are these authentic recollections, or is he remembering things the way he would like to believe they were?*]

4. André Gide

[1869–1951]

Andre Gide. © The Nobel Foundation.

Writer without Limits

Famed as a novelist, short story writer, playwright, poet, editor, essayist, travel writer, and amateur theologian, Gide cast a long shadow over the French world of literature for decades. Always controversial, he emphasized the value of the individual above all else.

Protestant Upbringing

André Gide's father, professor of law at the University of Paris, and his mother, a member of a wealthy Norman industrial family, were both Protestants. In those days, French Protestants, an entrenched minority, took their religion very seriously, strove for direct communication with the divine, cultivated the examination of conscience, and insisted on moral rigor and austere behavior. Gide lost his father when only 11 years old; he was then brought up by women in an atmosphere of evangelistic piety. His youth was difficult, darkened by the conviction of sin. As a teen he became attached to his cousin Madeleine who was tormented by her mother's marital infidelities. Gide devoted himself to trying to cure Madeleine of her grief, and at the age of 25 he even married her. They then had what has been called the literary world's longest unconsummated marriage.

Sickly, sensitive, and rich, Gide was predestined for literature. He began with a Symbolist period; with so many others, he sat at the feet of the poet Mallarmé. But in his twenties he concluded that Art alone could not suffice him; he must live and find a philosophy of life. "We went through life seeing it. We were reading," he said. Threatened

---

41. *Oiseau Flesché*: Bird Pierced by Arrow. (No doubt a transposition of Illiers' Hôtel de l'Image.)
42. *soupiraux*: basement windows.
43. *Golo, Geneviève de Brabant*: characters from a medieval story in a magic lantern show that Proust enjoyed.

with tuberculosis, he went to North Africa and there apparently found a kind of liberation through the cultivation of his previously suppressed homosexuality. He changed direction, and, in *Les Nourritures terrestres* (1897), a sort of philosophical advice-book, he proclaimed the necessity of freedom and the right to experience everything.

Quest for Wisdom

There were few to heed his declarations of independence in the early days. He gained a larger influence by his foundation, with a group of friends, of the publishing house *La Nouvelle Revue Française*, in 1909. This became the powerful organ of the younger writers, the literary review par excellence in the period between the two wars. (Gide the editor's struggles to get Proust to revamp his writing style are legendary.) After the first war, *Les Nourritures terrestres* belatedly found its public: the young whose faith in all traditional wisdom was destroyed. These accepted with passion Gide's doctrines of sincerity, of fervor, of *déracinement*; of *dénuement*, or spiritual stripping; of *disponibilité*, or constant availability to all experience. These doctrines do not represent the mere hedonism of escape; they are a positive philosophy of self-cultivation. Gide said: "L'héroïsme quotidien, c'est l'horreur du repos, du confort, de tout ce qui propose à la vie une diminution, un engourdissement, un sommeil."

A journey to Africa in 1926, where Gide saw the cruel exploitation of the Congolese by colonialists, made of him a Communist. The comrades proudly sent him to Moscow. But the perversion of communist ideals in the Soviet Union horrified him; on his return he announced that in no country was the spirit more oppressed, terrorized, vassalized than in Russia. Thus, after his adventures into politics, he concluded that the reformation of institutions is futile. Our hope must lie in the reformation of man's spirit, and toward this reformation our efforts should tend.

Gide's old age was happy and honored. He received the Nobel Prize in 1948, though he was never elected to the Académie française.

His work is vast in bulk, varied in form, and diverse in spirit. Most notable among his writings are *L'Immoraliste* (1902), a transposition of his self-searching into fictional form; *La Porte étroite* (1909), a story of the conflict of Protestant piety with the profound, misunderstood imperatives of the secret self; *Les Caves du Vatican* (1914), a farcical treatment of the individual's liberation from conventional restraints; and *Les Faux-Monnayeurs* (1926), a novel about a man writing *Les Faux-Monnayeurs*.

Sincerity and its Consequences

Through all of Gide's disconcerting shifts of position he had one constant theme: the search for sincerity. In his own case the search paralleled his life-long effort to shake off the Protestant conditioning of his youth. It is very difficult to be sincere, for sincerity depends on self-knowledge, and nothing is harder to know than one's self. With perfect self-knowledge, Gide believed, we may live richly, dismissing all fear and regret, acting spontaneously, without concern for consequences. Thus we find fulfillment, thus we save our souls.

This doctrine has certainly gotten a lot of people into trouble over the years. Gide really believed that it is better to be sorry for something you have done than to have missed out on something you could have done. "To disturb is my function," said Gide, and he disturbed some of his disciples to the point of folly and beyond. Some of them took from him merely a moral justification of immorality. (Sincerity is a fine thing, provided you can fake it.) In the last analysis, however, Gide was really saying that we must make our own judgments and follow them to their conclusions, with all the sincerity of which we are capable.

Neo-classical Style

Gide's style is clear, precise, disciplined, abstract: classic, in short. He said: "Le grand artiste est celui qu'exalte la gêne, à qui l'obstacle sert de tremplin (springboard)." This is just what Boileau said, and Alfred Hitchcock too — there is nothing like a technical challenge to spur on genius. Even the most violent opponents of Gide's teachings have recognized the beautiful form in which they are couched.

Privileged Moment

La Symphonie pastorale (1919), which is set in French-speaking Western Switzerland, is a psychological study of a subject that occupied Gide all his life: the dissolution of a Protestant unit by the intrusion of the elemental demands of life. The story is an uncommonly depressing, sometimes nasty one, about a married Protestant pastor who takes a helpless blind orphan girl named Gertrude under his wing and proceeds to become obsessed with her, leading to consequences tragic for all concerned. There are, however, moments of beauty, insight, and even humor in the tale. Our selection is a nice illustration of something in Gide often called by the French a *moment privilégié*. Gide believed that great moments of liberation and happiness can come over us, providing us a taste of sincere, authentic existence. In *La Symphonie pastorale*, the clergyman tries to force such a moment into being when he teaches the sightless girl about colors by relating them to music. The clergyman narrates his story in the form of a diary.

LA SYMPHONIE PASTORALE

[Excerpt]

28 fév.

[…]

Pour l'enseigner à Gertrude j'avais dû apprendre moi-même l'alphabet des aveugles;[1] mais bientôt elle devint beaucoup plus habile que moi à lire cette écriture où j'avais assez de peine à me reconnaître,[2] et qu'au surplus, je suivais plus volontiers avec les yeux qu'avec les mains. Du reste, je ne fus point le seul à l'instruire. Et d'abord je fus heureux d'être secondé dans ce soin, car j'ai fort à faire sur la commune, dont les maisons sont dispersées à l'excès de sorte que mes visites de pauvres et de malades m'obligent à des courses parfois assez lointaines. Jacques[3] avait trouvé le moyen de se casser le bras en patinant pendant les vacances de Noël qu'il était venu passer près de nous—car entre temps il était retourné à Lausanne[4] où il avait fait déjà ses premières études, et entré à la faculté de théologie. La fracture ne présentait aucune gravité et Martins[5], que j'avais aussitôt appelé, put aisément la réduire[6] sans l'aide d'un chirurgien; mais les précautions qu'il fallut prendre obligèrent Jacques à garder la maison quelque temps. Il commença brusquement de s'intéresser à Gertrude, que jusqu'alors il n'avait point considérée, et s'occupa de m'aider à lui apprendre à lire. Sa collaboration ne dura que le temps de sa convalescence, trois semaines environ, mais durant lesquelles Gertrude fit de sensibles progrès. Un zèle extraordinaire la stimulait à présent. Cette intelligence hier encore engourdie,[7] il semblait que, dès les premiers pas et presque avant de savoir

1. *l'alphabet des aveugles*: Braille (a French invention.)
2. *me reconnaître*: get my bearings.
3. *Jacques*: the pastor's son, also smitten with Gertrude.
4. *Lausanne*, Swiss city on Lake Geneva.
5. *Martins*: a physician in the area.
6. *la réduire*: set it (the broken arm).
7. *engourdie*: sluggish.

marcher, elle se mettait à courir. J'admire le peu de difficulté qu'elle trouvait à formuler ses pensées, et combien promptement elle parvint à s'exprimer d'une manière, non point enfantine, mais correcte déjà, s'aidant pour imager[8] l'idée, et de la manière la plus inattendue pour nous et la plus plaisante, des objets qu'on venait de lui apprendre à connaître, ou de ce dont nous lui parlions et que nous lui décrivions, lorsque nous ne le pouvions mettre directement à sa portée;[9] car nous nous servions toujours de ce qu'elle pouvait toucher ou sentir[10] pour expliquer ce qu'elle ne pouvait atteindre,[11] procédant à la manière des télémétreurs.[12]

Mais je crois inutile de noter ici tous les échelons[13] premiers de cette instruction qui, sans doute, se retrouvent dans l'instruction de tous les aveugles. C'est ainsi que, pour chacun d'eux, je pense, la question des couleurs a plongé chaque maître dans un même embarras. (Et à ce sujet je fus appelé à remarquer qu'il n'est nulle part question de couleurs dans l'Évangile.[14]) Je ne sais comment s'y sont pris les autres; pour ma part je commençai par lui nommer les couleurs du prisme dans l'ordre où l'arc-en-ciel nous les présente; mais aussitôt s'établit une confusion dans son esprit entre couleur et clarté; et je me rendais compte que son imagination ne parvenait à faire aucune distinction entre la qualité de la nuance[15] et ce que les peintres appellent, je crois, « la valeur[16] ». Elle avait le plus grand mal à comprendre que chaque couleur à son tour pût être plus ou moins foncée, et qu'elles pussent à l'infini se mélanger entre elles. Rien ne l'intriguait davantage et elle revenait sans cesse là-dessus.

Cependant il me fut donné de l'emmener à Neuchâtel[17] où je pus lui faire entendre un concert. Le rôle de chaque instrument dans la symphonie me permit de revenir sur cette question des couleurs. Je fis remarquer à Gertrude les sonorités différentes des cuivres,[18] des instruments à cordes et des bois,[19] et que chacun d'eux à sa manière est susceptible d'offrir, avec plus ou moins d'intensité, toute l'échelle des sons, des plus graves aux plus aigus. Je l'invitai à se représenter de même, dans la nature, les colorations rouges et orangées analogues aux sonorités des cors[20] et des trombones, les jaunes et les verts à celles des violons, des violoncelles et des basses;[21] les violets et les bleus rappelés ici par les flûtes, les clarinettes et les hautbois.[22] Une sorte de ravissement intérieur vint dès lors remplacer ses doutes:

—Que cela doit être beau! répétait-elle. Puis, tout à coup:

—Mais alors: le blanc? Je ne comprends plus à quoi ressemble le blanc…

Et il m'apparut aussitôt combien ma comparaison était précaire.

—Le blanc, essayai-je pourtant de lui dire, est la limite aiguë où tous les tons se confondent, comme le noir en est la limite sombre.—Mais ceci ne me satisfit pas plus qu'elle, qui me fit aussitôt remarquer que les bois, les cuivres et les violons restent distincts les uns des autres dans le plus grave aussi bien que dans le plus aigu. Que de fois, comme alors, je dus demeurer d'abord silencieux, perplexe et cherchant à quelle comparaison je pourrais faire appel.

—Eh bien! lui dis-je enfin, représente-toi le blanc comme quelque chose de tout pur, quelque chose où il n'y a plus aucune couleur, mais seulement de la lumière; le noir, au contraire, comme chargé de couleur, jusqu'à en être tout obscurci…

---

8. *imager*: picture.
9. *portée*: comprehension.
10. *sentir*: feel.
11. *atteindre*: grasp.
12. *télémétreurs*: range finders (surveyors who reckon distances according to known verticals).
13. *échelons*: rungs, steps.
14. *l'Évangile*: the Gospels.
15. *nuance*: hue.
16. *valeur*: value (the gradations between white and black; the "grayness" of a picture).
17. *Neuchâtel*, Swiss city, about 25 miles from La Brévine.
18. *cuivres*: we call them "brasses."
19. *bois*: woodwinds.
20. *cors*: horns.
21. *basses*: bass viols.
22. *hautbois*: oboes. (This passage echoes Baudelaire's poem *Correspondances* and Rimbaud's *Voyelles*.)

Je ne rappelle ici ce débris de dialogue que comme un exemple des difficultés où je me heurtais trop souvent. Gertrude avait ceci de bien qu'elle ne faisait jamais semblant de comprendre, comme font si souvent les gens, qui meublent ainsi leur esprit de données[23] imprécises ou fausses, par quoi tous leurs raisonnements ensuite se trouvent viciés.[24] Tant qu'elle ne s'en était point fait une idée nette, chaque notion demeurait pour elle une cause d'inquiétude et de gêne.

Pour ce que j'ai dit plus haut, la difficulté s'augmentait de ce que, dans son esprit, la notion de lumière et celle de chaleur s'étaient d'abord étroitement liées, de sorte que j'eus le plus grand mal à les dissocier par la suite.

Ainsi j'expérimentais sans cesse à travers elle combien le monde visuel diffère du monde des sons et à quel point toute comparaison que l'on cherche à tirer de l'un pour l'autre est boiteuse.[25]

Tout occupé par mes comparaisons, je n'ai point dit encore l'immense plaisir que Gertrude avait pris à ce concert de Neuchâtel. On y jouait précisément la Symphonie pastorale.[26] Je dis « précisément » car il n'est, on le comprend aisément, pas une œuvre que j'eusse pu davantage souhaiter de lui faire entendre. Longtemps après que nous eûmes quitté la salle de concert, Gertrude restait encore silencieuse et comme noyée dans l'extase.

—Est-ce que vraiment ce que vous voyez est aussi beau que cela? dit-elle enfin.

—Aussi beau que quoi? ma chérie.

—Que cette « scène au bord du ruisseau ».[27]

Je ne lui répondis pas aussitôt, car je réfléchissais que ces harmonies ineffables peignaient, non point le monde tel qu'il était, mais bien tel qu'il aurait pu être, qu'il pourrait être sans le mal et sans le péché. Et jamais encore je n'avais osé parler à Gertrude du mal, du péché, de la mort.

[…]

5. Colette

[1873–1954]

A Scandalous Favorite

In various respects almost the reincarnation of her nineteenth-century counterpart George Sand, Colette rode scandal to success and success to immortality in the world of literature.

Mistreated

Sidonie Gabrielle Colette Goudeket took her writing name from her father's surname. He was an army captain, who lost a leg in the Italian campaign of 1859 and was given a small post as percepteur (tax collector) in a small village in Burgundy. There Colette was born and there she lived until her eighteenth year, absorbing the sensuous background of

---

23. *données*: data.
24. *viciés*: vitiated, falsified.
25. *boiteuse*: limping, inexact.
26. The Pastoral Symphony is the name of Beetho-ven's Sixth.
27. *scène…ruisseau*: second movement of the Pastoral Symphony.

the rich, vinous countryside. She married a minor Parisian journalist and freelance writer who used the pseudonym of Willy. She was suddenly transported from her rustic simplicities to a Paris milieu where the talk was all of art, letters, and music, and where behavior was guided by cynical license. Introduced to all manner of debaucheries by her husband, Colette lost her naiveté in a hurry. Enraptured by Colette's coming-of-age stories about her girlhood, Willy realized that he had married a gold mine. He made his wife write her recollections, hotted them up with steamy ribaldries, and published the results under his own name, taking all the credit for himself.

Colette and Toby-Chien. Collection Jouvenel, Musée Colette, Saint-Sauveur-en-Puisaye dans l'Yonne.

Fed up with such rotten treatment, Colette left her despicable husband and went on the stage as a mime and as a nude dancer. She came to know and write about the life of underpaid and loose-living music-hall performers and professional mistresses. Her motivation was frankly money and success. Little by little, the public realized that what she was writing was literature.

Colette maximized her scandalous reputation and became a Parisian institution. Although the very image of the liberated woman, she scorned feminism and embraced conservative political stands. After giving birth for the first and last time at the age of 40, Colette was widely accused of being intentionally neglectful toward her daughter. Nonetheless, Colette cultivated the image of a champion of children's causes, saying that to talk to a child and fascinate him or her is more difficult and more rewarding than any electoral victory.

Three Interests

Colette had three special subject matters. One is the life of animals, particularly domestic pets, which she rendered with great finesse and sympathy. Another is the evocation of childhood and girlhood memories of the lush land of Burgundy. The third is the life of Parisian kept women and kept men. For example, *Gigi*, her most famous novel and the source for both a French film and a Hollywood version that won the Best Picture Oscar, relates the story of a young girl with a number of admirers, including one serious, much older suitor. Her popular novel *Chéri*, about a May-December romance between a middle-aged woman and her young lover (Colette herself had an affair with her 16-year-old stepson when she was in her late forties) also deals with this milieu. It is a strange society, wherein the thought of marriage rarely occurs, wherein no one seems to have children, or at least legitimate children. But from Colette's point of view this absence of family and social ties had this advantage: she could observe passion and emotion working in a void, free of all society's rules—pure, one might almost say.

To the treatment of these subject matters, in which the life of the senses is all-important, Colette brought a remarkable sensory acuteness. Strongly supportive of the life of the flesh, she was extremely sensitive to impressions of sight, sound, touch, taste, and particularly smell. These impressions she rendered with a poetic exactness that conveys them unforgettably to the reader. (The cultivation of bodily sensation and physical pleasure is more respectable in France than it is in the more puritanical United States; the French preoccupation with cuisine and perfumes, for instance, seem extreme to the average American.)

Colette's subtlety of sense impression expressed itself in her style. She was fond of rare words, of archaic and provincial terms, of specific names of plants and flowers. She sought *le mot juste, la phrase juste*. Her devotion to artistic technique is in the great French tradition.

A Window to Life

When it came time to receive honors for her achievements, Colette was denied admission to the French Academy because it was then an all men's club. But she did gain election to the Belgian Academy and the Goncourt Academy. When Colette died an octogenarian, she was given a magnificent state funeral, such as no woman, except royalty, had received in France. The ceremony was the official recognition of the honor which all France accorded to Colette, in part for her indubitable literary gifts, in part because she was a symbol of the old happy times before the First World War when, it seems, life was easy and secure, when childhood was free from terror, when the whole concern of adult men and women was Love. (In actuality the world of those years was no Eden; but little did that matter in retrospect.)

Below her apartment in the Palais-Royal that looked down on the quiet gardens laid out by Cardinal Richelieu, the government fastened a plaque with this inscription: "Ici vécut, ici mourut Colette, dont l'œuvre est une fenêtre grande ouverte sur la vie." It is seldom that a memorial tablet bears such a just literary judgment.

❖ ❖ ❖

[La Maison de Claudine, *from which our first piece is taken, was published in 1922.*]

L'AMI

Le jour où l'Opéra-Comique brûla,[1] mon frère aîné, accompagné d'un autre étudiant, son ami préféré, voulait louer deux places. Mais d'autres mélomanes[2] pauvres, habitués des places à trois francs, n'avaient rien laissé. Les deux étudiants déçus dînèrent à la terrasse d'un petit restaurant du quartier: une heure plus tard, à deux cents mètres d'eux, l'Opéra-Comique brûlait. Avant de courir l'un au télégraphe pour rassurer ma mère, l'autre à sa famille parisienne, ils se serrèrent la main et se regardèrent, avec cet embarras, cette mauvaise grâce sous laquelle les très jeunes hommes déguisent leurs émotions pures. Aucun d'eux ne parla de hasard providentiel, ni de la protection mystérieuse étendue sur leurs deux têtes. Mais quand vinrent les grandes vacances, pour la première fois Maurice—admettez qu'il s'appelait Maurice—accompagna mon frère et vint passer deux mois chez nous.

J'étais alors une petite fille assez grande, treize ans environ.

---

1. *Le jour...brûla*: i.e., in May 1887. Several hundred people lost their lives.

2. *mélomanes*: music lovers.

Il vint donc, ce Maurice que j'admirais en aveugle, sur la foi de l'amitié que lui portait mon frère. En deux ans, j'avais appris que Maurice faisait son droit—pour moi, c'était un peu comme si on m'eût dit qu'il « faisait le beau » debout sur ses pattes de derrière[3]—qu'il adorait, autant que mon frère, la musique, qu'il ressemblait au baryton Taskin[4] avec des moustaches et une très petite barbe en pointe, que ses riches parents vendaient en gros des produits chimiques et ne gagnaient pas moins de cinquante mille francs par an—on voit que je parle d'un temps lointain.

Il vint, et ma mère s'écria tout de suite qu'il était « de cent mille pics »[5] supérieur à ses photographies, et même à tout ce que mon frère vantait de lui depuis deux ans: fin, l'œil velouté, la main belle, la moustache comme roussie au feu, et l'aisance caressante d'un fils qui a peu quitté sa mère. Moi, je ne dis rien, justement parce que je partageais l'enthousiasme maternel.

Il arrivait vêtu de bleu, coiffé d'un panama à ruban rayé,[6] m'apportant des bonbons, des singes en chenille de soie grenat,[7] vieil-or, vert-paon,[8] qu'une mode agaçante accrochait partout—les rintintins[9] de l'époque—un petit porte-monnaie en peluche[10] turquoise. Mais que valaient les cadeaux au prix des larcins?[11] Je leur dérobais, à lui et à mon frère, tout ce qui tombait sous ma petite serre[12] de pie[13] sentimentale: des journaux illustrés libertins, des cigarettes d'Orient, des pastilles contre la toux, un crayon dont l'extrémité portait des traces de dents—et surtout les boîtes d'allumettes vides, les nouvelles boîtes blasonnées de photographies d'actrices que je ne fus pas longue à connaître toutes, et à nommer sans faute: Théo, Sybil Sanderson, Van Zandt…Elles appartenaient à une race inconnue, admirable, que la nature avait dotée invariablement d'yeux très grands, de cils très noirs, de cheveux frisés en éponge sur le front, et d'un lé de tulle[14] sur une seule épaule, l'autre demeurant nue…A les entendre nommer négligemment par Maurice, je les réunis en un harem sur lequel il étendait une royauté indolente, et j'essayais, le soir, en me couchant, l'effet d'une violette de maman sur mon épaule. Je fus, huit jours durant, revêche,[15] jalouse, pâle, rougissante—en un mot amoureuse.

Et puis, comme j'étais en somme une fort raisonnable petite fille, cette période d'exaltation passa et je goûtai pleinement l'amitié, l'humeur gai de Maurice, les causeries libres des deux amis. Une coquetterie plus intelligente régit tous mes gestes, et je fus, avec une apparence parfaite de simplicité, telle que je devais être pour plaire: une longue enfant aux longues tresses, la taille bien serrée dans un ruban à boucle, blottie sous son grand chapeau de paille comme un chat guetteur. On me revit à la cuisine et les mains dans la pâte à galettes,[16] au jardin le pied sur la bêche,[17] et je courus en promenade, autour des deux amis bras sur bras, ainsi qu'une gardienne gracieuse et fidèle. Quelles chaudes vacances, si émues et si pures…

C'est en écoutant causer les deux jeunes gens que j'appris le mariage, encore assez lointain, de Maurice. Un jour que nous étions seuls au jardin, je m'enhardis jusqu'à lui demander le portrait de sa fiancée. Il me le tendit: une jeune fille souriante, jolie, extrêmement coiffée, enguirlandée de mille ruches[18] de dentelle.

---

3. *pour moi…derrière*: i.e., Colette, not knowing that *le droit* means "law," took the phrase to mean "standing upright," like a dog showing off by standing on his hind legs.
4. Taskin (1853–97), star of the Opéra-Comique.
5. *de cent mille pics*: i.e., thousands of miles.
6. *rayé*: striped.
7. *singes…grenat*: monkeys made of garnet-red silk chenille (fluffy corded material).
8. *vert-paon*: peacock green.
9. *rintintins*: tiny wool figures, good luck charms popular during World War I.
10. *peluche*: plush.
11. *au prix des larcins*: in comparison with thefts.
12. *serre*: claw.
13. *pie*: magpie, a thievish bird.
14. *lé de tulle*: width of tulle, a gauzy silk material.
15. *revêche*: sulky.
16. *pâte à galettes*: pastry dough.
17. *bêche*: spade.
18. *ruches*: ruffled strips.

—Oh! dis-je maladroitement, la belle robe! Il rit si franchement que je ne m'excusai pas.

—Et qu'allez-vous faire, quand vous serez marié?

Il cessa de rire et me regarda.

—Comment, ce que je vais faire? Mais je suis déjà presque avocat, tu sais!

—Je sais. Et elle, votre fiancée, que fera-t-elle pendant que vous serez avocat?

—Que tu es drôle! Elle sera ma femme, voyons.

—Elle mettra d'autres robes avec beaucoup de petites ruches?

—Elle s'occupera de notre maison, elle recevra…Tu te moques de moi? Tu sais très bien comment on vit quand on est marié.

—Non, pas très bien. Mais je sais comment nous vivons depuis un mois et demi.

—Qui donc, « nous? »

—Vous, mon frère et moi. Vous êtes bien, ici? Étiez-vous heureux? Vous nous aimez?

Il leva ses yeux noirs vers le toit d'ardoises brodé de jaune, vers la glycine[19]

en sa seconde floraison, les arrêta un moment sur moi et répondit comme à lui-même:

—Mais oui…

—Après, quand vous serez marié, vous ne pourrez plus, sans doute, revenir ici, passer les vacances? Vous ne pourrez plus jamais vous promener à côté de mon frère, en tenant mes deux nattes[20] par le bout, comme des rênes?[21]

Je tremblais de tout mon corps, mais je ne le quittais pas des yeux. Quelque chose changea dans son visage. Il regarda tout autour de lui, puis il parut mesurer, de la tête aux pieds, la fillette qui s'appuyait à un arbre et qui levait la tête en lui parlant, parce qu'elle n'avait pas encore assez grandi. Je me souviens qu'il ébaucha[22] une sorte de sourire contraint, puis il haussa les épaules, répondit assez sottement:

—Dame,[23] non, ça va de soi…

Il s'éloigna vers la maison sans ajouter un mot et je mêlai pour la première fois, au grand regret enfantin que j'avais de perdre bientôt Maurice, un petit chagrin victorieux de femme.

---

19. *glycine*: wisteria.
20. *nattes*: braids.
21. *rênes*: reins.
22. *ébaucha*: sketched out, put on.
23. *Dame*: After all.

[*The next tale is from* Sept Dialogues de bêtes, *1905. In it, the author shows a keen understanding of the personality of animals. Colette's beloved pets, Toby-Chien and Kiki-la-Doucette (a cat) experience a thunderstorm and discuss it in a language understandable probably only to Colette – and now to us.*]

L'ORAGE

Une suffocante journée d'été à la campagne.

Derrière les persiennes[1] mi-fermées, la maison se tait, comme le jardin angoissé où rien ne bouge, pas même les feuilles pendantes et évanouies du mimosa à feuilles de sensitive.[2]

Kiki-la-Doucette et Toby-Chien commencent à souffrir et à deviner l'orage, qui n'est encore qu'une plinthe bleu ardoise, peinte épaissement en bas de l'autre bleu terne du ciel.[3]

TOBY-CHIEN, couché, et qui change de flanc toutes les minutes.—Ça ne va pas, ça ne va pas. Qu'est-ce que c'est que cette chaleur-là? Je dois être malade. Déjà, à déjeuner, la viande me dégoûtait et j'ai soufflé de mépris sur ma pâtée. Quelque chose de funeste attend quelque part. Je n'ai rien commis que je sache répréhensible, et ma conscience…Je souffre pourtant. Mon compagnon, couché, frémit longuement et ne dort point. Son souffle pressé dénonce un trouble pareil au mien…Chat?

KIKI-LA-DOUCETTE, crispé, très bas.—Tais-toi.

TOBY-CHIEN — Quoi donc? Tu écoutes un bruit?

KIKI-LA-DOUCETTE — Non. Oh! dieux, non! Ne me parle même pas de bruit, d'aucun bruit; au son seul de ta voix, la peau de mon dos devient semblable aux vagues de la mer!

TOBY-CHIEN, effrayé. — Vas-tu mourir?

KIKI-LA-DOUCETTE — J'espère encore que non. J'ai la migraine. Ne perçois-tu pas, sous la peau presque nue de mes tempes, sous ma peau bleuâtre et transparente de bête racée,[4] le battement de mes artères? C'est atroce! Autour de mon front, mes veines sont des vipères convulsées, et je ne sais quel gnome forge dans ma cervelle. Oh! tais-toi! ou du moins parle si bas que la course de mon sang agité puisse couvrir tes paroles…

TOBY-CHIEN — Mais c'est ce silence même qui m'accable! Je tremble et j'ignore. Je souhaite le bruit connu du vent dans la cheminée, le battement des portes, le chuchotement du jardin, le sanglot de source qui est la voix continue du peuplier,[5] ce mât feuillu de monnaies rondes…

KIKI-LA-DOUCETTE — Le vacarme[6] viendra assez tôt.

TOBY-CHIEN — Le crois-tu? Leur silence, à Eux, m'effraie davantage. Qu'il gratte le papier, Lui, c'est l'usage. Un usage révéré et inutile. Mais Elle! tu la vois, prostrée en son fauteuil de paille? Elle a l'air de dormir, mais je vois remuer ses cils et le bout de ses doigts. Elle ne siffle pas, ne chante pas, oublie de jouer avec les pelotes de fil. Elle souffre comme nous. Est-ce que ce serait la fin du monde, Chat?

KIKI-LA-DOUCETTE — Non. C'est l'orage. Dieux! que je souffre. Quitter ma peau et cette toison[7] où j'étouffe!

---

1. *persiennes*: shutters.
2. *mimosa … sensitive*: mimosa pudica, a flowering plant popular in France.
3. The storm resembles a slate-blue support column holding up the dull blue of the rest of the sky.
4. *racée*: purebred.
5. *peuplier*: poplar tree.
6. *vacarme*: uproar (noise of the approaching storm.)
7. *toison*: fleece, coat (of an animal.)

me jeter hors de moi-même, nu comme une souris écorchée, vers la fraîcheur! O chien! tu ne peux voir, mais je les sens, les étincelles dont chacun de mes poils crépite. Ne m'approche pas: un trait bleu de flamme va sortir de moi…

TOBY-CHIEN, frissonnant. — Tout devient terrible. (Il rampe péniblement jusqu'au perron.[8]) Qu'a-t-on changé dehors? Voilà que les arbres sont devenus bleus et que l'herbe étincelle comme une nappe d'eau. Le funèbre soleil! Il luit blanc sur les ardoises, et les petites maisons de la côte ressemblent à des tombes neuves. Une odeur rampante sort des daturas[9] fleuris. Ce lourd parfum d'amande amère, que laissent couler leurs cloches blanches, remue mon cœur jusque dans mon estomac. Une fumée lointaine, lasse comme l'odeur des daturas, monte avec peine, se tient droite un instant et retombe, aigrette vaporeuse rompue par le bout…Mais viens donc voir!

KIKI-LA-DOUCETTE marche jusqu'au perron d'un pas ataxique.[10]

TOBY-CHIEN — Oh! mais, toi aussi, on t'a changé, Chat! Ta figure tirée est celle d'un affamé, et ton poil, plaqué ici, rebroussé là, te donne une piteuse apparence de belette[11] tombée dans l'huile.

KIKI-LA-DOUCETTE — Laisse tout cela. Je reviendrai digne de moi-même demain, si le jour brille encore pour nous. Aujourd'hui, je me traîne, ni peigné, ni lavé, tel qu'une femme que son amour a quittée…

TOBY-CHIEN — Tu dis des choses qui me désolent! Je crois que je vais crier, appeler du secours. Il vaut mieux peut-être me réfugier en Elle, quêter sur sa

figure le réconfort que tu me refuses. Mais Elle semble dormir dans son fauteuil de paille et voile ses yeux, dont la nuance est celle de mon destin. D'une langue respectueuse, promenée à peine sur ses doigts pendants, je l'éveille. Oh! que sa première caresse dissipe le maléfice!

Il lèche[12] la main retombante.

ELLE, criant. — Ah!…Dieu, que tu m'as fait peur! On n'est pas serin[13] comme cette bête!…Tiens!

Petite tape sèche sur le museau[14] du coupable, dont l'énervement éclate en hurlements aigus.

Tais-toi! tais-toi! Disparais de ma présence! Je ne sais pas ce que j'ai, mais je te déteste! Et ce chat qui est là à me regarder comme une tortue!

KIKI-LA-DOUCETTE, hérissé. — Si Elle me touche, je la dévore!

Ça va très mal finir…quand un roulement[15] doux, lointain et proche, dont on ne sait s'il naît de l'horizon ou s'il sourd[16] de la maison elle-même, les désintéresse tous trois de la querelle.

Comme obéissant à un signe, TOBY-CHIEN et KIKI-LA-DOUCETTE, le train de derrière bas, s'abritent, qui sous la bibliothèque, qui[17] sous un fauteuil. ELLE se détourne, inquiète, vers le jardin plombé, vers la muraille violacée[18] des nuages qui, tout à coup, se lézarde de feu blanc aveuglant.[19]

ELLE, TOBY-CHIEN, KIKI-LA-DOUCETTE, ensemble.—Ha!

Au sec fracas qui éclate, les vitres tintent. Un souffle, soudain accouru, enveloppe la maison comme une étoffe claquante, et tout le jardin se prosterne.

8.　*perron*: flight of stairs.
9.　*daturas*: stramonium, a leafy plant. (Toby-Chien has an admirably large horticultural vocabulary.)
10.　*pas ataxique*: ataxic (uncoordinated) step.
11.　*belette*: weasel.
12.　*lèche*: licks.
13.　*serin*: stupid.

14.　*museau*: snout.
15.　*roulement*: a rumbling of thunder.
16.　*sourd*: springs up.
17.　*qui … qui*: the one … the other.
18.　*violacée*: purplish (from the shadows cast by the storm.)
19.　*se lézarde de feu blanc aveuglant*: cracks with a blinding white fire (lightning bolt.)

ELLE, angoissée. — Mon Dieu! et les pommes!

TOBY-CHIEN, invisible. — On me découperait les deux oreilles en lanières[20] plutôt que de me faire sortir de là-dessous.

KIKI-LA-DOUCETTE, invisible. — Malgré moi, j'écoute, et c'est comme si je voyais. Elle se précipite et ferme les fenêtres. On court dans l'escalier...Aïe! encore une flamme terrible...Et tout s'écroule par-dessus! Plus rien...Sont-ils tous morts? Entre les franges du fauteuil, j'aperçois, en risquant de mourir, les premiers grêlons,[21] graviers glacés qui trouent les feuilles de l'aristoloche.[22] La pluie maintenant, en gouttes espacées, couleur d'argent, si lourdes que le sable se gaufre sous leur chute...

ELLE, navrée. — J'entends tomber les pêches, et les noix vertes!

Ils se taisent tous trois. Pluie, éclairs palpitants, abois du vent, sifflement des pins. Accalmie.

TOBY-CHIEN — On dirait que j'ai un peu moins peur. Le bruit de la pluie détend mes nerfs malades. Il me semble en sentir sur ma nuque, sur mes oreilles la ruisselante tiédeur. Le vacarme s'éloigne. Je m'entends respirer. Un jour plus blanc glisse jusqu'à moi sous cette bibliothèque. Que fait-Elle? Je n'ose encore sortir. Si au moins le Chat bougeait! (Il avance une tête prudente de tortue[23]; un éclair le rejette sous la bibliothèque.[24]) Ha! ça recommence. La pluie en paquets contre les vitres! Le tablier de la cheminée imite le roulement d'en haut; tout s'écroule...et Elle m'a donné une tape sur le nez!

KIKI-LA-DOUCETTE — Goutte à goutte, de la fenêtre mal jointe, filtre un petit ruisseau brunâtre qui s'allonge sur le parquet, s'allonge, s'allonge et serpente jusqu'à moi. J'y boirais, tant j'ai soif et chaud. J'ai les coudes fatigués. Fatiguées aussi sont mes oreilles, de s'agrandir en girouettes[25] vers tous les cataclysmes. Une peur nerveuse serre encore mes mâchoires.[26] Et puis le siège de ce fauteuil trop bas m'agace les poils du dos. Mais c'est un soulagement déjà de pouvoir penser à cela, grâce à la trêve de silence qui descend sur la maison. Le souvenir du fracas bourdonne dans mes oreilles, avec le murmure affaibli du vent et de la pluie. Que fait-il, Lui que l'orage tourmente comme nous et qui n'a point paru pour réduire les éléments déchaînés? Voici qu'Elle ouvre la porte sur le perron. N'est-ce point trop tôt?...Non, car les poules caquettent et prédisent le beau temps en enjambant les flaques[27] avec des cris de vieilles filles. Oh! l'odeur adorable qui vient jusqu'ici, si jeune, si verte de feuillages mouillés et de terre désaltérée, si neuve que je crois respirer pour la première fois!

Il sort en rampant et va jusqu'au perron.

TOBY-CHIEN, tout à coup. — Hum! que ça sent bon! ça sent la promenade! Tout change si vite qu'on n'a pas le temps de penser. Elle a ouvert la porte? Courons. (Il se précipite.) Enfin! enfin! le jardin a repris sa couleur de jardin! Une tiède vapeur mouille mon nez grenu;[28] je sens dans tous mes membres le désir du bond et de la course. L'herbe luit et fume, les escargots cornus tâtent, du bout des yeux, le gravier rose, et les limaces,[29] chinées[30] de blanc et de noir, brodent le

---

20. *lanières*: strips.
21. *grêlons*: hailstones.
22. *l'aristoloche*: the aristolochia (another leafy plant, which is getting holes shot through it by the hailstones.)
23. *avance ... tortue*: sticks his head out gingerly like a turtle (from his shell.)
24. *un éclair le rejette sous la bibliothèque*: a flash of lightning sends him back under the bookcase.
25. *en girouettes*: like weathervanes.
26. *mâchoires*: jaws.
27. *flaques*: puddles.
28. *grenu*: coarse.
29. *limaces*: slugs (actually snails in this case.)
30. *chinées*: speckled.

mur d'un ruban d'argent. Oh! la belle
bête, dorée et verte, qui court dans le
mouillé! La rattraperai-je? Gratterai-
je de mes pattes onglées sa carapace[31]
métallique jusqu'à ce qu'elle crève en
faisant croc? Non. J'aime mieux rester
contre Elle, qui, appuyée à la porte,
respire longuement et sourit sans parler.
Je suis heureux. Quelque chose en moi
remercie tout ce qui existe. La lumière
est belle, et je suis tout à fait certain
qu'il n'y aura plus jamais d'orage.

KIKI-LA-DOUCETTE — Je n'y tiens
plus, je sors. Mes pattes délicates
choisiront pour s'y poser, entre les
flaques, de petits monticules[32] déjà secs.
Le jardin ruisselle, scintille et tremble
d'un frisson à peine sensible, qui émeut
les pierreries partout suspendues…Le
soleil couchant, qui darde d'obliques
pinceaux, rencontre dans mes yeux
pailletés[33] les mêmes rayons rompus,
or et vert. Au fond du ciel encore
bouleversé, une étincelante épée, jaillie

d'entre deux nuages, pourchasse vers
l'est les croupes fumeuses et bleuâtres,
dont le galop roula sur nos têtes. L'odeur
des daturas, qui rampait, s'envole,
enlacée à celle d'un citronnier meurtri
de grêle. Ô soudain Printemps! Les
rosiers se couronnent de moucherons.[34]
Un sourire involontaire étire les coins
de ma bouche. Je vais jouer, le cou
tendu pour éviter les gouttes d'eau, à
me chatouiller[35] l'intérieur des narines[36]
avec la pointe d'une herbe parfumée.
Mais je voudrais qu'Il vînt enfin et
me suivît, en admirant chacun de mes
mouvements. Ne viendra-t-il pas se
réjouir avec nous?

*On entend fredonner[37] le motif du
Regenbogen:[38] sol, si, ré, sol, la, si,[39]
— avec des bémols[40] partout.—Une porte
s'ouvre et se referme. Sous la chevelure[41]
mouillée de vigne et de jasmin qui encadre
la véranda, Il paraît, en même temps que
l'Arc-en-ciel!*

---

31. *carapace*: shell.
32. *monticules*: mounds.
33. *pailletés*: sparkling.
34. *moucherons*: gnats.
35. *chatouiller*: tickle.
36. *narines*: nostrils.
37. *fredonner*: hum.
38. *motif du Regenbogen*: the (musical) theme from

Rainbow. (Probably Beethoven's.)
39. *sol, si, ré, sol, la, si*: (musical notes in the Fixed Do system) soh, ti, re, soh, la, ti.
40. *bémols*: flats (i.e., flat notes such as B flat.)
41. *chevelure*: literally, head of hair. Here, it is actually the vines and jasmine that constitute the archway's thatch.

6. Surrealism

Surrealism, primarily a poetry movement, but also important in theater and visual arts, represented a near-revolution in the way Western Civilization thinks. Although not really a success in the long run, it did alter the way poets conceive of themselves and their role, and that remains a lasting influence.

In France, as elsewhere, immense quantities of poetry are written. But in France, as elsewhere, not much of it is read, except by poets. Probably the reason is that poetry is now commonly regarded as a means of self-expression, not as a message to a reader. Gone are the days when Lamartine could reply to a detractor that he was unconcerned; his book would soon be in the pocket of every cobbler.

In modern poetry as in the other arts one of the dominant characteristics is anti-rationalism. Rimbaud was one of the great forerunners. Then came the Symbolist poets of the late nineteenth century who imbued their works with image after image, unencumbered by logic, but vaguely understandable if you had a feeling for their secret code, which of course was never published anywhere. Before the First World War came literary cubism and futurism, or a demand for "words in liberty." In the midst of war arose Dadaism, a protest against everything: society, war, religion, language, literature, reason, intelligence. One Dadaist poem consisted entirely of the letter W.

Dadaism was self-annihilating. Much more powerful was Surrealism. Apollinaire invented the word in 1917. In 1924 André Breton took it up, issued a manifesto, and organized a doctrine and a school. Surrealism, like Dadaism, rejected common sense and the social establishment; however, it was not content with repudiation. It proposed a purpose, to change the world and life. It proposed further a subject matter and a method. The subject matter is the subconscious and the dream. The conscious is merely an unimportant momentary aspect of our gigantic subconscious, which is our true self, our reality. Conscious memory must be replaced by subliminal chaos, by "memories of the future." The theory drew heavily on Freud and psychiatry; the school solemnly celebrated in 1928 the Fiftieth Anniversary of Hysteria. The method of Surrealism was involuntary or free association, like that of the psychologist with his Rorschach test. The well-known phenomenon of automatic writing was held in honor.

The Surrealists honestly believed that they were the advance guard of a whole new epoque in intellectual history. Once the subconscious was unleashed, they thought, humanity's progress would be unlimited. Linear thinking would become passé. A mighty new step in human evolution would take place.

Needless to say, the great leap in evolution never occurred. One plus one still equals two, and Surrealism turned out to be just another literary vogue like its predecessors.

The formal Surrealist school did not produce much that is readable today. It did, however, assemble a group of remarkable young men who bore many marks of surrealism in their later achievements. We shall briefly make the acquaintance of some of them. And the influence of Surrealism, which was a liberating movement, may be readily discerned in the work of many later writers such as the Caribbean poet Césaire and the author of *nouveaux romans*, Robbe-Grillet. And anyone who wanted to be avant-garde, launching any startling sort of new artistic mode incomprehensible to the fuddy-duddies, owed a debt to Apollinaire and company.

Guillaume Apollinaire

[1880–1918]

Portrait of Guillaume Apollinaire reclining, ca. 1910.
Archives Charmet / Bridgeman Art Library.

Cubist Influences

Apollinaire (the adopted name of Wilhelm Apollinaire de Kostrowitski) was born in Rome of a Polish mother and a mystery father. After a difficult and raffish youth he came to Paris and lived by expedients, mostly literary. He frequented the Cubist painters and became their champion and unofficial press agent (though one of these artists, Braque, said Apollinaire knew nothing of art and could not tell a Rubens from a Rembrandt). But the giant of cubist art, Pablo Picasso, became fast friends with Apollinaire. This friendship became strained, unfortunately, when they both became prime suspects in the 1911 theft of the Mona Lisa. (A mutual friend had gifted them with a few little statuettes that he had swiped out of the Louvre as a joke just before the Mona Lisa disappeared. The French police were not amused.) Luckily, the real thief, an Italian who worked at the Louvre, turned himself in, thus clearing Picasso and Apollinaire.

Hero of France

He published his first collection of verse, *Alcools*, in 1913. The poetry world applauded this work enthusiastically. Having a personality along the lines of Rabelais or Balzac, Apollinaire loved to eat, drink and be merry, always entertaining his friends with his jokes and stunts. But he was more than a clown. At the outbreak of the First World War he volunteered, serving gallantly until, in 1916, he was severely wounded in the head. He was one of the few who found a kind of self-fulfillment in military service and who could perceive in war a ghastly beauty. He died of an illness in 1918, two days before the armistice. (The crowds were shouting: "A bas Guillaume!" [referring to Germany's Kaiser Wilhelm]. He took the words personally.)

Musicality and Visuality

His early poetic style is close to music, à la Verlaine. Sound is the essential; the sense that poetry makes is not a linear statement, an argument, but a transfer of emotion; it is the awakening of a sympathetic vibration. Hence there is little point in our torturing a poem for its meaning. The meaning consists in the release of a hidden wonder, a mystery. He had other style, for example his *poèmes-conversations*, a sort of stream of consciousness, and his calligrammes, or "shaped verses," in which the words visually form a picture on the page illustrating the subject matter. You must note that he accepted syllable-counting in verse-forms, and rhyme, though with many qualifications. But he banished punctuation.

Apollinaire's literary rating has steadily risen. He is now regarded as one of the poetic masters, showing the way to his successors.

❖ ❖ ❖

[This Calligramme humorously depicts in visual fashion the items that are its subject, thus making language the raw material of art.]

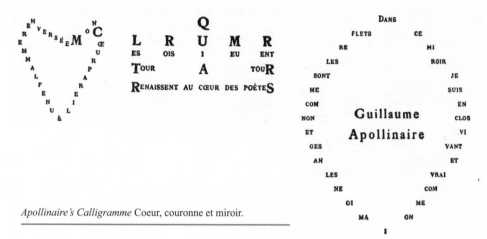

Apollinaire's Calligramme Coeur, couronne et miroir.

❖ ❖ ❖

LE PONT MIRABEAU

[Apollinaire was for some years the lover of the painter Marie Laurencin. She lived in Auteuil, at the western edge of Paris. Apollinaire stands on the Pont Mirabeau, crossing the Seine, grieving at the breaking up of the love affair. Observe the form: a 10–syllable line followed by a 4–, a 6–, and a 10–, with a feminine rhyme on the first, third, and fourth lines. The stanza could as well be written as three 10– syllable lines, but the poet wants a sharp break in his second line. Hence, the haunting music. You will undoubtedly appreciate the simplicity of his vocabulary as well. The poem is from Alcools.*]*

Sous le pont Mirabeau coule la Seine
Et nos amours
Faut-il qu'il m'en souvienne
La joie venait toujours après la peine

Vienne la nuit[1] sonne l'heure
Les jours s'en vont je demeure

Les mains dans les mains restons face à face
Tandis que sous
Le pont de nos bras passe
Des éternels regards l'onde si lasse[2]

Vienne la nuit sonne l'heure
Les jours s'en vont je demeure

---

1. A comma would normally come at this point, but Apollinaire hated punctuation and its interference with the stream of thought and feeling.

2. *Des éternels regards…lasse*: The water so weary of our endless mutual gaze.

L'amour s'en va comme cette eau courante
L'amour s'en va
Comme la vie est lente
Et comme l'espérance est violente

Vienne la nuit sonne l'heure
Les jours s'en vont je demeure

Passent les jours et passent les semaines
Ni temps passé
Ni les amours reviennent
Sous le pont Mirabeau coule la Seine

Vienne la nuit sonne l'heure
Les jours s'en vont je demeure

CORS DE CHASSE[3]

Notre histoire est noble et tragique
Comme le masque d'un tyran
Nul drame hasardeux ou magique
Aucun détail indifférent
Ne rend notre amour pathétique

Et Thomas de Quincey[4] buvant
L'opium poison doux et chaste

A sa pauvre Anne allait rêvant
Passons passons puisque tout passe
Je me retournerai souvent

Les souvenirs sont cors de chasse
Dont meurt le bruit parmi le vent

LES COLCHIQUES[5]

Le pré est vénéneux[6] mais joli en automne
Les vaches y paissant[7]
Lentement s'empoisonnent[8]
Le colchique couleur de cerne[9] et de lilas[10]
Y fleurit tes yeux sont comme cette fleur-là
Violatres[11] comme leur cerne et comme cet automne
Et ma vie pour tes yeux lentement s'empoisonne

Les enfants de l'école viennent avec fracas[12]
Vêtus de hoquetons[13] et jouant de l'harmonica
Ils cueillent[14] les colchiques qui sont comme des mères

---

3. *Cor de chasse*: hunting horns.
4. Thomas de Quincey, nineteenth-century author of *Confessions of an English Opium Eater*.
5. *colchique* : colchicums (a genus of flower, similar to crocus, known for its poisonous purple blossoms. In this poem, Apollinaire will use this image of a toxic flower to support the notion of deadly beauty.)
6. *Le pré est vénéneux* : The meadow is toxic.
7. *paissant* : grazing.
8. *s'empoisonnent* : get poisoned.
9. *cerne* : ring (usually a ring around or under one's eyes.)
10. *lilas* : lilacs (another genus of purple flower.)
11. *Violatres* : purplish.
12. *fracas* : a lot of noise.
13. *Vêtus de hoquetons* : clothed in hiccups. (A typically surrealistic image, nonsensical but intriguing. The phrase could refer either to *enfants* or *fracas*.)
14. *ceuillent* : gather.

Illustration for an Apollinaire poem from Henri Parisot's Les Poètes voyagent. *Courtesy of Bibliothèque nationale de France.*

Filles de leurs filles et sont couleur de tes paupières[15]
Qui battent[16] comme les fleurs battent au vent dément[17]

Le gardien[18] du troupeau[19] chante tout doucement
Tandis que lentes et meuglant[20] les vaches abandonnent
Pour toujours ce grand pré mal fleuri par l'automne

MAI

Le mai le joli mai en barque[21] sur le Rhin[22]
Des dames regardaient du haut de la montagne
Vous êtes si jolies mais la barque s'éloigne
Qui donc a fait pleurer les saules[23] riverains[24]

Or des vergers fleuris se figeaient en arrière
Les pétales tombés des cerisiers[25] de mai
Sont les ongles[26] de celle que j'ai tant aimée
Les pétales flétris sont comme ses paupières[27]

Sur le chemin du bord du fleuve lentement
Un ours un singe un chien menés par des tziganes[28]
Suivaient une roulotte[29] traînée par un âne
Tandis que s'éloignait dans les vignes rhénanes[30]
Sur un fifre[31] lointain un air de régiment

---

15. *paupières* : eyelids.
16. *battent* : bat.
17. *dément* : demented.
18. *gardien* : cowboy. (There are indeed French cowboys, especially in the Camargue region of France.)
19. *troupeau* : herd.
20. *meuglant* : mooing
21. *barque* : a small boat.
22. *le Rhin* : the Rhine (a major European river dividing France and Germany, and also flowing through Switzerland.)
23. *saules* : weeping willow trees.
24. *riverains* : on the river banks.
25. *cerisiers* : cherry trees.
26. *ongles* : fingernails.
27. *paupières* : eyelids. (As in other poems, Apollinaire merges his lover with nature.)
28. *tziganes* : gypsies.
29. *roulotte* : small wagon or cart.
30. *rhénanes* : of the Rhenan region.
31. *fifre* : fife. (The military fife is a portent of World War I, just months away.)

Le mai le joli mai a paré[32] les ruines
De lierre[33] de vigne vierge et de rosiers[34]
Le vent du Rhin secoue sur le bord les osiers[35]
Et les roseaux jaseurs[36] et les fleurs nues des vignes

Automne

[*One of the six poems by Apollinaire put to music by Arthur Honegger. Try to feel the musicality of the poem's cadences.*]

Dans le brouillard[37] s'en vont un paysan cagneux[38]
Et son bœuf lentement dans le brouillard d'automne
Qui cache les hameaux[39] pauvres et vergogneux[40]

Et s'en allant là-bas le paysan chantonne[41]
Une chanson d'amour et d'infidélité
Qui parle d'une bague[42] et d'un cœur que l'on brise

Oh! l'automne l'automne a fait mourir l'été
Dans le brouillard s'en vont deux silhouettes grises

Merveilles de la guerre[43]

Que c'est beau ces fusées[44] qui illuminent la nuit
Elles montent sur leur propre cime et se penchent pour regarder
Ce sont des dames qui dansent avec leur regard pour yeux bras et cœurs

J'ai reconnu ton sourire et ta vivacité
C'est aussi l'apothéose quotidienne de toutes mes Bérénices[45] dont les chevelures
    sont devenues des comètes
Ces danseuses surdorées[46] appartiennent à tous les temps et à toutes les races
Elles accouchent brusquement d'enfants qui n'ont que le temps de mourir

Comme c'est beau toutes ces fusées
Mais ce serait bien plus beau s'il y en avait plus encore
S'il y en avait des millions qui auraient un sens complet et relatif comme les lettres
    d'un livre
Pourtant c'est aussi beau que si la vie même sortait des mourants

---

32. *a paré* : adorned.
33. *De lierre* : With ivy. (Normally there would be a comma after *lierre*, separating it from the following *de vigne*.)
34. *rosiers* : rose bushes.
35. *osiers* : willows.
36. *roseaux jaseurs* : chatty reeds. (The wind rustling through the reeds presumably makes a sound akin to gibberish.)
37. *brouillard* : fog.
38. *cagneux* : knock-kneed.
39. *hameaux* : hamlets, villages.
40. *vergogneux* : ashamed.
41. *chantonne* : chants.
42. *bague* : ring (perhaps a wedding or engagement ring.)
43. This poem is an example of a *poème-conversation*.
44. *fusées*: rockets (to illuminate battlefield).
45. *Bérénices*: Queen Berenice of Egypt sacrificed her hair to Aphrodite; it was blown to heaven to become the constellation Coma Berenices.
46. *surdorées*: double-gilt.

Mais ce serait plus beau encore s'il y en avait plus encore
Cependant je les regarde comme une beauté qui s'offre et s'évanouit aussitôt
Il me semble assister à un grand festin éclairé à giorno[47]
C'est un banquet que s'offre la terre
Elle a faim et ouvre de longues bouches pâles
La terre a faim et voici son festin de
Balthasar[48] cannibale

Qui aurait dit qu'on pût être à ce point anthropophage
Et qu'il fallût tant de feu pour rôtir le corps humain
C'est pourquoi l'air a un petit goût empyreumatique[49] qui n'est ma foi pas
     désagréable
Mais le festin serait plus beau encore si le ciel y mangeait avec la terre
Il n'avale que les âmes
Ce qui est une façon de ne pas se nourrir
Et se contente de jongler avec des feux versicolores[50]

Mais j'ai coulé dans la douceur de cette guerre avec toute ma compagnie au long des
     longs boyaux[51]

Quelques cris de flamme annoncent sans cesse ma présence
J'ai creusé le lit où je coule en me ramifiant en mille petits fleuves qui vont partout
Je suis dans la tranchée de première ligne et cependant je suis partout ou plutôt je
     commence à être partout
C'est moi qui commence cette chose des siècles à venir
Ce sera plus long à réaliser que non la fable d'Icare[52] volant

Je lègue à l'avenir l'histoire de Guillaume
Apollinaire[53]
Qui fut à la guerre et sut être partout
Dans les villes heureuses de l'arrière
Dans tout le reste de l'univers
Dans ceux qui meurent en piétinant dans le barbelé[54]
Dans les femmes dans les canons dans les chevaux
Au zénith au nadir aux 4 points cardinaux
Et dans l'unique ardeur de cette veillée d'armes[55]
Et ce serait sans doute bien plus beau
Si je pouvais supposer que toutes ces choses dans lesquelles je suis partout
Pouvaient m'occuper aussi
Mais dans ce sens il n'y a rien de fait
Car si je suis partout à cette heure il n'y a cependant que moi qui suis en moi

---

47. *à giorno*: as brightly as by day (Italian).
48. *festin de Balthasar*: feast of Belshazzar, which spelled his downfall in the Bible story. (See Daniel, 5.)
49. *empyreumatique*: smelling of burned organic substances.
50. *versicolores*: parti-colored (i.e., having different colors in different parts.)
51. *boyaux*: communication trenches.
52. *Icare*: Icarus, who attempted disastrously to fly using wax wings that melted near the sun.
53. This recalls Villon's *Grand Testament*.
54. *barbelé*: barbed wire.
55. *veillée d'armes*: vigil of arms, the night before battle.

SI JE MOURAIS LÀ-BAS...

Si je mourais là-bas sur le front de l'armée,
Tu pleurerais un jour, ô Lou, ma bien-aimée
Et puis mon souvenir s'éteindrait[56] comme meurt
Un obus[57] éclatant sur le front de l'armée,
Un bel obus semblable aux mimosas en fleur.

Et puis ce souvenir éclaté dans l'espace
Couvrirait de mon sang le monde tout entier:
La mer, les monts, les vals et l'étoile qui passe,
Les soleils merveilleux mûrissant dans l'espace
Comme font les fruits d'or autour de Baratier.[58]

Souvenir oublié, vivant dans toutes choses,
Je rougirais le bout de tes jolis seins roses,
Je rougirais ta bouche et tes cheveux sanglants.
Tu ne vieillirais point, toutes ces belles choses
Rajeuniraient toujours pour leurs destins galants.

Le fatal giclement[59] de mon sang sur le monde
Donnerait au soleil plus de vive clarté,
Aux fleurs plus de couleur, plus de vitesse à l'onde,
Un amour inouï descendrait sur le monde,
L'amant serait plus fort dans ton corps écarté...

Lou, si je meurs là-bas, souvenir qu'on oublie,
—Souviens-t'en quelquefois aux instants de folie,—
De jeunesse et d'amour et d'éclatante ardeur
Mon sang c'est la fontaine ardente du bonheur!
Et sois la plus heureuse étant la plus jolie,

O mon unique amour et ma grande folie!

La nuit descend,
On y pressent[60]
Un long, un long destin de sang.

---

56. *s'éteindrait*: would die out.
57. *obus*: artillery shell.
58. Baratier was an officer who conducted expeditions in Equatorial Africa. Perhaps this is a travel reminiscence.
59. *giclement*: spurting.
60. *pressent*: has a foreboding of.

André Breton

[1896-1966]

Exploring the Subconscious

Only a few theorists–Boileau with his *Art poétique*, and Hugo with his *Préface de Cromwell* come readily to mind–have successfully laid out the blueprint for an entire French literary movement and actually been heeded. Breton is another one with that distinction.

Medical Mind

Born in Tinchebray in Basse Normandie, André Breton grew up where someone named Breton ought to—la Bretagne. Although coming from a merchant background, André's interests were poetry and medicine. He went to medical school and studied what would later become a recognized field, neurological psychology. He did not have the opportunity to complete these studies, however, because of World War I. Unlike Apollinaire, who served in the trenches, Breton served as a

Portrait of Andre Breton, 1930. Archives Charmet / Bridgeman Art Library.

psychological counselor to the wounded. This was an opportunity to try out on his patients the brand-new psychological theories of Sigmund Freud. After the war, Breton traveled to Vienna where he is said to have met with Freud. Breton returned to France determined to put psychoanalysis to good use. The field he chose was not medicine, but literature.

Pope of the Surrealists

Following an early volume of quasi-symbolist poetry, *Mont de piété* (1919), Breton produced a Dadaist collaboration with Philippe Soupault in what he called "automatic writing" (*Les Champs magnétiques*, 1921), and a somewhat autobiographical novel about a therapist and his mentally unbalanced female patient, *Nadja* (1928). Then Breton challenged the literary world to take a great leap forward in his famous *Manifeste du surréalisme*. (He published different versions of this manifesto in 1924, 1930, and 1934.) To Breton, surrealism was to be a literary and artistic movement based on the free play of the unconscious mind unfettered by such mundane accoutrements as logic and rules. He believed that reason had only led to world war, and that it was time to try the nonrational for a change. Instead of art for art's sake, he was essentially advocating totally free thought for thought's sake.

His Paris apartment at 42 rue Fontaine became the meeting place for the Surrealist movement. Like Mallarmé with the Symbolists, Breton became the central figure at whose feet budding Surrealists came to learn and discuss. Poets such as Aragon and Eluard as well as painters such as Duchamp, Miro, and Magritte all declared Breton the *Pape des surréalistes*. One of their favorite activities in their gatherings at his home was producing

Headline touting a Breton article supporting conscientious objectors. From the anarchist newspaper Le Libertaire.

random sentences by having each person add a word without regard for meaning. This game was called "cadavres exquis" in honor of their nonsense phrase "le cadavre exquis boira le vin nouveau." Supposedly, the very randomness of the sentences made them poetical.

Politics, Publishing and Protest

Breton founded or co-founded several highly influencial literary and political journals over the years, including *Littérature*, *Minotaure*, *VVV*, and *Le Surréalisme au service de la révolution*. He was a member of the Communist Party for a few years but quit when Stalin's atrocities in Russia became known. He switched to a different brand of Marxism after a meeting with Trotsky and set up the Fédération de l'Art Révolutionnaire Indépendant. Despite his politics, Breton spent World War II in the United States. He then returned to France and enjoyed much literary productivity until his death in 1966.

Breton's widow kept their famous apartment, considered the shrine of Surrealism, unchanged until her own death in 2003, whereupon their daughter felt compelled to hold an auction of its contents in order to pay inheritance taxes. Breton's thousands of random objects (everything from paintings by the great Surrealists to masks by Pacific tribes, and from first-edition books to stuffed hummingbirds), reminiscent of his love for random words, constituted a unique collection. When the auction was announced, the literary world was outraged, demanding that the apartment become a museum. A petition signed by the likes of Susan Sontag and Lawrence Ferlinghetti demanded that the collection be saved. Even philosopher Jacques Derrida organized and led a protest. At the auction preview, an enraged Surrealist threw a stink bomb. But these measures only made the auction all the more popular, and Breton's objects ended up selling to various buyers (including the French government) for a reported 46 million Euros (well over $50 million.) A first edition of Breton's 1936 *Qu'est-ce que le surréalisme?*, a book denouncing crass materialistic thought, sold for $300,000, thus proving that irony is alive and well in the twenty-first century.

❧ ❧ ❧

[*Our first selection,* Clé de sol, *is from* Mont de Piété, *published in 1919. Note that the unusual indentations are Breton's. Poetry, freed of rhyme and regularity, was on its way to becoming something akin to strange prose with stranger margins.*]

CLÉ DE SOL[1]

A Pierre Reverdy[2]

On peut suivre sur le rideau
L'amour s'en va

    Toujours est-il

Un piano à queue
        Tout se perd

   Au secours
L'arme de precision
        Des fleurs
Dans la tête sont pour éclore[3]

      Coup de théâtre
La porte cède
La porte c'est de la musique

[Vigilance *is from* Clair de terre, *published in 1923. By this time Breton's style is pure Surrealism. He is engaging in what is almost free association, but still manages to tell something of a story.*]

VIGILANCE

A Paris la tour Saint-Jacques[4] chancelante[5]
Pareille à un tournesol[6]
Du front vient quelquefois heurter[7] la Seine et son ombre glisse imperceptiblement
    parmi les remorqueurs[8]
A ce moment sur la pointe des pieds dans mon sommeil
Je me dirige vers la chambre où je suis étendu
Et j'y mets le feu[9]
Pour que rien ne subsiste de ce consentement[10] qu'on m'a arraché
Les meubles font alors place à des animaux[11] de même taille qui me regardent
    fraternellement
Lions dans les crinières[12] desquels achèvent de se consumer les chaises

---

1. *Clé de sol:* Key of G.
2. *Pierre Reverdy*: Breton dedicates the poem to his friend who is also a poet and an influence upon Breton.
3. *éclore*: bloom.
4. *la Tour Saint-Jacques*: Medieval tower in Paris famous as a starting point for pilgrimages.
5. *chancelante*: staggering.
6. *tournesol*: sunflower.
7. *heurter*: bump into.
8. *remorqueurs*: tug boats.
9. *j'y mets le feu*: I set it (the room) on fire. (Perhaps he figuratively means that he has "lit up" in the room.)
10. *consentement*: assent.
11. The furniture turns into animals – a fine surrealistic hallucination.
12. *crinières*: mane.

The Tour Saint-Jacques as in Breton's poem Vigilance. *Courtesy of Bibliothèque nationale de France.*

Squales[13] dont le ventre blanc s'incorpore le dernier frisson[14] des draps
A l'heure de l'amour et des paupières[15] bleues
Je me vois brûler à mon tour je vois cette cachette[16] solennelle de riens
Qui fut mon corps
Fouillée[17] par les becs[18] patients des ibis[19] du feu
Lorsque tout est fini j'entre invisible dans l'arche[20]
Sans prendre garde aux passants de la vie qui font sonner très loin leurs pas traînants
Je vois les arêtes[21] du soleil
A travers l'aubépine[22] de la pluie
J'entends se déchirer le linge humain comme une grande feuille
Sous l'ongle de l'absence et de la présence qui sont de connivence
Tous les métiers[23] se fanent[24] il ne reste d'eux qu'une dentelle[25] parfumée
Une coquille[26] de dentelle qui a la forme parfaite d'un sein
Je ne touche plus que le cœur des choses je tiens le fil

---

13. *squales*: dogfish or sharks.
14. *frisson*: quivering.
15. *paupières*: eyelids.
16. *cachette*: hiding place.
17. *fouillée*: picked through.
18. *becs*: beaks.
19. *ibis*: Ibises are Egyptian birds resembling herons.
20. *l'arche*: ark.
21. *arêtes*: spines or ridges.
22. *l'aubépine*: hawthorn.
23. *métiers*: looms.
24. *se fanent*: droop.
25. *dentelle*: lace.
26. *coquille*: seashell, scallop.

Saint-John Perse

[1887-1975]

Saint-John Perse. © The Nobel Foundation.

Man of Mystery

For many years, no one knew the true identity of the intriguing poet who published *Eloges* in 1911 and *Anabase* in 1924. It turned out that this man of mystery was a professional diplomat who dealt with political realities in his day job and created a poetical universe in his spare time.

Tropical Origins

Alexis Saint-Léger Léger was born on the Caribbean island of Guadeloupe to a family descended from French settlers of centuries past. Sent to Pau in southwest France for his secondary school studies, he came under the mentorship of two prominent poets of the Catholic and Symbolist persuasions, Francis Jammes and Paul Claudel. His law studies and Claudel's example led to his entering the French diplomatic corps at the start of World War I. This career was a fortuitous one, as Léger rose quickly through the ranks.

Librarian and Lauriat

As the Second World War embroiled France, Léger refused to represent the Vichy government that urged collaboration with Nazi Germany. Resigning from his post, he fled to the United States and, thanks to good connections, obtained a plum job at the Library of Congress as a sort of adviser on French literature. First under the name Saint-Léger, and then as Saint-John Perse, he began publishing more poetry, over a half-dozen volumes. He gained great respect among the American poets; T. S. Eliot translated *Anabase* and Archibald MacLeish wrote a substantive introduction to a translation of *Eloges*. In 1960, Perse received the Nobel Prize in Literature for the body of his work.

Guadeloupe Remembered

Although the format of much of his poetry resembles Claudel's versets, Perse's frame of mind and choice of imagery could not be more different. Haunted by both the beauty and ugliness of life on the isle of his childhood, Perse in *Eloges* recreates a tropical paradise with a seamy underbelly. Like Proust, he remembers an environment with great physical accuracy, yet modifies it through the filter of emotive memory and imagination. Although he did not associate with the Surrealists, there is a surreal, dreamlike quality to his best work.

Prone to the use of a vocabulary filled with the names of countless unfamiliar flowers and creatures, Perse gained a reputation as a difficult poet appreciated primarily by other professionals rather than the public. Yet some of his poems – including the ones here reproduced – are quite accessible. Americans have little trouble identifying with a poet who writes about cookouts, horses, and big, ugly bugs.

Eloges

[Selections]

I

[Probably the first major French poem ever written about a barbecue.]

Les viandes grillent en plein vent, les sauces se
composent
et la fumée remonte les chemins à vif et rejoint qui[1]
marchait.
Alors le Songeur aux joues sales
se tire
d'un vieux songe tout rayé de violences, de ruses et
d'éclats,
et orné de sueurs, vers l'odeur de la viande
il descend
comme une femme qui traîne: ses toiles, tout son linge
et ses cheveux défaits.

II

J'ai aimé un cheval—qui était-ce?—il m'a bien regardé de face, sous ses mèches.
Les trous vivants de ses narines étaient deux choses belles à voir—avec ce trou
 vivant qui gonfle au-dessus de chaque œil.
Quand il avait couru, il suait: c'est briller!—et j'ai pressé des lunes à ses flancs sous
 mes genoux d'enfant…
J'ai aimé un cheval—qui était-ce?—et parfois (car une bête sait mieux quelles forces
 nous vantent)
il levait à ses dieux une tête d'airain[2]: soufflante, sillonée d'un pétiole de veines.[3]

V

… Or ces eaux calmes sont de lait
et tout ce qui s'épanche[4] aux solitudes molles du matin.
Le pont lavé, avant le jour, d'une eau pareille en songe au mélange de l'aube, fait
 une belle relation du ciel. Et l'enfance adorable du jour, par la treille[5] des tentes
 roulées, descend à même ma chanson.

Enfance, mon amour, n'était-ce que cela?…
Enfance, mon amour…ce double anneau de l'œil et l'aisance d'aimer…

Il fait si calme et puis si tiède,
il fait si continuel aussi,
qu'il est étrange d'être là, mêlé des mains à la
facilité du jour…

---

1. *qui = celui qui.*
2. *d'airain*: of bronze.
3. *pétiole de veines*: stem of veins. (Vegetal

image.)
4. *s'épanche*: pours out.
5. *treille*: vine arbor.

Enfance, mon amour! il n'est que de céder…Et l'ai-je dit, alors? je ne veux plus
   même de ces linges
à remuer, dans l'incurable, aux solitudes vertes du matin…Et l'ai-je dit, alors? il ne
   faut que server
comme de vieille corde…Et ce cœur, et ce cœur, là! qu'il traîne sur les ponts, plus
   humble et plus sauvage et plus, qu'un vieux faubert,[6]
exténué…[7]

XIII

[Now the nasty side of the tropical paradise.]

La tetê de poisson ricane[8]
entre les pis[9] du chat crevé[10] qui gonfle—vert ou mauve?—Le poil, couleur
   d'écaille,[11] est misérable, colle,
comme la mèche[12] que suce une très vieille petite fille osseuse, aux mains blanches
   de lèpre.
La chienne rose traîne, à la barbe du pauvre, toute une viande de mamelles. Et la
   marchande de bonbons
se bat
contre les guêpes[13] dont le vol est pareil aux morsures[14] du jour sur le dos de la mer.
   Un enfant voit celà,
si beau
qu'il ne peut plus fermer ses doigts…Mais le coco que l'on a bu et lancé là, tête
   aveugle qui clame[15] affranchie de l'épaule,
détourne du dalot[16]
la splendeur des eaux pourpres lamées de graisses et d'urines, où trame[17] le savon
   comme de la toile d'araignée.[18]
Sur la chaussée de cornaline,[19] une fille vêtue comme un roi de Lydie.[20]

XVII

« Quand vous aurez fini de me coiffer, j'aurai fini de vous haïr.»
L'enfant veut qu'on le peigne sur le pas de la porte.
«Ne tirez pas ainsi sur mes cheveux. C'est déjà bien assez qu'il faille qu'on me
   touche. Quand vous m'aurez coiffé, je vous aurai haïe.»
Cependant la sagesse du jour prend forme d'un bel arbre
et l'arbre balancé
qui perd une pincée[21] d'oiseaux,
aux lagunes du ciel écaille un vert si beau qu'il n'y a de plus vert que la punaise[22]
   d'eau.
«Ne tirez pas si loin sur mes cheveux…»

---

6. *faubert*: mop.
7. *exténué*: exhausted.
8. *ricane*: jeers.
9. *les pis*: teats.
10. *crevé*: dead.
11. *écaille*: fish scale or tortoise shell.
12. *mèche*: lock of hair.
13. *guêpes*: wasps.
14. *morsures*: bites.
15. *clame*: clamors.
16. *dalot*: drain hole, gutter.
17. *trame*: weaves.
18. *toile d'araignée*: spiderweb.
19. *chaussée de cornaline*: carnelian (stone) road-way.
20. *un roi de Lydie*: Reference to Croesus, ancient Lydian king of fabulous wealth.
21. *un pincée*: a pinch (as in "a pinch of salt," only here it is a pinch of birds, a strangely poetic image.)
22. *punaise*: bug.

XVIII

A présent laissez-moi, je vais seul.
Je sortirai, car j'ai affaire: un insecte m'attend pour traiter.[23] Je me fais joie
du gros œil à facettes: anguleux, imprévu, comme le fruit du cyprès.
Ou bien j'ai une alliance avec les pierres veinées-bleu:[24] et vous me laissez
    également,
assis, dans l'amitié de mes genoux.

Jean Cocteau

[1889-1963]

Multiple Talents

A respected practitioner of many arts – theater, verse, the novel, drawing, cinema, among others – Cocteau was above all a poet in everything he did. Considered by his detractors a jack of all trades and master of none, he did in fact master quite a few and became one of the most famous artistic figures of his time.

A Parisian Dandy

Born in the small town of Maisons-Laffitte just northwest of Paris, Cocteau saw his life change suddenly at the age of nine when his father died and his mother moved the family to the capital. The boy rapidly displayed sharp intelligence and a desire to startle. A known poet by the age of 17, Cocteau fell in with the artistic luminaries of his day, including giants such as Picasso, Apollinaire, Satie, and Stravinsky, and collaborated with them whenever possible. Prone to dandyism and avant-garde thinking,

Jean Cocteau. Illustration for the first edition of Les Mariés de la Tour Eiffel.

Cocteau always tried to set new fads for his time. However, during World War I he rose to the occasion in a substantive way and served admirably with a citizen's auxiliary that transported and cared for wounded soldiers. During the 1920s, Cocteau wavered between Catholicism and opium, and by 1930 more or less gave up both of them. While scoring success after success in the theater, Cocteau earned a living writing newspaper columns. He even took a trip around the world for the newspaper *Paris Soir*, writing his travel articles under the heading *Tour du monde en 80 jours* in honor of Jules Verne's Phileas Fogg character whose fictional route Cocteau supposedly followed. In 1937, Cocteau became probably the first and only French poet to become a boxing trainer, managing Panama Al Brown to the bantamweight championship of the world. He also established a literary

---

23. *traiter*: do some business.   24. *veinées-bleu*: blue-veined.

cabaret called "Le Boeuf sur le Toit" and played in its jazz band. His exuberent fancy came under control with maturity and the passage of time; he even entered the French Academy in 1955.

Taste for the Strange

Cocteau was by disposition a member of the avant-garde and never ceased to be one. He felt a natural affinity for Surrealism although he broke with the Surrealists quite early in an artistic squabble in 1925. He loved the bizarre, and yet grounded his work in reality. In that sense, he could be considered a hyper-realist.

Cocteau's list of works is immense, and includes many that remain famous: the book of poems *Poésies*, the novels *Thomas l'Imposteur* and *Les Enfants terribles*, the plays *Les Mariés de la Tour Eiffel*, *Les Parents terribles*, *La Voix humaine*, and *Les Chevaliers de la Table Ronde*, and the several films that he wrote and/or directed. These include such landmark movies as the surrealistic *Le Sang d'un poète*, the hauntingly poetical *Orphée*, the passionate *L'Eternel retour*, and the stunningly lovely masterpiece *La Belle et la Bête*, all of which prove what wonders can ensue when one places a poet behind the camera. Many of Cocteau's stage plays and films starred his longtime companion Jean Marais, who is remembered as one of French cinema's most dashing leading men. Although all of Cocteau's works have a strangeness to them, his best have kept a strong appeal to the general public.

Surrealist Theater

Although he did not invent Surrealist theater, he certainly was among the first to realize that Surrealism need not be restricted to poetry. A true man of the stage, Cocteau combined literary theater, ballet, music, and even circus to a degree that had not been seen since the seventeenth century when Molière pulled off that feat. Although never gaining the degree of acclaim as a poet that he hoped for, he is universally admired for having displayed greater artistic versatility than anyone else.

[*From* Poésies, *published in 1920.*]

PIÈCE DE CIRCONSTANCE

Gravez votre nom dans un arbre
Qui poussera jusqu'au nadir.[1]
Un arbre vaut mieux[2] que le marbre,
Car on y voit les noms grandir.

---

1.   *nadir*: the lowest point.   2.   *vaut mieux*: is worth more.

CANNES

[*Cannes is a city on the French Riviera that is famous for its annual film festival. Cocteau served a number of times as President of the jury that judged the films entered into competition. Cannes, like the rest of the region, is also well known for its flowers, particulary the pink mimosa of which the narrator speaks in this rather startling poem.*]

1
Le mimosa du souvenir
Sur ton chapeau se reposa,
Petit oiseau, petite rose,
Menacés de tuberculose.

A cinq ou six heures du soir
La Méditerranée en zinc;
Il fera trop frais pour t'asseoir.

2
Vois se secouer la déesse.
Le comte de Monte-Cristo
(Mais il n'existait pas d'autos)
Aurait eu quatre Mercédès,
Faites pour lui spécialement,
Par des prisonniers allemands.

3
Ma grand' mère, c'était dimanche...
Le réveil: hôtel ou bateau,
Peigné par le bruit du râteau;
Les éléphants de villas blanches,
L'égoïsme des maladies...

Le tram traînait ses mélodies
Sous les arbres de mimosa.

4
Il fait beau, il y a foule
Ce matin sur la Croisette.[3]
Mon regard est une truite[4]
Des eaux légères. La mer,
Au bord, se lèche les pattes.

La maman, sous son ombrelle,
Fait l'ombre sur l'Estérel;[5]
Le champagne bleu déborde
De la coupe de cristal.
Voyez donc, la jolie mère
Tricote les babillages.[6]

5
Mon oreille est un coquillage[7]
Qui aime le bruit de la mer.

6
Rimes oubliées:

Il ne fallait pas revenir;
J'ai mille ans et j'en avais cinq

La petite chienne Zaza.

On voyait le roi Edouard VII[8]
Sur la passerelle[9] détruite.

Les mouettes[10] délicates
Se balancent à la corde;

Encore un pays natal.

❖ ❖ ❖

---

3. *la Croisette*: the Cannes boardwalk along the beachfront.
4. *truite*: trout.
5. *l'Estérel*: hilly region on the west of Cannes.
6. *babillages*: babbling.
7. *coquillage*: seashell.

8. Edward VII, King of England who frequently visited France to establish strong relations with the French. He died in 1910.
9. *passerelle*: footbridge.
10. *mouettes*: seagulls.

LES MARIÉS DE LA TOUR EIFFEL

[*Considered a revolutionary liberation of the theater by some, a bizarre bit of insanity by others,* Les Mariés de la Tour Eiffel *caused a major commotion when Cocteau first staged it in 1921. It was unlike any other production of its time. Cocteau used a ballet company instead of actors. All the speaking is done by actors dressed up as phonographs (think early CD players), which were the hot technology of the period. (Actual record players could also be used, making possible an entire cast of mimes.) Things happen in this play according to their own logic, not ours. The play may seem irrational, but it makes for an interesting commentary on humanity's problems in living in the midst of modern technology, and also makes a scathing satirical attack on French colonialism in Africa. The play was first published in the March, 1923 edition of a remarkable journal called* Les Oeuvres libres, *a monthly publication that printed only new, original works of literature. (The previous issue contained a new novella by Marcel Proust.) Varying somewhat from the later, expanded version of* Les Mariés de la Tour Eiffel *with which most Cocteau enthusiasts are familiar, this is this original text from* Les Oeuvres libres *that is reproduced here, minus the lengthy introduction by the author. The editor of* Les Oeuvres libres *wrote the following preface:*

Les polémiques suscitées par les premiers essais de M. Jean Cocteau lui ont valu certaines excommunications majeures et assuré du même coup une rapide notoriété dans certains cercles littéraires.

Les Œuvres Libres se devaient de mettre sous les yeux du public les *Mariés de la Tour Eiffel*, spécimen typique du genre de M. Jean Cocteau.]

LES MARIES DE LA TOUR EIFFEL ont été représentés, pour la première fois, le soir du 18 juin 1921, au Théâtre des Champs-Elysées, par la compagnie des ballets suédois de M. Rolf de Maré.

Spectacle de JEAN COCTEAU. Musique de Mlle GERMAINE TAILLEFERRE, de GEORGES AURIC, ARTHUR HONEGGER, DARIUS MILHAUD et FRANCIS POULENC. Chorégraphie de JEAN BORLIN et JEAN COCTEAU. Décor de Mlle IRENE LAGUT. Costumes et masques de JEAN HUGO.

DISTRIBUTION
(DANS L'ORDRE DES ENTRÉES EN SCÈNE)

Phono un.....MM. Marcel Herrand.
Phono deux.....Pierre Bertin.
L'autruche.....Mlle Thérèse Petterson.
Le chasseur.....MM. Kaj Smith.
Le directeur de la Tour Eiffel Holger Mehnen.
Le photographe.....Axel Witzansky.

La mariée.....Mlle Margit Wahlander.
Le marié.....M. Paul Eltorp.
La belle-mère.....Mlle Irma Calson.
Le beau-père.....MM. Kristian Dahl.
Le général.....Paul Witzansky.
1re demoiselle d'honneur.....Mlles Helga Dahl.
2e demoiselle d'honneur.....Klara Kjellblad.
1er garçon d'honneur.....MM. Nils Ostman.
2e garçon d'honneur.....Dagmar Forslin.
La cycliste.....Mlles Astrid Lindgren.
L'enfant.....Jolanda Figoni.
La baigneuse de Trouville.....Carina Ari.
Le lion.....MM. Eric Viber.
Le collectionneur.....Robert Ford.
Le marchand de tableaux.....Tor Stettler.
1re dépêche.....Mlles Torborg Stjerner.
2e dépêche.....Margareta Johansson.
3e dépêche.....Greta Lundberg.
4e dépêche.....Berta Krantz.
5e dépêche.....Astrid Lindgren.

Ordre des musiques

1° Ouverture Le 14 Juillet.....GEORGES
    AURIC.

2° Marche nuptiale (entrée)....DARIUS
    MILHAUD.

3° Discours du général.....FRANCIS
    POULENC.

4° La baigneuse de Trouville.....FRANCIS
    POULENC.

5° Le Massacre (fugue).....DARIUS
    MILHAUD.

6° Valse des dépêches.....GERMAINE
    TAILLEFERRE.

7° Marche funèbre.....ARTHUR
    HONEGGER.

8° Quadrille.....GERMAINE
    TAILLEFERRE.

9° Marche nuptiale (sortie).....DARIUS
    MILHAUD

Pendant l'action trois ritournelles de
    GEORGES AURIC

Les passages entre crochets doivent être
    supprimés à la représentation.

Decor

Première plate-forme de la Tour Eiffel.

*La toile du fond représente Paris à vol
d'oiseau, la Seine, et des nuages.*

*Au second plan, à droite, un appareil
de photographie, de taille humaine. La
chambre noire à soufflet forme un corridor
qui rejoint la coulisse. Le devant de
l'appareil s'ouvre, comme une porte, pour
laisser entrer et sortir des personnages.*

*A droite et à gauche de la scène, au
premier plan, à moitié cachés derrière le
cadre, se tiennent deux acteurs, vêtus en
phonographes, la boîte contenant le corps,
le pavillon correspondant à leur bouche. Ce
sont ces phonographes qui commentent la
pièce et récitent les rôles des personnages.
Ils parlent très fort, très vite et prononcent
distinctement chaque syllabe.*

*Les scènes se déroulent au fur et à mesure
de leur description.*

*Le rideau se lève sur un roulement de
tambour qui termine l'ouverture et montre
le décor vide.*

PHONO UN.—Vous êtes sur la première
    plate-forme de la Tour Eiffel.[1]

PHONO DEUX.—Tiens! une autruche.[2]
    Elle traverse la scène. Elle sort. Voici le
    chasseur.[3] Il cherche l'autruche. Il lève
    la tête. Il voit quelque chose. Il épaule.
    Il tire.

PHONO UN.—Ciel! une dépêche.

*(Une grande dépêche bleue[4] tombe du
cintre.[5])*

PHONO DEUX.—La détonation réveille
    le directeur de la Tour Eiffel. Il apparaît.

PHONO UN.—Le général s'écrie: A table!
    à table! et la noce se met à table.

PHONO DEUX.—D'un seul côté de la
    table pour être vue du public.

PHONO UN.—La Tour Eiffel est un
    filet. Elle attrape toutes les dépêches
    du monde. Cette plate-forme est très
    réputée pour sa friture.[6]

PHONO DEUX.—Menu.

PHONO UN.—Petites dépêches de
    Portugal.

    Fritures de dépêches.

    Dépêches chiffrées.

    Télégrammes.

    Champagne.

PHONO DEUX.—La Tour Eiffel est une
    bouteille de champagne.

PHONO UN.—Le général se lève.

PHONO DEUX.—Discours du général.

*(Le discours du général est en musique. Il
le gesticule seulement.)*

PHONO UN.—Tout le monde est ému.

---

1. One of the three levels of the Eiffel Tower is the
    site of the action. A restaurant is located there.
2. *autruche* : ostrich.
3. *chasseur* : hunter.
4. *une dépêche bleue*: a blue dispatch, telegram.

    Blue was the typical color of telegrams. (Note
    that persons play the role of the telegrams in this
    play.)
5. *cintre* : the space above the stage.
6. *friture* : frying, or fried foods.

PHONO DEUX.—Après son discours,
le général raconte les phénomènes de
mirage dont il fut victime en Afrique.

PHONO UN.—Je mangeais une tarte
avec le duc d'Aumale. Cette tarte était
couverte de guêpes.[7] Nous essayâmes
en vain de les chasser. Or, c'étaient des
tigres.[8]

PHONO DEUX.—Quoi?

PHONO UN.—Des tigres. Ils rôdaient
à plusieurs milles. Un phénomène de
mirage les projetait en tout petit juste
au-dessus de notre tarte et nous les
faisait prendre pour des guêpes.

PHONO DEUX.—On ne dirait jamais
qu'il a soixante-quatorze ans.

PHONO UN.—Mais quelle est cette
charmante cycliste, en jupe-culotte?

*(Entre une cycliste. Elle descend de sa
machine.)*

PHONO DEUX, voix de cycliste.—
Pardon, messieurs.

PHONO UN.—Madame, qu'y a-t-il pour
votre service?

PHONO DEUX.—Suis-je bien ici sur la
route de Chatou?

PHONO UN.—Oui, madame. Vous n'avez
qu'à suivre les rails du tramway.

PHONO UN.—C'est le général qui
répond à la cycliste, car il vient de la
reconnaître pour un mirage.

(La cycliste remonte en selle et sort.)

PHONO UN.—Mesdames, messieurs,
nous sommes justement témoins d'un
phénomène de mirage. Ils sont fréquents
sur la Tour Eiffel. Cette cycliste pédale
en réalité sur la route de Chatou.

PHONO DEUX.—Après cet intermède
instructif, le photographe s'avance. Que
dit-il?

PHONO UN.—Je suis le photographe
de la Tour Eiffel et je vais faire votre
photographie.

PHONO UN ET PHONO DEUX.—Oui!
oui! oui! oui!

PHONO UN.—Formez un groupe.

*(La noce forme un groupe derrière la
table.)*

PHONO DEUX.—Vous vous demandez
où sont partis le chasseur d'autruches
et le directeur de la Tour Eiffel. Le
chasseur cherche l'autruche à tous les
étages. Le directeur cherche le chasseur
et dirige la Tour Eiffel. Ce n'est pas une
sinécure.[9] La Tour Eiffel est un monde
comme Notre-Dame. C'est Notre-Dame
de la rive gauche.

PHONO.—C'est la reine de Paris.

PHONO DEUX.—Elle était reine de
Paris. Maintenant, elle est demoiselle du
télégraphe.

PHONO UN.—Il faut bien vivre.

PHONO DEUX.—Ne bougeons plus.
Souriez. Regardez l'objectif. Un oiseau
va sortir.

*(Sort une baigneuse de Trouville.[10] Elle est
en maillot,[11] porte une épuisette[12] contenant
un cœur et un panier en bandoulière.[13]
Eclairage colorié. La noce lève les bras au
ciel.)*

PHONO UN.—Oh! la jolie carte postale!

(Danse de la baigneuse.)

PHONO DEUX.—Le photographe ne
partage pas les plaisirs de la noce. C'est
la seconde fois depuis ce matin que son
appareil lui joue des tours.[14] Il essaye de
faire rentrer la baigneuse de Trouville.

PHONO UN.—Enfin, la baigneuse rentre
dans l'appareil. Le photographe lui fait
croire que c'est une cabine de bains.

---

7. *guêpes* : wasps.
8. There aren't really tigers in Africa.
9. *Ce n'est pas une sinécure* : That's not exactly a
   rest cure. (Sarcastic remark.)
10. *une baigneuse de Trouville* : A bather from Trou-
    ville. (Popular seaside resort in Normandy.)
11. *maillot* : swimsuit.
12. *épuisette* : a sort of fishing net.
13. *panier en bandoulière* : basket with a shoulder
    strap.
14. *son appareil lui joue des tours* : his camera is
    playing tricks on him.

(Fin de la danse. Le photographe jette un peignoir éponge sur les épaules de la baigneuse. Elle rentre dans l'appareil en sautillant et en envoyant des baisers.)

PHONO UN ET PHONO DEUX.— Bravo! Bravo! Bis! bis! bis![15]

PHONO UN.—Encore, si je savais d'avance les surprises que me réserve mon appareil détraqué, je pourrais organiser un spectacle. Hélas! je tremble chaque fois que je prononce les maudites paroles. Sait-on jamais ce qui peut sortir? Puisque ces mystères me dépassent, feignons d'en être l'organisateur.

(Il salue.)

PHONO UN ET PHONO DEUX.— Bravo! bravo! bravo!

PHONO DEUX.—Mesdames! Messieurs! Malgré mon vif désir de vous satisfaire, la limite d'heure m'empêche de vous présenter une seconde fois le numéro: Baigneuse de Trouville.

PHONO UN ET PHONO DEUX.—Si! Si! Si!

PHONO UN.—Le photographe ment pour arranger les choses et pour avoir du succès. Il regarde sa montre. Déjà deux heures! et cette autruche qui ne rentre pas.

PHONO DEUX.—La noce forme un autre tableau. Le marié, une main sur son cœur, tient de l'autre la taille de la mariée. La famille se range derrière. Le général abrite ses yeux et inspecte le Sud. Il se croit le défenseur de la Tour Eiffel. Si on l'attaque, il fera mourir chacun à son poste.

PHONO UN.—Le beau-père va parler. Que dit-il?

PHONO DEUX.—Allons! Allons! monsieur le photographe, dépêchez-vous. Cette photographie sera un souvenir pour le fils de mon gendre.

PHONO UN.—La mariée parle.

PHONO DEUX.—La fille! La fille! Nous voulons une fille.

PHONO UN.—Le photographe profite du désordre pour essayer de prendre une photographie instantanée. L'appareil refuse et lance de l'Eau de Cologne.

PHONO DEUX.—Allons. Prenez l'air naturel. Madame, votre pied gauche sur un des ep, désep, désep, désep, désep.[16]

PHONO UN.—Assez! Assez! La noce se bouche les oreilles. Le directeur de la Tour Eiffel se précipite et pousse le diaphragme.[17]

PHONO DEUX.—Madame, votre pied gauche sur un des éperons. Monsieur, accrochez le voile à votre moustache. Parfait. Ne bougeons plus. Une. Deux. Trois. Regardez l'objectif. Un oiseau va sortir.

(Il presse la poire. Sort un gros enfant. Il porte une couronne de papier vert sur la tête.[18] Sous les bras des livres de prix et une corbeille.)

PHONO UN.—Bonjour maman.

PHONO DEUX.—Bonjour papa.

PHONO UN.—Voilà encore un des dangers de la photographie.

PHONO DEUX.—Cet enfant est le portrait de la noce.[19]

PHONO UN.—Du reste, écoutez-la:

PHONO DEUX.—C'est le portrait de sa mère.

PHONO UN.—C'est le portrait de son père.

---

15. *bis!* : encore!
16. This line does not appear in later editions, so it is not possible to determine if it is a typographical error or intentional. The word that the photographer is trying to say, as is clear two lines later, is *éperons*, which in this context presumably means buttresses.
17. *diaphragme* : phonograph speaker.
18. *une couronne de papier vert sur la tête* : This would be a paper imitation of a Greek hero's olive-branch laurel given to students who win prizes, such as books, for academic achievement.
19. *noce* : wedding.

PHONO DEUX.—C'est le portrait de sa grand'mère.

PHONO UN.—C'est le portrait de son grand-père.

PHONO DEUX.—Il a la bouche de notre côté.

PHONO UN.—Il a les yeux du nôtre.

PHONO DEUX.—Mes chers parents, en ce beau jour, acceptez tous mes vœux de respect et d'amour.

PHONO UN.—Le même compliment vu sous un autre aspect.

PHONO DEUX.—Acceptez tous mes vœux d'amour et de respect.

PHONO UN.—Il aurait pu apprendre un compliment moins court.

PHONO DEUX.—Acceptez tous mes vœux de respect et d'amour.

PHONO UN.—Il sera capitaine.

PHONO DEUX.—Architecte.

PHONO UN.—Boxeur.

PHONO DEUX.—Poète.

PHONO UN.—Président de la République.

PHONO DEUX.—C'est un brave petit bonhomme.

PHONO UN.—Que cherche-t-il dans son panier?

PHONO DEUX.—Des balles.[20]

PHONO UN.—Que fait-il avec ces balles? On dirait qu'il prépare un mauvais coup.

PHONO DEUX.—Il massacre la noce.

PHONO UN.—Il massacre les siens pour avoir des macarons.

(L'enfant bombarde la noce qui s'effondre en criant.)

PHONO DEUX.—Grâce!

PHONO UN.—Quand je pense au mal que nous avons eu à l'élever.

PHONO DEUX.—A tous nos sacrifices.

PHONO UN.—Misérable! je suis ton père.

PHONO DEUX.—Arrête! il en est temps encore.

PHONO UN.—N'auras-tu pas pitié de tes grands-parents?

PHONO DEUX.—N'auras-tu pas le respect du galon?[21]

PHONO UN.—Pan! Pan! Pan![22]

PHONO DEUX.—Je te pardonne.

PHONO UN.—Sois maudit!

PHONO DEUX.—Il ne reste plus de balles.

PHONO UN.—La noce est massacrée.

PHONO DEUX.—Le photographe court après l'enfant. Il le menace du fouet. Il lui ordonne de rentrer dans la boîte.

PHONO UN.—L'enfant se sauve. Il hurle. Il trépigne.[23] Il veut «vivre sa vie».

PHONO DEUX.—Je veux vivre ma vie! Je veux vivre ma vie!

PHONO UN.—Mais quel est cet autre tapage.[24]

PHONO DEUX.—Le directeur de la Tour Eiffel. Que dit-il?

PHONO UN.—Un peu de silence, s'il vous plaît. Ne faites pas peur aux dépêches.

PHONO DEUX.—Papa! Papa! des dépêches!

PHONO UN.—Il y en a de grosses.

PHONO DEUX.—La noce se relève.

PHONO UN.—On

PHONO DEUX.—entendrait

PHONO UN.—voler

PHONO DEUX.—une

PHONO UN.—mouche.

PHONO DEUX.—Le directeur de la Tour Eiffel montre au petit garçon comment il accroche un journal mort au milieu de la Tour Eiffel, pour attirer les dépêches vivantes.

PHONO UN.—Je les ai!

---

20. *balles* : bullets.
21. *galon* : officer's stripes.
22. *pan!* : bang!
23. *trépigne* : stomps around (in rage.)
24. *tapage* : uproar.

PHONO DEUX.—Les dépêches prises tombent en scène et se débattent. Toute la noce court après et leur saute dessus.

PHONO UN et PHONO DEUX.—Là, là, j'en tiens une. Moi aussi. Au secours! A moi! Elle me mord! Tenez bon! Tenez bon!

PHONO DEUX.—Les dépêches se calment. Elles se rangent sur une ligne. La plus belle s'avance et fait le salut militaire.

PHONO UN, voix de compère de revue.[25] —Mais qui donc êtes-vous?

PHONO DEUX.—Je suis la dépêche sans fil et comme ma sœur, la cigogne,[26] j'arrive de New-York!

PHONO UN,—voix de commère de revue.—New-York! ville des amoureux et des contre-jours.[27]

PHONO DEUX.—En avant la musique!

(Danse des dépêches.)

(Sortie des dépêches.)

PHONO UN.—Mon gendre, remerciez-moi. Qui a eu l'idée de venir sur la Tour Eiffel? Qui a eu l'idée de mettre la noce un 14 juillet?

PHONO DEUX.—L'enfant trépigne.

PHONO UN.—Papa! Papa!

PHONO DEUX.—Que dit-il?

PHONO UN.—Je veux qu'on me tire en photographie avec le général.

PHONO DEUX.—Mon général, vous ne refuse-pas ce plaisir à notre petit Justin?

PHONO UN.—Soit.

PHONO DEUX.—Pauvre photographe. La mort dans l'âme, il charge son appareil.

PHONO UN.—L'enfant, à cheval sur le sabre, fait semblant d'écouter le général qui fait semblant de lui lire un livre de Jules Verne.

PHONO DEUX.—Ne bougeons plus. C'est parfait. Un oiseau va sortir.

(Sort un lion.)

PHONO UN.—Grand Dieu! un lion. Le photographe se cache derrière son appareil. Toute la noce monte dans les cordages[28] de la Tour Eiffel. Le lion regarde le général car, seul, le général ne bouge pas. Il parle. Que dit-il?

PHONO DEUX.—N'ayez pas peur. Je connais la théorie. Il ne peut y avoir de lion sur la Tour Eiffel. Donc, c'est un mirage, un simple mirage. Les mirages sont en quelque sorte le mensonge du désert. Ce lion est en Afrique comme la cycliste était sur la route de Chatou. (De même, il arrive de voir la Tour Eiffel dans le désert. Vous assistez, mesdames, messieurs, à un phénomène dit: d'intermirage.) Ce lion me voit. Je le vois et nous ne sommes l'un pour l'autre que des reflets.

PHONO UN.—Pour confondre les incrédules, le général s'approche du lion. Le lion pousse un rugissement.[29] Le général se sauve, suivi par le lion.

PHONO DEUX.—Le général disparaît sous la table. Le lion disparaît derrière lui.

PHONO UN.—Après une minute, qui semble un siècle, le lion sort de sous la nappe.

PHONO DEUX.—Horreur! Horreur! Ahhhhhh!

PHONO UN.—Que tient-il dans sa gueule?

PHONO DEUX.—Une botte, avec un éperon.[30]

PHONO UN.—Après avoir mangé le général le lion rentre dans l'appareil.

(Plainte funèbre.)

---

25. *revue* : military review.
26. *cigogne* : stork.
27. *contre-jours* : backlightings (photography term.)

28. *cordages* : support wires.
29. *rugissement* : roar.
30. *éperon* : spur.

PHONO UN et PHONO DEUX.—
Ahhhh….. Ahhhh…..

PHONO UN.—Pauvre général.

PHONO DEUX.—Il était si gai, si jeune de caractère. Rien ne l'aurait plus amusé que cette mort. Il aurait été le premier à en rire.

PHONO UN.—Funérailles du général.

(Cortège funèbre.)

PHONO DEUX.—Le beau-père parle sur la tombe. Que dit-il?

PHONO UN.—Adieu! Adieu! vieil ami.

Dès vos premières armes, vous avez fait preuve d'une intelligence très au-dessus de votre grade.

Votre fin est digne de votre carrière. Nous vous avons vu, bravant le fauve,[31] insoucieux du danger, ne le comprenant pas et ne prenant la fuite qu'une fois que vous l'aviez compris.

Encore une fois, adieu, ou plutôt au revoir, car votre type se perpétuera aussi longtemps qu'il y aura des hommes sur la terre.

PHONO DEUX.—Trois heures! Et cette autruche qui ne rentre pas.

PHONO UN.—Elle aura voulu rentrer à pied.

PHONO DEUX.—C'est stupide. Rien n'est plus fragile que les plumes d'autruche.

PHONO UN.—La mer est bordée de plumes d'autruche. C'est son seul luxe. Aussi, elle les frise tout le temps.

PHONO DEUX.—«Les mariés de la Tour Eiffel», quadrille[32] par la musique de la Garde républicaine, direction Parès.

PHONO UN et PHONO DEUX.—Bravo! Bravo! Vive la Garde républicaine.[33]

(Quadrille.)

(Fin du quadrille.)

PHONO DEUX.—Ouf! quelle danse.

PHONO UN.—Votre bras.

PHONO DEUX.—Monsieur le photographe, vous ne refuserez pas une coupe de champagne?

PHONO UN.—Vous êtes trop aimable. Je suis confus.

PHONO DEUX.—A la guerre comme à la guerre.

(L'appareil sursaute.)

Mais que veut mon petit-fils?

PHONO UN.—Je veux qu'on m'achète du pain pour donner à manger à la Tour Eiffel.[34]

PHONO DEUX.—On le vend en bas. Je ne vais pas descendre.

PHONO UN.—J' veux donner à manger à la Tour Eiffel.

PHONO DEUX.—On ne lui donne qu'à certaines heures. C'est pour cela qu'elle est entourée de grillages.

PHONO UN.—J' veux donner à manger à la Tour Eiffel.

PHONO DEUX.—Non, non et non!

PHONO UN.—L'enfant trépigne. La noce pousse des cris, car voici l'autruche. Elle s'était cachée dans l'ascenseur. Elle cherche une autre cachette. Le chasseur approche. Le photographe voudrait bien qu'elle rentre dans l'appareil.

PHONO DEUX.—Il se souvient qu'il suffit de cacher la tête d'une autruche pour la rendre invisible.

Il lui cache la tête sous son chapeau. Il était temps.

(L'autruche se promène, invisible, un chapeau sur la tête).

PHONO DEUX, chasseur.—Avez-vous vu l'autruche?

PHONO UN et PHONO DEUX.—Non. Nous n'avons rien vu.

---

31. *fauve* : wild beast.
32. *quadrille* : a type of square dance for four couples.
33. Cocteau is spoofing the bourgeois taste for military music.
34. *pour donner à manger à la Tour Eiffel* : to feed the Eiffel Tower.

PHONO DEUX.—C'est étrange. Il m'avait bien semblé qu'elle sautait sur la plate-forme.

PHONO UN.—C'est peut-être une vague que vous avez prise pour une autruche.

PHONO DEUX.—Non. La mer est calme. Du reste, je vais la guetter derrière la boîte de ce phonographe.

PHONO UN.—Aussitôt dit, aussitôt fait.

PHONO DEUX.—Le photographe s'approche de l'autruche sur la pointe des pieds. Que lui dit-il?

PHONO UN.—Madame, vous n'avez pas une minute à perdre. Il ne vous a pas reconnue sous votre voilette.[35] Dépêchez-vous, j'ai un fiacre.[36]

PHONO DEUX.—Il ouvre la portière de l'appareil. L'autruche disparaît.

PHONO UN.—Sauvée, mon Dieu!

PHONO DEUX.—Vous imaginez le bonheur du photographe. Il pousse des cris de joie.

PHONO UN.—La noce l'interroge.

PHONO DEUX.—Messieurs et dames, je vais enfin pouvoir vous photographier tranquillement. Mon appareil était détraqué; il fonctionne. Ne bougeons plus.

PHONO UN.—Mais quels sont ces deux personnages qui viennent déranger le photographe?

PHONO DEUX.—Regardez. La noce et le photographe se figent. La noce est immobile. Ne la trouvez-vous pas un peu…

PHONO UN.—Un peu gâteau.

PHONO DEUX.—Un peu bouquet.

PHONO UN.—Un peu Joconde.[37]

PHONO DEUX.—Un peu chef-d'œuvre.

PHONO UN.—Le marchand de tableaux modernes et le collectionneur moderne s'arrêtent devant la noce. Que dit le marchand de tableaux?

PHONO DEUX.—Je vous mène sur la Tour Eiffel pour vous faire voir, avant tout le monde, une toile[38] unique: La Noce.

PHONO UN.—Et le collectionneur répond:

PHONO DEUX.—Je vous suis, les yeux fermés.

PHONO UN.—Hein? Est-ce beau? On dirait un primitif.

PHONO DEUX.—De qui est-ce?

PHONO UN.—Comment! de qui est-ce? C'est une des dernières choses de Dieu.

PHONO DEUX.—Elle est signée?

PHONO UN.—Dieu ne signe pas. Est-ce peint! Quelle pâte![39] Et regardez-moi ce style, cette noblesse, cette joie de vivre! On dirait un enterrement.

PHONO DEUX.—Je vois une noce.

PHONO UN.—Vous voyez mal. C'est plus qu'une noce. C'est toutes les noces. Plus que toutes les noces: c'est une cathédrale!

PHONO DEUX.—Combien la vendez-vous?

PHONO UN.—Elle n'est pas à vendre, sauf pour le Louvre et pour vous. Tenez, au prix d'achat, je vous l'offre.

PHONO DEUX.—Le marchand montre une grande pancarte.

(La pancarte porte le chiffre d'un million.)

PHONO UN.—Le collectionneur va-t-il se laisser convaincre? Que dit-il?

PHONO DEUX.—J'achète la noce.

(Le marchand retourne la pancarte. On lit VENDU en grosses lettres. Il la pose contre la noce.)

PHONO UN.—Le marchand de tableaux s'adresse au photographe.

PHONO DEUX.—Photographiez-moi

---

35. *voilette* : hat veil.
36. *fiacre* : coach.
37. *Joconde* : Mona Lisa.

38. *toile* : canvas (i.e., a painting.)
39. *pâte* : coloration.

cette noce, avec la pancarte. Je voudrais les faire paraître dans tous les magazines américains.[40]

PHONO UN.—Le collectionneur et le marchand de tableaux quittent la Tour Eiffel.

PHONO DEUX.—Le photographe s'apprête à prendre la photographie, mais, ô prodige! son appareil lui parle.

PHONO UN.—Que lui dit-il?

L'APPAREIL.—Je voudrais…Je voudrais…

PHONO DEUX.—Parle, mon beau cygne.

L'APPAREIL.—Je voudrais rendre le général.

PHONO DEUX.—Il saura bien se rendre lui-même.

PHONO UN.—Le général reparaît. Il est pâle. Il lui manque une botte et une moustache. Somme toute, il arrive de loin. Il racontera qu'il revient d'une mission sur laquelle il doit garder le silence. La noce ne bouge pas. Tête basse, il traverse la plate-forme et prend une pose modeste parmi les autres.

PHONO DEUX.—Voilà une bonne surprise pour le collectionneur de chefs-d'œuvre. Dans un chef-d'œuvre on n'a jamais fini de découvrir des détails inattendus.

PHONO UN.—Le photographe se détourne. Il trouve la noce un peu dure. Si elle reproche au général d'être vivant, le général pourrait lui reprocher de s'être laissée vendre.

PHONO DEUX.—Le photographe a du cœur.

PHONO UN.—Il parle. Que dit-il?

PHONO DEUX.—Allons, mesdames et messieurs, je vais compter jusqu'à cinq. Regardez l'objectif. Un oiseau va sortir.

PHONO UN.—Une colombe!

PHONO DEUX.—L'appareil marche.

PHONO UN.—La paix est conclue.

PHONO DEUX.—Une.

(Le marié et la mariée se détachent du groupe, traversant la scène et disparaissent dans l'appareil.)

Deux.

(Même jeu pour le beau-père et la belle-mère.)

Trois.

(Même jeu pour les premiers garçon et demoiselle d'honneur.)

Quatre.

(Même jeu pour les deuxièmes garçon et demoiselle d'honneur.)

Cinq.

(Même jeu pour le général, seul, tête basse, et l'enfant, qui le traîne par la main.)

PHONO UN.—Entre le directeur de la Tour Eiffel. Il agite un grand porte-voix.[41]

PHONO DEUX.—On ferme! On ferme!

PHONO UN.—Il sort.

PHONO DEUX.—Entre le chasseur. Il se dépêche. Il court jusqu'à l'appareil. Que dit le photographe?

PHONO UN.—Où allez-vous?

PHONO DEUX.—Je veux prendre le dernier train.

PHONO UN.—On ne passe plus.

PHONO DEUX.—C'est honteux. Je me plaindrai au directeur des chemins de fer.

PHONO UN.—Ce n'est pas ma faute. Tenez, votre train, le voilà qui part.

(L'appareil se met en marche vers la gauche, suivi de son soufflet[42] comme de wagons. Par des ouvertures on voit la noce qui agite des mouchoirs et, par-dessous, les pieds qui marchent.)

---

40. Is it not still true that in the United States the only time art makes the news is when a painting sells for a large amount of money?

41. *agite un grand porte-voix* : waves around a large megaphone.

42. *soufflet* : expandable suitcase.

7. Existentialism

Existentialism was a fully developed philosophical system in Germany before Jean-Paul Sartre and others, in the late 1930s, undertook to illustrate the philosophy in imaginative forms. The philosophical system and its literary illustration found favoring circumstances in the mood of modern Europe, for sensitive spirits were horrified at the spectacle of the world's absurdity (as evidenced in war) and of man's evil (as evidenced in political systems based on organized cruelty and murder.)

The tenets of French literary existentialism must be stated here in very brief terms, despite the obvious unfairness of that to the philosophers who formulated it.

The external world is real; it exists, but it has no meaning except for the mind. God is dead or never existed. The world is Absurd, which means that it has no purpose or innate justification for existing. The apparent stability of things is an illusion. If things seem constant, it is because of their laziness, or ours. The only "thing" of which we can be sure is existence. Philosophers used to assume that the essence of things precedes their existence. No; according to existentialists, existence precedes essence; we are born, and then must make our own meaning. Living in a world we did not ask for, with no God and no innate goal, is humankind's terrible dilemma. The challenge is to accept this and create an ethics that will put us into solidarity with one another without compromising the integrity or authenticity of the individual.

Some important corollaries of this proposition are these:

1. The world has no meaning except the meaning we give to it. It contains no moral principle; it imposes no obligation. Sartre uses the term "nausea" to designate the feeling that comes over the individual upon his recognition of life's meaninglessness.

2. The body is all-important. There is no use talking about mind, spirit, or soul, apart from the body. And the body is nearly always disgusting. (Remember, during the Great Depression and the World Wars, when this philosophy flourished, nearly everyone was malnourished, cold, and frequently ill. The body really was a burden.)

3. Although the individual is supreme, no one can exist alone. We are inevitably a part of society, and each person must be regarded in relation to others. These relations are usually absurd and calamitous. Since we cannot know ourselves, we seek an image of ourselves in the conception others have of us. Others exist to confirm our belief that we exist. But the image of ourselves reflected by others revolts us. "Hell is other people," is the theme of Sartre's play *Huis clos*. We need to have our own authentic thoughts and feelings, not those reflected upon us by others.

4. By such determinations as the body and society, the individual is involved in life, committed. The term for this commitment is engagement, and the literature of such a commitment is *engagé*. But this involvement does not imply determinism. Man is free whether he wants to be or not, and must make his choices, his *choix*, in an ethically responsable manner. Sartre said that we are condemned to be free. In a radio interview, he explained in simple terms what that means. He said we are like a boxer who is fighting a wily opponent. This opponent knows that you are most vulnerable to being hit when you are throwing a punch. So he intentionally gives you what appears to be an opening, and when you start to swing at him, he knocks you out.

He gave you the freedom to do something that looked good but turned out to be against your own interests. In just such a way, we are all manipulated by those who exercise power and offer us bogus choices. We must therefore be constantly vigilant in the utilization of our own freedom.

5. An individual has no predetermined nature or character. His "psychology" is nothing but the succession of his acts. He is what he decides to be. He makes his being by his chosen actions, and these may bring him through despair to liberty. Says Sartre's Oreste, in *Les Mouches*: "Human life begins on the far side of despair." At least, human life begins; it imposes upon us responsibility for our actions and for the selves that we create. The world is full of injustice, but fighting injustice is the main act that may give life meaning.

Existentialism has made its converts among philosophers, literary men, and the cultivated public. It had a considerable vogue in America for a long time, especially among young theological students. It fathered an entire Literature of the Absurd. It has also become, in vulgarized form, a mere rejection of purpose and morality, for many a criminal is a corrupt existentialist without knowing it. Existentialism also popularized many a nightclub on Paris' Left Bank, where young people wallowing in chronic depression wore black, smoked potent cigarettes, drank pastis, listened to jazz, and posed as intellectuals or budding filmmakers. Some still do.

✤ ✤ ✤

Jean-Paul Sartre

[1905–1980]

Cultural Giant

In the entire history of French letters there have been only a handful of figures who have dominated their entire culture. Sartre, like Descartes, Voltaire, and Hugo, is one of them. Raising the profession of intellectual to the top of the social pyramid, Sartre changed the way the French think about life, and the way the French think overall.

Philosopher at Large

Jean-Paul-Charles-Aymard Sartre was born in Paris, of a middle-class background. He was a cousin of a famous winner of the Nobel Peace Prize, the physician-humanitarian Dr. Albert Schweitzer. Jean-Paul lost his father in childhood. He claimed that this lack of a father figure helped him become self-made, although the reality is that Sartre spent his formative years in a household with his grandfather in the town of Meudon. Considering

Jean Paul Sartre on the balcony of his home in the Place Saint-Germain-des-Pres (1964). © Photofest.

himself an ugly, short, cross-eyed child, Jean-Paul (nicknamed Poulou) was unhappy and interested more in books than in his fellow children. The family moved back to Paris in 1911, where Jean-Paul had the opportunity to attend some of the best schools. Despite clashes with his new stepfather, he continued to flourish as a budding philosopher. Early on he began formulating his own systems of thought to replace the standard ones.

Sartre attended the École Normale Supérieure, where he forged a relationship with another student, Simone de Beauvoir, herself an important philosopher in years to come. Although they never married, they were companions for life. Sartre went on to take first place in the university's examinations for the *agrégation*, and taught philosophy for ten years in the lycées of Le Havre, Laon, and Paris. (Beauvoir usually had similar teaching jobs nearby.) Sartre won a fellowship to an institute in Berlin in 1933 and gained a working knowledge of the latest German philosophies. No sooner had he published his first novel, the still-revered *La Nausée*, than World War II disrupted his academic life.

Permanent Revolution

Sartre served in the French Army as an artillery observer (though a terribly nearsighted one), was taken prisoner in 1940, and spent nine months in a German prison camp. It was not wasted time however; he continued his writing, which would eventually result in the publication of his major philosophical treatise *L'Etre et néant* and his play *Les Mouches*. He was released from prison for health reasons in 1941; he taught and wrote in Paris and worked in a minor way for the Resistance, mostly passing messages around the Free Zone. After the war, he published his gigantic philosophic demonstrations of existentialism, gained particular success as a playwright, co-edited an immensely influential literary magazine, *Les Temps modernes*, joined and deserted the Communists, and even founded a political party, which demanded a permanent revolution and which did not last very long.

In 1964, he was awarded the Nobel Prize for Literature, but refused to accept it on the grounds that it would be "inauthentic" for him to do so. He also never sought entry into the Académie française, remarking that he simply did not care to receive any awards from people who write bad books.

He championed many causes for oppressed people. However, his naive support of political disasters such as Chairman Mao's Cultural Revolution, a Stalinist-like slaughter of dissidents in Communist China that Sartre from afar mistook for a grass-roots democratic movement, left Sartre looking increasingly irrelevant. He always kept writing, though, producing memoirs, a huge biography of Flaubert, and many pieces of literary and social criticism.

Sartre was allied with the young throughout his life, and never cared for the establishment or its honors. He sided with the student protesters that nearly toppled the de Gaulle government in 1968. He also sided with Israel in its struggle for survival, causing a break with most of the other French intellectuals who lined up behind the Palestinians' cause. In his later years, Sartre suffered from failing health, but still chimed in on most of the political and artistic issues of the day. By the time he died in 1980, he was no longer fashionable but still highly respected.

Philosophical Feeling

All of his works, in many fields, are bold, novel, intelligent, abundant in ideas—and controversial. His imaginative writings are a part of his philosophy, and vice versa. Of course, his philosophical treatises, imposing in bulk and density, can be judged only by philosophers. But his philosophy is not mere speculation, it is a felt philosophy, an impassioned belief, which requires artistic demonstration. Just as Rousseau was a theist because he said he could feel God's presence, so Sartre was an atheist because he said he could feel the void in the universe. And in his plays, novels, and stories, we feel Sartre's passion for life and humanity. He jumps wholeheartedly into the battle between Good and Evil. Except for considering both God and Satan as fictitious, this outlook is surprisingly close to a Catholic cosmology for a man who spent his life trying to free his fellow French from the domination of Catholicism.

Stylistically, Sartre's work reflects the influence of Ernest Hemingway, whom Sartre admired greatly. Sartre uses much authentic-sounding language, including slang, and keeps his sentences short and free of flourish. You will also remark how Sartre, having rejected the notion of God, consequently rejects the use of God-like omniscient narration, and instead writes from the first-person perspective, telling us only what that one individual could realistically know.

Testing Grounds

Le Mur is the lead story of a collection of the same name that appeared in 1939. *Le Mur* is an imagined episode of the Spanish Civil War of 1936–1938. Sartre's sympathies are naturally with the Republican, or radical, side (la Brigade Internationale), which unsuccessfully opposed the fascist government of General Franco, an ally of Hitler's. In many ways, the Spanish Civil War was a testing ground for what became World War II, and the spread of totalitarian dictatorship over Europe. And this story is a testing ground for existentialism, for it takes place mostly inside a jail, a most difficult place for one to exercise one's existential freedom of choice. When you have finished the story, reflect on how far it fulfills the existentialist doctrines that have just been stated.

[*Le Mur*, © Les Editions Gallimard, is reprinted by permission.]

✤ ✤ ✤

LE MUR[1]

On nous poussa dans une grande salle blanche et mes yeux se mirent à cligner[2] parce que la lumière leur faisait mal. Ensuite je vis une table et quatre types[3] derrière la table, des civils, qui regardaient des papiers. On avait massé les autres prisonniers dans le fond et il nous fallut traverser toute la pièce pour les rejoindre. Il y en avait plusieurs que je connaissais et d'autres qui devaient être étrangers. Les deux qui étaient devant moi étaient blonds avec des crânes ronds; ils se ressemblaient: des Français, j'imagine. Le plus petit remontait[4] tout le temps son pantalon: c'était nerveux.

Ça dura près de trois heures; j'étais abruti[5] et j'avais la tête vide; mais la pièce était bien chauffée et je trouvais ça plutôt agréable: depuis vingt-quatre heures, nous n'avions pas cessé de grelotter. Les gardiens amenaient les prisonniers l'un après l'autre devant la table. Les quatre types leur demandaient alors leur nom et leur profession. La plupart du temps ils n'allaient pas plus loin—ou bien alors ils posaient une question par-ci, par-là: « As-tu pris part au sabotage des munitions? » Ou bien: « Où étais-tu le matin du 9 et que faisais-tu ? » Ils n'écoutaient pas les réponses ou du moins ils n'en avaient pas l'air: ils se taisaient un moment et regardaient droit devant eux puis ils se mettaient à écrire. Ils demandèrent à Tom si c'était vrai qu'il servait dans la Brigade internationale:[6] Tom ne pouvait pas dire le contraire à cause des papiers qu'on avait trouvés dans sa veste.[7] A Juan ils ne

---

1. Try to ascertain what the wall of this title might signify or symbolize as you read through the story.
2. *cligner*: blink.
3. *types*: guys.
4. *remontait*: kept hitching up.

5. *abruti*: exhausted, all in.
6. *Brigade internationale*: unit of volunteers, mostly left-wing sympathizers, who fought for the Spanish Republic in the Civil War against the fascists, 1936–38.
7. *veste*: coat, uniform blouse.

demandèrent rien, mais, après qu'il eut dit son nom, ils écrivirent longtemps.

—C'est mon frère José qui est anarchiste, dit Juan. Vous savez bien qu'il n'est plus ici. Moi je ne suis d'aucun parti, je n'ai jamais fait de politique.

Ils ne répondirent pas. Juan dit encore:

—Je n'ai rien fait. Je ne veux pas payer pour les autres.

Ses lèvres tremblaient. Un gardien le fit taire et l'emmena. C'était mon tour:

—Vous vous appelez Pablo Ibbieta?

Je dis que oui.

Le type regarda ses papiers et me dit:

—Où est Ramon Gris?

—Je ne sais pas.

—Vous l'avez caché dans votre maison du 6 au 19.

—Non.

Ils écrivirent un moment et les gardiens me firent sortir. Dans le couloir Tom et Juan attendaient entre deux gardiens. Nous nous mîmes en marche. Tom demanda à un des gardiens:

—Et alors?

—Quoi? dit le gardien.

—C'est un interrogatoire ou un jugement?

—C'était le jugement, dit le gardien.

—Eh bien? Qu'est-ce qu'ils vont faire de nous?

Le gardien répondit sèchement:

—On vous communiquera la sentence dans vos cellules.

En fait, ce qui nous servait de cellule c'était une des caves de l'hôpital. Il y faisait terriblement froid à cause des courants d'air. Toute la nuit nous avions grelotté et pendant la journée ça n'avait guère mieux été. Les cinq jours précédents je les avais passés dans un cachot de l'archevêché, une espèce d'oubliette[8] qui devait dater du moyen âge: comme il y avait beaucoup de prisonniers et peu de place, on les casait[9] n'importe où.

Je ne regrettais pas mon cachot: je n'y avais pas souffert du froid mais j'y étais seul; à la longue c'est irritant. Dans la cave j'avais de la compagnie. Juan ne parlait guère: il avait peur et puis il était trop jeune pour avoir son mot à dire. Mais Tom était beau parleur et il savait très bien l'espagnol.

Dans la cave il y avait un banc et quatre paillasses.[10] Quand ils nous eurent ramenés, nous nous assîmes et nous attendîmes en silence. Tom dit, au bout d'un moment:

—Nous sommes foutus.[11]

—Je le pense aussi, dis-je, mais je crois qu'ils ne feront rien au petit.

—Ils n'ont rien à lui reprocher, dit Tom. C'est le frère d'un militant, voilà tout.

Je regardai Juan: il n'avait pas l'air d'entendre. Tom reprit:

—Tu sais ce qu'ils font à Saragosse?[12] Ils couchent les types sur la route et ils leur passent dessus avec des camions. C'est un Marocain[13] déserteur qui nous l'a dit. Ils disent que c'est pour économiser les munitions.

—Ça n'économise pas l'essence, dis-je.

J'étais irrité contre Tom: il n'aurait pas dû dire ça.

—Il y a des officiers qui se promènent sur la route, poursuivit-il, et qui surveillent ça, les mains dans les poches, en fumant des cigarettes. Tu crois qu'ils achèveraient les types? Je t'en fous.[14] Ils les laissent gueuler.[15] Des fois pendant une heure. Le Marocain disait que, la première fois, il a manqué dégueuler.[16]

—Je ne crois pas qu'ils fassent ça ici, dis-je. A moins qu'ils ne manquent vraiment de munitions.

Le jour entrait par quatre soupiraux[17] et par une ouverture ronde qu'on avait pratiquée au plafond, sur la gauche, et qui donnait sur le ciel. C'est par ce trou rond ordinairement fermé par une trappe, qu'on déchargeait le

---

8.   *oubliette*: dungeon.
9.   *casait*: stowed.
10.   *paillasses*: pallets, straw mattresses.
11.   *foutus*: screwed, done for.
12.   Saragossa, important city of northern Spain.
13.   *Marocain*: Moroccan. (General Franco brought

with him many Spanish Moroccans in his invasion of Spain.)
14.   *Je t'en fous*: Like hell.
15.   *gueuler*: yell.
16.   *dégueuler*: vomit.
17.   *soupiraux*: air holes.

charbon dans la cave. Juste au-dessous du trou il y avait un gros tas de poussier;[18] il avait été destiné à chauffer l'hôpital mais, dès le début de la guerre, on avait évacué les malades et le charbon restait là, inutilisé; il pleuvait même dessus, à l'occasion, parce qu'on avait oublié de baisser la trappe.

Tom se mit à grelotter:

—Sacré nom de Dieu, je grelotte, dit-il, voilà que ça recommence.

Il se leva et se mit à faire de la gymnastique.[19] A chaque mouvement sa chemise s'ouvrait sur sa poitrine blanche et velue.[20] Il s'étendit sur le dos, leva les jambes en l'air et fit les ciseaux: je voyais trembler sa grosse croupe.[21] Tom était costaud[22] mais il avait trop de graisse. Je pensais que des balles de fusil ou des pointes de baïonnettes allaient bientôt s'enfoncer dans cette masse de chair tendre comme dans une motte[23] de beurre. Ça ne me faisait pas le même effet que s'il avait été maigre.

Je n'avais pas exactement froid, mais je ne sentais plus mes épaules ni mes bras. De temps en temps, j'avais l'impression qu'il me manquait quelque chose et je commençais à chercher ma veste autour de moi et puis je me rappelais brusquement qu'ils ne m'avaient pas donné de veste. C'était plutôt pénible. Ils avaient pris nos vêtements pour les donner à leurs soldats et ils ne nous avaient laissé que nos chemises—et ces pantalons de toile que les malades hospitalisés portaient au gros[24] de l'été. Au bout d'un moment Tom se releva et s'assit près de moi en soufflant.

—Tu es réchauffé?

—Sacré nom de Dieu, non. Mais je suis essoufflé.

Vers huit heures du soir un commandant entra avec deux phalangistes.[25] Il avait une feuille de papier à la main. Il demanda au gardien:

—Comment s'appellent-ils, ces trois-là?

« Steinbock, Ibbieta et Mirbal, » dit le gardien.

Le commandant mit ses lorgnons et regarda sa liste:

—Steinbock…Steinbock…Voilà. Vous êtes condamné à mort. Vous serez fusillé demain matin.

Il regarda encore:

—Les deux autres aussi, dit-il.

—C'est pas possible, dit Juan. Pas moi.

Le commandant le regarda d'un air étonné:

—Comment vous appelez-vous?

—Juan Mirbal, dit-il.

—En bien, votre nom est là, dit le commandant, vous êtes condamné.

—J'ai rien fait, dit Juan.

Le commandant haussa les épaules et se tourna vers Tom et vers moi.

—Vous êtes Basques?

—Personne n'est Basque.

Il eut l'air agacé.

—On m'a dit qu'il y avait trois Basques. Je ne vais pas perdre mon temps à leur courir après. Alors naturellement vous ne voulez pas de prêtre?[26]

Nous ne répondîmes même pas. Il dit:

—Un médecin belge viendra tout à l'heure. Il a l'autorisation de passer la nuit avec vous.

Il fit le salut militaire et sortit:

—Qu'est-ce que je te disais, dit Tom. On est bons.[27]

—Oui, dis-je, c'est vache[28] pour le petit.

Je disais ça pour être juste mais je n'aimais pas le petit. Il avait un visage trop fin et la peur, la souffrance l'avaient défiguré, elles avaient tordu tous ses traits. Trois jours auparavant c'était un môme[29] dans le genre mièvre,[30] ça peut plaire;

---

18. *poussier*: coal dust.
19. *gymnastique*: exercises.
20. *velue*: hairy.
21. *croupe*: rump.
22. *costaud*: strongly built.
23. *motte*: mound, lump.
24. *gros*: here, height.
25. *phalangistes*: members of the Falange, activist

political party, resembling Fascists.
26. Many adherents of the Republic were violent anticlericals, but the Basques (from northern Spain) were devout.
27. *On est bons*: We're going to get it.
28. *vache*: tough.
29. *môme*: kid.
30. *mièvre*: delicate.

Sartre's Le Mur. *Courtesy of Bibliothèque nationale de France.*

mais maintenant il avait l'air d'une vieille tapette[31] et je pensais qu'il ne redeviendrait plus jamais jeune, même si on le relâchait. Ça n'aurait pas été mauvais d'avoir un peu de pitié à lui offrir mais la pitié me dégoûte, il me faisait plutôt horreur. Il n'avait plus rien dit mais il était devenu gris: son visage et ses mains étaient gris. Il se rassit et regarda le sol avec des yeux ronds. Tom était une bonne âme, il voulut lui prendre le bras, mais le petit se dégagea violemment en faisant une grimace.

—Laisse-le, dis-je à voix basse, tu vois bien qu'il va se mettre à chialer.[32]

Tom obéit à regret; il aurait aimé consoler le petit; ça l'aurait occupé et il n'aurait pas été tenté de penser à lui-même. Mais ça m'agaçait: je n'avais jamais pensé à la mort parce que l'occasion ne s'en était pas présentée, mais maintenant l'occasion était là et il n'y avait pas autre chose à faire que de penser à ça.

Tom se mit à parler:

—Tu as bousillé[33] des types, toi? me demanda-t-il.

Je ne répondis pas. Il commença à m'expliquer qu'il en avait bousillé six depuis le début du mois d'août; il ne se rendait pas compte de la situation et je voyais bien qu'il ne voulait pas s'en rendre compte. Moi-même je ne réalisais pas encore tout à fait, je me demandais si on souffrait beaucoup, je pensais aux balles, j'imaginais leur grêle brûlante à travers mon corps. Tout ça c'était en dehors de la véritable question; mais j'étais tranquille: nous avions toute la nuit pour comprendre. Au bout d'un moment Tom cessa de parler et je le regardai du coin de l'œil; je vis qu'il était devenu gris, lui aussi, et qu'il avait l'air misérable, je me dis: « Ça commence. » Il faisait presque nuit, une lueur terne filtrait à travers les soupiraux et le tas de charbon et faisait une grosse tache sous le ciel; par le trou du plafond je voyais déjà une étoile: la nuit serait pure et glacée.

La porte s'ouvrit et deux gardiens entrèrent. Ils étaient suivis d'un homme blond qui portait un uniforme belge. Il nous salua:

«Je suis médecin, dit-il. J'ai l'autorisation de vous assister en ces pénibles circonstances.»

Il avait une voix agréable et distinguée. Je lui dis:

—Qu'est-ce-que vous venez faire ici?

—Je me mets à votre disposition. Je ferai tout mon possible pour que ces quelques heures vous soient moins lourdes.

—Pourquoi êtes-vous venu chez nous? Il y a d'autres types, l'hôpital en est plein.

—On m'a envoyé ici, répondit-il d'un air vague.

« Ah! vous aimeriez fumer, hein? ajouta-t-il précipitamment. J'ai des cigarettes et même des cigares. »

Il nous offrit des cigarettes anglaises et des puros,[34] mais nous refusâmes. Je le regardai dans les yeux et il parut gêné. Je lui dis:

—Vous ne venez pas ici par compassion. D'ailleurs je vous connais. Je

---

31. *tapette*: fairy.
32. *chialer*: squall.

33. *bousillé*: bumped off, croaked.
34. *puros*: cigars (Spanish).

vous ai vu avec des fascistes dans la cour de la caserne, le jour où on m'a arrêté.

J'allais continuer, mais tout d'un coup il m'arriva quelque chose qui me surprit: la présence de ce médecin cessa brusquement de m'intéresser. D'ordinaire quand je suis sur un homme je ne le lâche pas. Et pourtant l'envie de parler me quitta; je haussai les épaules et je détournai les yeux. Un peu plus tard, je levai la tête: il m'observait d'un air curieux. Les gardiens s'étaient assis sur une paillasse. Pedro, le grand maigre, se tournait les pouces, l'autre agitait de temps en temps la tête pour s'empê-cher de dormir.

—Voulez-vous de la lumière? dit soudain Pedro au médecin. L'autre fit « oui » de la tête: je pense qu'il avait à peu près autant d'intelligence qu'une bûche, mais sans doute n'était-il pas méchant. A regarder ses gros yeux bleus et froids, il me sembla qu'il péchait surtout par défaut d'imagination. Pedro sortit et revint avec une lampe à pétrole qu'il posa sur le coin du banc. Elle éclairait mal, mais c'était mieux que rien: la veille on nous avait laissés dans le noir. Je regardai un bon moment le rond de lumière que la lampe faisait au plafond. J'étais fasciné. Et puis, brusquement, je me réveillai, le rond de lumière s'effaça et je me sentis écrasé sous un poids énorme. Ce n'était pas la pensée de la mort, ni la crainte: c'était anonyme. Les pommettes[35] me brûlaient et j'avais mal au crâne.

Je me secouai et regardai mes deux compagnons. Tom avait enfoui sa tête dans ses mains, je ne voyais que sa nuque grasse et blanche. Le petit Juan était de beaucoup le plus mal en point,[36] il avait la bouche ouverte et ses narines tremblaient. Le médecin s'approcha de lui et lui posa la main sur l'épaule comme pour le réconforter: mais ses yeux restaient froids. Puis je vis la main du Belge descendre sournoisement le long du bras de Juan jusqu'au poignet. Juan se laissait faire avec indifférence. Le Belge lui prit le poignet entre trois doigts, avec un

air distrait, en même temps il recula un peu et s'arrangea pour me tourner le dos. Mais je me penchai en arrière et je le vis tirer sa montre et la consulter un instant sans lâcher le poignet du petit. Au bout d'un moment il laissa retomber la main inerte et alla s'adosser au mur, puis, comme s'il se rappelait soudain quelque chose de très important qu'il fallait noter sur-le-champ, il prit un carnet dans sa poche et y inscrivit quelques lignes. « Le salaud,[37] pensai-je avec colère, qu'il ne vienne pas me tâter le pouls, je lui enverrai mon poing dans sa sale gueule.[38] »

Il ne vint pas mais je sentis qu'il me regardait. Je levai la tête et lui rendis son regard. Il me dit d'une voix impersonnelle:

—Vous ne trouvez pas qu'on grelotte ici?

Il avait l'air d'avoir froid; il était violet.

—Je n'ai pas froid, lui répondis-je.

Il ne cessait pas de me regarder, d'un œil dur. Brusquement je compris et je portai mes mains à ma figure: j'étais trempè de sueur. Dans cette cave, au gros de l'hiver, en plein courant d'air, je suais. Je passai les doigts dans mes cheveux qui étaient feutrés[39] par la transpiration[40]; en même temps je m'aperçus que ma chemise était humide et collait à ma peau: je ruisselais depuis une heure au moins et je n'avais rien senti. Mais ça n'avait pas échappé au cochon de Belge; il avait vu les gouttes rouler sur mes joues et il avait pensé: c'est la manifestation d'un état de terreur quasi pathologique; et il s'était senti normal et fier de l'être parce qu'il avait froid. Je voulus me lever pour aller lui casser la figure mais à peine avais-je ébauché[41] un geste que ma honte et ma colère furent effacées; je retombai sur le banc avec indifférence.

Je me contentai de me frictionner le cou avec mon mouchoir parce que, maintenant, je sentais la sueur qui gouttait de mes cheveux sur ma nuque et c'était

---

35. *pommettes*: cheekbones.
36. *mal en point*: badly off.
37. *salaud*: bastard.
38. *gueule*: jaw, face.

39. *feutrés*: matted.
40. *transpiration*: perspiration.
41. *ébauché*: sketched out, begun.

désagréable. Je renonçai d'ailleurs bientôt à me frictionner, c'était inutile: déjà mon mouchoir était bon à tordre[42] et je suais toujours. Je suais aussi des fesses[43] et mon pantalon humide adhérait au banc.

Le petit Juan parla tout à coup.

—Vous êtes médecin?

—Oui, dit le Belge.

—Est-ce qu'on souffre…longtemps?

—Oh! Quand…? Mais non, dit le Belge d'une voix paternelle, c'est vite fini.

Il avait l'air de rassurer un malade payant.

—Mais je…on m'avait dit…qu'il fallait souvent deux salves.[44]

—Quelquefois, dit le Belge en hochant la tête. Il peut se faire que la première salve n'atteigne aucun des organes vitaux.

—Alors il faut qu'ils rechargent les fusils et qu'ils visent de nouveau?

Il réfléchit et ajouta d'une voix enrouée[45]:

—Ça prend du temps!

Il avait une peur affreuse de souffrir, il ne pensait qu'à ça: c'était de son âge. Moi je n'y pensais plus beaucoup et ce n'était pas la crainte de souffrir qui me faisait transpirer.

Je me levai et je marchai jusqu'au tas de poussier. Tom sursauta et me jeta un regard haineux: je l'agaçais parce que mes souliers craquaient. Je me demandais si j'avais le visage aussi terreux[46] que lui: je vis qu'il suait aussi. Le ciel était superbe, aucune lumière ne se glissait dans ce coin sombre et je n'avais qu'à lever la tête pour apercevoir la grande Ourse.[47] Mais ça n'était plus comme auparavant: l'avant-veille, de mon cachot de l'archevêché, je pouvais voir un grand morceau de ciel et chaque heure du jour me rappelait un souvenir différent. Le matin quand le ciel était d'un bleu dur et léger, je pensais à des plages au bord de l'Atlantique; à midi je

voyais le soleil et je me rappelais un bar de Séville où je buvais du manzanilla[48] en mangeant des anchois[49] et des olives; l'après-midi j'étais à l'ombre et je pensais à l'ombre profonde qui s'étend sur la moitié des arènes[50] pendant que l'autre moitié scintille au soleil: c'était vraiment pénible de voir ainsi toute la terre se refléter dans le ciel. Mais à présent je pouvais regarder en l'air tant que je voulais, le ciel ne m'évoquait plus rien. J'aimais mieux ça. Je revins m'asseoir près de Tom. Un long moment passa.

Tom se mit à parler, d'une voix basse. Il fallait toujours qu'il parlât, sans ça il ne se reconnaissait pas bien dans ses pensées. Je pense que c'était à moi qu'il s'adressait mais il ne me regardait pas. Sans doute avait-il peur de me voir comme j'étais, gris et suant: nous étions pareils et pires que des miroirs l'un pour l'autre.[51] Il regardait le Belge, le vivant.

—Tu comprends, toi? disait-il. Moi, je comprends pas.

Je me mis aussi à parler à voix basse. Je regardais le Belge.

—Quoi, qu'est-ce qu'il y a?

—Il va nous arriver quelque chose que je ne peux pas comprendre.

Il y avait une étrange odeur autour de Tom.

Il me sembla que j'étais plus sensible aux odeurs qu'à l'ordinaire. Je ricanai:

—Tu comprendras tout à l'heure.

—Ça n'est pas clair, dit-il d'un air obstiné.

Je veux bien avoir du courage, mais il faudrait au moins que je sache…Écoute, on va nous amener dans la cour. Bon. Les types vont se ranger devant nous. Combien seront-ils?

—Je ne sais pas. Cinq ou huit. Pas plus.

—Ça va. Ils seront huit. On leur criera:

---

42. *à tordre*: to be wrung out.
43. *fesses*: buttocks.
44. *salves*: volleys.
45. *enrouée*: hoarse.
46. *terreux*: earthy, ashen.

47. *la grande Ourse*: the Great Bear, or Big Dipper.
48. *manzanilla*: tart white wine.
49. *anchois*: anchovies.
50. *arènes*: bull rings.
51. How is this an existentialist idea?

« En joue[52] » et je verrai les huit fusils braqués[53] sur moi. Je pense que je voudrai rentrer dans le mur, je pousserai le mur avec le dos de toutes mes forces et le mur résistera, comme dans les cauchemars.[54] Tout ça je peux me l'imaginer. Ah! Si tu savais comme je peux me l'imaginer.

—Ça va! lui dis-je, je me l'imagine aussi.

—Ça doit faire un mal de chien. Tu sais qu'ils visent les yeux et la bouche pour défigurer, ajouta-t-il méchamment. Je sens déjà les blessures; depuis une heure j'ai des douleurs dans la tête et dans le cou. Pas de vraies douleurs; c'est pis: ce sont les douleurs que je sentirai demain matin. Mais après.

Je comprenais très bien ce qu'il voulait dire mais je ne voulais pas en avoir l'air. Quant aux douleurs, moi aussi je les portais dans mon corps, comme une foule de petites balafres.[55] Je ne pouvais pas m'y faire, mais j'étais comme lui, je n'y attachais pas d'importance.

—Après, dis-je rudement, tu boufferas du pissenlit.[56]

Il se mit à parler pour lui seul: il ne lâchait pas des yeux le Belge. Celui-ci n'avait pas l'air d'écouter. Je savais ce qu'il était venu faire; ce que nous pensions ne l'intéressait pas; il était venu regarder nos corps, des corps qui agonisaient tout vifs.

—C'est comme dans les cauchemars, disait Tom. On veut penser à quelque chose, on a tout le temps l'impression que ça y est, qu'on va comprendre et puis ça glisse, ça vous échappe et ça retombe. Je me dis: après il n'y aura plus rien. Mais je ne comprends pas ce que ça veut dire. Il y a des moments où j'y arrive presque…et puis ça retombe, je recommence à penser aux douleurs, aux balles, aux détonations. Je suis matérialiste, je te le jure; je ne deviens pas fou. Mais il y a quelque chose qui ne va pas. Je vois mon cadavre: ça n'est pas difficile mais c'est moi qui le vois, avec mes yeux. Il faudrait que j'arrive à penser…à penser que je ne verrai plus rien, que je n'entendrai plus rien et que le monde continuera pour les autres. On n'est pas faits pour penser ça, Pablo. Tu peux me croire: ça m'est déjà arrivé de veiller toute une nuit en attendant quelque chose. Mais cette chose-là, ça n'est pas pareil: ça nous prendra par derrière, Pablo, et nous n'aurons pas pu nous y préparer.

—La ferme,[57] lui dis-je, veux-tu que j'appelle un confesseur?

Il ne répondit pas. J'avais déjà remarqué qu'il avait tendance à faire le prophète et à m'appeler Pablo en parlant d'une voix blanche. Je n'aimais pas beaucoup ça; mais il paraît que tous les Irlandais sont ainsi. J'avais l'impression vague qu'il sentait l'urine. Au fond je n'avais pas beaucoup de sympathie pour Tom et je ne voyais pas pourquoi, sous prétexte que nous allions mourir ensemble, j'aurais dû en avoir davantage. Il y a des types avec qui ç'aurait été différent. Avec Ramon Gris, par exemple. Mais, entre Tom et Juan, je me sentais seul. D'ailleurs j'aimais mieux ça: avec Ramon je me serais peut-être attendri. Mais j'étais terriblement dur, à ce moment-là, et je voulais rester dur.

Il continua à mâchonner[58] des mots, avec une espèce de distraction. Il parlait sûrement pour s'empêcher de penser. Il sentait l'urine à plein nez comme les vieux prostatiques.[59] Naturellement j'étais de son avis, tout ce qu'il disait j'aurais pu le dire: ça n'est pas naturel de mourir. Et, depuis que j'allais mourir, plus rien ne me semblait naturel, ni ce tas de poussier, ni le banc, ni la sale gueule de Pedro. Seulement, ça me déplaisait de penser les mêmes choses que Tom. Et je savais bien que, tout au long de la nuit, à cinq minutes près, nous continuerions à penser les choses en même temps, à suer ou à frissoner en même temps. Je le regardai de côté et, pour la première fois,

---

52. *En joue*: Aim!
53. *braqués*: pointed.
54. *cauchemars*: nightmares.
55. *balafres*: slashes.
56. *tu boufferas du pissenlit*: you'll be eating dande-

lions.
57. *La ferme*: Shut up.
58. *mâchonner*: chew, mutter.
59. *prostatiques*: suffers from prostate trouble.

il me parut étrange: il portait sa mort sur sa figure. J'étais blessé dans mon orgueil: pendant vingt-quatre heures j'avais vécu aux côtés de Tom, je l'avais écouté, je lui avais parlé, et je savais que nous n'avions rien de commun. Et maintenant nous nous ressemblions comme des frères jumeaux, simplement parce que mous allions crever[60] ensemble. Tom me prit la main sans me regarder:

—Pablo, je me demande…je me demande si c'est bien vrai qu'on s'anéantit.

Je dégageai ma main, je lui dis:

—Regarde entre tes pieds, salaud.

Il y avait une flaque[61] entre ses pieds et des gouttes tombaient de son pantalon.

—Qu'est-ce que c'est, dit-il avec effarement.

—Tu pisses dans la culotte,[62] lui dis-je.

—C'est pas vrai, dit-il furieux, je ne pisse pas, je ne sens rien.

Le Belge s'était approché. Il demanda avec une fausse sollicitude:

—Vous vous sentez souffrant?

Tom ne répondit pas. Le Belge regarda la flaque sans rien dire.

—Je ne sais pas ce que c'est, dit Tom d'un ton farouche, mais je n'ai pas peur. Je vous jure que je n'ai pas peur.

Le Belge ne répondit pas. Tom se leva et alla pisser dans un coin. Il revint en boutonnant sa braguette,[63] se rassit et ne souffla plus mot. Le Belge prenait des notes.

Nous le regardions tous les trois parce qu'il était vivant. Il avait les gestes d'un vivant, les soucis d'un vivant: il grelottait dans cette cave, comme devaient grelotter les vivants: il avait un corps obéissant et bien nourri. Nous autres nous ne sentions plus guère nos corps—plus de la même façon en tout cas. J'avais envie de tâter mon pantalon, entre mes jambes, mais je n'osais pas; je regardais le Belge, arqué[64]

sur ses jambes, maître de ses muscles—et qui pouvait penser à demain. Nous étions là, trois ombres privées de sang; nous le regardions et nous sucions sa vie comme des vampires.

Il finit par s'approcher du petit Juan. Voulut-il lui tâter la nuque pour quelque motif professionnel ou bien obéit-il à une impulsion charitable? S'il agit par charité ce fut la seule et unique fois de toute la nuit. Il caressa le crâne et le cou du petit Juan. Le petit se laissait faire, sans le quitter des yeux, puis, tout à coup, il lui saisit la main et la regarda d'un drôle d'air. Il tenait la main du Belge entre les deux siennes et elles n'avaient rien de plaisant, les deux pinces[65] grises qui serraient cette main grasse et rougeaude. Je me doutais bien de ce qui allait arriver et Tom devait s'en douter aussi: mais le Belge n'y voyait que du feu,[66] il souriait paternellement. Au bout d'un moment le petit porta la grosse patte rouge à sa bouche et voulut la mordre. Le Belge se dégagea vivement et recula jusqu'au mur en trébuchant. Pendant une seconde il nous regarda avec horreur, il devait comprendre tout d'un coup que nous n'étions pas des hommes comme lui. Je me mis à rire, et l'un des gardiens sursauta. L'autre s'était endormi, ses yeux, grands ouverts, étaient blancs.[67]

Je me sentais las et surexcité, à la fois. Je ne voulais plus penser à ce qui arriverait à l'aube, à la mort. Ça ne rimait à rien, je ne rencontrais que des mots ou du vide. Mais dès que j'essayais de penser à autre chose je voyais des canons de fusil[68] braqués sur moi. J'ai peut-être vécu vingt fois de suite mon exécution; une fois même j'ai cru que ça y était pour de bon; j'avais dû m'endormir une minute. Ils me traînaient vers le mur et je me débattais; je leur demandais pardon. Je me réveillai en sursaut et je regardai le Belge: j'avais peur d'avoir crié dans mon

---

60. *crever*: die, croak.
61. *flaque*: puddle.
62. *culotte*: breeches.
63. *braguette*: fly.
64. *arqué*: arched.
65. *pinces*: claws.

66. *n'y voyait que du feu*: was taken in by it.
67. Did you notice that Sartre used seven reflexive verbs in this one paragraph? Is it a coincidence that Pablo keeps complaining about how he and Tom are reflecting one another?
68. *canons de fusil*: gun barrels.

sommeil. Mais il se lissait[69] la moustache, il n'avait rien remarqué. Si j'avais voulu, je crois que j'aurais pu dormir un moment: je veillais depuis quarante-huit heures, j'étais à bout. Mais je n'avais pas envie de perdre deux heures de vie: ils seraient venus me réveiller à l'aube, je les aurais suivis, hébété de sommeil et j'aurais clamecé[70] sans faire « ouf »; je ne voulais pas de ça, je ne voulais pas mourir comme une bête, je voulais comprendre. Et puis je craignais d'avoir des cauchemars. Je me levai, je me promenai de long en large et, pour me changer les idées, je me mis à penser à ma vie passée. Une foule de souvenirs me revinrent, pêle-mêle. Il y en avait de bons et de mauvais—ou du moins je les appelais comme ça avant. Il y avait des visages et des histoires. Je revis le visage d'un petit novillero[71] qui s'était fait encorner[72] à Valence[73] pendant la Feria,[74] celui d'un de mes oncles, celui de Ramon Gris. Je me rappelai des histoires: comment j'avais chômé[75] pendant trois mois en 1926, comment j'avais manqué crever de faim. Je me souvins d'une nuit que j'avais passée sur un banc à Grenade[76]: je n'avais pas mangé depuis trois jours, j'étais enragé, je ne voulais pas crever. Ça me fit sourire. Avec quelle âpreté je courais après le bonheur, après les femmes, après la liberté. Pourquoi faire? J'avais voulu libérer l'Espagne, j'admirais Pi y Margall,[77] j'avais adhéré au mouvement anarchiste, j'avais parlé dans des réunions publiques: je prenais tout au sérieux comme si j'avais été immortel.

A ce moment-là j'eus l'impression que je tenais toute ma vie devant moi et je pensai: « C'est un sacré[78] mensonge. » Elle ne valait rien puisqu'elle était finie. Je me demandai comment j'avais pu me promener, rigoler[79] avec des filles: je n'aurais pas remué le petit doigt si

Jean-Paul Sartre. Park statue, rue de Richelieu, Paris.

seulement j'avais imaginé que je mourrais comme ça. Ma vie était devant moi, close, fermée, comme un sac et pourtant tout ce qu'il y avait dedans était inachevé. Un instant j'essayai de la juger. J'aurais voulu me dire: c'est une belle vie. Mais on ne pouvait pas porter de jugement sur elle, c'était une ébauche[80]; j'avais passé mon temps à tirer des traites[81] pour l'éternité, je n'avais rien compris. Je ne regrettais rien: il y avait des tas de choses que j'aurais pu regretter, le goût du manzanilla ou bien les bains que je prenais en été dans une petite crique[82] près de Cadix;[83] mais la mort avait tout désenchanté.

Le Belge eut une fameuse idée, soudain.

—Mes amis, nous dit-il, je puis me charger—sous réserve que l'administration militaire y consentira—de porter un mot de vous, un souvenir aux gens qui vous aiment…

---

69. *lissait*: was stroking.
70. *clamecé*: kicked off, died.
71. *novillero*: beginning bullfighter.
72. *encorner*: gore.
73. *Valence*: Valencia, city in southern Spain.
74. *Feria*: festival.
75. *chômé*: been out of work.
76. *Grenade*: Granada, city in southern Spain.

77. *Pi y Margall*: nineteenth-century Republican statesman.
78. *sacré*: here, damned.
79. *rigoler*: have fun.
80. *ébauche*: rough sketch.
81. *tirer des traites*: draw advances.
82. *crique*: bay.
83. *Cadix*: Cadiz, city in southern Spain.

Tom grogna:

—J'ai personne.

Je ne répondis rien. Tom attendit un instant, puis me considéra avec curiosité:

—Tu ne fais rien dire à Concha?

—Non.

Je détestais cette complicité tendre: c'était ma faute, j'avais parlé de Concha la nuit précédente, j'aurais dû me retenir. J'étais avec elle depuis un an. La veille encore je me serais coupé un bras à coups de hache pour la revoir cinq minutes. C'est pour ça que j'en avais parlé, c'était plus fort que moi. A présent je n'avais plus envie de la revoir, je n'avais plus rien à lui dire. Je n'aurais même pas voulu la serrer dans mes bras: j'avais horreur de mon corps parce qu'il était devenu gris et qu'il suait—et je n'étais pas sûr de ne pas avoir horreur du sien. Concha pleurerait quand elle apprendrait ma mort; pendant des mois elle n'aurait plus de goût à vivre. Mais tout de même c'était moi qui allais mourir. Je pensai à ses beaux yeux tendres. Quand elle me regardait, quelque chose passait d'elle à moi. Mais je pensai que c'était fini: si elle me regardait à présent son regard resterait dans ses yeux, il n'irait pas jusqu'à moi. J'étais seul.[84]

Tom aussi était seul, mais pas de la même manière. Il s'était assis à califourchon[85] et il s'était mis à regarder le banc avec une espèce de sourire, il avait l'air étonné. Il avança la main et toucha le bois avec précaution; comme s'il avait peur de casser quelque chose, ensuite il retira vivement sa main et frissonna. Je ne me serais pas amusé à toucher le banc, si j'avais été Tom; c'était encore de la comédie d'Irlandais, mais je trouvais aussi que les objets avaient un drôle d'air: ils étaient plus effacés, moins denses qu'à l'ordinaire. Il suffisait que je regarde le banc, la lampe, le tas de poussier, pour que je sente que j'allais mourir. Naturellement je ne pouvais pas clairement penser ma mort mais je la voyais partout, sur les choses, dans la façon dont les choses avaient reculé et se tenaient à distance, discrètement, comme des gens qui parlent bas au chevet d'un mourant. C'était sa mort que Tom venait de toucher sur le banc.

Dans l'était où j'étais, si l'on était venu m'annoncer que je pouvais rentrer tranquillement chez moi, qu'on me laissait la vie sauve, ça m'aurait laissé froid: quelques heures ou quelques années d'attente c'est tout pareil, quand on a perdu l'illusion d'être éternel. Je ne tenais plus à rien, en un sens, j'étais calme. Mais c'était un calme horrible—à cause de mon corps: mon corps, je voyais avec ses yeux, j'entendais avec ses oreilles, mais ça n'était plus moi; il suait et tremblait tout seul et je ne le reconnaissais plus. J'étais obligé de le toucher et de le regarder pour savoir ce qu'il devenait, comme si ç'avait été le corps d'un autre. Par moments je le sentais encore, je sentais des glissements, des espèces de dégringolades,[86] comme lorsqu'on est dans un avion qui pique du nez,[87] ou bien je sentais battre mon cœur. Mais ça ne me rassurait pas: tout ce qui venait de mon corps avait un sale air louche. La plupart du temps, il se taisait, il se tenait coi[88] et je ne sentais plus rien qu'une espèce de pesanteur, une présence immonde contre moi; j'avais l'impression d'être lié à une vermine énorme. A un moment je tâtai mon pantalon et je sentis qu'il était humide; je ne savais pas s'il était mouillé de sueur ou d'urine, mais j'allai pisser sur le tas de charbon, par précaution.

Le Belge tira sa montre et la regarda. Il dit:

—Il est trois heures et demie.

Le salaud! Il avait dû le faire exprès. Tom sauta en l'air: nous ne nous étions pas encore aperçus que le temps s'écoulait; la nuit nous entourait comme une masse informe et sombre, je ne me rappelais même plus qu'elle avait commencé.

Le petit Juan se mit à crier. Il se tordait les mains, il suppliait:

---

84. Notice the themes of solitude and of *le regard*.
85. *à califourchon*: straddling (the bench).
86. *dégringolades*: tumblings.
87. *pique du nez*: nose dives.
88. *coi*: quiet.

—Je ne veux pas mourir, je ne veux pas mourir.

Il courut à travers toute la cave en levant les bras en l'air puis il s'abattit sur une des paillasses et sanglota. Tom le regardait avec des yeux mornes et n'avait même plus envie de le consoler. Par le fait ce n'était pas la peine: le petit faisait plus de bruit que nous, mais il était moins atteint: il était comme un malade qui se défend contre son mal par de la fièvre. Quand il n'y a même plus de fièvre, c'est beaucoup plus grave.

Il pleurait: je voyais bien qu'il avait pitié de lui-même; il ne pensait pas à la mort. Une seconde, une seule seconde, j'eus envie de pleurer moi aussi, de pleurer de pitié sur moi. Mais ce fut le contraire qui arriva: je jetai un coup d'œil sur le petit, je vis ses maigres épaules sanglotantes et je me sentis inhumain: je ne pouvais avoir pitié ni des autres ni de moi-même. Je me dis: « Je veux mourir proprement. »

Tom s'était levé, il se plaça juste en dessous de l'ouverture ronde et se mit à guetter le jour. Moi j'étais buté,[89] je voulais mourir proprement et je ne pensais qu'à ça. Mais, par en dessous, depuis que le médecin nous avait dit l'heure, je sentais le temps qui filait, qui coulait goutte à goutte.

l faisait encore noir quand j'entendis la voix de Tom:

—Tu les entends.

—Oui.

Des types marchaient dans la cour.

—Qu'est-ce qu'ils viennent foutre?[90] Ils ne peuvent pourtant pas tirer dans le noir.

Au bout d'un moment nous n'entendîmes plus rien. Je dis à Tom:

—Voilà le jour.

Pedro se leva en bâillant et vint souffler la lampe. Il dit à son copain:[91]

—Mince de froid.[92]

La cave était devenue toute grise. Nous entendîmes des coups de feu dans le lointain.

—Ça commence, dis-je à Tom, ils doivent faire ça dans la cour de derrière.

Tom demanda au médecin de lui donner une cigarette. Moi je n'en voulais pas; je ne voulais ni cigarettes ni alcool. A partir de cet instant ils ne cessèrent pas de tirer.

—Tu te rends compte? dit Tom.

Il voulait ajouter quelque chose mais il se tut, il regardait la porte. La porte s'ouvrit et un lieutenant entra avec quatre soldats. Tom laissa tomber sa cigarette.

—Steinbock?

Tom ne répondit pas. Ce fut Pedro qui le désigna.

—Juan Mirbal?

—C'est celui qui est sur la paillasse.

—Levez-vous, dit le lieutenant.

Juan ne bougea pas. Deux soldats le prirent aux aisselles[93] et le mirent sur ses pieds. Mais dès qu'ils l'eurent lâché il retomba.

Les soldats hésitèrent.

—Ce n'est pas le premier qui se trouve mal, dit le lieutenant, vous n'avez qu'à le porter, vous deux; on s'arrangera là-bas.

Il se tourna vers Tom:

—Allons, venez.

Tom sortit entre deux soldats. Deux autres soldats suivaient, ils portaient le petit par les aisselles et par les jarrets.[94] Il n'était pas évanoui; il avait les yeux grands ouverts et des larmes coulaient le long de ses joues. Quand je voulus[95] sortir, le lieutenant m'arrêta:

—C'est vous, Ibbieta?

—Oui.

—Vous allez attendre ici: on viendra vous chercher tout à l'heure.

Ils sortirent. Le Belge et les deux geôliers sortirent aussi, je restai seul. Je ne comprenais pas ce qui m'arrivait mais j'aurais mieux aimé qu'ils en finissent tout de suite. J'entendais les salves à intervalles presque réguliers; à chacune d'elles, je tressaillais. J'avais envie de hurler et de m'arracher les cheveux. Mais je serrais

---

89. *buté*: set on it.
90. *Qu'est-ce...foutre?* What the hell are they up to?
91. *copain*: pal.

92. *Mince de froid*: Damn cold.
93. *aisselles*: armpits.
94. *jarrets*: knees (lit., tendons in back of the knee).
95. *voulus*: started to.

les dents et j'enfonçais les mains dans mes poches parce que je voulais rester propre.

Au bout d'une heure on vint me chercher et on me conduisit au premier étage, dans une petite pièce qui sentait le cigare et dont la chaleur me parut suffocante. Il y avait là deux officiers qui fumaient assis dans des fauteuils, avec des papiers sur leurs genoux.

—Tu t'appelles Ibbieta?

—Oui.

—Où est Ramon Gris?

—Je ne sais pas.

Celui qui m'interrogeait était petit et gros. Il avait des yeux durs derrière ses lorgnons. Il me dit:

—Approche.

Je m'approchai. Il se leva et me prit par les bras en me regardant d'un air à me faire rentrer sous terre. En même temps il me pinçait les biceps de toutes ses forces. Ça n'était pas pour me faire mal, c'était le grand jeu: il voulait me dominer. Il jugeait nécessaire aussi de m'envoyer son souffle pourri en pleine figure. Nous restâmes un moment comme ça, moi, ça me donnait plutôt envie de rire. Il en faut beaucoup plus pour intimider un homme qui va mourir: ça ne prenait pas. Il me repoussa violemment et se rassit. Il dit:

—C'est ta vie contre la sienne. On te laisse la vie sauve si tu nous dis où il est.

Ces deux types chamarrés[96] avec leurs cravaches[97] et leurs bottes, c'étaient tout de même des hommes qui allaient mourir. Un peu plus tard que moi, mais pas beaucoup plus. Et ils s'occupaient à chercher des noms sur leurs paperasses,[98] ils couraient après d'autres hommes pour les emprisonner ou les supprimer; ils avaient des opinions sur l'avenir de l'Espagne et sur d'autres sujets. Leurs petites activités me paraissaient choquantes et burlesques: je n'arrivais plus à me mettre à leur place, il me semblait qu'ils étaient fous.

Le petit gros me regardait toujours, en fouettant ses bottes de sa cravache. Tous ses gestes étaient calculés pour lui donner l'allure d'une bête vive et féroce.

—Alors? C'est compris?

—Je ne sais pas où est Gris, répondis-je. Je croyais qu'il était à Madrid.

L'autre officier leva sa main pâle avec indolence. Cette indolence aussi était calculée. Je voyais tous leurs petits manèges[99] et j'étais stupéfait qu'il se trouvât des hommes pour s'amuser à ça.

—Vous avez un quart d'heure pour réfléchir, dit-il lentement. Emmenez-le à la lingerie,[100] vous le ramènerez dans un quart d'heure. S'il persiste à refuser, on l'exécutera sur-le-champ.

Ils savaient ce qu'ils faisaient: j'avais passé la nuit dans l'attente; après ça ils m'avaient encore fait attendre une heure dans la cave, pendant qu'on fusillait Tom et Juan et maintenant ils m'enfermaient dans la lingerie; ils avaient dû préparer leur coup depuis la veille. Ils se disaient que les nerfs s'usent à la longue et ils espéraient m'avoir comme ça.

Ils se trompaient bien. Dans la lingerie je m'assis sur un escabeau,[101] parce que je me sentais très faible et je me mis à réfléchir. Mais pas à leur proposition. Naturellement je savais où était Gris: il se cachait chez ses cousins, à quatre kilomètres de la ville. Je savais aussi que je ne révélerais pas sa cachette, sauf s'ils me torturaient (mais ils n'avaient pas l'air d'y songer). Tout cela était parfaitement réglé, définitif et ne m'intéressait nullement. Seulement j'aurais voulu comprendre les raisons de ma conduite. Je préférais crever plutôt que de livrer Gris. Pourquoi? Je n'aimais plus Ramon Gris. Mon amitié pour lui était morte un peu avant l'aube en même temps que mon amour pour Concha, en même temps que mon désir de vivre. Sans doute je l'estimais toujours; c'était un dur. Mais ça

---

96. *chamarrés*: bespangled (i.e., with uniforms covered with insignia and decorations).
97. *cravaches*: riding whips.
98. *paperasses*: piles of paper.

99. *manèges*: tricks.
100. *lingerie*: supply room.
101. *escabeau*: stool.

n'était pas pour cette raison que j'acceptais de mourir à sa place; sa vie n'avait pas plus de valeur que la mienne; aucune vie n'avait de valeur. On allait coller un homme contre un mur et lui tirer dessus jusqu'à ce qu'il en crève: que ce fût moi ou Gris ou un autre c'était pareil. Je savais bien qu'il était plus utile que moi à la cause de l'Espagne mais je me foutais de[102] l'Espagne et de l'anarchie: rien n'avait plus d'importance. Et pourtant j'étais là, je pouvais sauver ma peau en livrant Gris et je me refusais à le faire. Je trouvais ça plutôt comique: c'était de l'obstination. Je pensai:

« Faut-il être têtu![103] » Et une drôle de gaieté m'envahit.

Ils vinrent me chercher et me ramenèrent auprès des deux officiers. Un rat partit sous nos pieds et ça m'amusa. Je me tournai vers un des phalangistes et je lui dis:

—Vous avez vu le rat?

Il ne répondit pas. Il était sombre, il se prenait au sérieux. Moi j'avais envie de rire mais je me retenais parce que j'avais peur, si je commençais, de ne plus pouvoir m'arrêter. Le phalangiste portait des moustaches. Je lui dis encore:

—Il faut couper tes moustaches, ballot.[104]

Je trouvais drôle qu'il laissât de son vivant les poils envahir sa figure. Il me donna un coup de pied sans grande conviction, et je me tus.

—Eh bien, dit le gros officier, tu as réfléchi?

Je les regardai avec curiosité, comme des insectes d'une espèce très rare. Je leur dis:

—Je sais où il est. Il est caché dans le cimetière. Dans un caveau[105] ou dans la cabane des fossoyeurs.[106]

C'était pour leur faire une farce. Je voulais les voir se lever, boucler leurs ceinturons[107] et donner des ordres d'un air affairé.

Ils sautèrent sur leurs pieds.

—Allons-y. Moles, allez demander quinze hommes au lieutenant Lopez. Toi, me dit le petit gros, si tu as dit la vérité, je n'ai qu'une parole.[108] Mais tu le paieras cher si tu t'es fichu de nous.[109]

Ils partirent dans un brouhaha[110] et j'attendis paisiblement sous la garde des phalangistes. De temps en temps je souriais parce que je pensais à la tête qu'ils allaient faire.[111] Je me sentais abruti et malicieux. Je les imaginai, soulevant les pierres tombales, ouvrant une à une les portes des caveaux. Je me représentais la situation comme si j'avais été un autre: ce prisonnier obstiné à faire le héros, ces graves phalangistes avec leurs moustaches et ces hommes en uniforme qui couraient entre les tombes; c'était d'un comique irrésistible.

Au bout d'une demi-heure le petit gros revint seul. Je pensai qu'il venait donner l'ordre de m'exécuter. Les autres devaient être restés au cimetière.

L'officier me regarda. Il n'avait pas du tout l'air penaud.[112]

—Emmenez-le dans la grande cour avec les autres, dit-il. A la fin des opérations militaires un tribunal régulier décidera de son sort.

Je crus que je n'avais pas compris. Je lui demandai:

—Alors on ne me…on ne me fusillera pas?…

—Pas maintenant en tout cas. Après, ça ne me regarde plus.

Je ne comprenais toujours pas. Je lui dis:

—Mais pourquoi?

Il haussa les épaules sans répondre et les soldats m'emmenèrent. Dans la grande cour il y avait une centaine de prisonniers,

---

102. *je me foutais de*: I didn't give a damn for.
103. *Faut-il être têtu*! My, I must be pigheaded!
104. *ballot*: fathead.
105. *caveau*: burial vault.
106. *fossoyeurs*: gravediggers.
107. *ceinturons*: Sam Browne belts.
108. *je n'ai qu'une parole*: I keep my word.
109. *si tu t'es fichu de nous*: if you've been making fun of us.
110. *brouhaha*: hubbub.
111. *la tête…faire*: the faces they were going to make.
112. *penaud*: cast down.

des femmes, des enfants, quelques vieillards. Je me mis à tourner autour de la pelouse centrale, j'étais hébété. A midi on nous fit manger au réfectoire. Deux ou trois types m'interpellèrent.[113] Je devais les connaître, mais je ne leur répondis pas: je ne savais même plus où j'étais.

Vers le soir on poussa dans la cour une dizaine de prisonniers nouveaux. Je reconnus Garcia, le boulanger. Il me dit:

—Sacré veinard![114] Je ne pensais pas te revoir vivant.

—Ils m'avaient condamné à mort, dis-je et puis ils ont changé d'idée. Je ne sais pas pourquoi.

—Ils m'ont arrêté à deux heures, dit Garcia.

—Pourquoi?

Garcia ne faisait pas de politique.

—Je ne sais pas, dit-il. Ils arrêtent tous ceux qui ne pensent pas comme eux.

Il baissa la voix.

—Ils ont eu Gris.

Je me mis à trembler.

—Quand?

—Ce matin. Il avait fait le con.[115] Il a quitté son cousin mardi parce qu'ils avaient eu des mots. Il ne manquait pas de types qui l'auraient caché mais il ne voulait plus rien devoir à personne. Il a dit: « Je me serais caché chez Ibbieta, mais puisqu'ils l'ont pris j'irai me cacher au cimetière. »

—Au cimetière?

—Oui. C'était con. Naturellement ils y ont passé ce matin, ça devait arriver. Ils l'ont trouvé dans la cabane des fossoyeurs. Il leur a tiré dessus et ils l'ont descendu.[116]

—Au cimetière!

Tout se mit à tourner et je me retrouvai assis par terre: je riais si fort que les larmes me vinrent aux yeux.[117]

Albert Camus

[1913–1960]

Action through Art

Not many authors have become so famous and influential in such a short career as that of Camus. A true man of the theater and literature, as well as a man of action, he used his art to convey his philosophical viewpoints. Although unhappy with the label of existentialist, especially after his falling out with Sartre and Beauvoir, Camus represents the existentialist life.

Poverty in Algeria

Albert Camus was of French and Spanish background, but came out of Arab North Africa. He was born in Mondovi, Algeria when it was still a French colony. His father was a farm laborer from Alsace, who enlisted in the French army in 1914 and was almost immediately killed. His mother, of Spanish origin, was nearly deaf and afflicted with

113. *m'interpellèrent*: spoke to me.
114. *Sacré veinard*: Damned lucky guy!
115. *fait le con*: acted like a fool.
116. *descendu*: shot.
117. The *dénouement*, which may seem a mere trick ending, certainly has a much deeper meaning for the author. Ibbieta is "déjà mort"; he makes a final effort to assert his liberty by an ironic act; but by the irony of circumstance, Ramon Gris is just where he had no reason to be. Thus the inevitable absurdity of the universe is expressed. By trying to toy with his captors, Pablo ended up betraying everyone and everything that he valued in life. As Sartre once said, "On est le complice des oppresseurs si on ne s'allie pas aux opprimés." Failure to be true to one's principles results in unintentional collaboration.

such a bad speech impediment that she was practically mute. An illiterate cleaning woman in the poor quarters of Algiers, she displayed great dedication in supporting her two orphaned sons as best she could. Thus Albert grew up knowing the wretchedness of the very poor.

A brilliant student, he gained scholarships in school and in the University of Algiers. He planned to make a career as a professor of philosophy, but was kept from it by tuberculosis, which recurred throughout his life. He became a successful journalist in Algiers, even editor of a radical paper. He was for a year a member of the Communist Party, then gave it up, disillusioned.

From News to Nobel

Camus began his writing career as a poetic celebrant of life beachside under the African sun. (His glorification of nature has since made him an icon to the ecological literary set.) But the darkness of the Second World War put an end to such celebrations. Rejected for military service, he went to Paris early in 1940 and worked on left-wing newspapers. During the Occupation he edited clandestine papers for the Resistance. The resounding success of his great novel *L'Étranger* (1942) and his collection of essays *Le Mythe de Sisyphe* (1943) released him from want. After the war, he announced that he would be devoting himself to creative writing.

Albert Camus. © The Nobel Foundation.

He fell in with Sartre and the Existentialists and found their thought congenial, though he never accepted their doctrines entirely. In 1952 he broke openly with Sartre, who had seemingly regarded Camus as some sort of uncouth peasant and philosophical amateur.

Always eager to enter into controversies on important political and social issues, Camus wrote extensively for magazines and newspapers. But one issue, and one only, tore him in opposite poles to such an extent that he was never able to come to a decision on it. That was the question of Algeria. France held Algeria in bondage as a colony. By 1955, a substantial segment of Algerian Arabs were in open revolt against France in an effort to obtain independence from the colonial power. The vast majority of French writers and intellectuals sided with the revolutionaries. Camus wavered, tormented by contradictory feelings. He said that France, in dealing with Algeria, brandishes the Declaration of the Rights of Man in one hand and a billy club in the other. Camus, as an Algerian-born person of French descent, said he felt like an oppressed minority in France. He was afraid that if Algeria became a separate country, the Muslim Arabs would discriminate against the mostly Christian French. He also denounced the use of terrorism by the revolutionaries. On the other hand, he strongly sympathized with the desire of impoverished, oppressed Arabs to gain self-determination and a life free of colonial exploitation. Camus favored a peaceful resolution that he knew was never going to take place. The question resolved itself when Algeria won its independence after much bloodshed.

Camus' reputation as a leader on moral issues appeared tarnished. But it got a boost in 1957, when, at the age of only 44, he received the Nobel Prize for Literature.

In the first days of January 1960 Camus was visiting his publisher, Michel Gallimard, in the south of France. Though Camus had his return railway ticket, M. Gallimard proposed to drive him back to Paris. The car skidded at high speed and struck a tree. Both perished. To be killed by one's publisher is certainly the triumph of the Absurd.

Into the Absurd

Camus has had a vast popularity. His doctrines, his messages, have met the needs of a troubled younger generation in every country. *L'Étranger* is about a simple type who kills when sunshine disorients his nerves, and then is convicted more because he failed to cry at his mother's funeral than because of the crime he committed. It is a staple in American schools (and easy to read because it is written in the *passé composé*, rather than the literary *passé simple*.) *Le Mythe de Sisyphe*, an essay, became a textbook for philosophically minded rebels. *La Peste* (1947), an allegory of Occupation and Resistance and also of the conflict of good and evil, has sold in the millions. *La Chute* (1956), a fictional study of a corrupt (and strangely Sartre-like) existentialist, has also had a prodigious success. *L'Hôte*, from the magnificent 1957 collection *L'Exil et le Royaume*, is a tale about a teacher's moral choices in dealing with an Arab prisoner; it remains one of the most often read French stories. And Camus' unfinished autobiographical novel, *Le Premier homme*, mostly about growing up fatherless in Algeria, hit the best seller list in France when finally published by his daughter in 1995.

It is *Le Mythe de Sisyphe* that develops Camus' theory of the Absurd as a basic principle of human behavior. This is not really new; indeed, it goes back at least to the biblical Book of Ecclesiastes. French novelist André Malraux had used the theme in two of his early books (*La Tentation de l'Occident*, 1926, and *Les Conquérants*, 1928). Camus makes a terrifying contrast between mankind's demand for a happy, meaningful life and the realities of the absurd world. Suicide might mean escape, but that is unacceptable because it would only preclude any opportunity to create meaning. Camus decides we must act as if life had meaning.

A Living Justice

Camus' later work is more hopeful. He rejected nihilism and negativism, tried to *revaloriser la vie*. He looked to human solidarity as a means to conquer absurdity. Our doom—sickness, suffering, death—is inevitable, but in the meantime we have our work to do—our work for liberty and justice. Camus' occupation was, in sum, an impassioned quest for liberty to create justice and for justice to guarantee liberty. He wrote in a letter: "There is a dead justice and a living justice; and justice dies from the moment it becomes a comfort, when it ceases to be a burning reality, a demand upon oneself."

Our first selection is a lecture delivered at the University of Uppsala, Sweden, on December 14, 1957, four days after the author received the Nobel Prize. It is a splendid statement of the artist's position and duty in society. It postulates the moral necessity to be *engagé* and reject *l'art pour l'art*.

[This lecture, © The Nobel Foundation, is reprinted by permission.]

✤ ✤ ✤

ALBERT CAMUS' NOBEL PRIZE LECTURE 1957

[Slightly abridged]

Un sage oriental demandait toujours, dans ses prières, que la divinité voulût bien lui épargner de vivre une époque intéressante. Comme nous ne sommes pas sages, la divinité ne nous a pas épargnés et nous vivons une époque intéressante. En tout cas, elle n'admet pas que nous puissions nous désintéresser d'elle. Les écrivains d'aujourd'hui savent cela. S'ils parlent, les voilà critiqués et attaqués. Si, devenus modestes, ils se taisent, on ne leur parlera plus que de leur silence, pour le leur reprocher bruyamment.

Au milieu de ce vacarme, l'écrivain ne peut plus espérer se tenir à l'écart pour poursuivre les réflexions et les images qui lui sont chères. Jusqu'à présent, et tant bien que mal, l'abstention a toujours été possible dans l'histoire. Celui qui n'approuvait pas, il pouvait souvent se taire, ou parler d'autre chose. Aujourd'hui, tout est changé, le silence même prend un sens redoutable. A partir du moment où l'abstention elle-même est considérée comme un choix, puni ou loué comme tel, l'artiste, qu'il le veuille ou non, est embarqué. Embarqué me paraît ici plus juste qu'engagé.[1] Il ne s'agit pas en effet pour l'artiste d'un engagement volontaire, mais plutôt d'un service militaire obligatoire. Tout artiste aujourd'hui est embarqué dans la galère de son temps. Il doit s'y résigner, même s'il juge que cette galère sent le hareng,[2] que les gardes-chiourme[3] y sont vraiment trop nombreux et que, de surcroît, le cap est mal pris.[4] Nous sommes en pleine mer. L'artiste, comme les autres, doit ramer à son tour, sans mourir, s'il le peut, c'est-à-dire en continuant de vivre et de créer.

A vrai dire, ce n'est pas facile et je comprends que les artistes regrettent leur ancien confort. Le changement est un peu brutal. Certes, il y a toujours eu dans le cirque de l'histoire le martyr et le lion. Le premier se soutenait de consolations éternelles, le second de nourriture historique bien saignante.[5] Mais l'artiste jusqu'-ici était sur les gradins.[6] Il chantait pour rien, pour lui-même, ou, dans le meilleur des cas, pour encourager le martyr et distraire un peu le lion de son appétit. Maintenant, au contraire, l'artiste se trouve dans le cirque. Sa voix, forcément, n'est plus la même; elle est beaucoup moins assurée.

On voit bien tout ce que l'art peut perdre à cette constante obligation. L'aisance d'abord, et cette divine liberté qui respire dans l'œuvre de Mozart. On comprend mieux l'air hagard et buté[7] de nos œuvres d'art, leur front soucieux et leurs débâcles[8] soudaines. On s'explique que nous ayons ainsi plus de journalistes que d'écrivains, plus de boys-scouts de la peinture que de Cézanne et qu'enfin la bibliothèque rose[9] ou le roman noir[10] aient pris la place de *La Guerre et la Paix* ou de *La Chartreuse de Parme*. Bien entendu, on peut toujours opposer à cet état de choses la lamentation humaniste, devenir ce que Stephan Trophimovitch, dans *Les Possédés*,[11] veut être à toute force: le reproche incarné. On peut aussi avoir, comme ce personnage, des accès de tristesse civique. Mais cette tristesse ne change rien à la réalité. Il vaut mieux, selon moi, faire sa part[12] à l'époque, puisqu'elle la réclame si fort, et reconnaître tranquillement que le temps des chers maîtres, des artistes à camélias et des génies

---

1. *engagé*: Jean-Paul Sartre's word for moral commitment to socially conscious action on the part of the writer or artist. Camus' term *embarqué* has the same basic sense, but is more poetical, implying that meaningful art is a voyage.
2. *hareng*: herring.
3. *gardes-chiourme*: slave drivers.
4. *le cap est mal pris*: the course is miscalculated.
5. *saignante*: rare.
6. *gradins*: spectators' seats.
7. *buté*: obstinate, grim.
8. *débâcles*: collapses.
9. *bibliothèque rose*: collection of harmless books for the young.
10. *roman noir*: hard-boiled novels.
11. *Les Possédés*: novel by Dostoevski.
12. *faire sa part*: make due allowance.

montés sur fauteuil est terminé. Créer aujourd'hui, c'est créer dangereusement. Toute publication est un acte et cet acte expose aux passions d'un siècle qui ne pardonne rien. La question n'est donc pas de savoir si cela est ou n'est pas dommageable à l'art. La question, pour tous ceux qui ne peuvent vivre sans l'art et ce qu'il signifie, est seulement de savoir comment, parmi les polices de tant d'idéologies, (que d'églises, quelle solitude!) l'étrange liberté de la création reste possible.

Il ne suffit pas de dire à cet égard que l'art est menacé par les puissances d'État. Dans ce cas, en effet, le problème serait simple: l'artiste se bat ou capitule. Le problème est plus complexe, plus mortel aussi, dès l'instant où l'on s'aperçoit que le combat se livre au-dedans de l'artiste lui-même. La haine de l'art dont notre société offre de si beaux exemples n'a tant d'efficacité, aujourd'hui, que parce qu'elle est entretenue par les artistes eux-mêmes. Le doute des artistes qui nous ont précédés touchait à leur propre talent. Celui des artistes d'aujourd'hui touche à la nécessité de leur art, donc à leur existence même. Racine en 1957 s'excuserait d'écrire *Bérénice* au lieu de combattre pour la défense de l'Édit de Nantes.[13]

Cette mise en question de l'art par l'artiste a beaucoup de raisons, dont il ne faut retenir que les plus hautes. Elle s'explique, dans le meilleur des cas, par l'impression que peut avoir l'artiste contemporain de mentir ou de parler pour rien, s'il ne tient compte des misères de l'histoire. Ce qui caractérise notre temps, en effet, c'est l'irruption des masses et de leur condition misérable devant la sensibilité contemporaine. On sait qu'elles existent, alors qu'on avait tendance à l'oublier. Et si on le sait, ce n'est pas que les élites, artistiques ou autres, soient devenues meilleures, non, rassurons-nous, c'est que les masses sont devenues plus fortes et empêchent qu'on les oublie.

Il y a d'autres raisons encore, et quelques-unes moins nobles, à cette démission de l'artiste. Mais quelles que soient ces raisons, elles concourent au même but: décourager la création libre en s'attaquant à son principe essentiel, qui est la foi du créateur en lui-même. « L'obéissance d'un homme à son propre génie, a dit magnifiquement Emerson, c'est la foi par excellence. » Et un autre écrivain américain du XIXe siècle ajoutait: « Tant qu'un homme reste fidèle à lui-même, tout abonde dans son sens,[14] gouvernement, société, le soleil même, la lune et les étoiles. » Ce prodigieux optimisme semble mort aujourd'hui. L'artiste, dans la plupart des cas, a honte de lui-même et de ses privilèges, s'il en a. Il doit répondre avant toute chose à la question qu'il se pose: l'art est-il un luxe mensonger?

I

La première réponse honnête que l'on puisse faire est celle-ci: il arrive en effet que l'art soit un luxe mensonger. Sur la dunette[15] des galères, on peut, toujours et partout, nous le savons, chanter les constellations pendant que les forçats rament et s'exténuent dans la cale[16]; on peut toujours enregistrer la conversation mondaine qui se poursuit sur les gradins du cirque pendant que la victime craque sous la dent du lion. Et il est bien difficile d'objecter quelque chose à cet art qui a connu de grandes réussites dans le passé. Sinon ceci que les choses ont un peu changé, et qu'en particulier le nombre des forçats et des martyrs a prodigieusement augmenté sur la surface du globe. Devant tant de misère, cet art, s'il veut continuer d'être un luxe, doit accepter aujourd'hui d'être aussi un mensonge.

De quoi parlerait-il en effet? S'il se conforme à ce que demande notre société, dans sa majorité, il sera divertissement sans portée. S'il la refuse aveuglément, si l'artiste décide de s'isoler dans son rêve, il n'exprimera rien d'autre qu'un refus. Nous aurons ainsi une production d'amuseurs ou

---

13. *Édit de Nantes*: grant of freedom of conscience to Protestants, 1598.
14. *sens*: way.
15. *dunette*: poop deck.
16. *cale*: hold.

de grammairiens de la forme, qui, dans les deux cas, aboutit à un art coupé de la réalité vivante. Depuis un siècle environ, nous vivons dans une société qui n'est même pas la société de l'argent (l'argent ou l'or peuvent susciter des passions charnelles), mais celle des symboles abstraits de l'argent. La société des marchands peut se définir comme une société où les choses disparaissent au profit des signes. Quand une classe dirigeante mesure ses fortunes non plus à l'arpent de terre ni au lingot[17] d'or, mais au nombre de chiffres correspondant idéalement à un certain nombre d'opérations d'échange, elle se voue du même coup à mettre une certaine sorte de mystification au centre de son expérience et de son univers. Une société fondée sur des signes est, dans son essence, une société artificielle où la vérité charnelle de l'homme se trouve mystifiée. On ne s'étonnera pas alors que cette société ait choisi, pour en faire sa religion, une morale de principes formels, et qu'elle écrive les mots de liberté et d'égalité aussi bien sur ses prisons que sur ses temples financiers. Cependant, on ne prostitue pas impunément les mots. La valeur la plus calomniée aujourd'hui est certainement la valeur de liberté. De bons esprits (j'ai toujours pensé qu'il y avait deux sortes d'intelligence, l'intelligence intelligente et l'intelligence bête), mettent en doctrine qu'elle n'est rien qu'un obstacle sur le chemin du vrai progrès. Mais des sottises aussi solennelles ont pu être proférées parce que pendant cent ans la société marchande a fait de la liberté un usage exclusif et unilatéral, l'a considérée comme un droit plutôt que comme un devoir et n'a pas craint de placer aussi souvent qu'elle l'a pu une liberté de principe au service d'une oppression de fait. Dès lors, quoi de surprenant si cette société n'a pas demandé à l'art d'être un instrument de libération, mais un exercice sans grande conséquence, et un simple divertissement? Tout un beau monde où l'on avait surtout des peines d'argent et

seulement des ennuis de cœur s'est ainsi satisfait, pendant des dizaines d'années, de ses romanciers mondains et de l'art le plus futile qui soit, celui à propos duquel Oscar Wilde, songeant à lui-même avant qu'il ait connu la prison, disait que le vice suprême est d'être superficiel.

Les fabricants d'art (je n'ai pas encore dit les artistes) de l'Europe bourgeoise, avant et après 1900, ont ainsi accepté l'irresponsabilité parce que la responsabilité supposait une rupture épuisante avec leur société (ceux qui ont vraiment rompu s'appelaient Rimbaud, Nietzsche, Strindberg et l'on connaît le prix qu'ils ont payé). C'est de cette époque que date la théorie de l'art pour l'art qui n'est que la revendication[18] de cette irresponsabilité. L'art pour l'art, le divertissement d'un artiste solitaire, est bien justement l'art artificiel d'une société factice et abstraite. Son aboutissement logique, c'est l'art des salons, ou l'art purement formel qui se nourrit de préciosités et d'abstractions et qui finit par la destruction de toute réalité. Quelques œuvres enchantent ainsi quelques hommes tandis que beaucoup de grossières inventions en corrompent beaucoup d'autres. Finalement, l'art se constitue en dehors de la société et se coupe de ses racines vivantes. Peu à peu, l'artiste, même très fêté, est seul, ou du moins n'est plus connu de sa nation que par l'intermédiaire de la grande presse ou de la radio qui en donneront une idée commode et simplifiée. Plus l'art se spécialise, en effet, et plus nécessaire devient la vulgarisation. Des millions d'hommes auront ainsi le sentiment de connaître tel ou tel grand artiste de notre temps parce qu'ils ont appris par les journaux qu'il élève des canaris ou qu'il ne se marie jamais que pour six mois. La plus grande célébrité, aujourd'hui, consiste à être admiré ou détesté sans avoir été lu. Tout artiste qui se mêle de vouloir être célèbre dans notre société doit savoir que ce n'est pas lui qui le sera, mais quelqu'un d'autre sous son nom, qui finira par lui

---

17. *lingot*: ingot (bar for coining).

18. *revendication*: claim, demand.

échapper et, peut-être, un jour, par tuer en lui le véritable artiste.

Comment s'étonner dès lors que presque tout ce qui a été créé de valable dans l'Europe marchande du XIXe et du XXe siècle, en littérature par exemple, se soit édifié contre la société de son temps! On peut dire que jusqu'aux approches de la Révolution française, la littérature en exercice est, en gros, une littérature de consentement. A partir du moment où la société bourgeoise, issue de la révolution, est stabilisée, se développe au contraire une littérature de révolte. Les valeurs officielles sont alors niées, chez nous par exemple, soit par les porteurs de valeurs révolutionnaires, des romantiques à Rimbaud, soit par les mainteneurs de valeurs aristocratiques, dont Vigny et Balzac sont de bons exemples. Dans les deux cas, peuple et aristocratie, qui sont les deux sources de toute civilisation, s'inscrivent contre la société factice de leur temps.

Mais ce refus, trop longtemps maintenu et raidi, est devenu factice lui aussi et conduit à une autre sorte de stérilité. Le thème du poète maudit né dans une société marchande (*Chatterton*[19] en est la plus belle illustration), s'est durci dans un préjugé qui finit par vouloir qu'on ne puisse être un grand artiste que contre la société de son temps, quelle qu'elle soit. Légitime à son origine quand il affirmait qu'un artiste véritable ne pouvait composer avec le monde de l'argent, le principe est devenu faux lorsqu'on en a tiré qu'un artiste ne pouvait s'affirmer qu'en étant contre toute chose en général. C'est ainsi que beaucoup de nos artistes aspirent à être maudits, ont mauvaise conscience à ne pas l'être, et souhaitent en même temps l'applaudissement et le sifflet.[20] Naturellement, la société, étant aujourd'hui fatiguée ou indifférente, n'applaudit et ne siffle que par hasard. L'intellectuel de notre temps n'en finit pas alors de se raidir pour se grandir. Mais à force de tout refuser

et jusqu'à la tradition de son art, l'artiste contemporain se donne l'illusion de créer sa propre règle et finit par se croire Dieu. Du même coup, il croit pouvoir créer sa réalité lui-même. Il ne créera pourtant, loin de sa société, que des œuvres formelles ou abstraites, émouvantes en tant qu'expériences, mais privées de la fécondité propre à l'art véritable, dont la vocation est de rassembler. Pour finir, il y aura autant de différence entre les subtilités ou les abstractions contemporaines et l'œuvre d'un Tolstoï ou d'un Molière qu'entre la traite escomptée[21] sur un blé invisible et la terre épaisse du sillon lui-même.

II

L'art peut ainsi être un luxe mensonger. On ne s'étonnera donc pas que des hommes ou des artistes aient voulu faire machine arrière[22] et revenir à la vérité. Dès cet instant, ils ont nié que l'artiste ait droit à la solitude et lui ont offert comme sujet, non pas ses rêves, mais la réalité vécue et soufferte par tous. Certains que l'art pour l'art, par ses sujets comme par son style, échappe à la compréhension des masses, ou bien n'exprime rien de leur vérité, ces hommes ont voulu que l'artiste se proposât au contraire de parler du et pour le plus grand nombre. Qu'il traduise les souffrances et le bonheur de tous dans le langage de tous, et il sera compris universellement. En récompense d'une fidélité absolue à la réalité, il obtiendra la communication totale entre les hommes.

Cet idéal de la communication universelle est en effet celui de tout grand artiste. Contrairement au préjugé courant, si quelqu'un n'a pas droit à la solitude, c'est justement l'artiste. L'art ne peut pas être un monologue. L'artiste solitaire et inconnu lui-même, quand il en appelle à la postérité, ne fait rien d'autre que réaffirmer sa vocation profonde. Jugeant le dialogue impossible avec des contemporains sourds ou distraits, il en appelle à un dialogue plus nombreux, avec les générations.

---

19. *Chatterton*: play by Vigny.
20. *sifflet*: whistle, booing.

21. *traite escomptée*: discounted draft; a "future."
22. *faire machine arrière*: go into reverse.

Mais pour parler de tous et à tous, il faut parler de ce que tous connaissent et de la réalité qui nous est commune. La mer, les pluies, le besoin, le désir, la lutte contre la mort, voilà ce qui nous réunit tous. Nous nous ressemblons dans ce que nous voyons ensemble, dans ce qu'ensemble nous souffrons. Les rêves changent avec les hommes, mais la réalité du monde est notre commune patrie. L'ambition du réalisme est donc légitime, car elle est profondément liée à l'aventure artistique.

Soyons donc réalistes. Ou plutôt essayons de l'être, si seulement il est possible de l'être. Car il n'est pas sûr que le mot ait un sens, il n'est pas sûr que le réalisme, même s'il est souhaitable, soit possible. Demandons-nous d'abord si le réalisme pur est possible en art. A en croire les déclarations des naturalistes du dernier siècle, il est la reproduction exacte de la réalité. Il serait donc à l'art ce que la photographie est à la peinture: la première reproduit quand la deuxième choisit. Mais que reproduit-elle et qu'est-ce que la réalité? Même la meil-leure des photographies, après tout, n'est pas une reproduction assez fidèle, n'est pas encore assez réaliste. Qu'y a-t-il de plus réel, par exemple, dans notre univers, qu'une vie d'homme, et comment espérer la faire mieux revivre que dans un film réaliste? Mais à quelles conditions un tel film sera-t-il possible? A des conditions purement imaginaires. Il faudrait en effet supposer une camera idéale fixée, nuit et jour, sur cet homme et enregistrant sans arrêt ses moindres mouvements. Le résultat serait un film dont la projection elle-même durerait une vie d'homme et qui ne pourrait être vu que par des spectateurs résignés à perdre leur vie pour s'intéresser exclusivement au détail de l'existence d'un autre. Même à ces conditions, ce film inimaginable ne serait pas réaliste. Pour cette raison simple que la réalité d'une vie d'homme ne se trouve pas seulement là où il se tient. Elle se trouve dans d'autres vies qui donnent une forme à la sienne, vies d'êtres aimés, d'abord, qu'il faudrait filmer à leur tour, mais vies aussi d'hommes inconnus, puissants et misérables, concitoyens, policiers, professeurs, compagnons invisibles des mines et des chantiers,[23] diplomates et dictateurs, réformateurs religieux, artistes qui créent des mythes décisifs pour notre conduite, humbles représentants, enfin, du hasard souverain qui règne sur les existences les plus ordonnées. Il n'y a donc qu'un seul film réaliste possible, celui-là même qui sans cesse est projeté devant nous par une appareil invisible sur l'écran du monde. Le seul artiste réaliste serait Dieu, s'il existe. Les autres artistes sont, par force, infidèles au réel.

Dès lors, les artistes qui refusent la société bourgeoise et son art formel, qui veulent parler de la réalité et d'elle seule, se trouvent dans une douloureuse impasse. Ils doivent être réalistes et ne le peuvent pas. Ils veulent soumettre leur art à la réalité et on ne peut décrire la réalité sans y opérer un choix qui la soumet à l'originalité d'un art. La belle et tragique production des premières années de la révolution russe nous montre bien ce tourment. Ce que la Russie nous a donné à ce moment avec Blok et le grand Pasternak, Maiakovski et Essenine, Eisenstein et les premiers romanciers du ciment et de l'acier, c'est un splendide laboratoire de formes et de thèmes, une féconde inquiétude, une folie de recherches. Il a fallu conclure cependant et dire comment on pouvait être réaliste alors que le réalisme était impossible. La dictature, ici comme ailleurs, a tranché dans le vif:[24] le réalisme, selon elle, était d'abord nécessaire, et il était ensuite possible, à la condition qu'il se veuille socialiste. Quel est le sens de ce décret?

En fait, il reconnaît franchement qu'on ne peut reproduire la réalité sans y faire un choix et il refuse la théorie du réalisme telle qu'elle a été formulée au XIXe siècle. Il ne

---

23. *chantiers*: work yards.

24. *tranché dans le vif*: cut into the quick, the essential.

lui reste qu'à trouver un principe de choix autour duquel le monde s'organisera. Et il le trouve, non pas dans la réalité que nous connaissons, mais dans la réalité qui sera, c'est-à-dire l'avenir. Pour bien reproduire ce qui est, il faut peindre aussi ce qui sera. Autrement dit, le véritable objet du réalisme socialiste, c'est justement ce qui n'a pas encore de réalité.

La contradiction est assez superbe. Mais, après tout, l'expression même de réalisme socialiste était contradictoire. Comment, en effet, un réalisme socialiste est-il possible alors que la réalité n'est pas tout entière socialiste? Elle n'est socialiste, par exemple, ni dans le passé, ni tout à fait dans le présent. La réponse est simple: on choisira dans la réalité d'aujourd'hui ou d'hier ce qui prépare et sert la cité parfaite de l'avenir. On se vouera donc, d'une part, à nier et à condamner ce qui, dans la réalité, n'est pas socialiste, d'autre part, à exalter ce qui l'est ou le deviendra. Nous obtenons inévitablement l'art de propagande, avec ses bons et ses méchants, une bibliothèque rose, en somme, coupée,[25] autant que l'art formel, de la réalité complexe et vivante. Finalement, cet art sera socialiste dans la mesure exacte où il ne sera pas réaliste.

Cette esthétique qui se voulait réaliste devient alors un nouvel idéalisme, aussi stérile, pour un artiste véritable, que l'idéalisme bourgeois. La réalité n'est placée ostensiblement[26] à un rang souverain que pour être mieux liquidée. L'art se trouve réduit à rien. Il sert et, servant, il est asservi. Seuls, ceux qui se garderont justement de décrire la réalité seront appelés réalistes et loués. Les autres seront censurés aux applaudissements des premiers. La célébrité qui consistait à ne pas ou à être mal lu, en société bourgeoise, consistera à empêcher les autres d'être lus, en société totalitaire. Ici encore, l'art vrai sera défiguré, ou bâillonné,[27] et la communication universelle rendue impossible par ceux-là mêmes qui la voulaient le plus passionnément.

Le plus simple, devant un tel échec, serait de reconnaître que le réalisme dit socialiste a peu de choses à voir[28] avec le grand art et que les révolutionnaires, dans l'intérêt même de la révolution, devraient chercher une autre esthétique. On sait au contraire que ses défenseurs crient qu'il n'y a pas d'art possible en dehors de lui. Ils le crient, en effet. Mais ma conviction profonde est qu'ils ne le croient pas et qu'ils ont décidé, en eux-mêmes, que les valeurs artistiques devaient être soumises aux valeurs de l'action révolutionnaire. Si cela était dit clairement, la discussion serait plus facile. On peut respecter ce grand renoncement chez des hommes qui souffrent trop du contraste entre le malheur de tous et les privilèges attachés parfois à un destin d'artiste, qui refusent l'insupportable distance où se séparent ceux que la misère bâillonne et ceux dont la vocation est au contraire de s'exprimer toujours. On pourrait alors comprendre ces hommes, tenter de dialoguer avec eux, essayer par exemple de leur dire que la suppression de la liberté créatrice n'est peut-être pas le bon chemin pour triompher de la servitude et qu'en attendant de parler pour tous, il est stupide de s'enlever le pouvoir de parler pour quelques-uns au moins. Oui, le réalisme socialiste devrait avouer sa parenté, et qu'il est le frère jumeau du réalisme politique. Il sacrifie l'art pour une fin étrangère à l'art mais qui, dans l'échelle des valeurs, peut lui paraître supérieure. En somme, il supprime l'art provisoirement pour édifier d'abord la justice. Quand la justice sera, dans un avenir encore imprécisé, l'art ressuscitera. On applique ainsi dans les choses de l'art cette règle d'or de l'intelligence contemporaine qui veut qu'on ne fasse pas d'omelette sans casser des œufs. Mais cet écrasant bon sens ne doit pas nous abuser. Il ne suffit pas de casser des milliers d'œufs pour faire une bonne omelette et ce n'est pas, il me semble, à la quantité de coquilles brisées qu'on estime la qualité du cuisinier. Les cuisiniers

---

25. *coupée*: mixed.
26. *ostensiblement*: openly, publicly.
27. *bâillonné*: gagged.
28. *à voir*: to do.

artistiques de notre temps doivent craindre au contraire de renverser plus de corbeilles d'œufs qu'ils ne l'auraient voulu et que, dès lors, l'omelette de la civilisation ne prenne[29] plus jamais, que l'art enfin ne ressuscite pas. La barbarie n'est jamais provisoire. On ne lui fait pas sa part et il est normal que de l'art elle s'étende aux mœurs. On voit alors naître, du malheur et du sang des hommes, les littératures insignifiantes, les bonnes presses, les portraits photographiés et les pièces de patronage[30] où la haine remplace la religion. L'art culmine ici dans un optimisme de commande,[31] le pire des luxes justement, et le plus dérisoire des mensonges.

Comment s'en étonner? La peine des hommes est un sujet si grand qu'il semble que personne ne saurait y toucher à moins d'être comme Keats, si sensible, dit-on, qu'il aurait pu toucher de ses mains la douleur elle-même. On le voit bien lorsqu'une littérature dirigée se mêle d'apporter à cette peine des consolations officielles. Le mensonge de l'art pour l'art faisait mine d'ignorer le mal et en prenait ainsi la responsabilité. Mais le mensonge réaliste, s'il prend sur lui avec courage de reconnaître le malheur présent des hommes, le trahit aussi gravement, en l'utilisant pour exalter un bonheur à venir, dont personne ne sait rien et qui autorise donc toutes les mystifications.

Les deux esthétiques qui se sont longtemps affrontées, celle qui recommande un refus total de l'actualité et celle qui prétend tout rejeter de ce qui n'est pas l'actualité, finissent pourtant par se rejoindre, loin de la réalité, dans un même mensonge et dans la suppression de l'art. L'académisme de droite ignore une misère que l'académisme de gauche utilise. Mais, dans les deux cas, la misère est renforcée en même temps que l'art est né.

III

Faut-il conclure que ce mensonge est l'essence même de l'art? Je dirai au contraire que les attitudes dont j'ai parlé jusqu'ici ne sont des mensonges que dans la mesure où elles n'ont pas grand-chose à voir avec l'art. Qu'est-ce donc que l'art? Rien de simple, cela est sûr. Et il est encore plus difficile de l'apprendre au milieu des cris de tant de gens acharnés à tout simplifier. On veut, d'une part, que le génie soit splendide et solitaire; on le somme, d'autre part, de ressembler à tous. Hélas! la réalité est plus complexe. Et Balzac l'a fait sentir en une phrase: « Le génie ressemble à tout le monde et nul ne lui ressemble. » Ainsi de l'art, qui n'est rien sans la réalité, et sans qui la réalité est peu de chose. Comment l'art se passerait-il en effet du réel et comment s'y soumettrait-il? L'artiste choisit son objet autant qu'il est choisi par lui. L'art, dans un certain sens, est une révolte contre le monde dans ce qu'il a de fuyant et d'inachevé: il ne se propose donc rien d'autre que de donner une autre forme à une réalité qu'il est contraint pourtant de conserver parce qu'elle est la source de son émotion. A cet égard, nous sommes tous réalistes et personne ne l'est. L'art n'est ni le refus total, ni le consentement total à ce qui est. Il est en même temps refus et consentement, et c'est pourquoi il ne peut être qu'un déchirement perpétuellement renouvelé. L'artiste se trouve toujours dans cette ambiguïté, incapable de nier le réel et cependant éternellement voué à le contester dans ce qu'il a d'éternellement inachevé. Pour faire une nature morte,[32] il faut que s'affrontent et se corrigent réciproquement un peintre et une pomme. Et si les formes ne sont rien sans la lumière du monde, elles ajoutent à leur tour à cette lumière. L'univers réel qui, par sa splendeur, suscite les corps et les statues, reçoit d'eux en même temps une seconde lumière qui fixe celle du ciel. Le grand style se trouve ainsi à mi-chemin de l'artiste et de son objet.

Il ne s'agit donc pas de savoir si l'art doit fuir le réel ou s'y soumettre, mais seulement de quelle dose exacte de réel l'œuvre doit

---

29. *prenne*: coagulate.
30. *pièces de patronage*: commissioned party pole-
     mics.
31. *de commande*: made to order.
32. *nature morte*: still life.

se lester[33] pour ne pas disparaître dans les nuées, ou se traîner, au contraire, avec des semelles de plomb. Ce problème, chaque artiste le résout comme il le sent et le peut. Plus forte est la révolte d'un artiste contre la réalité du monde, plus grand peut être le poids du réel qui l'équilibrera. Mais ce poids ne peut jamais étouffer l'exigence solitaire de l'artiste. L'œuvre la plus haute sera toujours, comme dans les tragiques grecs, dans Melville, Tolstoï ou Molière, celle qui équilibrera le réel et le refus que l'homme oppose à ce réel, chacun, faisant rebondir l'autre dans un incessant jaillissement qui est celui-là même de la vie joyeuse et déchirée. Alors surgit, de loin en loin, un monde neuf, différent de celui de tous les jours et pourtant le même, particulier mais universel, plein d'insécurité innocente, suscité pour quelques heures par la force et l'insatisfaction du génie. C'est cela et pourtant ce n'est pas cela, le monde n'est rien et le monde est tout, voilà le double et inlassable cri de chaque artiste vrai, le cri qui le tient debout, les yeux toujours ouverts, et qui, de loin en loin, réveille pour tous au sein du monde endormi l'image fugitive et insistante d'une réalité que nous reconnaissons sans l'avoir jamais rencontrée.

De même, devant son siècle, l'artiste ne peut ni s'en détourner, ni s'y perdre. S'il s'en détourne, il parle dans le vide. Mais, inversement, dans la mesure où il le prend comme objet, il affirme sa propre existence en tant que sujet et ne peut s'y soumettre tout entier. Autrement dit, c'est au moment même où l'artiste choisit de partager le sort de tous qu'il affirme l'individu qu'il est. Et il ne pourra sortir de cette ambiguïté. L'artiste prend de l'histoire ce qu'il peut en voir lui-même ou y souffrir lui-même, directement ou indirectement, c'est-à-dire l'actualité au sens strict du mot, et les hommes qui vivent aujourd'hui, non le rapport de cette actualité à un avenir imprévisible[34] pour l'artiste vivant. Juger l'homme contemporain au nom d'un homme qui n'existe pas encore, c'est le rôle de la prophétie. L'artiste, lui, ne peut qu'apprécier les mythes qu'on lui propose en fonction de[35] leur répercussion sur l'homme vivant. Le prophète, religieux ou politique, peut juger absolument et d'ailleurs, on le sait, ne s'en prive pas. Mais l'artiste ne le peut pas. S'il jugeait absolument, il partagerait sans nuances la réalité entre le bien et le mal, il ferait du mélodrame. Le but de l'art, au contraire, n'est pas de légiférer[36] ou de régner, il est d'abord de comprendre. Il règne parfois, à force de comprendre. Mais aucune œuvre de génie n'a jamais été fondée sur la haine et le mépris. C'est pourquoi l'artiste, au terme de son cheminement, absout au lieu de condamner. Il n'est pas juge, mais justificateur. Il est l'avocat perpétuel de la créature vivante, parce qu'elle est vivante. Il plaide vraiment pour l'amour du prochain, non pour cet amour du lointain qui dégrade l'humanisme contemporain en catéchisme de tribunal. Au contraire, la grande œuvre finit par confondre tous les juges. Par elle, l'artiste, en même temps, rend hommage à la plus haute figure de l'homme et s'incline devant le dernier des criminels. « Il n'y a pas, écrit Wilde en prison, un seul des malheureux enfermés avec moi dans ce misérable endroit qui ne se trouve en rapport symbolique avec le secret de la vie. » Oui, et ce secret de la vie coïncide avec celui de l'art.

Pendant cent cinquante ans, les écrivains de la société marchande, à de rares exceptions près, ont cru pouvoir vivre dans une heureuse irresponsabilité. Ils ont vécu, en effet, et puis sont morts seuls, comme ils avaient vécu. Nous autres, écrivains du XXe siècle, ne serons plus jamais seuls. Nous devons savoir au contraire que nous ne pouvons nous évader de la misère commune, et que notre seule justification, s'il en est une, est de parler, dans la mesure de nos moyens, pour ceux qui ne peuvent le faire. Mais nous

---

33. *lester*: ballast.
34. *imprévisible*: unforeseeable.

35. *en fonction de*: in terms of.
36. *légiférer*: legislate.

devons le faire pour tous ceux, en effet, qui souffrent en ce moment, quelles que soient les grandeurs, passées ou futures, des Etats et des partis qui les oppriment: il n'y a pas pour l'artiste de bourreaux privilégiés. C'est pourquoi la beauté, même aujourd'hui, surtout aujourd'hui, ne peut servir aucun parti; elle ne sert, à longue ou brève échéance,[37] que la douleur ou la liberté des hommes. Le seul artiste engagé est celui qui, sans rien refuser du combat, refuse du moins de rejoindre les armées régulières, je veux dire le franc-tireur.[38] La leçon qu'il trouve alors dans la beauté, si elle est honnêtement tirée, n'est pas une leçon d'égoïsme, mais de dure fraternité. Ainsi conçue, la beauté n'a jamais asservi aucun homme. Et depuis des millénaires,[39] tous les jours, à toutes les secondes, elle a soulagé au contraire la servitude de millions d'hommes et, parfois, libéré pour toujours quelques-uns. Pour finir, peut-être touchons-nous ici la grandeur de l'art, dans cette perpétuelle tension entre la beauté et la douleur, l'amour des hommes et la folie de la création, la solitude insupportable et la foule harassante, le refus et le consentement. Il chemine entre deux abîmes, qui sont la frivolité et la propagande. Sur cette ligne de crête où avance le grand artiste, chaque pas est une aventure, un risque extrême. Dans ce risque pourtant, et dans lui seul, se trouve la liberté de l'art. Liberté difficile et qui ressemble plutôt à une discipline ascétique? Quel artiste le nierait? Quel artiste oserait se dire à la hauteur de cette tâche incessante? Cette liberté suppose une santé du cœur et du corps, un style qui soit comme la force de l'âme et un affrontement patient. Elle est, comme toute liberté, un risque perpétuel, une aventure exténuante,[40] et voilà pourquoi on fuit aujourd'hui ce risque comme on fuit l'exigeante liberté pour se ruer à toutes sortes de servitudes, et obtenir au moins le confort de l'âme. Mais si l'art n'est pas une aventure qu'est-il donc

et où est sa justification? Non, l'artiste libre, pas plus que l'homme libre, n'est l'homme du confort. L'artiste libre est celui qui, à grand peine, crée son ordre lui-même. Plus est déchaîné ce qu'il doit ordonner, plus sa règle sera stricte et plus il aura affirmé sa liberté. Il y a un mot de Gide que j'ai toujours approuvé bien qu'il puisse prêter à malentendu. « L'art vit de contrainte et meurt de liberté. » Cela est vrai. Mais il ne faut pas en tirer que l'art puisse être dirigé. L'art ne vit que des contraintes qu'il s'impose à lui-même: il meurt des autres. En revanche, s'il ne se contraint pas lui-même, le voilà qui délire et s'asservit à des ombres. L'art le plus libre, et le plus révolté, sera ainsi le plus classique; il couronnera le plus grand effort. Tant qu'une société et ses artistes ne consentent pas à ce long et libre effort, tant qu'ils se laissent aller au confort des divertissements ou à celui du conformisme, aux jeux de l'art pour l'art ou aux prêches de l'art réaliste, ses artistes restent dans le nihilisme et la stérilité. Dire cela, c'est dire que la renaissance aujourd'hui dépend de notre courage et de notre volonté de clairvoyance.

Oui, cette renaissance est entre nos mains à tous. Il dépend de nous que l'Occident suscite ces Contre-Alexandre qui devaient renouer le nœud gordien[41] de la civilisation, tranché par la force de l'épée. Pour cela, il nous faut prendre tous les risques et les travaux de la liberté. Il ne s'agit pas de savoir si, poursuivant la justice, nous arriverons à préserver la liberté. Il s'agit de savoir que, sans la liberté, nous ne réaliserons rien et que nous perdrons, à la fois, la justice future et la beauté ancienne. La liberté seule retire les hommes de l'isolement, la servitude, elle, ne plane que sur une foule de solitudes. Et l'art, en raison de cette libre essence que j'ai essayé de définir, réunit, là où la tyrannie sépare. Quoi d'étonnant dès lors à ce qu'il soit l'ennemi désigné par toutes les oppressions?

---

37. *échéance*: term.
38. *franc-tireur*: sniper.
39. *millénaires*: thousands of years.
40. *exténuante*: exhausting.
41. *nœud gordien*: Gordian knot, inextricable knot which Alexander slashed.

Quoi d'étonnant à ce que les artistes et les intellectuels aient été les premières victimes des tyrannies modernes, qu'elles soient de droite ou de gauche? Les tyrans savent qu'il y a dans l'œuvre d'art une force d'émancipation qui n'est mystérieuse que pour ceux qui n'en ont pas le culte. Chaque grande œuvre rend plus admirable et plus riche la face humaine, voilà tout son secret. Et ce n'est pas assez de milliers de camps et de barreaux de cellule pour obscurcir ce bouleversant témoignage de dignité. C'est pourquoi il n'est pas vrai que l'on puisse, même provisoirement, suspendre la culture pour en préparer une nouvelle. On ne suspend pas l'incessant témoignage de l'homme sur sa misère et sa grandeur, on ne suspend pas une respiration. Il n'y a pas de culture sans héritage et nous ne pouvons ni ne devons rien refuser du nôtre, celui de l'Occident. Quelles que soient les œuvres de l'avenir, elles seront toutes chargées du même secret, fait de courage et de liberté, nourri par l'audace de milliers d'artistes de tous les siècles et de toutes les nations. Oui, quand la tyrannie moderne nous montre que, même cantonné dans son métier, l'artiste est l'ennemi public, elle a raison. Mais elle rend ainsi hommage, à travers lui, à une figure de l'homme que rien jusqu'ici n'a pu écraser.

Ma conclusion sera simple. Elle consistera à dire, au milieu même du bruit et de la fureur de notre histoire: « Réjouissons-nous. » Réjouissons-nous, en effet, d'avoir vu mourir une Europe menteuse et confortable et de nous trouver confrontés à de cruelles vérités. Réjouissons-nous en tant qu'hommes puisqu'une longue mystification s'est écroulée et que nous voyons clair dans ce qui nous menace. Et réjouissons-nous en tant qu'artistes, arrachés au sommeil et à la surdité, maintenus de force devant la misère, les prisons, le sang. Si, devant ce spectacle, nous savons garder la mémoire des jours et des visages, si, inversement, devant la beauté du monde, nous savons

ne pas oublier les humiliés, alors l'art occidental peu à peu retrouvera sa force et sa royauté. Certes, il est, dans l'histoire, peu d'exemples d'artistes con-frontés avec de si durs problèmes. Mais, justement, lorsque les mots et les phrases, même les plus simples, se paient en poids de liberté et de sang, l'artiste apprend à les manier avec mesure. Le danger rend classique et toute grandeur, pour finir, a sa racine dans le risque.

Le temps des artistes irresponsables est passé. Nous le regretterons pour nos petits bonheurs. Mais nous saurons reconnaître que cette épreuve sert en même temps nos chances d'authenticité, et nous accepterons le défi. La liberté de l'art ne vaut pas cher quand elle n'a d'autre sens que d'assurer le confort de l'artiste. Pour qu'une valeur, ou une vertu, prenne racine dans une société, il convient de ne pas mentir à son propos, c'est-à-dire de payer pour elle, chaque fois qu'on le peut. Si la liberté est devenue dangereuse, alors elle est en passe de ne plus être prostituée. Et je ne puis approuver, par exemple, ceux qui se plaignent aujourd'hui du déclin de la sagesse. Apparemment, ils ont raison. Mais, en vérité, la sagesse n'a jamais autant décliné qu'au temps où elle était le plaisir sans risques de quelques humanistes de bibliothèque. Aujourd'hui, où elle est affrontée enfin à de réels dangers, il y a des chances au contraire pour qu'elle puisse à nouveau se tenir debout, à nouveau être respectée.

On dit que Nietzsche après la rupture avec Lou Salomé, entré dans une solitude définitive, écrasé et exalté en même temps par la perspective de cette œuvre immense qu'il devait mener sans aucun secours, se promenait la nuit, sur les montagnes qui dominent le golfe de Gênes,[42] et y allumait de grands incendies de feuilles et de branches qu'il regardait se consumer. J'ai souvent rêvé de ces feux et il m'est arrivé de placer en pensée devant eux, pour les mettre à l'épreuve, certains hommes et certaines œuvres. Eh bien, notre époque est

---

42. *Gênes*: Genoa.

un de ces feux dont la brûlure insoutenable réduira sans doute beaucoup d'œuvres en cendres! Mais pour celles qui resteront, leur métal sera intact et nous pourrons à leur propos nous livrer sans retenue à cette joie suprême de l'intelligence dont le nom est « admiration ».

On peut souhaiter sans doute, et je le souhaite aussi, une flamme plus douce, un répit, la halte propice à la rêverie. Mais peut-être n'y a-t-il pas d'autre paix pour l'artiste que celle qui se trouve au plus brûlant du combat. « Tout mur est une porte », a dit justement Emerson. Ne cherchons pas la porte, et l'issue, ailleurs que dans le mur contre lequel nous vivons. Cherchons au contraire le répit où il se trouve, je veux dire au milieu même de la bataille. Car

selon moi, et c'est ici que je terminerai, il s'y trouve. Les grandes idées, on l'a dit, viennent dans le monde sur des pattes de colombe. Peut-être alors, si nous prêtions l'oreille, entendrions-nous, au milieu du vacarme des empires et des nations, comme un faible bruit d'ailes, le doux remue-ménage[43] de la vie et de l'espoir. Les uns diront que cet espoir est porté par un peuple, d'autres par un homme. Je crois qu'il est au contraire suscité, ranimé, entretenu, par des millions de solitaires dont les actions et les œuvres, chaque jour, nient les frontières et les plus grossières apparences de l'histoire, pour faire resplendir fugitivement la vérité toujours menacée que chacun, sur ses souffrances et sur ses joies, élève pour tous.

⚜ ⚜ ⚜

CALIGULA

[Selection; © *Les Editions Gallimard*, reprinted by permission.]

[Caligula, *written in 1938 and first performed in 1945, was Camus' first and most successful play. Camus contemplated playing the lead role himself, but wisely left that to the great actor Gérard Philippe. Camus tests his philosophy by showing us existential freedom used and abused by the ancient Roman emperor Caïus Caligula, whom history remembers as a mad monster. Camus' emperor commits endless atrocities in an effort to show his people the futile nature of morality and rules of conduct. Caligula is an artist of evil, doing what he does out of a thirst for the absolute, which is symbolized by the moon. Caligula knows he can never have the moon, but that does not stop him from trying. Unfortunately for him, his wicked conduct only instructs the persons around him how to act if they want to dispose of him. In the following two scenes, which are scenes five and six of the third act of the play, Caligula contemplates his situation and confronts one of the bolder and more logical conspirators plotting to overthrow him.*]

Scène V

Caligula contemple un moment la tablette[44] *de sa place. Il la saisit et la lit. Il respire fortement et appelle un garde.*

CALIGULA

Amène Cherea. (*Le garde sort.*) Un moment. (*Le garde s'arrête.*) Avec des égards.

Le garde sort.

Caligula marche un peu de long en large. Puis il se dirige vers le miroir.

CALIGULA

[*Speaking to himself in the mirror.*]

Tu avais décidé d'être logique, idiot. Il s'agit seulement de savoir jusqu'où

---

43. *remue-ménage*: bustle.
44. *tablette*: wax tablet (used for writing messages

in ancient Roman times. This one contains proof of the conspiracy against Caligula.)

cela ira. (*Ironique.*) Si l'on t'apportait la lune, tout serait changé, n'est-ce pas? Ce qui est impossible deviendrait possible et du même coup, en une fois, tout serait transfiguré. Pourquoi pas, Caligula? Qui peut le savoir? (*Il regarde autour de lui.*) Il y a de moins en moins de monde autour de moi, c'est curieux. (*Au miroir, d'une voix sourde.*) Trop de morts, trop de morts, trop de morts, cela dégarnit.[45] Même si l'on m'apportait la lune, je ne pourrais pas revenir en arrière. Même si les morts frémissaient à nouveau sous la caresse du soleil, les meurtres ne rentreraient pas sous terre pour autant. (*Avec un accent furieux.*) La logique, Caligula, il faut poursuivre la logique. Le pouvoir jusqu'au bout, l'abandon jusqu'au bout. Non, on ne revient pas en arrière et il faut aller jusqu'à la consommation!

Entre Cherea.

Scène VI

Caligula, renversé un peu dans son siège, est engoncé dans son manteau. Il a l'air exténué.

CHEREA

Tu m'as demandé, Caïus?

CALIGULA (*d'une voix faible*).

Oui, Cherea. Gardes! Des flambeaux!

Silence.

CHEREA

Tu as quelque chose de particulier à me dire?

CALIGULA

Non, Cherea.

Silence.

CHEREA (*un peu agacé*).

Tu es sûr que ma présence est nécessaire?

CALIGULA

Absolument sûr, Cherea. (*Encore un temps de silence. Soudain empressé.*) Mais, excuse-moi. Je suis distrait et te reçois bien mal. Prends ce siège et devisons en amis.[46] J'ai besoin de parler un peu à quelqu'un d'intelligent.

Cherea s'assied. Naturel, il semble, pour la première fois depuis le début de la pièce.

CALIGULA

Cherea, crois-tu que deux hommes dont l'âme et la fierté sont égales peuvent, au moins une fois dans leur vie, se parler de tout leur cœur—comme s'ils étaient nus l'un devant l'autre, dépouillés des préjugés, des intérêts particuliers et des mensonges dont ils vivent?

CHEREA

Je pense que cela est possible, Caïus. Mais je crois que tu en es incapable.

CALIGULA

Tu as raison. Je voulais seulement savoir si tu pensais comme moi. Couvrons-nous donc de masques. Utilisons nos mensonges. Parlons comme on se bat, couverts jusqu'à la garde. Cherea, pourquoi ne m'aimes-tu pas?

CHEREA

Parce qu'il n'y a rien d'aimable en toi, Caïus. Parce que ces choses ne se commandent pas. Et aussi, parce que je te comprends trop bien et qu'on ne peut aimer celui de ses visages qu'on essaie de masquer en soi.

CALIGULA

Pourquoi me haïr?

CHEREA

Ici, tu te trompes, Caïus. Je ne te hais pas. Je te juge nuisible et cruel, égoïste et vaniteux. Mais je ne puis pas te haïr puisque je ne te crois pas heureux. Et je ne puis pas te mépriser puisque je sais que tu n'es pas lâche.

CALIGULA

Alors, pourquoi veux-tu me tuer?

---

45. *dégarnit*: thins out (the population around him.)   46. *devisons en amis*: Let's chat like friends.

CHEREA

Je te l'ai dit: je te juge nuisible. J'ai le goût et le besoin de la sécurité. La plupart des hommes sont comme moi. Ils sont incapables de vivre dans un univers où la pensée la plus bizarre peut en une seconde entrer dans la réalité— où, la plupart du temps, elle y entre, comme un couteau dans un cœur. Moi non plus, je ne veux pas vivre dans un tel univers. Je préfère me tenir bien en main.

CALIGULA

La sécurité et la logique ne vont pas ensemble.

CHEREA

Il est vrai. Cela n'est pas logique, mais cela est sain.

CALIGULA

Continue.

CHEREA

Je n'ai rien de plus à dire. Je ne veux pas entrer dans ta logique. J'ai une autre idée de mes devoirs d'homme. Je sais que la plupart de tes sujets pensent comme moi. Tu es gênant pour tous. Il est naturel que tu disparaisses.

CALIGULA

Tout cela est très clair et très légitime. Pour la plupart des hommes, ce serait même évident. Pas pour toi, cependant. Tu es intelligent et l'intelligence se paye cher ou se nie. Moi, je paye. Mais toi, pourquoi ne pas la nier et ne pas vouloir payer?

CHEREA

Parce que j'ai envie de vivre et d'être heureux. Je crois qu'on ne peut être ni l'un ni l'autre en poussant l'absurde dans toutes ses conséquences. Je suis comme tout le monde. Pour m'en sentir libéré, je souhaite parfois la mort de ceux que j'aime, je convoite[47] des femmes que les lois de la famille ou de l'amitié m'interdisent de convoiter. Pour être logique, je devrais alors tuer ou posséder. Mais je juge que ces idées vagues n'ont pas d'importance. Si tout le monde se mêlait de les réaliser, nous ne pourrions ni vivre ni être heureux. Encore une fois, c'est cela qui m'importe.

CALIGULA

Il faut donc que tu croies à quelque idée supérieure.

CHEREA

Je crois qu'il y a des actions qui sont plus belles que d'autres.

CALIGULA

Je crois que toutes sont équivalentes.

CHEREA

Je le sais, Caïus, et c'est pourquoi je ne te hais pas. Mais tu es gênant et il faut que tu disparaisses.

CALIGULA

C'est très juste. Mais pourquoi me l'annoncer et risquer ta vie?

CHEREA

Parce que d'autres me remplaceront et parce que je n'aime pas mentir.

Silence.

CALIGULA

Cherea!

CHEREA

Oui, Caïus.

CALIGULA

Crois-tu que deux hommes dont l'âme et la fierté sont égales peuvent, au moins une fois dans leur vie, se parler de tout leur cœur?

CHEREA

Je crois que c'est ce que nous venons de faire.

CALIGULA

Oui, Cherea. Tu m'en croyais incapable, pourtant.

---

47. *convoite*: covet, lust for.

CHEREA

Jʼavais tort, Caïus, je le reconnais et je te remercie. Jʼattends maintenant ta sentence.

CALIGULA (*distrait*).

Ma sentence? Ah! tu veux dire…(*Tirant la tablette de son manteau.*) Connais-tu cela, Cherea?

CHEREA

Je savais quʼelle était en ta possession.

CALIGULA (*de façon passionnée*).

Oui, Cherea, et ta franchise elle-même était simulée. Les deux hommes ne se sont pas parlé de tout leur cœur. Cela ne fait rien pourtant. Maintenant, nous allons cesser le jeu de la sincérité et recommencer à vivre comme par le passé. Il faut encore que tu essaies de comprendre ce que je vais te dire, que tu subisses mes offenses et mon humeur. Écoute, Cherea. Cette tablette est la seule preuve.

CHEREA

Je mʼen vais, Caïus. Je suis lassé de tout ce jeu grimaçant. Je le connais trop et ne veux plus le voir.

CALIGULA (*de la même voix passionnée et attentive*).

Reste encore. Cʼest la seule preuve, nʼest-ce pas?

CHEREA

Je ne crois pas que tu aies besoin de preuves pour faire mourir un homme.

CALIGULA

Il est vrai. Mais, pour une fois, je veux me contredire. Cela ne gêne personne. Et cʼest si bon de se contredire de temps en temps. Cela repose. Jʼai besoin de repos, Cherea.

CHEREA

Je ne comprends pas et je nʼai pas de goût pour ces complications.

CALIGULA

Bien sûr, Cherea. Tu es un homme sain, toi. Tu ne désires rien dʼextraordinaire! (*Éclatant de rire.*) Tu veux vivre et être heureux. Seulement cela!

CHEREA

Je crois quʼil vaut mieux que nous en restions là.

CALIGULA

Pas encore. Un peu de patience, veux-tu? Jʼai là cette preuve, regarde. Je veux considérer que je ne peux vous faire mourir sans elle. Cʼest mon idée et cʼest mon repos. Eh bien! vois ce que deviennent les preuves dans la main dʼun empereur.

Il approche la tablette dʼun flambeau. Cherea le rejoint. Le flambeau les sépare. La tablette fond.[48]

CALIGULA

Tu vois, conspirateur! Elle fond, et à mesure que cette preuve disparaît, cʼest un matin dʼinnocence qui se lève sur ton visage. Lʼadmirable front pur que tu as, Cherea. Que cʼest beau, un innocent, que cʼest beau! Admire ma puissance. Les dieux eux-mêmes ne peuvent pas rendre lʼinnocence sans auparavant punir. Et ton empereur nʼa besoin que dʼune flamme pour tʼabsoudre et tʼencourager. Continue, Cherea, poursuis jusquʼau bout le magnifique raisonnement que tu mʼas tenu. Ton empereur attend son repos. Cʼest sa manière à lui de vivre et dʼêtre heureux.

Cherea regarde Caligula avec stupeur. Il a un geste à peine esquissé, semble comprendre, ouvre la bouche et part brusquement. Caligula continue de tenir la tablette dans la flamme et, souriant, suit Cherea du regard[49].

RIDEAU

---

48.   *fond*: melts (in the flame.)
49.   Why would Caligula allow the conspirator to   live, knowing what the inevitable result will be?

8. Modernism

French literature can seemingly never have enough "-isms," and the good names must have all been taken already when critics decided on this one. Virtually every author, except for the occasional arch-traditionalist, considers himself or herself to be modern. So being modern and being modernistic are not the same thing. What, then, would it particularly mean to be a Modernist writer?

In a sense, Modernism meant everything new in art and thinking in the early twentieth century. The term came out of a branch of Protestant theology that sought to reconcile Christian dogmas with new scientific knowledge. Soon the term came into the world of creative arts, and was used to describe nonrepresentational, abstract art, as well as dissonant music.

In literature, the term Modernism was applied to certain authors who sharply broke with tradition and wrote using experimental language formats. The stream of consciousness technique of writers such as Marcel Proust and James Joyce was an example of this. Other authors were designated Modernist for using minimal content or unusual narrative techniques. Franz Kafka, T.S. Eliot, Ezra Pound, and, later on, Samuel Beckett were among them.

Of course, it can be argued that Proust and Kafka, for example, are extremely unlike one another, making the rubric of Modernism an incoherent grab-bag rather than a cohesive movement. And since authors almost always resent being pigeon-holed, hardly anyone actually claimed to be a Modernist. If we choose, however, to narrow down our focus rather than try to include everyone from the era, we make some progress. We find that certain works actually do have certain important things in common with one another and deserve to be grouped under the heading of Modernism, even if other things that their authors wrote do not.

For our purposes, then, we might find it fruitful to look at what types of intellectual issues mark the properly Modernist literature. Herewith are some hopefully useful attributes of the story content and/or the mindset:

1. Traditional systems and categories of all sorts are breaking down. The individual protagonist considers this a crisis, and tries to reestablish order and equilibrium.

2. This protagonist is often unheroic, tending to be either a neurotic nebbish or an anti-hero.

3. Time, place, and identity are all shifting. The unheroic "hero" is bewildered by this, sometimes shamed by his own disorientation, and feels the need to convince others around him that he is sane and grounded, even if no one else is.

4. Language becomes increasingly ineffective as a means of communication. It sometimes appears to take on a life of its own in defiance of both functionality and ornamentation.

Anyone who has ever seen the old *Twilight Zone* television series recognizes all this immediately. What sort of things occur during a trip into the twilight zone? A World War II GI finds himself transformed into a Japanese soldier; a train passenger wakes up in the wrong century; a proofreader sees words suddenly changing their definition from day to day. Clearly, Rod Serling was a Modernist, even if Eliot and Pound were iffy. Every true leap out of traditionalism into the Modernist unknown constitutes a trip into a twilight zone of disturbing new realities.

✤ ✤ ✤

Henri Michaux

[1899–1984]

New Worlds

Henri Michaux, explorer of the visible and invisible worlds, painter and mystic, found disorder and strangeness everywhere. While he perhaps enjoyed this odd voyage of life, his characters and narrators generally do not. Pugnaciously, they struggle with unfamiliar reality and cope unsurely with unexpected bizarreness.

From Belgium to Paris

Born in Namur, Belgium, Henri Michaux grew up in Brussels in a family that had a French speaking father and Flemish speaking mother. Henri hated school, hated food, hated Belgium, hated everything. Poetry and science (he was fascinated by the sex life of insects) were his attempts at escape. After giving up on medical school, he became a merchant sailor and saw much of the world. He would continue to travel all his life, especially throughout Asia. A brief stint in the military ended when he fell ill with a heart ailment. He read voraciously and began writing in earnest. After moving to Paris he was discovered by André Gide and published many successful books as well as having great success as a painter. Married to a perpetually ill woman, Michaux had a less than happy home life. The end of the marriage was even more traumatic, when his wife died from severe burns. Although fanatical about maintaining his privacy, Michaux had to make concessions to celebrity from time to time, especially after he became a favorite of the Beat Generation poets in America.

Voyages and Trips

Eager to have ecstatic experiences like the saints whose lives he researched, Michaux began using mescaline in 1954 and wrote a good deal on the subject. He quit drugs in the 1960's, declaring himself a failure as a drug addict. The last two decades of his life saw him travel less extensively than before, although his paintings voyaged to all parts of the globe for major exhibitions. Michaux died at the age of 85, but his fantastic imaginations and incantations have remained popular ever since.

Inspired by the Surrealists, though not a member of the original club, Michaux combined a taste for the weird with an often humorous take on life's obstacles and impossibilities. Plume was the name of Michaux's best character. A stuffy little fellow who wants nothing but to get along in peace and appear proper in the eyes of the world, Plume suffers many an indignity when society and even the universe as a whole fail to act according to the rules. All the attributes of pure Modernism can be found in the concise little gem that follows. It is an installment in which Plume accidently violates the law of gravity.

[*Plume au plafond*, © Les Editions Gallimard, and reprinted here by permission, was originally published in Michaux's book *Un Certain Plume* (1930.)]

✤ ✤ ✤

Illustration for a Michaux poem from Henri Parisot's Les Poètes voyagent. *Courtesy of Bibliothèque nationale de France.*

PLUME AU PLAFOND

Dans un stupide moment de distraction, Plume marcha les pieds au plafond, au lieu de les garder à terre.

Hélas, quand il s'en aperçut, il était trop tard. Déjà paralysé par le sang aussitôt amassé, entassé dans sa tête, comme le fer dans un marteau, il ne savait plus quoi. Il était perdu. Avec épouvante, il voyait le lointain plancher, le fauteuil autrefois si accueillant, la pièce entière, étonnant abîme.

Comme il aurait voulu être dans une cuve[1] pleine d'eau, dans un piège à loups, dans un coffre, dans un chauffe-bain en cuivre,[2] plutôt que là, seul, sur ce plafond ridiculement désert et sans ressources d'où redescendre eût été, autant dire, se tuer.[3]

Malheur! Malheur toujours attaché au même…tandis que tant d'autres dans le monde entier continuaient à marcher tranquillement à terre, qui sûrement ne valaient pas beaucoup plus cher que lui.

Si encore il avait pu entrer dans le plafond y terminer en paix, quoique rapidement, sa triste vie…Mais les plafonds sont durs, et ne peuvent que vous «renvoyer,»[4] c'est le mot.

Pas de choix dans le malheur, on vous offre ce qui reste. Comme désespérément, il s'obstinait, taupe de plafond,[5] une délégation du Bren Club partie à sa recherche, le trouva en levant la tête.

On le descendit[6] alors, sans mot dire, par le moyen d'une échelle dressée.[7]

On était gêné.[8] On s'excusait auprès de lui. On accusait à tout hasard un organisateur absent. On flattait l'orgueil de Plume qui n'avait pas perdu courage, alors que tant d'autres, démoralisés, se fussent[9] jetés dans le vide, et se fussent cassé bras et jambes et davantage, car les plafonds dans ce pays sont hauts, datant presque tous de l'époque de la conquête espagnole.[10]

Plume, sans répondre, se brossait les manches[11] avec embarras.

1. *cuve* : vat
2. *un chauffe-bain en cuivre*: a water heater made out of copper.
3. *se tuer*: get himself killed (by dropping from the ceiling.)
4. *vous renvoyer*: bounce you back up.
5. *taupe de plafond*: ceiling mole.
6. *On le descendit* : They got him down.
7. *une échelle dressée* : a ladder (that they) put up.
8. *gêné* : embarrassed.
9. *se fussent*: would have.
10. Reference to the Spanish conquest of Belgium some four hundred years earlier.
11. *se brossait les manches* : was dusting off his sleeves.

9. Cruauté and the Anti-Théâtre

As too rapid changes of stimuli provoke nervous breakdowns, so the overturn of old faiths and fixities, and the appearance of new menaces and terrors provoked, in France and elsewhere, a mood of neurotic despair, with a literature to match. One of its manifestations is the literature of la Cruauté. This "shock" literature includes, in addition to a good deal of poetry and a few novels, the Theater of the Absurd, or Anti-Théâtre. In France, such theater claims as ancestors Alfred Jarry's *Ubu Roi* (1896), Apollinaire's *Les Mamelles de Tirésias* (1917), Cocteau's *Les Mariés de la Tour Eiffel*, and also Dadaism and Surrealism. Its manifesto was the theories of Antonin Artaud, written in the 1930s. After the Second World War, the Theater of the Absurd came into its own as a dominating force.

Cruauté is not really designed to be cruel to the frequently bewildered audience. Rather, it seeks to be therapeutic, a way of grabbing the spectators by the shirt collar and shaking them up and down until they are jolted out of their apathy, complacence, and acceptance of the status quo. This art form, especially its theatrical version, has had success, even at the box office. Its rejection of lucidity, logic, communication, character-portrayal, moral import, and traditional dramatic structure has found a sympathetic public. While the result disorients the literal-minded, it also provides an energy, a freshness, and an electricity previously lacking in the increasingly stale neo-realist theater. Anything and everything, no matter how fantastic, no matter how contrary to the laws of nature, can and does occur in this literature. And that, if nothing else, is a great deal of fun.

Antonin Artaud

[1896-1948]

Madness and Genius

Some people think that it helps to be a little crazy to succeed in the creative arts. Be that as it may, true mental illness is another story. Artaud seriously suffered all his life from his nervous disorders, and, either because of or despite them, managed to leave behind remarkable works, expecially in theater theory.

A Life of the Theater

Born Antoine Marie Joseph Artaud, he was called Antonin by his French sea captain father and his Greek immigrant mother. His parents were first cousins (Antonin's grandmothers on both sides were sisters.) Antonin, who aspired to be a poet, was treated for mental illness even as a youth and spent time in asylums in his native Marseilles and Switzerland. He would be no stranger to mental treatment in hospitals and rest homes throughout his life. He did artwork as therapy, and continued to write poems. He found work helping to edit the literary section of a journal and had a minor success with his poetry. He stumbled into acting after a love affair with an actress and had sizable supporting roles in two of the greatest movies of all time, Abel Gance's *Napoléon* (1927) and Carl Dreyer's *La Passion de Jeanne d'Arc* (1928). He also worked on the screenplays for a number of films, including an acclaimed one, *La Coquille et le clergyman*. Even though his play *Cenci* flopped, the theater was Artaud's great passion in life. With Roger Vitrac and Robert Aron, he founded the Théâtre Alfred Jarry. Artaud took an interest in non-European theatrical traditions, especially the puppet theater of Bali. Artaud became excited by the prospect of formulating a new type of theater dedicated to the liberation of the mind from all restraints and structures. His exuberant anarchism had no bounds; he even frightened the Surrealists, who kicked him out of their club. Artaud is often seen as the bridge between Surrealism and Post-Modernism. (He probably would not like being seen as a bridge; he saw himself more as someone figuratively blowing up bridges.) Groucho and his fellow Marx Brothers, according to an essay by Artaud, were the first to achieve, in their films based on their stage plays, the artistic anarchy that (he said) the Surrealists never attained.

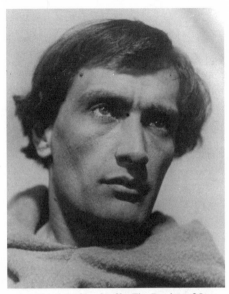

Antonin Artaud in the film The Passion of Joan of Arc *by Carl Theodor Dreyer, 1928. Archives Charmet. / Bridgeman Art Library.*

Manifesto Writer

Artaud's collection of remarkably original essays, *Le Théâtre et son double* (1938), served as the manifesto for the new literature of *cruauté*. By that term he meant not so much cruelty as shock. He wanted an end to stuffy plays reinforcing the public's prejudices and a birth to a new literature, especially in theater, that would startle the public into thinking for itself. Over time, he began to oppose thinking in general, instead proposing a theater full of sounds and actions that would arouse some sort of subconscious response, perhaps even liberating the spectator from the dictates of the subconscious along with the conscious. Only by tearing down the old can we be freed to enjoy the new, he believed.

Mind Trips

Artaud's desire to be cured of his nervous breakdowns, along with his desire for new experience, led to his taking a great deal of medication, not all of it prescribed. He spent time in Mexico with a Native American tribe, the Tarahumara, who taught him how to experiment with peyote, a drug that they used in religious rituals. Returning to France from one such trip, he was immediately confined to an asylum. On another occasion, he returned from a trip to Ireland in a straightjacket. Approximately nine of the last dozen years of his life were spent institutionalized, although part of the time he had liberty to come and go. During his worst period, Artaud underwent painful electric shock treatments a reported 51 times. He died not of his mental distress, but from colon cancer, in the town of Ivry-sur-Seine at the age of 51.

In later years, the memory of Artaud would continue to inspire theater people and critics to appreciate the sort of work unimaginable before him.

Le Théatre et la cruauté, © Les Editions Gallimard, and reprinted by permission, is the eighth chapter of Artaud's book *Le théâtre et son double.*

LE THÉÂTRE ET LA CRUAUTÉ

Une idée du théâtre s'est perdue. Et dans la mesure où le théâtre se borne à nous faire pénétrer dans l'intimité de quelques fantoches,[1] et où il transforme le public en voyeur, on comprend que l'élite s'en détourne et que le gros de la foule aille chercher au cinéma, au music-hall ou au cirque, des satisfactions violentes, et dont la teneur ne le déçoit pas.

Au point d'usure où notre sensibilité est parvenue, il est certain que nous avons besoin avant tout d'un théâtre qui nous réveille: nerfs et cœur.

Les méfaits du théâtre psychologique venu de Racine[2] nous ont déshabitués de cette action immédiate et violente que le théâtre doit posséder. Le cinéma à son tour, qui nous assassine de reflets, qui filtré par la machine ne peut plus joindre notre sensibilité, nous maintient depuis dix ans dans un engourdissement inefficace, où paraissent sombrer toutes nos facultés.

Dans la période angoissante et catastrophique où nous vivons, nous ressentons le besoin urgent d'un théâtre que les événements ne dépassent pas, dont la résonance en nous soit profonde, domine l'instabilité des temps.

La longue habitude des spectacles de distraction nous a fait oublier l'idée d'un théâtre grave, qui, bousculant toutes nos représentations, nous insuffle le magnétisme ardent des images et agit finalement sur nous à l'instar[3] d'une thérapeutique de l'âme dont le passage ne se laissera plus oublier.

Tout ce qui agit est une cruauté. C'est sur cette idée d'action poussée à bout, et extrême que le théâtre doit se renouveler.

Pénétré de cette idée que la foule pense d'abord avec ses sens, et qu'il est absurde comme dans le théâtre psychologique ordinaire de s'adresser d'abord à son entendement, le Théâtre de la Cruauté se propose de recourir au spectacle de masses; de rechercher dans l'agitation de masses importantes, mais jetées l'une contre l'autre et convulsées, un peu de cette poésie qui est dans les fêtes et dans les foules, les jours, aujourd'hui trop rares, où le peuple descend dans la rue.

Tout ce qui est dans l'amour, dans le crime, dans la guerre, ou dans la folie, il faut que le théâtre nous le rende, s'il veut retrouver sa nécessité.

L'amour quotidien, l'ambition personnelle, les tracas journaliers, n'ont de valeur qu'en réaction avec cette sorte d'affreux lyrisme qui est dans les Mythes auxquels des collectivités massives ont donné leur consentement.

C'est pourquoi, autour de personnages fameux, de crimes atroces, de surhumains dévouements, nous essaierons de concentrer un spectacle qui, sans recourir aux images expirées des vieux Mythes, se révèle capable d'extraire les forces qui s'agitent en eux.

En un mot, nous croyons qu'il y a dans ce qu'on appelle la poésie, des forces vives, et que l'image d'un crime présentée dans les conditions théâtrales requises est pour l'esprit quelque chose d'infiniment plus redoutable que ce même crime, réalisé.

Nous voulons faire du théâtre une réalité à laquelle on puisse croire, et qui contienne pour le cœur et les sens cette espèce de morsure concrète que comporte toute sensation vraie. De même que nos rêves agissent sur nous et que la réalité agit sur nos rêves, nous pensons qu'on peut identifier les images de la pensée à un rêve, qui sera efficace dans la mesure où il sera jeté avec la violence qu'il faut. Et le public croira aux rêves du théâtre à condition qu'il les prenne vraiment pour des rêves et non pour un calque de la réalité; à condition qu'ils lui permettent de libérer en lui cette

---

1. *fantoches* : puppets. Artaud is speaking figuratively of the public as puppets, but indeed Artaud was much influenced by the puppet theater of Bali.
2. *Racine* : Jean Racine, France's greatest play-wright of tragedies, whose works in the seventeenth century established the tradition of a theater in which the plays were almost totally verbal and contained no on-stage action.
3. *à l'instar* : in the fashion.

liberté magique du songe, qu'il ne peut reconnaître qu'empreinte de terreur et de cruauté.

D'où cet appel à la cruauté et à la terreur, mais sur un plan vaste, et dont l'ampleur sonde notre vitalité intégrale, nous mette en face de toutes nos possibilités.

C'est pour prendre la sensibilité du spectateur sur toutes ses faces, que nous préconisons un spectacle tournant, et qui au lieu de faire de la scène et de la salle deux mondes clos, sans communication possible, répande ses éclats visuels et sonores sur la masse entière des spectateurs.

En outre, sortant du domaine des sentiments analysables et passionnels, nous comptons faire servir le lyrisme de l'acteur à manifester des forces externes; et faire rentrer par ce moyen la nature entière dans le théâtre, tel que nous voulons le réaliser.

Pour vaste que soit ce programme, il ne dépasse pas le théâtre lui-même, qui nous paraît s'identifier pour tout dire avec les forces de l'ancienne magie.

Pratiquement, nous voulons ressusciter une idée du spectacle total, où le théâtre saura reprendre au cinéma, au music-hall, au cirque, et à la vie même, ce qui de tout temps lui a appartenu. Cette séparation entre le théâtre d'analyse et le monde plastique nous apparaissant comme une stupidité. On ne sépare pas le corps de l'esprit, ni les sens de l'intelligence, surtout dans un domaine où la fatigue sans cesse renouvelée des organes a besoin de secousses brusques pour raviver notre entendement.

Donc, d'une part, la masse et l'étendue d'un spectacle qui s'adresse à l'organisme entier; de l'autre, une mobilisation intensive d'objets, de gestes, de signes, utilisés dans un esprit nouveau. La part réduite faite à l'entendement conduit à une compression énergique du texte; la part active faite à l'émotion poétique obscure oblige à des signes concrets. Les mots parlent peu à l'esprit; l'étendue et les objets parlent; les images nouvelles parlent, même faites avec

A Balinese puppeteer; the puppetry of Bali greatly inspired Artaud. Courtesy of Bibliothèque nationale de France.

des mots. Mais l'espace tonnant[4] d'images, gorgé de sons, parle aussi, si l'on sait de temps en temps ménager des étendues suffisantes d'espace meublées de silence et d'immobilité.

Sur ce principe, nous envisageons de donner un spectacle où ces moyens d'action directe soient utilisés dans leur totalité; donc un spectacle qui ne craigne pas d'aller aussi loin qu'il faut dans l'exploration de notre sensibilité nerveuse, avec des rythmes, des sons, des mots, des résonances et des ramages, dont la qualité et les surprenants alliages font partie d'une technique qui ne doit pas être divulguée.

Pour le reste et pour parler clair, les images de certaines peintures de Grunewald[5] ou de Hiéronymus Bosch,[6] disent assez ce que peut être un spectacle où, comme dans le cerveau d'un saint quelconque, les choses de la nature extérieure apparaîtront comme des tentations.

C'est là, dans ce spectacle d'une tentation où la vie a tout à perdre, et l'esprit tout à gagner, que le théâtre doit retrouver sa véritable signification.

Nous avons par ailleurs donné un

---

4. *tonnant* : thundering.
5. *Grunewald* : German painter of the sixteenth century, famous for hyper-realism.
6. Bosch : Late fifteenth and early sixteenth century Dutch painter known for extremely bizarre, macabre depictions.

programme qui doit permettre à des moyens de mise en scène pure, trouvés sur place, de s'organiser autour de thèmes historiques ou cosmiques, connus de tous.

Et nous insistons sur le fait que le premier spectacle du Théâtre de la Cruauté roulera sur des préoccupations de masses, beaucoup plus pressantes et beaucoup plus inquiétantes que celles de n'importe quel individu.

Il s'agit maintenant de savoir si, à Paris, avant les cataclysmes qui s'annoncent, on pourra trouver assez de moyens de réalisation, financiers ou autres, pour permettre à un semblable théâtre de vivre, et celui-ci tiendra de toute façon, parce qu'il est l'avenir. Ou s'il faudra un peu de vrai sang, tout de suite, pour manifester cette cruauté.

Mai 1933.

Eugène Ionesco

[1912– 1994]

Eugène Ionesco. Snapshot taken at conference in Rio, 1968.

Over the Top

Although Artaud failed to destroy traditional theater—movies and television essentially did that for him—the wild kind of theater that he envisioned did become reality, and found its leading practitioner in Eugène Ionesco. The plays by Ionesco tend to be a bit kinder and gentler than Artaud anticipated, and certainly a lot funnier. But their goofy spirit of the absurd fills the bill to perfection. In one of Ionesco's plays, characters grow an excessive number of noses and fingers; in another, everyone turns into rhinos. Nothing is too over the top.

Franco-Rumanian Origins

Eugène Ionesco (the surname is the Rumanian form of "Johnson") exemplified Rumania's special relationship with France. Born in Rumania of a French mother, he spent his childhood in France. Watching puppet theater in Paris' Luxembourg Gardens was his great passion. Inspired by this, the youth wrote a play and some poems, then forgot about creative writing. Returning to Rumania, he attended the University of Bucharest, where he amused himself by publishing a book called *No!* Half of it was hysterical adulation of the leading Rumanian writers; the other half was a blasting denunciation of the same men. When the Rumanian Fascists came into power, Ionesco obtained a grant (in 1938) to work in Paris on a thesis on the Themes of Sin and Death in French Poetry since Baudelaire. This he neglected to finished. He lived precariously in Paris during and after World War II.

The Accidental Playwright

Most playwrights are totally dedicated to the theater. Not Ionesco; he said that he was always embarrassed for the actors. "Going to the theater to me meant going to see people, apparently serious people, making a spectacle of themselves." He became a playwright by chance. At the age of 36, he decided to study English and was struck by the banality of the dialogues–the sort of thing still found in language lab recordings–in the do-it-yourself language manual. It made him think that all of us are, in a sense, programmed to recite meaningless clichés all day long. And we do it without even realizing it. He wrote a skit, *La Cantatrice chauve* (in which there is no soprano, bald or otherwise) in which all the characters speak as if every thought were pre-recorded. "I was trying to evolve a pure, free comic style similar to that of the Marx Brothers," he said, in a comment reminiscent of Artaud. Ionesco's friends were delighted with *La Cantatrice chauve* and arranged for its presentation. It was produced in 1950, to the bewilderment of scant audiences; later it turned into a hit. In fact, it has been playing nonstop in a Left Bank theater ever since. Ionesco discovered that he had a great talent for dramatic writing. Many of his other plays (*La Leçon*, 1951; *Les Chaises*, 1952; *Jacques ou la soumission*, 1955; *Tueur sans gages*, 1959; *Rhinocéros*, 1959; *Le Roi se meurt*, 1963, etc.) have been very successful, both on the professional stage and with amateur groups in the United States and other countries.

After a time, Ionesco seemed to feel that he had pushed the demonstration of the Absurd about as far as it could go. In the later plays he turns more to symbolism, to meaning. Even *Rhinocéros* can be seen as a picture of the lone truth-seeker or truth-seer in a world of mass madness.

One reads a good deal about Ionesco's philosophy of disintegration, about his "heroic attempt to break through the barriers of human communication." More than that, he is one very funny comedy writer. He said himself that his drama lies in the extreme exaggeration of feelings, the dislocation of flat, everyday reality, and also in the dislocation and disarticulation of language. This is what comics have always done.

Although not known as a political author in the sense that Sartre or Camus were, Ionesco experienced great joy when Communism fell apart in his homeland in 1989. Today, exulted Ionesco, everyone in the world is Rumanian.

Emotional Baggage, Excessive Furniture

Le Nouveau Locataire (1955) well displays his method. It begins with a realistic reproduction of *la plate réalité quotidienne*; it rises to noble heights of logical absurdity. It illustrates also one of Ionesco's recurrent themes—the obsessive existence of material things, like the chairs in *Les Chaises*, the hemming in of mankind by the world's furniture.

Le Nouveau Locataire, © *Les Editions Gallimard*, is reprinted by permission.

LE NOUVEAU LOCATAIRE[1]

Personnages
LE MONSIEUR
LA CONCIERGE
PREMIER DÉMÉNAGEUR[2]
DEUXIÈME DÉMÉNAGEUR
Décor

Une pièce nue, sans aucun meuble. Une fenêtre ouverte, au milieu, sur le mur du fond. Portes à deux battants,[3] à droite et à gauche. Murs clairs. Le jeu doit être, au début, très réaliste, ainsi que les décors et, par la suite, les meubles qu'on apportera. Puis le rythme, à peine marqué, donnera insensiblement au jeu un certain caractère de cérémonie. Le réalisme, de nouveau, à la dernière scène.

---

1. *Locataire*: Renter, tenant.
2. *déménageur*: mover.
3. *portes à deux battants*: double doors.

*Au lever du rideau, assez grand tintamarre[4]:
on entend, en provenance des coulisses,[5]
des bruits de voix, de marteaux,[6] des bribes[7]
de refrains, des cris d'enfants, des pas dans
les escaliers, un orgue de barbarie,[8] etc.
Un moment, scène vide dans ce bruit; puis,
ouvrant la porte avec fracas, entre, par la
droite, LA CONCIERGE, un trousseau de
clés à la main, chantant d'une voix forte.*

LA CONCIERGE. La, la, la, tralalala,
tralalali, tralalalala-a-a! (*Elle agite le
trousseau de clés.*) La, la, la, la! (*Elle
s'interrompt de chanter, se dirige vers
la fenêtre ouverte, s'y penche.*) Gustave!
Gustave! Gustave! Hé-é-é, Georges, va
dire à Gustave d'aller voir Monsieur
Clérence!…Georges!…(*silence*)
Georges!…(*silence*) Il n'est pas là non
plus! (*Elle se penche très fort par la
fenêtre, tout en chantant à tue-tête.*) La!
la! la! la! la! la! la! la! la! la!

*Cependant que le vacarme continue et
que LA CONCIERGE est penchée très
fort par la fenêtre, entre par la gauche,
silencieusement, LE MONSIEUR, d'âge
moyen, petite moustache noire, tout de
sombre vêtu: chapeau melon[9] sur la tête,
veston et pantalon noirs, gants, souliers
vernis,[10] pardessus sur le bras et une petite
valise de cuir noir; il ferme doucement la
porte et, d'une démarche très silencieuse,
va vers LA CONCIERGE qui ne le voit
pas, s'arrête tout près de celle-ci, attend,
sans bouger, une seconde, tandis que
LA CONCIERGE, sentant une présence
étrangère, interrompt soudain son chant,
demeurant, toutefois, quelques instants,
dans la même position, puis, lorsque LE
MONSIEUR dit:)*

LE MONSIEUR. Madame le Concierge?

LA CONCIERGE (*se retourne et, mettant
la main sur son cœur, elle crie.*)
Aaaah! Aaah Aaah! (*Elle hoquette.[11]*)
Pardon, Monsieur, j'ai le hoquet! (*LE
MONSIEUR demeure immobile.*) Vous
venez d'entrer?

LE MONSIEUR. Oui, Madame.

LA CONCIERGE. Je voulais voir si
Gustave, ou bien Georges, ou bien un
autre, était dans la cour! C'est pour aller
chez Monsieur Clérence. Enfin!…Bref,
vous êtes arrivé, alors?

LE MONSIEUR. Vous le voyez, Madame.

LA CONCIERGE. Je ne vous attendais
pas pour aujourd'hui…Je croyais que
vous deviez venir demain…Vous êtes
le bienvenu. Avez-vous bien voyagé?
Pas fatigué? Ce que vous m'avez fait
peur! Vous avez sans doute fini plus
tôt que vous ne croyiez! C'est ça.
C'est parce que je ne m'y attendais
pas. (*Elle hoquette.*) C'est le hoquet.
C'est la surprise. Tout est en ordre.
Heureusement que vos prédécesseurs,
oui, les locataires qui étaient là avant
vous, ont tout déménagé à temps. Le
vieux monsieur a pris sa retraite. Je ne
sais pas très bien ce qu'il faisait, lui. Ils
ont dit qu'ils m'enverraient des cartes
postales. Il était fonctionnaire. Pas
nerveux. Vous aussi peut-être? Oui?
Non? Je ne sais pas quel ministère. J'ai
oublié. Il me l'a dit. Les ministères,
moi, vous savez! Pourtant, mon premier
mari aussi était garçon de bureau.
C'étaient de bien braves gens. Ils me
racontaient tout. Oh, moi, j'ai l'habitude
des confidences. Je suis discrète! La
vieille dame, elle, ne travaillait pas. Elle
n'a jamais rien fait de sa vie. Je faisais
leur ménage, elle avait quelqu'un pour
les commissions, quand elle venait pas
c'était encore moi! (*Elle hoquette.*) La
surprise! Vous m'avez fait peur! C'est
que je ne vous attendais que demain. Ou
après-demain. Ils avaient un petit chien,
ils détestaient les chats, d'abord c'est
pas permis les chats dans la maison,

---

4. *tintamarre*: racket.
5. *coulisses*: wings.
6. *marteaux*: hammers.
7. *bribes*: snatches.

8. *orgue de barbarie*: street organ.
9. *melon*: derby.
10. *vernis*: patent leather.
11. *hoquette*: hiccups.

c'est pas moi, c'est le gérant,[12] moi ça m'est égal! C'étaient des gens rangés,[13] ils n'avaient pas d'enfant, le dimanche, ils allaient à la campagne, chez leurs cousins, les vacances en Bourgogne, le monsieur était natif, c'est là qu'ils se sont retirés maintenant, mais ils n'aimaient pas le bourgogne, ça leur montait à la tête, ils aimaient mieux le bordeaux, mais pas trop, vous savez, de vieilles gens, même quand ils étaient jeunes, que voulezvous, nous n'avons pas tous les mêmes goûts, moi c'est pas comme ça. Enfin, ils étaient bien gentils. Et vous? Dans le commerce? Employé? Rentier?[14] Retraité? Oh, pas encore retraité, vous êtes encore trop jeune, on ne sait jamais, il y en a qui se retirent plus tôt, quand on est fatigué, n'est-ce pas, et qu'on a les moyens, tout le monde ne peut pas, tant mieux pour ceux qui peuvent! Vous avez de la famille?

LE MONSIEUR (*déposant sa valise et son pardessus par terre*). Non, Madame.

LA CONCIERGE. Déposez votre valise, Monsieur. C'est du bon cuir, ne vous fatiguez pas. Mettez-là où vous voulez. Tiens, j'ai plus le hoquet, c'est passé la surprise! Enlevez donc votre chapeau.

LE MONSIEUR enfonce légèrement son chapeau sur sa tête.

LA CONCIERGE. C'est pas la peine d'enlever votre chapeau, Monsieur. Mais oui, vous êtes chez vous. La semaine dernière c'était pas encore chez vous, comme ça change, c'était chez eux, que voulez-vous, on vieillit, c'est l'âge, maintenant vous êtes chez vous, c'est pas moi qui dirai le contraire, moi ça me regarde pas, on est très bien ici, une bonne maison, ça fait vingt ans, hein, ça fait bien loin déjà…(*LE MONSIEUR, sans mot dire, fait plusieurs pas dans la pièce vide qu'il inspecte du regard, ainsi que les murs, les portes, le placard[15]; il a maintenant les mains derrière le dos. Elle continue.*) Ooh, Monsieur, ils ont tout laissé en bon état! Des gens propres, des personnes distinguées, quoi, enfin, ils avaient des défauts, comme vous et moi, ils n'étaient pas aimables, et pas bavards, pas bavards, ils m'ont jamais rien dit grand-chose, que des bêtises, lui, le vieux, ça allait à peu près, elle, pas du tout, elle a jeté son chat par la fenêtre, c'est tombé sur la tête du gérant, heureusement pas sur mes fleurs, ça a fait « pif », et lui, il la battait, si c'est croyable, Monsieur, dans notre siècle, c'est leur affaire, moi je me mêle pas de ça, une fois je suis montée, il cognait dessus, elle criait: « Salaud, salaud, marchand de bouse[16]… »

(*Elle rit aux éclats; LE MONSIEUR, maintenant, toujours sans parler, vérifie de plus près l'état des murs, des portes, des serrures, il les touche de la main, hoche la tête, etc., tandis que, tout en parlant, LA CONCIERGE le suit des yeux; le tintamarre du dehors continue.*) « …marchand de bouse. », oh, j'ai bien ri, Monsieur, enfin, ils ne sont plus là, faut pas en dire du mal, ils sont comme morts, pas tout à fait, d'autant plus qu'il n'y a pas de quoi, ils étaient bien aimables, j'ai pas eu à m'en plaindre, sauf pour le jour de l'an…[17] Oh, ne craignez rien, Monsieur, c'est solide, la maison, c'est pas d'hier, on n'en fait plus comme ça aujourd'hui…Vous serez bien ici…Oh, pour ça…les voisins sont bien gentils, c'est la concorde, c'est toujours très calme, jamais j'ai appelé ici la police, sauf au troisième, c'est un inspecteur, il crie tout le temps, il veut arrêter tout le monde…

---

12. *gérant*: manager.
13. *rangés*: settled down.
14. *Rentier*: person with outside income, such as a pension. Thus, in this case, someone of independent means.
15. *placard*: closet.
16. *bouse*: dung.
17. *jour de l'an*: New Year's Day is the customary day for giving tips to the staff.

LE MONSIEUR (*montrant du doigt*). Madame, la fenêtre!…(*Sa voix est égale et terne.*)

LA CONCIERGE. Ah, mais oui, Monsieur! Je veux bien faire votre ménage. Je ne demande pas cher, Monsieur. On s'entendra, vous n'aurez pas les assurances à payer…

LE MONSIEUR (*même geste, même calme*). La fenêtre, Madame!

LA CONCIERGE. Ah, oui, Monsieur, pardon, j'oubliais. (*Elle ferme la fenêtre; le vacarme diminue un peu.*)…Vous savez, Monsieur, une parole en amène une autre et le temps passe…

(*LE MONSIEUR continue ses vérifications.*)

LA CONCIERGE. J'ai fermé votre fenêtre, vous voyez, c'est comme vous avez voulu, ça ferme facilement. (*LE MONSIEUR vérifie la fermeture de la fenêtre, examine la fenêtre elle-même.*) Ça donne sur la cour, c'est pourtant clair, vous voyez, c'est parce que c'est le sixième…

LE MONSIEUR. Il n'y avait rien de libre au rez-de-chaussée.

LA CONCIERGE. Ah, je vous comprends, vous savez, pas facile le sixième, la maison n'a pas d'ascenseur…

LE MONSIEUR (*plutôt pour lui*). Ça n'est pas pour ça. Je ne suis pas fatigué, Madame.

LA CONCIERGE. Ah! alors, c'est pourquoi, Monsieur? Vous n'aimez pas le soleil? C'est vrai, ça fait mal aux yeux! A partir d'un certain âge, on peut s'en dispenser, ça brunit trop la peau…

LE MONSIEUR. Non, Madame.

LA CONCIERGE. Pas trop, c'est vrai, pas trop…Vous n'avez pas dans quoi vous coucher ce soir? Je peux vous prêter un lit! (*Depuis quelques instants, LE MONSIEUR, toujours examinant la pièce, calcule les endroits où il va disposer les meubles qui vont arriver;*

du doigt, il montre, pour lui-même, les emplacements; il sort de sa poche un ruban-mètre,[18] *mesure.*) Je vais vous aider à placer vos meubles, ne vous en faites pas,[19] je vous donnerai des idées, ça ne manque pas, c'est pas la première fois, puisque je vais faire votre ménage, c'est pas aujourd'hui qu'ils vont venir vos meubles, ils vont pas les apporter si vite, allez, je la connais leur galerie, des marchands quoi, ils sont comme ça, tous comme ça…

LE MONSIEUR. Si, Madame.

LA CONCIERGE. Vous croyez qu'ils vont les apporter aujourd'hui, vos meubles? Tant mieux pour vous, moi ça m'arrange, j'ai pas de lit à vous prêter, mais ça m'arrange, j'ai pas de lit à vous prêter, mais ça m'étonnerait, comme je les connais, ah, là, là, j'en ai vu, c'est pas les premiers, ils ne viendront pas, ils ne viendront pas, c'est samedi, ah non c'est mercredi, j'ai un lit pour vous… puisque je fais votre ménage…(*Elle veut ouvrir la fenêtre.*)

LE MONSIEUR. Pardon, Madame!

LA CONCIERGE. Qu'est-ce qu'il y a? (*Elle fait de nouveau semblant d'ouvrir la fenêtre.*) Je veux appeler Georges pour qu'il dise à Gustave d'aller voir Monsieur Clérence…

LE MONSIEUR. Laissez la fenêtre, Madame.

LA CONCIERGE. C'est parce que Monsieur Clérence voudrait bien savoir si Monsieur Eustache qui est l'ami de Monsieur Gustave, de Georges aussi, puisqu'ils sont un peu parents, pas tout à fait, mais un peu…

LE MONSIEUR. Laissez la fenêtre, Madame.

LA CONCIERGE. Bon, bon, bon bon! J'ai compris, vous ne voulez pas, j'aurais pas fait de mal, c'est votre droit, votre fenêtre, pas la mienne, je n'en veux pas, j'ai compris, vous commandez, comme

---

18.   *ruban-mètre*: tape measure.

19.   *ne vous en faites pas*: don't worry.

vous voudrez, j'y touche plus, vous êtes propriétaire de l'appartement, pour pas bien cher, bref, ça ne me regarde pas, la fenêtre avec, elle est à vous, tout s'achète avec de l'argent, c'est ça la vie, moi je dis rien, je ne me mêle pas c'est votre affaire, faudra descendre les six étages pour chercher Gustave, une pauvre vieille femme, ah, là, là, les hommes sont capricieux, ça ne pense à rien du tout, mais moi je vous obéis, vous savez, je veux bien, ça ne me gêne pas, je suis même contente, je vais faire votre ménage, je serai comme qui dirait votre domestique, n'est-ce pas, Monsieur, c'est entendu?

LE MONSIEUR. Non, Madame.

LA CONCIERGE. Comment, Monsieur?

LE MONSIEUR. Je n'ai pas besoin de vos services, Madame.

LA CONCIERGE. Ça c'est trop fort! C'est pourtant vous qui m'avez priée, c'est malheureux, j'ai pas eu de témoin, je vous ai cru sur parole, je me suis laissée faire…je suis trop bonne…

LE MONSIEUR. Non, Madame, non. Ne m'en veuillez pas.

LA CONCIERGE. Mais alors!

(On frappe à la porte de gauche.)

LE MONSIEUR. Les meubles!

LA CONCIERGE. Je vais ouvrir. Ne vous dérangez pas, c'est à moi d'ouvrir, pour vous servir, je suis votre domestique.

(Elle veut aller ouvrir la porte, LE MONSIEUR s'interpose, l'arrête.)

LE MONSIEUR (*toujours très calme*). N'en faites rien, Madame, je vous en prie!

(Il va vers la porte à gauche, l'ouvre, tandis que LA CONCIERGE, les mains sur les hanches, s'exclame:)

LA CONCIERGE. Ah, ça, par exemple! Ils vous enjôlent,[20] ils vous promettent tout, et ils ne tiennent pas leur parole!

(LE MONSIEUR ouvre la porte; entre le PREMIER DÉMÉNAGEUR.)

PREMIER DÉMÉNAGEUR. M'sieurs-dames!

LE MONSIEUR. Les meubles sont arrivés?

PREMIER DÉMÉNAGEUR. On peut les monter?

LE MONSIEUR. Si vous voulez, Monsieur.

PREMIER DÉMÉNAGEUR. Bien, Monsieur. (*Il sort.*)

LA CONCIERGE. Vous n'allez pas pouvoir arranger vos meubles tout seul, Monsieur.

LE MONSIEUR. Les déménageurs vont m'aider, Madame.

LA CONCIERGE. C'est pas la peine de faire venir des étrangers, je ne le connais pas, je l'ai jamais vu, c'est pas prudent! Vous auriez pu prier mon mari. J'aurais pas dû le laisser entrer, il faut pas se fier, on ne sait jamais, c'est comme ça que ça arrive, si c'est pas idiot, y a mon mari, c'est mon deuxième, le premier je ne sais pas ce qu'il est devenu, il est en bas, il n'a rien à faire, il est chômeur,[21] il est costaud,[22] vous savez, ça lui ferait gagner quelques sous, pourquoi donner à d'autres, ça ne sert à rien, il pourra très bien les monter, vous savez, il est tuberculeux, faut tout de même qu'il gagne sa croûte, ils ont raison les grévistes,[23] et mon premier mari aussi, il a plus rien voulu savoir,[24] il est parti et après on s'étonne!…Enfin, je suis pas méchante, je ferai votre ménage, je veux bien être votre domestique…

LE MONSIEUR. Je n'ai pas besoin de vos services, Madame, je m'excuse beaucoup, Madame, je le ferai tout seul.

LA CONCIERGE (*en colère, elle crie*). Il s'excuse! il s'excuse! ça se moque du monde! ah, j'aime pas ça, j'aime

---

20. *enjôlent*: take in.
21. *chômeur*: out of work.
22. *costaud*: strong.

23. *grévistes*: strikers.
24. *il a plus…savoir*: he'd had enough.

pas qu'on se paye ma tête.[25] Je regrette mes vieux, ils n'étaient pas comme ça. Tout ce qu'il y a de plus gentils, et si serviables,[26] ils sont tous pareils! ils se valent bien! ils vous font perdre votre temps, j'ai pas que ça à faire, il me dit de monter, et puis après…(*Les bruits de marteaux s'intensifient, ainsi que d'autres bruits, en provenance des coulisses. LE MONSIEUR fait la grimace; elle crie, à la cantonade:*[27]) Faites pas de bruit! On ne peut plus s'entendre! (*au MONSIEUR*) Je vais pas ouvrir la fenêtre, je veux, pas vous les casser, vos carreaux, je suis honnête, moi, on me l'a jamais reproché, alors c'était pour rien, et ma lessive,[28] j'aurais mieux fait de ne pas vous écouter!

La porte à gauche s'ouvre, par laquelle réapparaît le PREMIER DÉMÉNAGEUR, avec beaucoup de bruit, portant deux tout petits tabourets, cependant que LA CONCIERGE poursuit sa diatribe.)

PREMIER DÉMÉNAGEUR (*au MONSIEUR*). Voilà toujours ça!

LA CONCIERGE (*au DÉMÉNAGEUR qui ne l'écoute pas*). Il ne faut pas le croire, mon gars…

PREMIER DÉMÉNAGEUR (*au MONSIEUR*). Où faut-il les mettre?

LA CONCIERGE (*même jeu*)….c'est un menteur, il vous paiera pas, ils achètent tout avec de l'argent!

LE MONSIEUR (*calme, au DÉMÉNAGEUR*). Mettez-en un là, Monsieur, s'il vous plaît! et un là! (*Il indique un côté et l'autre, en bas de la porte à gauche.*)

LA CONCIERGE (*même jeu*). …tu vas te donner un mal de chien.

PREMIER DÉMÉNAGEUR (*même jeu*). Bien, Monsieur. (*Il met les petits tabourets aux endroits indiqués.*)

LA CONCIERGE (*même jeu*). …On se

crève pour rien, c'est ça la vie pour nous…

(*Le PREMIER DÉMÉNAGEUR sort; LA CONCIERGE se tourne du côté du MONSIEUR.*)

LA CONCIERGE. Je ne sais pas qui vous êtes, moi je suis quelqu'un, Monsieur, je vous connais déjà…Madame Mathilde (*c'est-à-dire: je suis Madame Mathilde.*)

LE MONSIEUR (*toujours calme, sortant de l'argent de sa poche*). Tenez, Madame, pour votre peine! (*Il lui tend de l'argent.*)

LA CONCIERGE. Non, mais, pour qui me prenez-vous!…je ne suis pas une mendiante, j'aurais pu avoir des enfants, c'est pas ma faute, c'est mon mari, ils seraient grands, maintenant, j'en veux pas de votre argent! (*Elle prend l'argent, le met dans la poche de son tablier.*[29])—Merci bien, Monsieur!… Alors, c'est non, na,[30] vous pouvez crier tant que ça vous plaira, je ne veux pas faire votre ménage, des messieurs comme vous, j'en veux pas moi, il a besoin de personne, il veut faire ça tout seul, si c'est pas malheureux, à votre âge…(*Elle continue, tandis que LE MONSIEUR, tranquillement, va vers la porte de gauche, met les tabourets à la place l'un de l'autre, s'éloigne pour juger de l'effet.*)—un vicieux, un vicieux dans la maison, il a besoin de personne, pas même un chien, les vicieux ça court les rues, quelle époque, j'aurais pas voulu en avoir, quel malheur, dans notre immeuble rien que des braves gens (*encore plus fort:*) ça fait peur exprès aux gens quand ils regardent par la fenêtre, j'aurais pu tomber et ça n'a besoin de rien, un petit plaisir inoffensif, j'ai pas autre chose à me mettre sous la dent, le cinéma, de temps en temps, et puis c'est tout, ils ne savent même pas ce qu'ils veulent…(*LE MONSIEUR, finalement,*

---

25. *se paye ma tête*: make a fool of me.
26. *serviables*: obliging.
27. *à la cantonade*: into the wings.
28. *lessive*: washing.
29. *tablier*: apron.
30. *na*: (childish exclamation).

a replacé les petits tabourets comme ils étaient, s'éloigne, contemple.)…ça ne connaît pas grand-chose à la vie et ça ne fait que rouspéter…[31]

LE MONSIEUR (*regardant les tabourets, l'air satisfait, mais à peine car il est de nature flegmatique*). Comme ça, c'est mieux!

(*Le PREMIER DÉMÉNAGEUR entre avec bruit par la porte de gauche, un vase dans la main.*)

LA CONCIERGE. (*même jeu*). Et ça se croit, ça se croit, Dieu sait quoi, c'est que des bandits, des voyous, des fainéants…

LE MONSIEUR (*au PREMIER DÉMÉNAGEUR*). Ici, Monsieur, vous pouvez, (*Il indique le coin du plateau,[32] dans le fond, à gauche.*)

PREMIER DÉMÉNAGEUR. Là-bas? Bien, Monsieur? (*Il se dirige vers l'endroit indiqué.*)

LA CONCIERGE (*même jeu*). Ils vous proposent toutes sortes de choses honteuses, pour de l'argent…

LE MONSIEUR (*au PREMIER DÉMÉNAGEUR qui n'a pas mis l'objet tout à fait dans le coin*). Non, dans le coin, tout à fait dans le coin…

LA CONCIERGE (*même jeu*). Mais avec moi, ça ne marche pas!

PREMIER DÉMÉNAGEUR. Là?

LE MONSIEUR. Oui, là, c'est bien comme ceci…

LA CONCIERGE (*même jeu*). Car tout ne s'achète pas, Monsieur, l'argent ne pourrit pas tout!…Je n'accepte pas, moi!

PREMIER DÉMÉNAGEUR (*au MONSIEUR.*) Mais où allez-vous mettre le reste?

LE MONSIEUR (*au DÉMÉNAGEUR.*) Ne craignez rien, Monsieur, j'ai pensé à tout, vous allez voir, il y aura de la place…

(*Le PREMIER DÉMÉNAGEUR sort par la gauche.*)

LA CONCIERGE. C'est que je m'y attendais, j'étais sur mes gardes, je les connais, moi, ces cocos-là, tous ces beaux messieurs, ça court les rues, j'ai pris des renseignements, j'ai pas accepté, les filles ça court après, moi, on ne m'aura pas![33] Je sais ce que vous voulez faire, je connais vos intentions, vous avez voulu me prostituer, moi, une mère de famille, me proposer ça, à moi, une mère de famille, une mère de famille, pas si bête, pas folle, heureusement, il y a l'inspecteur de police, Monsieur, dans cette maison même, je porterai plainte, je vous ferai arrêter, et puis il y a mon mari aussi pour me défendre…ah! il n'a besoin de personne, hein? on va voir ça!

LE MONSIEUR (*qui n'a pourtant rien d'inquiétant, se tourne vers LA CONCIERGE; il est infiniment, calme, n'élève pas du tout la voix, il conserve sa dignité, mais il est assez autoritaire*). Ne vous énervez pas, Madame, je vous le conseille, en m'excusant; ça vous ferait du mal, Madame!

LA CONCIERGE (*un peu intimidée*). Comment osez-vous me dire ça à moi, une mère de famille! On ne m'aura pas! ça ne se passera pas comme ça! Vous venez d'arriver, que voulez-vous? Vous me faites monter, vous m'engagez, et, sans raison, vous me mettez à la porte! Quand il y avait les vieux, ici même, là où vous êtes…

LE MONSIEUR (*sans gestes, mains croisées derrière le dos*). Retournez, Madame, dans votre loge! Il y a peut-être du courrier![34]

(*LA CONCIERGE s'arrête de parler, elle est comme prise de peur, LE MONSIEUR la regarde, sans bouger, puis il se retourne vers le vase, le contemple; profitant du fait que LE MONSIEUR a le dos tourné, LA*

---

31. *rouspéter*: make trouble, gripe.
32. *plateau*: stage floor.

33. *on ne m'aura pas*: they won't fool me.
34. *courrier*: mail.

CONCIERGE s'enfuit vers la droite, en disant pour elle:)

LA CONCIERGE. C'est pour y mettre quoi, le vase! (*Puis, arrivée tout près de la porte, elle dit plus fort:*) Une mère de famille! On ne m'aura pas! Je verrai l'inspecteur! (*Voulant sortir, elle se heurte au DEUXIÈME DÉMÉNAGEUR qui entre.*) Attention, vous! (*Puis, elle sort, cependant qu'on l'entend encore crier et que LE MONSIEUR se tourne vers le nouvel arrivant.*) On ne m'aura pas! on ne m'aura pas!

DEUXIÈME DÉMÉNAGEUR. Bonjour, Monsieur. C'est pour l'emménagement de vos meubles.

LE MONSIEUR. Bonjour, Monsieur. Merci. Votre camarade est déjà là. (*Il montre à gauche, du doigt, par-dessus l'épaule.*)

DEUXIÈME DÉMÉNAGEUR. Bien. Je vais l'aider. (*Il traverse le plateau en se dirigeant vers la porte de gauche; il aperçoit les deux petits tabourets et, dans le coin, le petit vase qui doit avoir environ 30 centimètres de heuteur.*) Il a déjà commencé à les monter, je vois!

LE MONSIEUR. Oui, Monsieur, il a déjà commencé à les monter.

DEUXIÈME DÉMÉNAGEUR. Il y a longtemps qu'il est arrivé?

LE MONSIEUR. Non, à peine un instant.

DEUXIÈME DÉMÉNAGEUR. Il en reste beaucoup?

LE MONSIEUR. Encore pas mal de choses. (*bruit à gauche*) Il monte l'escalier.

PREMIER DÉMÉNAGEUR (*en coulisse*). T'es là? Viens me donner un coup de main!

(Le DEUXIÈME DÉMÉNAGEUR sort par la gauche, disparaît une seconde, puis on le voit réapparaître, de dos d'abord, et peinant; pendant ce temps, LE MONSIEUR, tendant le bras en direction de différents endroits de la pièce: plancher, murs, etc., comme

pour mieux repérer[35] les emplacements des meubles, dit:)

LE MONSIEUR. Une…deux…trois… quatre…une…

(Le DEUXIÈME DÉMÉNAGEUR, de dos, a réapparu presque en entier. On ne voit pas encore ce qu'il porte avec tant de peine; dans les coulisses, voix du:)

PREMIER DÉMÉNAGEUR (*péniblement*). Vas-y…Va!

LE MONSIEUR (*même jeu*). Une… deux…trois…quatre…une…

(Les deux DÉMÉNAGEURS apparaissent en entier, portant, péniblement, un second vase vide, identique au premier, visiblement exrêmement léger; mais leur effort, conjugué doit paraître très grand; en effet, ils trébuchent[36] dans cet effort.)

PREMIER DÉMÉNAGEUR. Allez, encore un coup!

DEUXIÈME DÉMÉNAGEUR. Tiens bon!…

LE MONSIEUR (*même jeu*). Une… deux…trois…

PREMIER DÉMÉNAGEUR (*au MONSIEUR*). Et celui-là, où faut-il le mettre?

LE MONSIEUR (*se tournant ver eux*). Mettezle…là…s'il vous plaît! (*Il indique du doigt, à gauche de la porte de gauche, tout près de la rampe.*) C'est ça! (*Les deux DÉMÉNAGEURS portent le vase à l'endroit indiqué.*) Comme ceci. Parfait.

(Les deux DÉMÉNAGEURS ont déposé le vase; ils se relèvant, se frottent les bras, les reins, enlèvent leurs casquettes, s'épongent le front; pendant ce temps, on entend LA CONCIERGE, dans l'escalier, mêlant sa voix à celle d'autres personnes, de temps en temps, jusqu'à la cessation progressive de tous les bruits.)

DEUXIÈME DÉMÉNAGEUR. Si tout est comme ça! Alors!

---

35. *repérer*: work out.

36. *trébuchent*: stumble.

LE MONSIEUR. Vous êtes fatigués, Messieurs?

PREMIER DÉMÉNAGEUR. Oh…ce n'est rien…On a l'habitude…(*à son collègue*) Perds pas ton temps! On y va!

(Les DÉMÉNAGEURS sortent par la porte à gauche, tandis que:)

LE MONSIEUR (*compte*). Une… deux…trois…quatre…une…deux… trois…(*Puis il se déplace, repère les emplacements, utilise de temps à autre le ruban-mètre qu'il tient à la main.*) Là, ça sera bien…ça, on le mettra là…ça, ici!…Voilà…

(Le PREMIER DÉMÉNAGEUR entre par la gauche, portant un autre vase, difficilement, mais seul.)

LE MONSIEUR (*lui indique, à l'autre bout du plateau, le coin, au fond, à droite. Le PREMIER DÉMÉNAGEUR s'y dirige, y dépose l'objet, tandis que LE MONSIEUR mesure en disant:*) Une…deux…une…trois…cinq…une… deux…sept…Bon…voilà…ça ira…

PREMIER DÉMÉNAGEUR. Est-ce bien là, Monsieur?

(A mesure que les objets apportés seront plus grands et sembleront plus lourds, les DÉMÉNAGEURS auront l'air de les porter avec plus de facilité; finalement, en se jouant et en jouant.)

LE MONSIEUR. Oui, Monsieur, c'est bien. (*Puis, le PREMIER DÉMÉNAGEUR sort à gauche, tandis que le DEUXIÈME entre, par la même porte, portant un autre vase, tout pareil.*) Là-bas, s'il vous plaît! (Il indique, près de la rampe, le coin à droite.)

DEUXIÈME DÉMÉNAGEUR. Ah, oui! (*Il dépose l'objet, sort par la gauche, tandis qu'entre, toujours par la même porte, le PREMIER DÉMÉNAGEUR, portant deux autres tout petits tabourets, identiques à ceux de tout à l'heure.*)

PREMIER DÉMÉNAGEUR. Et ceux-là, Monsieur, où les mettre?

LE MONSIEUR (*indiquant les deux côtés de la porte de droite*). Là et là, bien entendu, ça fera pendant avec les autres!

PREMIER DÉMÉNAGEUR. J'aurais dû y penser…(*Il va porter les objets aux endroits indiqués.*) Ouf!…Il reste de la place? (*Il s'arrête un instant, les mains vides, au milieu de la pièce, puis il sort par la gauche.*)

LE MONSIEUR. Ça s'arrangera. Bien sûr. J'y pense, moi.

DEUXIÈME DÉMÉNAGEUR (*entrant par la gauche avec une valise*). Là, Monsieur…(Il montre le côté droit de la fenêtre du fond et s'y dirige; LE MONSIEUR l'arrête.)

LE MONSIEUR. Pardon, pas là, là…(*LE MONSIEUR indique le côté gauche de la fenêtre; le DEUXIÈME DÉMÉNAGEUR va y déposer son objet, disant:*)

DEUXIÈME DÉMÉNAGEUR. Bon, Monsieur. Soyez plus précis, je vous prie.

LE MONSIEUR. D'accord.

DEUXIÈME DÉMÉNAGEUR. Pour qu'on ne se fatigue pas pour rien!

LE MONSIEUR. Je comprends!

PREMIER DÉMÉNAGEUR (*tandis que le DEUXIÈME DÉMÉNAGEUR sort par la gauche, entre par la gauche, avec un guéridon[37]*). Et ça? Où?

LE MONSIEUR. Ah, oui…oui…c'est pas facile pour lui trouver une petite place…

PREMIER DÉMÉNAGEUR. Peut-être ici, Monsieur? (*Il va, avec le guéridon, vers la fenêtre, à gauche.*)

LE MONSIEUR. C'est l'endroit rêvé. (*Les guéridons sont tous de formes et de couleurs différentes.*) Oui.

(Le PREMIER DÉMÉNAGEUR pose le guéridon et sort.)

---

37. *guéridon*: small pedestal table.

DEUXIÈME DÉMÉNAGEUR (*entre par la gauche avec un guéridon*). Et ça?

LE MONSIEUR (*indiquant, à gauche du guéridon précédent*). Ici, s'il vous plaît.

DEUXIÈME DÉMÉNAGEUR (*pose le guéridon, puis*:) Mais alors, il n'y aura plus de place pour vos assiettes!

LE MONSIEUR. C'est prévu, c'est prévu.

DEUXIÈME DÉMÉNAGEUR (*regardant sur le plateau*). Je ne vois pas trop.

LE MONSIEUR. Si.

DEUXIÈME DÉMÉNAGEUR. Moi, je veux bien. (*Il s'en va par la gauche, tandis que le PREMIER DÉMÉNAGEUR arrive, avec un autre guéridon.*)

LE MONSIEUR (au PREMIER DÉMÉNAGEUR). A côté de l'autre.

(*Puis, cependant que le PREMIER DÉMÉNAGEUR porte le guéridon et sort, et qu'entre le DEUXIÈME DÉMÉNAGEUR, toujours par la gauche, avec un autre guéridon, LE MONSIEUR trace, par terre, un cercle, à la craie; plus particulièrement un cercle plus grand au milieu; LE MONSIEUR s'interrompt et se relève, pour indiquer au DEUXIÈME DÉMÉNAGEUR, l'emplacement du nouveau guéridon.*)

LE MONSIEUR. Là, le long du mur, à côté de l'autre! (*Tandis que le DEUXIÈME DÉMÉNAGEUR pose le guéridon, LE MONSIEUR qui a fini de tracer son cercle se relève de nouveau et dit:*) Ça sera bien! (*Arrive, pendant que sort le DEUXIÈME DÉMÉNAGEUR, toujours par la gauche, le PREMIER DÉMÉNAGEUR, avec un autre guéridon.*) A côté de l'autre!

(*Il indique l'endroit, le PREMIER DÉMÉNAGEUR pose le guéridon et sort par la gauche. LE MONSIEUR, un instant seul, compte les guéridons apportés.*)

LE MONSIEUR. Oui…oui…il faudra maintenant… (*Entre, par la droite, le PREMIER DÉMÉNAGEUR, avec un autre guéridon.*) Tout autour… (*Puis, par la gauche, le DEUXIÈME DÉMÉNAGEUR.*)…Tout autour…

(*Les DÉMÉNAGEURS, le PREMIER sortant par la gauche et entrant par la droite, le DEUXIÈME entrant par la gauche et sortant par la droite, apportent des guéridons et autres objets divers: chaises, paravents, lampes à pied, piles de livres, qu'ils déposent, en se croisant, tour à tour, tout autour du plateau, le long des murs; cela se fait de façon à ce qu'il y ait, pendant cette scène, toujours un déménageur sur le plateau.*)

LE MONSIEUR. Tout autour, tout autour…tout autour… (*Puis, une fois que les murs sont tous bordés par une première rangée de meubles, LE MONSIEUR dit au PREMIER DÉMÉNAGEUR qui entre, les mains vides, par la gauche:*) Vous pouvez, maintenant, apporter une échelle! (*Le PREMIER DÉMÉNAGEUR sort par où il est entré, le DEUXIÈME entre par la droite.*) Une échelle!

(*Le DEUXIÈME DÉMÉNAGEUR sort par la porte par laquelle il est entré.*)

LE MONSIEUR (*regardant tout autour des murs se frotte les mains*). Voilà. Ça prend forme. Ça sera très habitable. Ça sera pas mal.

(*Entrent, par la gauche et la droite, des côtés opposés par où ils sont partis, les deux DÉMÉNAGEURS; LE MONSIEUR indique à celui venant de gauche, le mur de droite, et vice versa; sans parler.*)

PREMIER DÉMÉNAGEUR. D'accord.

DEUXIÈME DÉMÉNAGEUR. D'accord.

(*Les DÉMÉNAGEURS posent, en se croisant, à droite et à gauche, les échelles contre les murs.*)

LE MONSIEUR. Laissez-là les échelles! Vous pouvez apporter les tableaux.

(*Les DÉMÉNAGEURS descendent de leurs échelles, sortent à droite et à gauche. En s'en allant vers la sortie, le DEUXIÈME touche à un des cercles de craie, du milieu du plateau.*)

LE MONSIEUR. Attention, n'abîmez pas mon cercle.

DEUXIÈME DÉMÉNAGEUR. Ah oui, on va tâcher!

LE MONSIEUR. Attention! (*Le DEUXIÈME DÉMÉNAGEUR sort, tandis qu'entre, par le côté opposé, le PREMIER avec une grande toile, représentant un visage monstrueux de vieillard.*) Attention, attention à mes cercles! (*Ceci d'une voix calme et neutre.*)

PREMIER DÉMÉNAGEUR. Je tâcherai. C'est pas commode quand on est embarrassé…

LE MONSIEUR. Accrochez le tableau…

PREMIER DÉMÉNAGEUR. Oui, Monsieur.

(*Il monte à l'échelle, accroche au mur, soigneusement, le tableau.*

Le DEUXIÈME DÉMÉNAGEUR, par le côté opposé à celui par lequel est entré le PREMIER, entre, lui aussi, avec une grande toile représentant un autre personnage monstrueux de vieillard.)

LE MONSIEUR. Mes ancêtres. (*au DEUXIÈME DÉMÉNAGEUR*) Montez à l'échelle. Accrochez le tableau.

DEUXIÈME DÉMÉNAGEUR (*montant à l'échelle le tableau à la main, au mur opposé*). C'est pas facile, avec vos cercles. Surtout, lorsqu'on va amener les objets lourds. On ne peut pas tout voir. (*Il s'occupe d'accrocher le tableau.*)

LE MONSIEUR. Si. Avec de la bonne volonté.

(*LE MONSIEUR prend parmi les objets apportés, un livre, une boîte ou d'autres objets plus petits, qu'il porte au centre du plateau, qu'il remet en place après les avoir regardés en les levant au-dessus de sa tête, cependant que les ouvriers sont occupés à bien fixer les toiles sur les deux murs; LE MONSIEUR peut aussi pousser un peu un meuble ou deux, refaire les cercles à la craie; tout ceci, sans paroles; il*

y a les bruits, faibles, des marteaux, et les bruits du dehors, déjà transformés, devenus musique. LE MONSIEUR contemple les tableaux et la pièce d'un air satisfait. Les deux ouvriers ont terminé, ainsi que LE MONSIEUR; le travail a dû durer quelque temps, dans l'absence de paroles; les DÉMÉNAGEURS descendent de leurs échelles; ils vont les poser quelque part, par exemple à un endroit assez libre près des portes de gauche et de droite; puis, ils s'approchent du MONSIEUR qui regarde un des tableaux, puis l'autre.*)

PREMIER DÉMÉNAGEUR (*montrant les tableaux accrochés, au MONSIEUR*). Ça va?

LE MONSIEUR (*au DÉMÉNAGEUR*). Ça va.

DEUXIÈME DÉMÉNAGEUR. Ça m'a l'air bien.

LE MONSIEUR (*contemplant les tableaux*). C'est bien accroché. (*pause*) Apportez les meubles lourds.

DEUXIÈME DÉMÉNAGEUR. J'ai soif. (*Il s'essuie le front.*)

LE MONSIEUR. Alors, le buffet. (*Les DÉMÉNAGEURS vont ensemble vers la porte de droite; LE MONSIEUR se tourne vers la fenêtre.*) Une…oui… Ici…

(*Avant que les DÉMÉNAGEURS arrivent à la porte de droite, celle-ci s'ouvre, à deux battants, et un buffet, poussé par une force invisible, pénètre sur le plateau. Tandis que se referment les deux battants de la porte, les deux DÉMÉNAGEURS se saisissent du buffet, tournent leurs têtes vers LE MONSIEUR qui, du geste, repère le nouvel emplacement.*)

LES DEUX DÉMÉNAGEURS (*s'étant un peu avancés vers le milieu du plateau*). Où?

LE MONSIEUR (*dos tourné au public, main tendue vers la fenêtre*). Mais… là!…

PREMIER DÉMÉNAGEUR. Vous n'aurez plus de lumière.

LE MONSIEUR. Il y a l'électricité.

(Le PREMIER DÉMÉNAGEUR pousse le buffet contre la fenêtre; le buffet la bouche incomplètement; il n'est pas assez haut; le DEUXIÈME DÉMÉNAGEUR va à une des portes, appuie sur le bouton, la lampe s'allume au plafond; il prend une toile représentant un paysage d'hiver; la toile s'est glissée, toute seule, entre les battants de la porte; il va la mettre au-dessus du buffet; la fenêtre est, cette fois, entièrement recouverte; le PREMIER DÉMÉNAGEUR ouvre le buffet, y prend une bouteille, boit un coup, passe la bouteille au DEUXIÈME qui boit un coup et qui la tend, ensuite, au MONSIEUR.)

LE MONSIEUR. Non. Jamais.

(Puis les deux DÉMÉNAGEURS, à tour de rôle, boivent à la bouteille qu'ils se passent, en regardant la fenêtre recouverte.)

LE MONSIEUR. C'est mieux, ainsi.

(Les deux DÉMÉNAGEURS, tout en continuant de boire de temps à autre, se tournent, eux aussi, du côté de la fenêtre recouverte par le buffet et la toile représentant un paysage d'hiver, ce qui fait que tous les trois sont, de cette façon, de dos au public.)

PREMIER DÉMÉNAGEUR
    (approuvant). Ha! Ha!

DEUXIÈME DÉMÉNAGEUR
    (approuvant). Ha! Ha!

LE MONSIEUR. Pas exactement. *(Il indique la toile aux DÉMÉNAGEURS.)* J'aime pas…Retournez![38]

(Ils vont retourner le tableau, tandis que LE MONSIEUR les regarde faire; on voit le dos du tableau, son cadre sombre, les ficelles; puis, les deux DÉMÉNAGEURS s'éloignent un peu, reprenant la bouteille où ils continuent de boire, et vont se mettre d'un côté et de l'autre du MONSIEUR, toujours dos au public; ils regardent encore le buffet surmonté du tableau, en silence quelques instants.)

LE MONSIEUR. Je préfère.

PREMIER DÉMÉNAGEUR. C'est plus joli.

LE MONSIEUR. C'est plus joli. Plus sobre.

DEUXIÈME DÉMÉNAGEUR. C'est plus joli. Plus sobre.

LE MONSIEUR. Ah!, oui, c'est plus joli, plus sobre.

PREMIER DÉMÉNAGEUR. Ah, oui…

DEUXIÈME DÉMÉNAGEUR. Ah, oui…

LE MONSIEUR. Comme ça, on ne verra plus rien.

PREMIER DÉMÉNAGEUR. C'est toujours ça de fait.

(Silence)

DEUXIÈME DÉMÉNAGEUR *(au bout d'un temps, tournant la bouteille, le goulot[39] vers le bas)*. Il n'y en a plus.

PREMIER DÉMÉNAGEUR. Dernière goutte.

DEUXIÈME DÉMÉNAGEUR *(tenant la bouteille dans la même position, au MONSIEUR)*. Il n'y en a plus.

LE MONSIEUR. Moi non plus.

(Le PREMIER DÉMÉNAGEUR prend la bouteille des mains du DEUXIÈME, la met dans le buffet, referme le buffet.)

LE MONSIEUR. Les voisins ne gêneront plus.

PREMIER DÉMÉNAGEUR. Plus agréable pour tout le monde.

DEUXIÈME DÉMÉNAGEUR. Tout le monde sera content.

LE MONSIEUR. Tous contents. *(un moment de silence)* Au boulot.[40] Continuons. Mon fauteuil.

PREMIER DÉMÉNAGEUR. Où le mettre?

DEUXIÈME DÉMÉNAGEUR. Où le mettre?

---

38.   *Retournez*: Turn it over.
39.   *goulot*: neck.
40.   *boulot*: work.

LE MONSIEUR. Dans le cercle. (*Il indique le cercle du milieu.*) Vous n'abîmerez plus mon cercle.

PREMIER DÉMÉNAGEUR (*au MONSIEUR*). On le verra mieux.

LE MONSIEUR (*au PREMIER DÉMÉNAGEUR*). Allez le prendre. (*Le PREMIER DÉMÉNAGEUR va vers la porte de droite; au DEUXIÈME DÉMÉNAGEUR:*) Maintenant, les meubles lourds, les bois roses.

(*Le PREMIER DÉMÉNAGEUR arrive à la porte de droite; apparaît le fauteuil, toujours poussé du dehors; il le prend; le DEUXIÈME va à la porte de droite; la moitié d'une armoire apparaît, il s'en saisit, la tire vers lui, vers le centre du plateau; les mouvements sont devenus très lents; dorénavant, tous les meubles apparaissent tour à tour, par les deux portes, poussés du dehors; cependant, ils n'apparaissent qu'à moitié; les DÉMÉNAGEURS les tirent à eux; quand les meubles sont complètement tirés dans la pièce, immédiatement d'autres meubles apparaissent, à moitié, et ainsi de suite; le PREMIER DÉMÉNAGEUR a donc pris le fauteuil, tandis que l'autre, à l'autre porte, tire à lui une énorme armoire couchée; le PREMIER DÉMÉNAGEUR met le fauteuil dans le cercle.*)

LE MONSIEUR (*voyant l'armoire rose*). C'est beau le rose.

PREMIER DÉMÉNAGEUR (*après avoir mis le fauteuil à l'intérieur du cercle*). Bon fauteuil.

LE MONSIEUR (*tâtant le rembourrage*[41] *du fauteuil*). C'est doux. Bien capitonné.[42] (*au, PREMIER DÉMÉNAGEUR*) Apportez, Monsieur, s'il vous plaît, apportez.

(*Le PREMIER DÉMÉNAGEUR va vers la porte de droite, où il trouve une autre armoire rose, couchée*[43]*; le DEUXIÈME, tout en tirant l'armoire, jette un regard vers LE MONSIEUR, comme pour demander,*

silencieusement, où placer le meuble.)

LE MONSIEUR. Là! (*Les armoires—il pourra y en avoir, en tout, quatre—vont être disposées, d'après les indications continuelles du MONSIEUR, le long des trois murs, parallèlement aux autres rangées de meubles; tantôt le PREMIER, tantôt le DEUXIÈME DÉMÉNAGEUR, interrogeront LE MONSIEUR du regard, chaque fois qu'ils auront sorti en entier les meubles d'entre les battants des portes, et LE MONSIEUR dira, en indiquant du doigt:*) Là! là! là! là!

(*A chaque « là! », les DÉMÉNAGEURS hocheront la tête, en signe de « oui », et porteront les meubles; après les quatre armoires, ce sera de plus petits meubles,— encore des guéridons, des canapés aussi, des paniers en osier, des meubles inconnus, etc. —en face des autres meubles longeant les trois murs, serrant de plus en plus près LE MONSIEUR au milieu du plateau; tout ceci est devenu une sorte de ballet pesant, les mouvements étant toujours très lents.*)

LE MONSIEUR (*tandis que les DÉMÉNAGEURS apportent toujours les meubles, qu'ils lui posent la demande silencieuse, qu'on voit les meubles entrer, poussés du dehors, etc., est au centre, une main sur le dossier du fauteuil, l'autre indiquant*). Là... là...

(*Faire en sorte que ce jeu dure longtemps; il peut être d'une lenteur décomposée; puis revenir à un rythme naturel; à un moment donné, le PREMIER DÉMÉNAGEUR apporte, par la droite, un poste de radio; lorsque le regard interrogateur de ce PREMIER DÉMÉNAGEUR se pose sur LE MONSIEUR, celui-ci dit, d'un ton à peine plus élevé:*)

---

41. *rembourrage*: stuffing.
42. *capitonné*: upholstered.
43. *couchée*: on its side.

LE MONSIEUR. Ah, non, certainement pas.

PREMIER DÉMÉNAGEUR. Il ne fonctionne pas.

LE MONSIEUR. Dans ce cas, oui. Ici. (*Il indique une place près du fauteuil; le PREMIER DÉMÉNAGEUR s'exécute, repart vers la droite pour d'autres meubles, tandis que, par la gauche, avec même coup d'œil interrogateur, arrive, portant un seau, le DEUXIÈME DÉMÉNAGEUR.*) Oui, bien entendu, ici.

(*Il indique l'autre côté du fauteuil; le DEUXIÈME DÉMÉNAGEUR pose le seau puis les deux DÉMÉNAGEURS partent chacun de leur côté et reviennent avec les meubles fermant de plus en plus le cercle autour du MONSIEUR; le jeu se fait maintenant sans paroles, dans le silence absolu; les bruits, et la voix de LA CONCIERGE, du dehors, progressivement, se sont complètement éteints; les DÉMÉNAGEURS marchent à pas feutrés[44]; les meubles également entrent sans aucun bruit; les DÉMÉNAGEURS, à chaque fois qu'ils font entrer un nouveau meuble, jettent toujours un regard au MONSIEUR, et celui-ci continue d'indiquer, sans proférer un mot, par le geste de la main, les endroits où il faut déposer les objets dont le cercle se rapproche toujours, de plus en plus, de lui; cette scène muette, de gestes aux mouvements encore plus décomposés, doit, aussi, durer longtemps, plus encore, peut-être, que celle des « là... là... là... là... » du MONSIEUR; finalement, le DEUXIÈME DÉMÉNAGEUR apporte, par la gauche, une énorme pendule, tandis que l'autre DÉMÉNAGEUR continue son jeu; LE MONSIEUR, apercevant la pendule, fait un signe de surprise et d'indécision, puis un signe négatif; ensuite, tandis que le DEUXIÈME DÉMÉNAGEUR sort avec la pendule et va apporter un autre meuble, le PREMIER DÉMÉNAGEUR arrive avec une autre pendule en tous points semblable*

à la première; LE MONSIEUR le renvoie d'un geste, puis se reprend.)

LE MONSIEUR. Si...à la rigueur, pourquoi pas?

(*On apporte la pendule près du fauteuil où LE MONSIEUR indique, du doigt l'emplacement; le DEUXIÈME DÉMÉNAGEUR apporte maintenant un grand paravent, très élevé; il arrive près du fauteuil, tandis que le PREMIER DÉMÉNAGEUR arrive, lui aussi, à son côté, avec autre paravent de même taille.*)

DEUXIÈME DÉMÉNAGEUR. Vous n'allez plus avoir de place!

LE MONSIEUR. Si. (*Il s'assoit dans son fauteuil à l'intérieur du cercle.*) Comme cela.

(*Un deuxième, puis un troisième paravent arrivent, portés par les DÉMÉNAGEURS, entourant de trois côtés LE MONSIEUR, dans son cercle. Un côté reste ouvert, face au public. LE MONSIEUR est assis dans son fauteuil, chapeau sur la tête, visage vers le public; de chaque côté, les deux DÉMÉNAGEURS, le corps derrière les paravents, avançant leurs têtes vers LE MONSIEUR, le regardent un instant.*)

PREMIER DÉMÉNAGEUR. Ça va? Vous êtes bien? (*LE MONSIEUR fait « oui » de la tête.*) On est bien chez soi.

DEUXIÈME DÉMÉNAGEUR. Vous étiez fatigué. Reposez-vous un peu.

LE MONSIEUR. Continuez...Il en reste beaucoup?

Jeu muet. LE MONSIEUR est assis, immobile, chapeau sur la tête, face au public; les deux DÉMÉNAGEURS vont, l'un à la porte de droite, l'autre à la porte de gauche; les battants sont grands ouverts; on aperçoit, bouchant totalement les entrées des portes, de grandes planches aussi hautes que ces portes, à gauche vertes, à droite violettes, qui semblent être les dos de hautes et larges armoires; en deux mouvements symétriques, chacun regardant sa porte,

---

44. *feutrés*: felted, noiseless.

les deux DÉMÉNAGEURS se grattent la tête sous leur casquette, l'air embarrassé; haussements simultanés d'épaules, des bras, qu'ils posent ensuite sur les hanches; puis, en même temps, ils se retournent parmi les meubles, d'un côté et de l'autre du plateau; ils se regardent, puis:)

DEUXIÈME DÉMÉNAGEUR. Qu'est-ce qu'on va faire?

LE MONSIEUR (*sans bouger*). Il en reste beaucoup? Ce n'est pas fini?

(Le PREMIER DÉMÉNAGEUR, sans répondre au MONSIEUR, fait encore un geste significatif vers le DEUXIÈME, geste d'embarras, répété par ce DEUXIÈME DÉMÉNAGEUR.)

LE MONSIEUR (*sans bouger, toujours très calme*). Avez-vous apporté tous les meubles?

(Jeu muet quelques instants. Les deux DÉMÉNAGEURS, de leurs places, se retournent vers leurs portes respectives, puis toujours à leurs places, vers LE MONSIEUR, qui ne peut plus les apercevoir.)

PREMIER DÉMÉNAGEUR. Monsieur, c'est bien ennuyeux…

LE MONSIEUR. Quoi?

DEUXIÈME DÉMÉNAGEUR. Les meubles qui restent sont trop grands, les portes pas assez hautes.

PREMIER DÉMÉNAGEUR. Ça ne peut pas passer.

LE MONSIEUR. Qu'est-ce que c'est?

PREMIER DÉMÉNAGEUR. Armoires.

LE MONSIEUR. La verte, la violette?

DEUXIÈME DÉMÉNAGEUR. Oui.

PREMIER DÉMÉNAGEUR. Et ce n'est pas tout. Il y en a encore.

DEUXIÈME DÉMÉNAGEUR. C'est plein dans l'escalier. On ne circule plus.

LE MONSIEUR. Dans la cour aussi, c'est plein. Dans la rue aussi.

PREMIER DÉMÉNAGEUR. Les voitures ne circulent plus, en ville. Des meubles, plein.

DEUXIÈME DÉMÉNAGEUR (*au MONSIEUR*). Au moins, ne vous plaignez pas, Monsieur, vous avez une place assise.

PREMIER DÉMÉNAGEUR. Le métro, peut-être, doit marcher.

DEUXIÈME DÉMÉNAGEUR. Oh, non.

LE MONSIEUR (*toujours de sa place*). Non. Les souterrains, tout bloqués.

DEUXIÈME DÉMÉNAGEUR (*au MONSIEUR*). Vous en avez des meubles! La Seine ne coule plus. Bloquée, aussi. Plus d'eau.

PREMIER DÉMÉNAGEUR. Alors, qu'est-ce qu'on fait, si ça n'entre plus?

LE MONSIEUR. On ne peut pas les laisser dehors.

(Les DÉMÉNAGEURS parlent toujours de leurs places.)

PREMIER DÉMÉNAGEUR. On peut les faire venir par le grenier. Mais…faudrait défoncer le plafond.

DEUXIÈME DÉMÉNAGEUR. Pas la peine. Maison moderne. Plafond roulant.[45] (*au MONSIEUR*) Vous le savez?

LE MONSIEUR. Non.

DEUXIÈME DÉMÉNAGEUR. Si. C'est simple. On frappe. (*Il approche ses mains l'une de l'autre.*) Le plafond s'ouvre.

LE MONSIEUR (*de son fauteuil*). Non… Je crains la pluie pour mes meubles. Ils sont neufs et délicats.

DEUXIÈME DÉMÉNAGEUR. Pas de danger, Monsieur. Je connais le système. Le plafond s'ouvre, se ferme, s'ouvre, se ferme, à volonté.

PREMIER DÉMÉNAGEUR. Alors, on pourrait peut-être.

LE MONSIEUR (*de son fauteuil*). A condition de le refermer tout de suite. Pas de négligence.

---

45. *roulant*: retractable

PREMIER DÉMÉNAGEUR. On n'oubliera pas. Je suis là. (*au DEUXIÈME DÉMÉNAGEUR*) Tu es prêt?

DEUXIÈME DÉMÉNAGEUR. Oui.

PREMIER DÉMÉNAGEUR (*au MONSIEUR*). D'accord?

LE MONSIEUR Entendu.

PREMIER DÉMÉNAGEUR (*au DEUXIÈME DÉMÉNAGEUR*). Vas-y.

(*Le DEUXIÈME DÉMÉNAGEUR frappe dans ses mains. Du plafond descendent, sur le devant de la scène, de grandes planches cachant complètement aux yeux du public, LA MONSIEUR dans son haut enclos; il peut en descendre, également, une ou deux sur scène, parmi les autres meubles; ou de gros tonneaux, par exemple; le nouveau locataire est ainsi complètement emmuré; enjambant les meubles, le PREMIER DÉMÉNAGEUR, après avoir frappé trois coups restés sans réponse, sur une des faces latérales de l'enclos, se dirige avec son échelle vers les planches qui recouvrent l'enclos; il a un bouquet de fleurs à la main, qu'il essaiera de cacher aux yeux du public; en silence, il appuie l'échelle à droite et monte; arrivé au sommet de la planche latérale, il regarde, d'en haut, à l'intérieur de l'enclos, interpelle LE MONSIEUR.*)

PREMIER DÉMÉNAGEUR. Ça y est, Monsieur, tout est là. Vous êtes bien, ça va la petite installation?

VOIX DU MONSIEUR (*égale à elle-même, simplement un peu assourdie*). Plafond. Fermez plafond, s'il vous plaît.

PREMIER DÉMÉNAGEUR (*du haut de son échelle, à son camarade*). Ferme le plafond, on te prie. Tu as oublié.

DEUXIÈME DÉMÉNAGEUR. (*de sa place*). Ah oui. (*Il frappe dans ses mains pour que le plafond se referme.*) Voilà.

VOIX DU MONSIEUR. Merci.

PREMIER DÉMÉNAGEUR (*sur son échelle*). Alors, vous serez bien à l'abri comme cela. Vous n'aurez pas froid… Ça va?

VOIX DU MONSIEUR (*après un silence*). Ça va.

PREMIER DÉMÉNAGEUR. Passez-moi votre chapeau, Monsieur, ça peut vous gêner.

(*Après une courte pause, on voit le chapeau du MONSIEUR, apparaissant de l'intérieur de l'enclos.*)

PREMIER DÉMÉNAGEUR (*prenant le chapeau et jetant les fleurs à l'intérieur de l'enclos*). Voilà. Vous serez plus à l'aise. Prenez ces fleurs. (*au DEUXIÈME DÉMÉNAGEUR*) Ça y est?

DEUXIÈME DÉMÉNAGEUR. Tout y est.

PREMIER DÉMÉNAGEUR. Bon. (*au MONSIEUR*) On a tout apporté, Monsieur, vous êtes chez vous. (*Il descend de l'échelle.*) On s'en va. (*Il va poser l'échelle contre le mur, ou bien il la met, au hasard, mais doucement, sans fracas, parmi les autres objets qui entourent l'enclos du MONSIEUR. Au DEUXIÈME DÉMÉNAGEUR*) Viens.

(*Les deux DÉMÉNAGEURS se dirigent, au hasard, on ne sait trop où, vers le fond de la scène, chacun de son côté, vaguement, en direction d'issues invisibles, problématiques, car la fenêtre est bouchée, aussi bien que les portes aux battants grands ouverts, toujours laissant apercevoir les planches violemment colorées qui les obstruent. A un moment, le PREMIER DÉMÉNAGEUR, d'un bout du plateau, le chapeau du MONSIEUR à la main, s'arrête, se retourne, parle en direction du MONSIEUR caché.*)

PREMIER DÉMÉNAGEUR. Vous n'avez besoin de rien?

(*Silence*)

DEUXIÈME DÉMÉNAGEUR. Vous n'avez besoin de rien?

VOIX DU MONSIEUR (*après un silence; immobilité sur scène*). Éteignez. (*obscurité complète sur le plateau*) Merci.

    Rideau.

❖ ❖ ❖

Samuel Beckett

[1906-1989]

Poet of the Doomed

His plays, novels, and poems depict a lonely, miserable world in which all life is a slow, futile descent toward death. And all this occurs with great humor, amazingly enough. For to Samuel Beckett, keeping ourselves entertained royally is the great necessity in a universe of bleak depression.

Ireland's Gift

The son of a surveyor and a nurse, Samuel Beckett was born in Dublin, Ireland, and had a middle-class Protestant upbringing devoid of incident. The boy excelled at sports, including cricket, tennis, and boxing. Gifted in languages, which he studied at Trinity College, he was able to use his expertise in French to obtain work in Paris in 1928. Fellow Irish writer James Joyce was already living in Paris, and Beckett did small pieces of work for him. Beckett enjoyed

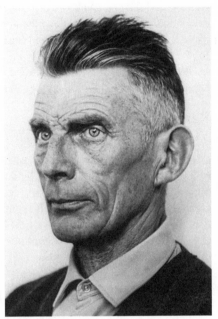

Samuel Beckett. © The Nobel Foundation.

the literary cafés where he associated with all the other writers and artists.

At first a poet, Beckett published a volume humorously entitled *Whoroscope* in 1930. He continued to write poems throughout the decade and beyond, occasionally publishing them in small literary reviews. Few people were aware of this poetical work, however, even in subsequent years, because most of the poems went out of print or were never in books. The rediscovery of these poems decades later has been an important step in reassessing Beckett.

After moving back and forth between Ireland and France, he decided in 1937 to remain in Paris for good and adopt the French language as his prime vehicle of expression. In 1938, a chance occurrence changed Beckett's life. When a barroom brawl spilled out into the street, Beckett was stabbed in the chest. A woman named Suzanne happened to be riding by on her bicycle and took him to the hospital, saving his life. They stayed together for life, marrying in 1961, and dying within months of each other when she was 89 and he 83.

Apart from the stabbing, Beckett's one great adventure was serving in the Resistance during World War II. He was decorated with the Croix de Guerre for his heroism. Few persons were aware of this over the years, due to Beckett's self-effacing modesty. The rest of Beckett's life was spent prolifically turning out important novels, plays, poems, biographical pieces, critical commentaries, and translations. What he did not give was interviews. When he was given the Nobel Prize in Literature in 1969, he sent his publisher to pick up the award. By the time of his death he was legendary, despite living a quiet, private life.

Waiting for Godot

Beckett's most famous work is the play *En Attendant Godot*, which he wrote in the 1940s and submitted to theater director Roger Blin in 1950. Similar in many respects to Ionesco's style of *Anti-théâtre*, Beckett's play hit the stage in 1952 and has been a worldwide success ever since, particulary in college theaters. In this play, two tramps (of the Charlie Chaplin ilk) talk endlessly, pointlessly, and humorously about nothing in particular while waiting for the mysterious Godot. Basically they are two individuals waiting for their ship to come in. It figures to be an infinite wait. This theme of the futility of waiting for something to happen when there is nowhere to go has also made the play a favorite in prisons.

Paring Down

In other Beckett plays, such as *Fin de partie* and *La dernière bande de Krapp*, characters are sometimes blind, paraplegic, living in trash cans, complaining about the loss of the old days when things were better–or are they just remembered that way? Beckett's play *Souffle* (1966) holds a world record for shortness: thirty-five seconds of recorded sighing, no dialogue, no actors. It seems there was nothing left to say, as far as the author was concerned. Other important works by Beckett include the novels *Murphy* (1938), *Watt* (1942), and *Malloy* (1951.) He continued to publish works through 1986, although nothing of importance beyond the 1960s.

Recurring Themes

Our selections below are two of Beckett's rediscovered poems. They serve us well by illuminating several of the major themes to which he returned again and again. Both poems are in the collection *Poèmes*, © *Les Editions de Minuit*, and are reprinted by permission.

⚜ ⚜ ⚜

[*Our first selection was written between 1947 and 1949, and was first published in the journal* Cahier des Saisons *in 1955. The poem speaks of loneliness, nostalgia, lack of knowledge, constant movement going nowhere, too much time to do nothing, and the futility of asking questions that keep posing themselves. In short, it encapsulates nearly all of Beckett's key subjects throughout his career. The poem also eerily echos Baudelaire's* L'Invitation au voyage, *but without the touch of happiness. And in its stream-of-consciousness style there is clearly a tip of the hat to Joyce and Proust.*]

> Bon bon il est un pays
> bon bon il est un pays
> où l'oubli où pèse l'oubli
> doucement sur les mondes innommés
> là la tête on la tait la tête est muette
> et on sait non on ne sait rien
> le chant des bouches mortes meurt
> sur la grève[1] il a fait le voyage
> il n'y a rien à pleurer
> ma solitude je la connais allez je la connais mal
> j'ai le temps c'est ce que je me dis j'ai le temps
> mais quel temps os affamé le temps du chien

---

1.   *grève* : beach.

du ciel pâlissant sans cesse mon grain de ciel
du rayon qui grimpe ocellé[2] tremblant
des microns[3] des années ténèbres
vous voulez que j'aille d'A à B je ne peux pas
je ne peux pas sortir je suis dans un pays sans traces
oui oui c'est une belle chose que vous avez là une bien belle chose
qu'est-ce que c'est ne me posez plus de questions
spirale poussière d'instants qu'est-ce que c'est le même
le calme l'amour la haine le calme le calme

[*The next poem was written between 1937 and 1938. The Arènes de Lutèce, near the Latin Quarter, constitute (along with the Cluny baths) rare ancient Roman ruins in Paris. The arena was a 10,000-seat coliseum used for gladiator fights, plays, and mock naval battles. In the poem, the narrator is stunned by unexpectedly feeling a total connection and identification with a most unlikely soulmate.*]

Arènes de Lutèce
De là où nous sommes assis plus haut que les gradins[4]
je nous vois entrer du côté de la Rue des Arènes,
hésiter, regarder en l'air, puis pesamment
venir vers nous à travers le sable sombre,
de plus en plus laids, aussi laids que les autres,
mais muets. Un petit chien vert[5]
entre en courant du côté de la Rue Monge,
elle s'arrête, elle le suit des yeux,
il traverse l'arène, il disparaît
derrière le socle[6] du savant Gabriel de Mortillet.
Elle se retourne, je suis parti, je gravis seul
les marches rustiques, je touche de ma main gauche
la rampe rustique, elle est en béton.[7] Elle hésite,
fait un pas vers la sortie de la Rue Monge, puis me suit.
J'ai un frisson, c'est moi qui me rejoins,
c'est avec d'autres yeux que maintenant je regarde
le sable, les flaques d'eau sous la bruine,[8]
une petite fille traînant derrière elle un cerceau,[9]
un couple, qui sait des amoureux,[10] la main dans la main,
les gradins vides, les hautes maisons, le ciel
qui nous éclaire trop tard.
Je me retourne, je suis étonné
de trouver là son triste visage.

2. *ocellé* : ocellated. (i.e., eyelike or appearing to have an eye.)
3. *microns* : points that are one-thousanth of a millimeter in size.
4. *gradins* : stepped rows (like bleacher seats.)
5. Have you ever seen one?
6. *socle* : pedestal.
7. *en béton* : made out of concrete (the ancient Roman engineers' favorite building material.)
8. *bruine* : drizzle.
9. *cerceau* : hoop.
10. *qui sait des amoureux* : who knows? maybe lovers.

Jean Genet

[1910-1986]

Jean Genet, photo from a private collection.
Archives Charmet / Bridgeman Art Library.

Trouble Man

No French author, with the possible exception of Villon or Rimbaud, has had a more exciting or dangerous life than that of Genet. Criminal, convict, soldier, vagabond, homosexual, circus act promoter, protester– Genet did everything imaginable that could get a man into trouble, while also earning a reputation as one of the great writers of his era.

Hard Time

Jean Genet had a rough start in life, and nothing ever got any easier for him. Born in Paris to an unwed mother and unknown father, he was soon abandoned and became a ward of the state under the auspices of the Assistance Publique. Luckily, he was taken in by a rural foster family, in an isolated area of Burgundy, that treated him as well as could be expected. Adverse to hard work, Genet dreamed of becoming a poet. Outperforming all his classmates academically despite his disadvantages, Genet still never went on to any higher education. Arrested repeatedly, Genet was in and out of reformatories and psychiatric clinics throughout his youth. A frequent runaway, he stole from and otherwise betrayed everyone who tried to help him.

As an adult, he was arrested, convicted, and imprisoned for thefts on so many occasions that he could have legally been given a life sentence at any time. He was surely the only person in history to risk life in prison for stealing a copy of a book of poetry by Verlaine. (In fact, most of his thefts were of books.) He received a light jail term after a psychiatrist and a wily defense attorney convinced the judge that Genet was some sort of Tarzan-like Noble Savage roaming through the urban jungle foraging for food and books. After numerous other arrests and convictions, Genet eventually received a pardon from the President of France thanks to support from a coterie of prominent authors, headed by Sartre and Cocteau. Genet served in the military as well, where he got to know the Arab world in particular. But prone to desertion, and having spent a good deal of time in stockades, Genet finally was drummed out of the Army once and for all. His claims to have served in the French Foreign Legion have turned out to be pure fiction.

Freedom

By 1945, Genet had experienced literary acclaim and would never see the inside of a jail or stockade again, except as a visitor. Attempts to censor and occasionally ban his writings, which often dealt with crime and homosexuality, only made them more popular. A scandalous success, his prison writings and subsequent work remain a powerful contribution to literature although less shocking now than they must have seemed originally. *Journal du voleur*, *Querelle*, *Notre Dame des fleurs*, and *Miracle de la rose* are still widely read. Among his plays, *Les Bonnes*, *Le Balcon*, *Les Nègres*, and *Les Paravants*, all of them about poor and oppressed people (particularly domestics, prostitutes, Blacks, and Arabs), rank among the finest theatrical works of the twentieth century. Understanding *cruauté* better than anyone, Genet dragged *Anti-Théâtre* into the realm of socially conscious art.

After the suicide of his circus-highwire-performer companion in 1964, a discouraged Genet essentially gave up creative writing except for some mostly unfruitful screenwriting efforts. Seeing himself apparently as a saintly, sensitive soul trapped in the body and life of a disreputable thug, he began using his notoriety to help others. Becoming almost a professional protester, he stood up for anyone discriminated against for being different than the establishment. He lent his assistance to various anti-war and civil rights causes, especially in America and in the Middle East. In subseqent years, no one was too radical for Genet to support, including the Black Panthers and the Palestine Liberation Organization. Plagued by throat cancer the last six years of his life, Genet refused to slow down. An inveterate vagabond, he lived his life from one seedy hotel to another. He was found dead in one of them in Paris at the age of 75, having lived to receive the French Ministry of Culture's highest award for literature. Genet is buried in Morocco, where he is considered a hero for his work on behalf of Arab causes.

From the Cell

While still in prison in 1942, Genet wrote a long poem entitled *Le Condamné à mort*. This was the work that first caught the eye of Cocteau and soon the rest of the literary world. A startling, heartfelt remembrance of a convicted murderer, this poem launched Genet's reputation as a skilled master of conventional verse with unconventional notions. *Le Condamné à mort*, © *Les Editions Gallimard*, is reprinted by permission.

LE CONDAMNÉ À MORT

[Excerpt. The dedication by Genet that we have provided in full before the start of the poem supplies the background information pertinent to the circumstances surrounding the work. The italics are his.]

J'ai dédié ce poème à la mémoire de mon ami Maurice Pilorge dont le corps et le visage radieux hantent mes nuits sans sommeil. En esprit je revis avec lui les quarante derniers jours qu'il passa, les chaînes aux pieds et parfois aux poignets, dans la cellule des condamnés à mort de la prison de Saint-Brieuc. Les journaux manquent d'à-propos. Ils conçurent d'imbéciles articles pour illustrer sa mort qui coïncidait avec l'entrée en fonction du bourreau[1] Desfourneaux. Commentant l'attitude de Maurice devant la mort, le journal L'Œuvre dit: «Que cet enfant eût été digne d'un autre destin.»[2]

Bref on le ravala.[3] Pour moi, qui l'ai connu et qui l'ai aimé, je veux ici, le plus doucement possible, tendrement, affirmer qu'il fut digne, par la double et unique splendeur de son âme et de son corps, d'avoir le bénéfice d'une telle mort. Chaque matin, quand j'allais, grâce à la complicité d'un gardien ensorcelé par sa beauté, sa jeunesse et son agonie d'Apollon, de ma cellule à la sienne, pour lui porter quelques cigarettes, levé tôt il fredonnait[4] et me saluait ainsi, en souriant: «Salut, Jeannot-du-Matin!»

---

1. *bourreau* : executioner.
2. *«Que cet enfant eût été digne d'un autre destin»* :
   Would that this child had been worthy of another

destiny.
3. *ravala* : disparaged.
4. *fredonnait* : hummed.

Originaire du Puy-de-Dôme,[5] il avait un peu l'accent d'Auvergne. Les jurés, offensés par tant de grâce, stupides mais pourtant prestigieux dans leur rôle de Parques,[6] le condamnèrent à vingt ans de travaux forcés pour cambriolage[7] de villas sur la côte et, le lendemain, parce qu'il avait tué son amant Escudero pour lui voler moins de mille francs, cette même cour d'assises[8] condamnait mon ami Maurice Pilorge à avoir la tête tranchée.[9] Il fut exécuté le 17 mars 1939 à Saint-Brieuc.

SUR MON COU sans armure et sans haine, mon cou
Que ma main plus légère et grave qu'une veuve
Effleure sous mon col, sans que ton cœur s'émeuve,
Laisse tes dents poser leur sourire de loup.
Ô viens mon beau soleil, ô viens ma nuit d'Espagne,
Arrive dans mes yeux qui seront morts demain.
Arrive, ouvre ma porte, apporte-moi ta main,
Mène-moi loin d'ici battre notre campagne.
Le ciel peut s'éveiller, les étoiles fleurir,
Ni les fleurs soupirer, et des prés l'herbe noire
Accueillir la rosée où le matin va boire,
Le clocher peut sonner: moi seul je vais mourir.
Ô viens mon ciel de rose, ô ma corbeille blonde!
Visite dans sa nuit ton condamné à mort.
Arrache-toi la chair, tue, escalade, mords,
Mais viens! Pose ta joue contre ma tête ronde.
Nous n'avions pas fini de nous parler d'amour.
Nous n'avions pas fini de fumer nos gitanes.[10]
On peut se demander pourquoi les Cours condamnent
Un assassin si beau qu'il fait pâlir le jour.
Amour viens sur ma bouche! Amour ouvre tes portes!
Traverse les couloirs, descends, marche léger,
Vole dans l'escalier plus souple qu'un berger,
Plus soutenu par l'air qu'un vol de feuilles mortes.
Ô traverse les murs; s'il le faut marche au bord
Des toits, des océans; couvre-toi de lumière,
Use de la menace, use de la prière,
Mais viens, ô ma frégate,[11] une heure avant ma mort.

PARDONNEZ-MOI mon Dieu parce que j'ai péché!
Les larmes de ma voix, ma fièvre, ma souffrance,
Le mal de m'envoler du beau pays de France,
N'est-ce assez, mon Seigneur, pour aller me coucher.
Trébuchant d'espérance
Dans vos bras embaumés, dans vos châteaux de neige!
Seigneur des lieux obscurs, je sais encore prier.

5.　*Puy-de-Dôme* : Town in rural area of central France.
6.　*Parques* : The Fates. In Greek mythology, these punishers were known for sparing no one.
7.　*cambriolage* : burglary.
8.　*cour d'assise* : law court that handles capital offenses.
9.　*tranchée* : severed. (The guillotine remained in use until 1977, and was not officially out of service until the abolition of capital punishment in France in 1981.)
10.　*gitanes* : a brand of strong French cigarettes.
11.　*frégate* : frigate ship.

Parisian prison cell of Genet's time. Courtesy of Bibliothèque nationale de France.

C'est moi mon père, un jour, qui me suis écrié:
Gloire au plus haut du ciel au dieu qui me protège,
Hermès[12] au tendre pied!
Je demande à la mort la paix, les longs sommeils,
Le chant des séraphins,[13] leurs parfums, leurs guirlandes,
Les angelots[14] de laine en chaudes houppelandes,[15]
Et j'espère des nuits sans lunes ni soleils
Sur d'immobiles landes.[16]
Ce n'est pas ce matin que l'on me guillotine.
Je peux dormir tranquille. À l'étage au-dessus[17]
Mon mignon paresseux, ma perle, mon Jésus
S'éveille. Il va cogner[18] de sa dure bottine[19]
À mon crâne tondu.[20]

IL PARAÎT qu'à côté vit un épileptique.
La prison dort debout au noir d'un chant des morts.
Si des marins sur l'eau voient s'avancer les ports,
Mes dormeurs vont s'enfuir vers une autre Amérique.

✤ ✤ ✤

---

12. *Hermès* : Winged-footed Greek god who protected thieves.
13. *séraphins* : seraphs, high order of angels.
14. *angelots* : cherubs.
15. *houppelandes* : cloaks.
16. *landes* : dunes.
17. *A l'étage au-dessus* : One floor up.
18. *cogner* : smack.
19. *bottine* : ankle-boot.
20. *crâne tondu* : cropped skull, shaved head.

10. La Négritude

Perhaps the most energetic and morally charged literary development of the century, la Négritude gave voice to those unheard before. A cultural theory, a political movement, a philosophical outlook, and a literary movement all in one, Négritude was a landmark of the 1930s, 40s, 50s, and 60s. Its anti-colonial, anti-racist anger shook the Francophone world to its very core.

What was it, precisely? Although definitions vary, Négritude was fundamentally a liberation movement centered in Black Africa and extending to the rest of the world's Black populations, especially in the Caribbean. It sought to liberate not only in the political sense of freeing those lands held in the bondage of colonialism, but also in the psychological sense of freeing the minds of colonized people who had been forcibly conditioned to doubt their own worthiness. Aimé Césaire, who coined the term Négritude, said that "La Négritude est la simple reconnaissance du fait d'être noir, et l'acceptation de ce fait, de notre destin de noir, de notre histoire et de notre culture." Léopold Sédar Senghor defined it as "l'ensemble des valeurs de civilisation du monde noir." Négritude was therefore a comprehensive assemblage of all aspects of Black life, and an extremely broadbased program of self-actualization, one that still continues.

France, like England, Belgium, and the United States during slavery times, had exploited Africa for centuries. France directly possessed most of Western Africa against its will from approximately 1840-1960. The French imposed their educational system and other cultural attributes upon the conquered peoples, to the point of erasing Africa's proud history and teaching Black schoolchildren to recite that their ancestors were the Gauls. Kept impoverished and culturally degraded, the Africans became alienated from their own civilization. Anger seethed and eventually boiled over. Led philosophically by a generation that had studied in Paris, Africans of the mid-twentieth century insisted on their freedom and self-determination. Realizing the impossibilty of oppressing revolt in all the French empire at once, President de Gaulle finally decided to grant independance to the colonies. From that point (circa 1960) onward, it became a challenge for new African nations to establish institutions, economies, and a way of life that would build on what had existed prior to colonialization and move into a healthy, unified future. That challenge has proved very daunting and is still a work in progress.

From the literary standpoint, which must be our focus in this volume, Négritude was a new literature written primarily at first by Africans and Caribbeans educated at the Sorbonne. They sought to prove their worth to the French and to the world by demonstrating that they could write literature in French as well or better than any French person could. The ideas and feelings expressed in this literature were their own and their people's, not those of the French. These authors utilized a vocabulary never before seen in French-language literature. They wrote of the tribes, customs, myths, religions, cuisine, animals, vegetation, and other aspects of their lands. They utilized the rhythms of their musical heritage, especially in their poetry. Unlike the exoticism of the works of French authors who had perhaps only visited Sub-Saharan Africa, the spirit of the Négritude literature was genuine and meaningful. And it has influenced a great deal of literature since.

Certainly the most celebrated authors of the Négritude movement are Césaire (from Martinique) and Senghor (from Sénégal). Other important authors of their era include Birago Diop, David Diop and Aminata Sow Fall (all also from Sénégal), Jean-Joseph Rabéarivelo and Jacques Rabémananjara (both from Madagascar), Bernard Dadié (from the Ivory Coast), Léon-Gontron Damas (from Guyana in South America), Léon Laleau and Jacques Roumain (from Haiti), and Guy Tirolien and Paul Niger (both from Guadeloupe.)

Amongst a second generation of authors, one finds most notably Franz Fanon (from Martinique), Camara Laye (from Guinea), Mariama Bâ (from Sénégal), and Ferdinand Oyono and Mongo Beti (both from Cameroon.) More recent authors of note include Boubacar Boris Diop (from Sénégal), Maryse Condé (from Guadeloupe), and Patrick Chamoiseau and Rafaël Confiant (both from Martinique). Some of the latter have harshly criticized the original Négritude authors (who were considered flaming revolutionaries in their day) for having been too conservative, too backward-looking, and too pro-European.

✤ ✤ ✤

Aimé Césaire

[1913-   ]

Pacesetter

Of the Caribbean French-language authors, none has so far equaled the prestige or influence of Césaire. In politics, as well as literature, he set a formidable pace from the outset for others to try to follow.

A New Consciousness

Born in Basse-Pointe, a town on the island of Martinique in the French Antilles, Aimé Césaire was the son of a tax inspector and a seamstress. His strong academic record earned him a scholarship at a prominent French lycée. Arriving there at the age of 18, Césaire quickly established himself as a top student. Meeting students from Africa such as Léopold Sédar Senghor, Birago Diop, and Léon Damas, he began to understand the cultural similarities (as well as differences) that they had. Developing a sense of what it meant to be a victim

Aimé Césaire. From the documentary film Aimé Césaire: Poet and Statesman *(2003), by permission of the directors, Susan Wilcox at www.fullduck.com and Ann Scarboro at www. mosaicmedia.com.*

of colonial oppression and cultural alienation, Césaire realized the necessity of raising everyone's consciousness about these issues. He and these fellow students created their own journal, *Etudiant noir*. In its pages, Césaire used a new term of his own invention, Négritude. To him, it meant awareness of the Black colonial condition, solidarity with others in the same situation, and a program for rejecting French cultural assimilation in favor of a new, separate identity.

Return to the Homeland

Completing his higher education at the prestigious Ecole Normale Supérieure in Paris, Césaire married Martiniquaise student Suzanne Roussi, soon to be a poet of note herself. They went back to Martinique in 1939 to teach high school. In that same year, Césaire published his landmark work *Cahier d'un retour au pays natal*. A titanic, 75-page poem full of anger, hope, and righteous indignation, *Cahier* called upon Blacks from Bordeaux to Liverpool to Alabama to unite in the battle for human dignity. During World War II,

Martinique at the start of its colonial era. Courtesy of Bibliothèque nationale de France.

the Surrealist poet André Breton came to Martinique and met Césaire. Their discovery of one another had a profound influence on both. Césaire became a Surrealist poet, rejecting linear thinking in favor of free association language designed to express the unconscious mind's thoughts, feelings, and impulses. Césaire believed that Surrealism would constitute a revolutionary intellectual alternative to the traditional French Cartesian thought that had been beaten into colonized peoples to make them think like their oppressors. This Surrealist experiment failed to affect very many people, however, as Césaire's increasingly unintelligible poetry left the public more confused than intellectually liberated.

Other works by Césaire have had great influence in the Caribbean and around the world. His theater in particular has proved popular. His first play, in 1958, *Et les chiens se taisaient*, tells the tale of a slave who revolts. In 1963, there was *La Tragédie du Roi Christophe*, an historical look at a Haitian leader's rise and fall. He followed that up with *La Tempête, d'après La Tempête de Shakespeare: adaptation pour un théatre nègre*. And in 1966 came perhaps his finest play, *Une Saison au Congo*. Another fact-based political tale, *Une Saison au Congo* tells the story of Patrice Lumumba, inspirational leader of a new "Kongo," who is assassinated when post-colonial treachery ensues.

Politics

All the while that Césaire was building a literary career, he was highly active in a political career as well. Much of his political philosophy crystallized in a potent manifesto that he published in 1950 entitled *Discours sur le colonialisme*. This blistering document argues in part that the Nazi atrocities of World War II that were inflicted upon France and England were no different than what France and England had been doing to Africa and other colonies all along. The only difference, claims Césaire, is that Germany inflicted the treatment upon other European whites for a change. Césaire had begun his political career in 1945 when he was elected mayor of Martinique's capital, Fort-de-France. He spent a decade as part of the French Communist Party, but resigned following the Soviet Union's brutal invasion of Hungary in 1956. Césaire declared that the fight for racial freedom should never be subservient to any other cause, such as the workers' rights program of the Communists and Socialists. Césaire also was elected to represent Martinique in the French National Assembly. While in Paris, he, Senghor, and Alioune Diop founded an important publishing company and journal called *Présence Africaine*; the title was a play on words referring to the French imperialists' insistence on having a *présence française* on African soil. Césaire also founded his own political party, the "Parti Progressiste Martiniquais," and continued his political activism and government service until retiring in 1993.

Addressing the World

The two poems that follow are among the ones written by Césaire around 1960, the time of independence for most of the French colonies. The first, an address to the Third World (a term designating primarily the developing nations that had been held back by colonialism), demonstrates Césaire's interest in creating a solidarity between his island and Africa based on common interests and a building sense of pride. The second poem speaks to the French, asking by implication "Who is the barbarian?"—the victim of violent conquest, or the perpetrators of it?

POUR SALUER LE TIERS MONDE

[© *Editions du Seuil, 1994, reprinted by permission. This poem was originally published in Césaire's collection of poems called* Ferrements *in 1960. What do you make of the highly unusual indenting used by Césaire here? Does this spacing serve any purpose, considering his message?*]

à Léopold Sédar Senghor

      Ah!
mon demi-sommeil d'île si trouble
sur la mer!

Et voici de tous les points du péril
l'histoire qui me fait le signe que j'attendais,
Je vois pousser des nations.
Vertes et rouges,[1] je vous salue,
bannières, gorges du vent ancien,
Mali, Guinée, Ghana[2]

et je vous vois, hommes,
point maladroits sous ce soleil nouveau!

Écoutez:
    de mon île lointaine
    de mon île veilleuse[3]
je vous dis Hoo![4]
    Et vos voix me répondent
    et ce qu'elles disent signifie:
« Il y fait clair ». Et c'est vrai:
même à travers orage et nuit
pour nous il y fait clair.
D'ici je vois Kiwu vers Tanganika[5] descendre
par l'escalier d'argent de la Ruzizi[6]
(c'est la grande fille à chaque pas
baignant la nuit d'un frisson de cheveux)

---

1. *vertes et rouges* : typical colors of African flags.
2. Nations in western Africa, the first two franco-phone, the third English-speaking.
3. *veilleuse* : lookout.
4. *Hoo* !: a cry of salute.
5. *Kiwu, Tanganika* : Large African lakes.
6. *Ruzizi* : a river.

d'ici, je vois noués
Bénoué, Logone et Tchad;
liés, Sénégal et Niger.[7]
Rugir, silence et nuit rugir, d'ici j'entends
rugir le Nyaragongo.[8]

De la haine, oui, ou le ban ou la barre
et l'arroi qui grunnit,[9] mais
d'un roide vent, nous contus,[10] j'ai vu
décroître la gueule négrière![11]

Je vois l'Afrique multiple et une[12]
verticale dans la tumultueuse péripétie[13]
avec ses bourrelets,[14] ses nodules,
un peu à part, mais à portée
du siècle, comme un coeur de réserve.

Et je redis: Hoo mère!
 et je lève ma force
 inclinant ma face.
  Oh ma terre!
que je me l'émiette[15] doucement entre pouce et index
que je m'en frotte la poitrine, le bras,
le bras gauche,
que je m'en caresse le bras droit.

Hoo ma terre est bonne,
 ta voix aussi est bonne
 avec cet apaisement que donne
 un lever de soleil!

Terre, forge et silo. Terre enseignant nos routes,
c'est ici, qu'une vérité s'avise,[16]
taisant l'oripeau[17] du vieil éclat cruel.

Vois:
 l'Afrique n'est plus
 au diamant du malheur
  un noir coeur qui se strie;[18]

notre Afrique est une main hors du ceste,[19]
c'est une main droite, la paume devant
et les doigts bien serrés;

---

7. All are rivers or lakes.
8. *Nyaragongo* : a volcano.
9. *l'arroi qui grunnit* : a difficult phrase that may mean "the groaning mess" (i.e., the rotten situation that made us groan.)
10. *d'un roide vent, nous contus* : bruised we are, from a stiff wind.
11. *décroître la gueule négrière* : diminish the face of the slavetraders.
12. This turned out to be a bigger problem than most anticipated; tribal strife has torn apart African countries for decades after independence.
13. *péripétie* : adventure full of events.
14. *bourrelets* : bulges.
15. *l'émiette* : crumble it.
16. *s'avise* : is perceived.
17. *taisant l'oripeau* : concealing the rags.
18. *qui se strie* : which is striped (with the old unhappiness.)
19. *ceste* : cestus (a gauntlet or shackle.)

c'est une main tuméfiée,[20]
une-blessée-main-ouverte,
tendue,
    brunes, jaunes, blanches,
à toutes mains, à toutes les mains blessées
du monde.

BARBARE

[© Editions du Seuil, *1994, reprinted by permission. This poem originally appeared in Césaire's* Cadastre, 1961.]

C'est le mot qui me soutient
et frappe sur ma carcasse de cuivre[21] jaune
où la lune dévore dans la soupente de la rouille[22]
les os barbares
des lâches bêtes rôdeuses du mensonge

Barbare
du langage sommaire
et nos faces belles comme le vrai pouvoir opératoire
de la négation

Barbare
des morts qui circulent dans les veines de la terre
et viennent se briser parfois la tête contre les murs de nos
oreilles
et les cris de révolte jamais entendus
qui tournent à mesure et à timbres de musique

Barbare
l'article unique
barbare le tapaya[23]
barbare l'amphisbène[24] blanche
barbare moi le serpent cracheur
qui de mes putréfiantes chairs me réveille
soudain gekko[25] volant
soudain gekko frangé[26]
et me colle[27] si bien aux lieux mêmes de la force
qu'il vous faudra pour m'oublier[28]
jeter aux chiens la chair velue de vos poitrines[29]

---

20. *tuméfiée* : tumefied (swollen.)
21. *cuivre* : brass.
22. *la soupente de la rouille* : rusted compartments.
23. *tapaya* : a lizard.
24. *l'amphisbène* : another type of lizard.
25. *gekko* : yet another type of lizard.
26. *frangé* : fringed.
27. *et me colle* : and (I) attach myself.
28. *qu'il vous faudra pour m'oublier* : in order to forget me, you will have to ...
29. *la chair velue de vos poitrines* : the hairy flesh of your chest.

Léopold Sédar Senghor

[1906-2001]

Léopold Sédar Senghor. Photo courtesy of Victor Saouma.

The Statesman Poet

A humanist leader in both the realms of government and literature, Senghor stand tall as the colossus of African liberation and post-colonial leadership.

A Charmed Life

Léopold Sédar Senghor grew up in a very large and well-to-do family near Dakar, the Senegalese city then the capital of French West Africa. A magnificent student in Catholic convent schools, Senghor intended to become a priest. His strength, however, was in languages and literatures. He won a scholarship to the Louis-le-Grand school in Paris, where he became a close friend of classmate Aimé Césaire. But whereas Césaire favored separatism, Senghor chose to be close friends with white students. Most propitiously for Senghor, the closest of these friends, Georges Pompidou, ended up becoming President of the French Republic. Such eminent contacts proved invaluable in coming years.

After becoming the first Black to receive the Sorbonne's top undergraduate degree, the Agrégation de l'Université, Senghor held teaching positions at *lycées* in Tours and Paris. He took French citizenship and enlisted in the French Army during World War II. He spent a year and a half imprisoned in a German P.O.W. camp. Three years after his release, he married the daughter of a colonial administrator; she bore him two children before their divorce. During this period of time, he joined the Socialist Party. Elected to represent Senegal in the French National Assembly, he served for twelve years and lobbied for African independence. In 1960 he was elected the first President of Senegal, and gave it remarkable stability. He voluntarily retired twenty years later.

Considering the people of Senegal his children, he felt that he had taught them to be free people. Not everyone was happy with Senghor's paternalism, or the close ties that he established between Senegal and France after independence, or his spending so much of his time in Normandy, the home of his white, French second wife. A younger generation has widely depicted Senghor as black on the outside and white on the inside, a traitor to the Négritude that he helped create and define. Striking a middle ground, author and filmmaker Ousmane Sembene has called Senghor "le plus beau fruit du système colonial que la France ait pu nous offrir" –a somewhat backhanded compliment.

Poet of the Black Experience

In 1983, Senghor became the first person of color elected to the Académie française. He was recognized above all for his achievements as an author of elegant and sophisticated poetry that combines classical French technique with African themes and vocabulary. His early works displayed anger, his later works reconciliation. He felt that with maturity should come a self-humanization in which the revolutionary comes to love all humanity, even his former oppressors.

The poems *Jardin de France* from *Poèmes divers*, *Femme noire* from *Chants d'Ombre* (1945), and *Aux Tirailleurs sénégalais morts pour la France* from *Hosties noires* (1948) and currently in *Œuvre Poétique*, are © *Editions du Seuil*, 1964, 1973, 1979, 1984, and 1990; reprinted by permission.

JARDIN DE FRANCE

[*A poem about homesickness.*]

Calme jardin,
Grave jardin,
Jardin aux yeux baissés au soir
Pour la nuit,
Peines et rumeurs,
Toutes les angoisses bruissantes de la Ville
Arrivent jusqu'à moi, glissant sur les toits lisses,[1]
Arrivent à la fenêtre
Penchée, tamisées[2] par feuilles menues et tendres et pensives.

Mains blanches,
Gestes délicats,
Gestes apaisants.[3]

Mais l'appel du tam-tam[4]
   Bondissant[5]
      par monts
         et
            continents,
Qui l'apaisera,[6] mon coeur,
A l'appel du tam-tam
   bondissant,
      véhément,
         lancinant?[7]

---

1.   *lisses* : smooth.
2.   *tamisées* : filtered.
3.   *apaisants* : pacifying.
4.   *tam-tam* : tom-tom (African drum.)
5.   *bondissant* : bounding, bouncing. (Notice how this word physically bounds away from the left margin of the page, thus emphasizing the meaning.)
6.   *Qui l'apaisera* : Who will pacify it? (It = *mon cœur*.)
7.   *lancinant* : throbbing.

French depiction of a typical Senegalese village around the time of the birth of Senghor. Courtesy of Bibliothèque nationale de France.

FEMME NOIRE

[*The most famous poem in all of French-language African literature. It recasts Baudelaire's famous* Invitation au voyage *(in which a woman is depicted as a country) into praise for the African woman who is Africa.*]

Femme nue, femme noire
Vêtue de ta couleur qui est vie, de ta forme qui est beauté!
J'ai grandi à ton ombre; la douceur de tes mains bandait[8] mes yeux.
Et voilà qu'au coeur de l'Été et de Midi, je te découvre, Terre promise, du haut d'un
    haut col calciné
Et ta beauté me foudroie[9] en plein coeur, comme l'éclair d'un aigle.

Femme nue, femme obscure
Fruit mûr à la chair ferme, sombres extases du vin noir, bouche qui fais lyrique ma
    bouche
Savane[10] aux horizons purs, savane qui frémis aux caresses ferventes du Vent d'Est
Tamtam sculpté, tamtam tendu qui grondes sous les doigts du vainqueur
Ta voix grave de contralto est le chant spirituel de l'Aimée.
Femme nue, femme obscure
Huile que ne ride nul souffle,[11] huile calme aux flancs de l'athlète, aux flancs des
    princes du Mali
Gazelle aux attaches[12] célestes, les perles sont étoiles sur la nuit de ta peau
Délices des jeux de l'esprit, les reflets de l'or rouge sur ta peau qui se moire[13]
A l'ombre de ta chevelure, s'éclaire mon angoisse aux soleils prochains de tes yeux.[14]

Femme nue, femme noire
Je chante ta beauté qui passe, forme que je fixe dans l'Éternel
Avant que le Destin jaloux ne te réduise en cendres pour nourrir les racines de la vie.[15]

---

8. *bandait* : covered, blindfolded.
9. *me foudroie* : hits me like a thunderbolt.
10. *Savane* : Savannah (African plainslands.)
11. *Huile ... souffle* : Oil that no breath ripples.
12. *attaches* : articulations (presumably the joints of the limbs.)

13. *se moire* : looks like watered silk.
14. The eyes as suns is an image borrowed directly from Baudelaire, but expressed even more elegantly here.
15. Nourishing the soil is a recurring theme in traditional African religious imagery.

✤ ✤ ✤

Aux Tirailleurs sénégalais[16] morts pour la France

Voici le Soleil
Qui fait tendre la poitrine des vierges
Qui fait sourire sur les bancs verts les vieillards
Qui réveillerait les morts sous une terre maternelle.
J'entends le bruit des canons—est-ce d'Irun?[17]
On fleurit les tombes, on réchauffe le Soldat Inconnu.
Vous mes frères obscurs, personne ne vous nomme.
On promet cinq mille de vos enfants à la gloire des futurs morts, on les remercie
    d'avance futurs morts obscurs

Die Schwarze schande![18]

Écoutez-moi, Tirailleurs sénégalais, dans la solitude de la terre noire et de la mort
Dans votre solitude sans yeux sans oreilles, plus que dans ma peau sombre au fond
    de
la Province
Sans même la chaleur de vos camarades couchés tout contre vous, comme jadis[19]
    dans la tranchée[20] jadis dans les palabres[21] du village
Écoutez-moi, Tirailleurs à la peau noire, bien que sans oreilles et sans yeux dans
    votre triple enceinte[22] de nuit.

Nous n'avons pas loué de pleureuses,[23] pas même les larmes de vos femmes
    anciennes[24]
—Elles ne se rappellent que vos grands coups de colère, préférant l'ardeur des
    vivants.
Les plaintes des pleureuses trop claires
Trop vite asséchées[25] les joues de vos femmes, comme en saison sèche les torrents du
    Fouta[26]
Les larmes les plus chaudes trop claires et trop vite bues au coin des lèvres
    oublieuses.
Nous vous apportons, écoutez-nous qui épelions[27] vos noms dans les mois que vous
    mouriez

---

16. *Tirailleurs sénégalais* : Senegalese infantry. (Normally *tirailleurs* is sharpshooters, but in this case it is an old expression meaning a French Army infantry unit made up entirely of non-French soldiers from somewhere in the colonial empire.)
17. Reference to a Spanish town. The Spanish Civil War was raging in 1938 when this poem was written.
18. *Die Schwarze schande* : German expression meaning Black shame (i.e., something disgusting. Senghor is playing on the two meanings of black, indicating that the Black troops are being treated miserably, yet are expected to fight and die for their own oppressor.)
19. *jadis* : in former times.
20. *tranchée* : trench. (Reference to trench warfare.)
21. *palabres* : palavers (babblings.)
22. *triple enceinte* : triple(-walled) enclosure.
23. *Nous ... pleureuses* : We have not hired weepers (women who are paid to come to funerals and cry.)
24. *vos femmes anciennes* : your former wives (i.e., they were your wives before you got killed.)
25. *asséchées* : become dry.
26. *Fouta* : river in Guinea.
27. *épelions* : spelled.

Nous, dans ces jours de peur sans mémoire, vous apportons l'amitié de vos
    camarades d'âge.
Ah! puissé-je[28] un jour d'une voix couleur de braise,[29] puissé-je chanter
L'amitié des camarades fervente comme des entrailles et délicate, forte comme des
    tendons.
Écoutez-nous, Morts étendus dans l'eau au profond des plaines du Nord et de l'Est.
Recevez ce sol rouge, sous le soleil d'été ce sol rougi du sang des blanches hosties[30]
Recevez le salut de vos camarades noirs, Tirailleurs sénégalais
MORTS POUR LA RÉPUBLIQUE!

Tours 1938.

---

28. *puissé-je* : if only I were able.   30. *hosties* : sacrificial victims.
29. *braise* : glowing charcoal embers.

The Late Twentieth Century

Time Line of the Late Twentieth Century

1950	1960	1970	1980	1990	2000

HISTORY

1950–53. Korean War
    1954. Indochina (Viet-nam) wins independence from France
      1955. Soviet Union gets hydrogen bomb
        1957. European Common Market founded with six members / Sputnik, the first satellite, launched by Soviet Union
          1958. French Fifth Republic created; De Gaulle elected President
            1960. Most of France's African colonies attain independence
              1962. Algerian independence
                1963. President Kennedy assassinated
                  1968. Student revolt rocks French government
                    1969. De Gaulle resigns; Pompidou elected President / U.S. lands first men on moon
                      1973. European Common Market expands to nine nations / France becomes a nuclear power
                      1974. Giscard d'Estaing elected President of France
                      1975. Viet-nam reunification
                        1980. François Mitterrand elected President of France
                            1992. European Union replaces franc and other currencies
                              with the Euro
                            1994. Jacques Chirac elected President of France
                            2000. Corruption scandals shake French
                            government

FRENCH LITERATURE

1950. Ionesco: *La Cantatrice chauve*
1951. Yourcenar: *Les Mémoires d'Hadrien* / Beckett: *Malloy*
1952. Beckett: *En attendant Godot* / Proust: *Jean Santeuil* (unfinished novel published posthumously) / Mauriac wins Nobel Prize in Literature
1954 : Sagan: *Bonjour Tristesse*
  1955. Robbe-Grillet: *Le Voyeur*
    1956. Senghor: *Ethiopiques* / Beauvoir: *Les Mandarins* / Camus: *La Chute*
      1957. Camus wins Nobel Prize in Literature / Robbe-Grillet: *La Jalousie* / Simon: *Le Vent*
        1959. Genet: *Les Nègres* / Queneau: *Zazie dans le métro*
          1960. Ionesco: *Rhinocéros* / Simon: *La Route des Flandres*
            1963. Boule: *La Planète des singes*
              1964. Sartre wins Nobel Prize in Literature, declines it
                1965. Laye: *L'Enfant noir* / Pinget: *Quelqu'un*
                  1967. Tournier: *Vendredi ou les Limbes du Pacifique* / Gatti: *V comme Vietnam*
                  1968. Yourcenar: *L'Oeuvre au noir*
                  1969. Beckett wins Nobel Prize in Literature
                  1970. Tournier: *Le Roi des Aulnes*
                    1977. Feyder: *Emballage perdu*
                    1978. Tournier: *Le Coq de bruyère*
                      1981. Yourcenar the first woman elected to French Academy
                      1984. Tardieu: *La Comédie du langage*
                      1985. Djebar: *L'Amour, la fantasia* / Claude Simon wins Nobel Prize in Literature
                      1987. Rinaldi: *Les Roses de Pline*
                      1989. Hébert: *Poèmes nouveaux*
                        1990. Rouaud: *Les Champs d'honneur*
                        1992. Nothomb: *Hygiène de l'assassin*
                          1999. Echenoz: *Je m'en vais*
                          1999. Nothomb: *Stupeur et Tremblements*

OTHER LITERATURES

1950. Bradbury: *The Martian Chronicles*
1951. Salinger: *Catcher in the Rye*
 1953. Hemingway : *The Old Man and the Sea*
   1954 Tolkien: *Lord of the Rings*
      1957. Pasternak: *Dr. Zhivago* / Agee: *A Death in the Family* / Kerouac: *On the Road*
        1958. Achebe : *Things Fall Apart*
          1960. Lee: *To Kill a Mockingbird* / Bolt: *A Man for All Seasons*
            1961. Heller: *Catch 22*
              1962. Kesey: *One Flew Over the Cuckoo's Nest*
                1966. Goldman: *The Lion in Winter* / Achebe: *A Man of the People*
              1967. Màrquez: *One Hundred Years of Solitude*
                1969. Vonnegut: *Slaughterhouse-Five*
                  1971. Thompson: *Fear and Loathing in Las Vegas*
                1973. Solzhenitsyn: *The Gulag Archipelago*
                1976. Haley: *Roots*
                  1980. Toole: *A Confederacy of Dunces*
                  1983. Snyder: *Axe Handles*
                    1987. Morrison: *Beloved*
                    1988. Rushdie: *The Satanic Verses*
                    1991. Updike: *Rabbit at Rest*
                    1992. McCarthy : *All the Pretty Horses*
                      2000. Allende : *Daughter of Fortune*

The Great Transition

The second half of the twentieth century was often called the Age of Anxiety. Under the constant threat of nuclear annihilation, humanity sought new ways of dealing with problems. The founding of the United Nations brought new hope and perhaps helped avert more world wars. Communism, which had once promised a workers' paradise, degenerated into a totalitarian nightmare before collapsing from economic woes. But stupendous advances in science brought about new technologies that had greater influence than any political developments. The landing of men on the moon is one event that future centuries will surely remember. And along with the capacity to travel great distances and explore the universe came communications advances that had even greater effect upon the world. Before the century ended, television, the computer, the internet, and other wonders had become commonplace, at least in the wealthier countries. Technologies of all sorts promised to bring all people more food, less disease, and improved education. But along with the optimism lurked grim fear. For the same technologies capable of bringing peace and prosperity could also be used to kill and oppress more efficiently than ever dreamed of before. These contradictory feelings expressed themselves in the art and literature of every nation.

Out of the Abyss

While the first half of the twentieth century was for France a period of catastrophe, the rest of the century was a period of recovery. France became a nuclear power, and a leader in medical research, agribusiness, and heavy industry. France helped to create the European Common Market and other phenomena that indicated a gradual push away from nationalism and toward commercial and intellectual union. France cast off most of its colonies, to its material advantage as it turned out. Under President Charles de Gaulle, the government became strong and stable for the first time since 1870. His administration vastly improved the economy, health care and social security, education, and support for the arts. Free elections proved that succession of administrations could occur seamlessly. Material gains lifted most of society, although life could be harsh for those left behind. Workers, students and minorities protested repeatedly against various Gaullist policies.

Literature's Expansion

While French politics enjoyed impressive stability, literature showed none. Change was the only constant. Countless attempts at creating new movements gave the impression of a mad scramble for direction. Literature itself, once the crown of intellectual achievement, found formidable rivals in competition to attract superior minds—science, social studies, politics, big business. One could only laugh at Victor Hugo's proud claim that the Poet alone was fit to rule the world.

The realities of the half-century often surpassed the imaginations of its authors. As so often, literature reflected only muddily the external world. Existentialism, which began before the Second World War, destroyed more than it created. The anti-novel and anti-play, with anti-heroes befuddled in anti-society, are totally negative. Not many authors were certain what they were in favor of. High literature seemed to falter in the face of the robustness displayed by previously minor literary forms such as the film script, the historical novel, the crime story. By century's end, the very division between high art and pop art had blurred.

The booming of communications in France and worldwide, including the advent of specialized radio and TV channels, had a fragmenting effect upon the culture and literature. But fragmentation is not always a bad thing. There is virtue in the opportunity for new voices to be heard that have been muted in the past. French-language literature eventually became tremendously revitalized from the contributions of writers all around the world. And the chance for women authors to be published brought new perspective to old issues. Stylistic innovations as well as the expansion of admissible content made the new literature exciting and relevant. A freer literature emerged for a freer age. Diversity became the hallmark of French literature.

It was also an age of irony, satire, and skepticism, all healthy things in proper doses. And as old nationalisms grudgingly waned, the possibility for a more universal literature and cinema involving cooperation between France and other countries became more and more of a reality.

Nevertheless, every literary historian knows that the critic who dares to judge his own times is likely to be strangely blind, praising the mediocre and failing to recognize the greatness in creatively non-mainstream authors. Yes, posterity will surely acclaim as great some writers who are now struggling for recognition and not even mentioned in this volume. But you, reader, might discover some of them on your own.

11. Feminism

Whereas American feminism has stressed the issues of financial equity, reproductive rights, and sexual harassment almost to the exclusion of other issues, French feminism has been generally viewed as a comprehensive philosophical approach to life, culture, and literature. Dealing with the dignity of women and girls in all aspects of their existence, French feminism has had a long, hard struggle. France's traditions go back centuries farther than America's, and include powerful remnants of a patriarchal, feudal society that never completely went away. The Napoleonic Code provided little in the way of women's rights, and voting rights only came after World War II. The MLF— *mouvement pour la libération de la femme*—made substantial gains in the 1970s and brought women closer to equality in some legal domains. Progress has been slower since, but as this volume of ours shows, the high visibility of women writers in the late twentieth century reflects a certain measure of success that certainly grew out of past gains.

Two women authors in particular left their mark in both literature and philosophy across most of the twentieth century. They were Simone de Beauvoir and Marguerite Yourcenar. Exact contemporaries, they approached the same events and issues from the feminist perspective, yet had divergent views on numerous questions.

Beauvoir came out of the Existentialist tradition. When she and Sartre formulated the French Existentialist philosophy and agenda, Beauvoir naturally saw women's special circumstances as a subject necessary to include. She did so both in her philosophical tracts and in her novels. Yourcenar came at issues from the standpoint of the literary author, adding a strong philosophical component to her art. Thus, Yourcenar and Beauvoir often arrived at the same crossroads from different paths and different directions.

Feminist literature and criticism deal largely with the question of how women, both real and fictional, have dealt with life in a male-dominated culture offering limited options, and what the future strategies for raising consciousness and effecting progress should be. To some, feminism is a strict ideology. To others, it is a flexible approach to diverse topics. Whether it constitutes a distinct literary movement or not is still a matter of debate, as is the question of whether there is such a thing as a uniquely feminist *écriture*.

Simone de Beauvoir

[1908-1986]

Pioneer of the Intellect

A towering figure in French philosophy as well as literature and political movements, Beauvoir blazed a trail for her followers in all of those fields and more.

Many a First

Beauvoir is an author about whose life we know a great deal, thanks to her autobiographical writings and her many interviews and public appearances. Born in Paris in 1908, Beauvoir had a comfortable upbringing. Her father, an intellectual *dilletante*, worked as a legal secretary, while her mother, who was from a wealthy family, devoted herself to indoctrinating Simone and her sister in the Catholic religion. As a teen, Simone rebelled and adopted a cheerful

Simone de Beauvoir in 1955. Roger-Viollet, Paris/Bridgeman Art Library.

atheism that sustained her through life in the same way that faith sustained her mother.

A brilliant student, Simone studied math, literature, languages, and above all philosophy. In 1929 her best friend, Zaza, who was being pressured to accept an arranged marriage, fell ill and died. Shaken, Beauvoir resolved to do all she could to fight society's prejudices about women's roles. That same year, at the age of 21, Beauvoir passed the Sorbonne's *agrégation* examination on her first try, reportedly the youngest person ever to attain that level of achievement in a philosophy exam. One of her classmates, receiving that degree at the same time, was Jean-Paul Sartre, who would go on to become France's dominant philosopher and cultural icon. Beauvoir and Sartre considered getting wed, but Beauvoir decided against it, convinced that she would never be able to achieve what she wanted to in the field of academic scholarship and teaching if she ever became a wife and perhaps mother. She and Sartre remained friends and lovers for the next fifty years without benefit of marriage, which they considered an odious social institution. They maintained what could be called an open relationship, each having occasional affairs with others.

Beauvoir and Sartre became high school philosophy teachers, she starting out as the youngest in the history of France. But Beauvoir was fired at least twice for imbuing her students with notions of female equality. During World War II she did minor work on behalf of the Resistance, and wrote some existentialist tracts as well as fiction. After the war, she asserted herself as a major intellectual figure, publishing several more seminal philosophical essays and novels. She also helped found the very influential intellectual/ political journal *Les Temps modernes*. She soon established herself as an expert in the fields of women's rights and aging. She also traveled extensively, and wrote considerable amounts of commentary about life as she saw it in the United States and China. And she published three volumes of autobiography and memoirs.

In the 1970s, she made herself very visible in many demonstrations for women's liberation. She argued that women should be allowed to strive to become executives instead of secretaries and doctors instead of nurses, if they so desire. In 1980, when Sartre passed away, she wrote a book, *La Cérémonie des Adieux*, about his physical decline and death. She took a good deal of criticism from Sartre's admirers who felt the world did not need this last depiction of their hero as decrepit and incontinent. Beauvoir replied that it was her duty to do so, if her (and his) commitment to truth was to be authentic.

Ageless Works

Several of Beauvoir's writings remain classics of their sort. Although many commentators have treated Beauvoir as if she were merely an appendage of Sartre, the originality of her thinking, as revealed in her writings, is obvious and impressive. Among her novels, the standouts are *L'Invitée* (1943), about relationships and jealousy, *Le Sang des autres* (1944), exploring ethical choices during the German Occupation of France, *Les Mandarins* (1954), largely about existentialist writers and artists, which won the Prix Goncourt, and *Les Belles images* (1966), dealing in large part with bad faith in relationships.

Of her books of pure philosophy, the foremost remains *Pour une Morale de l'Ambiguïté*. Difficult reading indeed, it analyzes many of the thorniest aspects of Existentialism, including ethical dilemmas regarding women, slaves, and children, none of whom has historically been allowed by society to exercise existential freedom of choice.

Her most celebrated work by far, one of the most famous books of the century, was *Le Deuxième sexe* (1949). A work of popular sociology as well as philosophy, it shocked the public into a consciousness of women's plight. Beauvoir relates the history of women's relegation to second class status as man's other. She then goes on to explore the situation whereby women are conditioned into a state of mystification, a sort of inferiority complex, whereby they proceed to hold themselves back. *Le Deuxième sexe* is widely regarded as the launching of the modern women's movement.

Equally insightful, although far less well known, is Beauvoir's *La Vieillesse* (1970), a study of all aspects of aging, including society's prejudices toward the elderly.

Beauvoir Interviewed

Because of the difficulty posed by her philosophical works for the reader who is not well versed in philosophy, we have chosen as our selection an important interview in which Beauvoir explains her ideas in clear terms and in simple language. It was conducted in 1978, at the peak of Beauvoir's activism, by Yolanda Astarita Patterson, a professor of French and President of the International Simone de Beauvoir Society. The interview is especially useful in that Beauvoir discusses both her feminist theories and her ideas about aging at the same time.

The following interview, © *The French Review*, is republished courtesy of www. copyright.com. It was originally published in *The French Review*, vol. 52, no. 5, April, 1979.

✣ ✣ ✣

ENTRETIEN AVEC SIMONE DE BEAUVOIR (20 JUIN 1978)

[Abridged]

Question. Un sujet qui m'intéresse beaucoup, c'est comment vous traitez l'âge de la femme dans vos œuvres. Est-ce que vous croyez que l'âge a plus d'importance pour une femme que pour un homme?

Réponse. Je crois que par un certain côté, dans la mesure où la femme mise sur son physique, sur l'amour qu'elle peut inspirer, c'est plus important pour elle, parce qu'une femme de cinquante ans est considérée comme moins désirable comme objet qu'un homme de cinquante ans. Mais d'autre part l'âge, ça pèse aussi beaucoup pour l'homme, surtout quand il devient vraiment vieux, parce que, comme il a l'habitude du pouvoir, d'activité extérieure à son foyer, s'il est privé de ces activités par la retraite, s'il perd son statut social, alors il en souffre beaucoup plus que la femme finalement. Je dirais que, je ne sais pas, enfin, c'est tout à fait en gros ça, mais, mettons vers quarante, cinquante ans c'est peut-être plus dur pour une femme de vieillir, mais quand on arrive à soixante, soixante-dix, c'est plus dur pour l'homme.

Q. Dans vos œuvres, j'ai regardé l'âge de la femme par décennies,[1] en commençant par la jeune fille de dix ans. Dans Les Belles Images, vous avez Catherine, qui semble tellement attristée par le monde qu'elle commence à comprendre. Est-ce que vous croyez que les jeunes filles commencent à se rendre compte…

R. Je crois qu'il y a pas mal d'enfants que se rendent compte…Parce qu'ils ne se mentent pas à eux-mêmes, comme se mentent déjà leurs parents, qui sont habitués à tout, et les enfants ressentent certaines choses d'une manière beaucoup plus vive que les adultes qui les entourent et qui ont déjà tellement avalé que ça ne les frappe plus tellement.

Q. Qu'est-ce que les parents peuvent faire pour empêcher leurs enfants d'avoir ce sens de misère?

R. Je ne pense pas qu'il faut les empêcher. Il faut un peu leur expliquer comment est le monde, et leur expliquer précisément ce qu'on pourrait peut-être faire. Il faut un peu leur expliquer, mais il ne faut pas leur cacher les choses, je pense.

Q. Vous avez dit qu'il y a une extraordinaire richesse dans les vingt premières années de la vie féminine et qu'après, ça peut être presque la fin, surtout si la femme se marie, n'est-ce pas?

R. Oui, oui, certainement. Si elle a des enfants, c'est la fin de sa carrière, en général ça s'arrête. Il y a une grosse distance entre tout ce que peut espérer une adolescente qui aime des choses, qui aime lire, qui aime étudier, etc. et puis quand elle se trouve à faire le ménage, avec les enfants, etc., il y a beaucoup de choses qui meurent en elle.

Q. Est-ce qu'on peut éviter cela, même en étant femme et mère, si on a une carrière, par exemple?

R. Je pense que la carrière aide énormément, parce que ça vous oblige à rester en contact avec le monde. Naturellement, il y a aussi des travaux qui sont trop pénibles, comme le travail des ouvrières; c'est très compliqué le travail, c'est à la fois libérateur et un peu un esclavage. Alors, il y a les deux aspects.

---

1. *décennies* : decades.

Q. Alors, une carrière où il faut un certain effort intellectuel plutôt?

R. Ah oui, ça c'est plus enrichissant, bien sûr. Mais le travail proprement dit, le travail exploité, ça, ça n'apporte pas grand-chose à la femme finalement.

[…]

Q. Pour passer à un autre sujet, je voudrais savoir quel est le rôle que vous voyez pour la famille dans la société moderne de nos jours?

R. Pour moi, je trouve que la famille n'existe pas.

Q. Mais vous, vous avez eu une enfance très heureuse.

R. Oui, mais ce n'est pas une raison pour trouver que la famille…La famille, c'est bien ces deux personnes qui sont ensemble, ces deux adultes avec des enfants qui sont dans leur pouvoir; je ne trouve pas que ce serait une forme de vie très heureuse. Je pense que les gens qui cherchent des communautés, par exemple, c'est très rare que ça réussisse, mais quand même il y a une recherche qui est intéressante de ce côté-là.

Q. Vous présentez les mères, surtout dans *La Femme rompue*, comme étant beaucoup trop possessives avec leurs enfants. Est-ce que vous croyez que c'est toujours le cas?

R. Ah, c'est très souvent le cas. Je crois que c'est très souvent le cas, surtout quand les femmes n'ont rien d'autre que leur foyer. Si elles travaillent dehors, elles sont moins sur le dos des enfants, et puis elles ont un horizon un peu plus ouvert quand même. Mais celles qui sont complètement au foyer n'ont que ça, alors elles exercent un pouvoir sur leur enfant.

Q. Est-ce que vous ne pensez pas qu'il y a beaucoup d'adolescents qui passent par une certaine étape où ils se révoltent contre leurs parents, mais qui reviennent, pas nécessairement pour être d'accord avec leurs parents, mais pour être au moins affectueux, pour garder un sens de famille?

R. Oui, quand les parents n'ont plus de pouvoir sur eux, alors bon, on peut très bien revenir avec ses parents amicalement, du moment qu'on ne vous donne plus d'ordres, qu'on vous laisse tranquille.

Q. Vous avez dit dans *Tout Compte fait* que la vie familiale n'est qu'une monotonie quotidienne. Est-ce qu'on ne peut pas avoir une vie familiale qui ne soit pas une monotonie quotidienne?

R. Peut-être. Mais ça doit être très rare. Non, pas selon tous les cas que j'ai vus, non. Si les parents ont des métiers intéressants, des engagements politiques, ou je ne sais quoi alors, ça, ça change.

Q. Et pour le mariage, encore une fois la question de sa place dans la société moderne.

R. Je suis également contre le mariage. Je ne me suis pas mariée, et bon, je sais qu'il y a des mariages qui réussissent bien, mais enfin, dans l'ensemble, dans la société telle qu'elle est, la femme est plus ou moins la servante de l'homme.

Q. Vous pensez que la femme mariée est nécessairement un être relatif?

R. Peut-être pas nécessairement, mais en général. Et même si elle travaille dehors, elle est obligée tout de même, en même temps, outre les tâches du dehors, de faire les tâches du foyer.

Q. Evidemment vous avez eu une association très spéciale avec Sartre pendant toute votre vie, mais est-ce qu'il y a beaucoup de couples comme ça, qui peuvent avoir cette sorte de libre association, sans se blesser l'un l'autre?

R. Eh bien, comme toutes les combinaisons possibles qu'on peut imaginer, celle-là a ses difficultés. Je ne dis pas que c'est très facile, ni que ça peut tomber, que ça peut se trouver, pour n'importe qui. Mais finalement les ménages qui vivent ensemble en se trompant plus ou moins, en se mentant, etc., ce n'est pas plus heureux.

Q. Vous avez présenté Lucienne, dans «La Femme rompue», comme une jeune fille qui est complètement libre, mais qui se garde d'aimer quelqu'un d'autre, par peur d'être blessée. En ce qui concerne les rapports entre deux êtres humains, est-ce que vous croyez que la communication existe?

R. Ah oui, ça, certainement. Ça je l'ai toujours pensé. Il y a peut-être des choses que chacun garde pour soi, ou même il y a des choses qu'on ne se dit pas à soi-même peut-être, alors on ne peut pas les dire à autrui. Mais moi je pense que la communication peut très bien exister si les gens essaient d'être transparents l'un pour l'autre.

Q. Entre homme et femme, vous avez parlé de l'idée de se dire tout, de l'impression qu'on ne fait qu'un, et Sartre aussi. Mais dans *L'Age de raison*, avec Mathieu et Marcelle, ça n'a pas marché. Est-ce qu'on peut établir une association où on peut communiquer sans avoir simplement l'illusion de tout se dire?

R. Ça dépend des gens. Il y en a qui peuvent, et il y en a qui ne peuvent pas. Ça dépend. Mais enfin je ne crois pas a priori que la communication soit impossible.

Q. Et entre deux femmes, est-ce que la communication est plus difficile, peut-être?

R. Oh, ça doit être plus facile pour deux femmes. Parce qu'il y a beaucoup de choses qui les lient, et il y a beaucoup de choses qu'elles connaissent de l'intérieur. Chacune connaît ce que c'est que la condition féminine. Ça doit être plus facile. D'ailleurs, il y a beaucoup d'amitiés de femmes qui se forment en ce moment, justement grâce

au féminisme en partie. C'est une des choses qui les aident à se parler, à se reconnaître. Moi je vois beaucoup de femmes qui sont vraiment très très très unies entre elles, et qui se parlent.

Q. Vous avez parlé de la réserve qui existait entre vous et Zaza[2] quand vous étiez jeunes.

R. Oui, mais ça c'était la jeunesse.

Q. Et plus tard on n'a plus cette réserve?

R. C'est ça. On a appris un peu à parler, on a un peu appris à entendre, on n'est plus barré comme on était dans la toute petite adolescence.

[…]

Q. Pensez-vous que la communication soit possible entre deux personnes, disons du même niveau intellectuel, mais qui ne sont pas d'accord politiquement?

R. Oh, ça me semble très difficile. Parce que les accords politiques, ça veut dire toute une vision du monde, toute une conception du monde et des idées sur la condition humaine et enfin sur tout. Et alors s'il y a vraiment désaccord sur tout, je ne vois pas comment on pourrait communiquer.

[…]

Q. Quelle est la valeur de transposer ses expériences sous forme de fiction? Vous avez dit que vous préférez *Le Deuxième Sexe* et votre autobiographie à tout ce que vous avez écrit, mais vous avez beaucoup fait en fiction aussi.

R. Oui, mais j'aime bien aussi *Les Mandarins* quand même, et même *L'Invitée*. La fiction, cela permet de dire beaucoup de choses qu'on ne peut pas dire directement sur soi.

Q. Est-ce qu'il y a une sorte de catharsis en écrivant sous forme de fiction?

R. Oui, quelquefois, quelquefois. Ça je l'ai dit d'ailleurs pour *L'Invitée*, certainement c'était une espèce de

---

2. *Zaza* : Beauvoir's childhood friend who died as a young woman.

catharsis. Je me débarrassais de tout ce qu'il y a eu de déplaisant dans une histoire qui par ailleurs est devenue une très grande amitié. Mais il y avait certainement une catharsis.

Q. Et dans la mort de Zaza racontée dans l'autobiographie, est-ce que c'était la même sorte de chose?

R. Un peu peut-être. Oui, un peu.

[…]

Q. En ce qui concerne la bourgeoisie, vous avez toujours dit que vous détestez la bourgeoisie. Est-ce que vous ne trouvez aucun rôle pour la bourgeoisie dans la société moderne, pour les libéraux intellectuels, par exemple, qui ont peut-être de la bonne volonté pour améliorer le sort des hommes?

R. Non. Dans la mesure où ils sont vraiment bourgeois, ils veulent garder cette société telle qu'elle est. Je le comprends très bien, parce qu'ils tiennent tous les avantages, les privilèges, mais je pense que précisément il faudrait supprimer tous ces privilèges, et changer vraiment la société.

Q. Est-ce que vous croyez que ça c'est possible dans le proche avenir?

R. Ça, je ne sais pas. Je crains que non.

Q. Vous avez dit dans votre autobiographie que vous êtes vraiment optimiste, mais dans *La Femme rompue*, par exemple, et dans d'autres œuvres, vous présentez un point de vue assez pessimiste. Pouvez-vous définir un peu votre optimisme?

R. Bien, mon optimisme est personnel, c'est-à-dire que je suis optimiste dans la mesure où j'aimais ce que je faisais, je croyais à ce que je faisais, où j'aimais la vie enfin, je l'aime encore. Ça, c'est de l'optimisme. Mais ça n'empêche pas de voir ce qu'il y a d'horrible dans le monde, soit les grands malheurs soit les petits malheurs comme il y en a tant, comme justement c'est vu dans *La Femme rompue*.

Q. Vous avez dit récemment au sujet de la femme qu'il n'y a pas eu beaucoup de progrès depuis la publication du *Deuxième Sexe*. Mais il y a certaines choses, la pilule par exemple, plus de carrières pour les femmes…

R. Oui, c'est ça, il y a quand même la contraception, l'avortement, qui sont un peu plus répandus, mais enfin il faut voir comment c'est appliqué. Il y a encore beaucoup de résistance, beaucoup de médecins qui n'acceptent pas de faire l'avortement, beaucoup de médecins qui ne veulent pas donner la pilule contraceptive. Ce n'est pas encore vraiment répandu, généralisé, et facile. C'est un progrès, et certainement un petit chemin qui se creuse[3] par là. Il faut que la femme puisse disposer de son corps. Ça sera vraiment un progrès.

Q. Vous avez constaté que la violence contre les femmes s'augmente de nos jours à cause de la nouvelle indépendance féminine. Ce n'est pas simplement qu'on en parle beaucoup plus?

R. Non, non. Evidemment on en parle plus, mais d'autre part…moi, quand je me rappelle ma jeunesse, ou celle de ma sœur, ou celle des amies de notre âge, quand nous avions dix-huit, dix-neuf ans, on pouvait se promener dans les rues. On était quand même quelquefois un petit peu agressé, un petit peu agacé par les gens, mais enfin ça n'allait pas très loin, tandis que maintenant toutes les jeunes femmes et jeunes filles disent que c'est absolument odieux, qu'elles sont tout le temps agressées.

Q. Est-ce que vous avez toujours autant de confiance dans la bonne volonté des gens que vous aviez quand vous marchiez de longues distances toute seule près de Marseille?

R. J'en ai beaucoup moins maintenant. Je suis beaucoup plus méfiante. Quand je me rappelle ce que je faisais à vingt,

---

3. *qui se creuse* : that carves itself out.

vingt-cinq ans, je ne le ferais plus. Vraiment, j'ai fait des imprudences et j'ai eu beaucoup de chance de ne pas avoir des ennuis sérieux. Et camper seule dehors comme je faisais, c'est trop dangereux. Jamais plus je ne ferais ça. Je pense que la vie pour les femmes est beaucoup plus entravée[4] qu'elle ne l'était de mon temps. Quand je pense à mon passé et que je vois comment vivent les jeunes femmes d'aujourd'hui, je pense qu'elles sont beaucoup, beaucoup moins libres.

Q. Mais qu'est-ce qu'on peut faire pour mieux protéger les femmes d'aujourd'hui?

R. Il faudrait qu'on change la mentalité des hommes. Mais elle n'est pas prête à changer, justement.

[...]

Q. Une dernière question. On parle beaucoup du bonheur, dans *Les Belles Images*, dans toutes les œuvres. Est-ce que vous avez une définition spéciale du bonheur?

R. Non. Certainement pas de définition.

Q. Mais votre idée personnelle de ce que représente le bonheur?

R. Il faut avoir des journées dont on soit content, il faut l'amitié et l'amour, et puis du travail, et puis, évidemment pour moi comme intellectuelle, des voyages, des lectures, etc. C'est tout ça qui me semble nécessaire pour avoir le bonheur.

Marguerite Yourcenar

[1903-1987]

Breakthrough

Capable of almost every type of writing, including novels, translations, essays, and drama, Yourcenar holds the distinction of having been the first woman ever to attain membership in the Académie française.

A Cosmopolitan Existence

The name Yourcenar is an anagram of her real name, Crayencour. Marguerite de Crayencour was born and raised in Belgium and lived the last half of her life in the United States. Her mother died giving her birth in Brussels. Her father, who was French, gave her a lavish upbringing, complete with extensive travels and a solid education in classical literature and history. Marguerite had literary ambitions early, and used her father's money to publish her first work, *Le Jardin des chimères*, a dramatic dialogue in verse about the

Marguerite Yourcenar. Press packet publicity photo, 1937, from French Ministry of Culture collection.

---

4. *entravée* : impeded.

fall of Icarus that she wrote when she was only seventeen years old. She followed that up the next year with *Les Dieux ne sont pas morts*, an epic poem also printed at her father's expense. (Years later she would go to great lengths to pull these early works, which she considered embarrassing, out of circulation.) Her father died broke and broken shortly after the stock market crash of 1929, but Yourcenar apparently had some money left from her inheritance from her mother. She spent it on high living and love affairs throughout Europe. One of her male lovers had turned out to prefer men, a turn of events that would become a recurring theme in her books. Yourcenar found that her own preference was for women, and in Paris in 1938 she met Grace Frick, an American college professor who would be her partner, both personally and professionally, until Frick's death forty-one years later.

Prize Winners

Yourcenar continued to write, publish, study, and translate, improving with every effort. When World War II came to France, Yourcenar fled to the United States to join Frick, who collaborated on a number of publications with her and managed her business affairs. Yourcenar taught comparative literature for a decade at Sarah Lawrence College and became an American citizen in 1947. She and Frick moved to Mount Desert Island, in the state of Maine, in 1950, and lived in their home, called Petite Plaisance, for the rest of their lives. In 1951, Yourcenar finally published her most successful novel, *Mémoires d'Hadrien*. Comprising the fictional letters of the bisexual Roman emperor Hadrien to his nephew, this novel won the prestigious Prix Feminina Vacaresco. Yourcenar followed that prize with the Prix Combat and the Page One award from the Newspaper Guild of New York. In 1968, she won France's Prix Fémina for *L'Oeuvre au noir*, a philosophical novel about a fictional medieval doctor/alchemist and his intellectual and emotional encounters during his quest for truth. Following her election to the Belgian Royal Academy in 1971 and the French Academy in 1980, Gallimard bought and republished her works. That helped the public to rediscover her first novel, 1929's *Alexis ou le Traité du vain combat*, about a man who leaves his wife and child for a life in which he could devote himself to the arts. Yourcenar published primarily essays, memoirs, and family history in her later years, before dying at her home in 1987.

Distance and Openness

Yourcenar's works of fiction typically tell the story of men rather than women, often homosexual men who are faced with political duties in direct conflict with their personal passions. Almost all of her fiction has a historical or mythological setting as well as a male point of view, distancing the real Yourcenar from the story. Thus it was of great interest when, in 1980, she consented to a series of interviews with distinguished journalist and theatrical author Matthieu Galey. In the interview *Et le Féminism?*— which makes for a perfect counterpoint to Beauvoir's 1978 interview—Yourcenar expresses her opinions very openly, with no holds barred. Although agreeing with Beauvoir on the big political issues arising from feminism, Yourcenar seems to have more of the typically American point of view in which women, at least those of her generation, have tended to look askance at certain of the more radical aspects of the women's liberation movement.

Marguerite Yourcenar's *Les yeux ouverts: Entretiens avec Matthieu Galey*, © *Les Editions Centurion* / Bayar, is reprinted by permission.

✤ ✤ ✤

ET LE FÉMINISME?

MARGUERITE YOURCENAR—Je suis contre le particularisme[1] de pays, de religion, d'espèce. Ne comptez pas sur moi pour faire du particularisme de sexe. Je crois qu'une bonne femme vaut[2] un homme bon; qu'une femme intelligente vaut un homme intelligent. C'est une vérité simple. S'il s'agit de lutter pour que les femmes, à mérite égal, reçoivent le même salaire qu'un homme, je participe à cette lutte; s'il s'agit de défendre leur liberté d'utiliser la contraception, je soutiens activement plusieurs organisations de ce genre; s'il s'agit même de l'avortement, au cas où la femme ou l'homme concernés n'auraient pas pu ou pas su prendre leur mesure à temps, je suis pour l'avortement, et j'appartiens à plusieurs sociétés qui aident les femmes en pareil cas, bien que personnellement l'avortement me paraisse toujours un acte très grave. Mais dans nos sociétés surpeuplées, et où, pour la majorité des êtres humains, la misère et l'ignorance règnent, je crois préférable d'arrêter une vie à ses débuts que de la laisser se développer dans des conditions indignes. Quand il s'agit d'éducation, ou d'instruction, je suis bien entendu pour l'égalité des sexes; cela va de soi. S'il s'agit de droits politiques, non seulement de vote, mais de participation au gouvernement, je suis également plus que d'accord, quoique je doute que les femmes puissent, non plus que les hommes, améliorer grand-chose à la détestable situation politique de notre temps, à moins que les uns et les autres et leurs méthodes d'action ne soient profondément changés.

D'autre part, j'ai de fortes objections au féminisme tel qu'il se présente aujourd'hui. La plupart du temps, il est agressif, et ce n'est pas par l'agression qu'on parvient durablement à quelque chose. Ensuite, et ceci sans doute vous paraîtra paradoxal, il est conformiste, du point de vue de l'établissement social, en ce sens que la femme semble aspirer à la liberté et au bonheur du bureaucrate qui part chaque matin, une serviette[3] sous le bras, ou de l'ouvrier qui pointe dans une usine.[4] Cet homo sapiens des sociétés bureaucratiques et technocratiques est l'idéal qu'elle semble vouloir imiter sans voir les frustrations et les dangers qu'il comporte, parce qu'en cela, pareille aux hommes, elle pense en termes de profit immédiat et de «succès» individuel. Je crois que l'important, pour la femme, est de participer le plus possible à toutes les causes utiles, et d'imposer cette participation par sa compétence. Même en plein XIXe siècle, les autorités anglaises se sont montrées brutales et grossières envers Florence Nightingale,[5] à l'hôpital de Scutari:[6] elles n'ont pas pu se passer d'elle. Tout gain obtenu par la femme dans la cause des droits civiques, de l'urbanisme, de l'environnement, de la protection de l'animal, de l'enfant, et des minorités humaines, toute victoire contre la guerre, contre la monstrueuse exploitation de la science en faveur de l'avidité et de la violence, est celle de la femme, sinon du féminisme, et ce sera celle du féminisme par surcroît.[7] Je crois même la femme peut-être plus à même de[8] se charger de ce rôle que l'homme, à cause de son contact journalier[9] avec les réalités de la vie, que l'homme ignore souvent plus qu'elle.

Je trouve aussi regrettable de voir la femme jouer sur les deux tableaux, de voir, par exemple, des revues, pour se

---

1. By *particularisme*, Yourcenar means the act of differentiating oneself from the majority by insisting on a minority identity.
2. *vaut* : has the same value as.
3. *serviette* : briefcase.
4. *qui pointe dans une usine* : who punches a time-clock at a factory.
5. *Florence Nightingale* : Founder of the profession of nursing.
6. *Scutari* : Turkish site where Nightingale did indispensable work setting up a battlefield hospital and treating wounded British soldiers in the Crimean War.
7. *par surcroît* : in addition, to boot.
8. *à même de* : capable of.
9. *journalier* : everyday.

conformer à la mode (car les opinions sont aussi des modes) qui publient des articles féministes supposés incendiaires, tout en offrant à leurs lectrices, qui les feuillettent distraitement chez le coiffeur, le même nombre de photographies de jolies filles, ou plutôt de filles qui seraient jolies si elles n'incarnaient trop évidemment des modèles publicitaires; la curieuse psychologie commerciale de notre temps impose ces expressions boudeuses, prétendument séduisantes, aguicheuses[10] ou sensuelles, à moins qu'elles ne frôlent[11] même l'érotisme de la demi-nudité, si l'occasion s'en présente.

Que les féministes acceptent ce peuple de femmes-objets m'étonne. Je m'étonne aussi qu'elles continuent de se livrer de façon grégaire à la mode, comme si la mode se confondait avec l'élégance, et que des millions d'entre elles acceptent, dans une inconscience complète, le supplice de tous ces animaux martyrisés pour essayer sur eux des produits cosmétiques, quand ils n'agonisent pas dans des pièges, ou assommés sur la glace, pour assurer à ces mêmes femmes des parures sanglantes. Qu'elles les acquièrent avec de l'argent librement gagné par elle dans une «carrière» ou offert par un mari ou un amant ne change rien au problème. Aux États-Unis, je crois que le jour où la femme aura réussi à interdire qu'un portrait de jolie fille qui fume d'un petit air de défi pousse le lecteur de magazines à s'acheter des cigarettes que trois lignes presque invisibles au bas de la page déclarent nocives[12] et cancérigènes, la cause des femmes aura fait un grand pas.

Enfin, les femmes qui disent «les hommes» et les hommes qui disent «les femmes», généralement pour s'en plaindre dans un groupe comme dans l'autre, m'inspirent un immense ennui, comme tous ceux qui ânonnent[13] toutes

les formules conventionnelles. Il y a des vertus spécifiquement «féminines» que les féministes font mine de dédaigner, ce qui ne signifie pas d'ailleurs qu'elles aient été jamais l'apanage[14] de toutes les femmes: la douceur, la bonté, la finesse, la délicatesse, vertus si importantes qu'un homme qui n'en posséderait pas au moins une petite part serait une brute et non un homme. Il y a des vertus dites «masculines», ce qui ne signifie pas plus que tous les hommes les possèdent: le courage, l'endurance, l'énergie physique, la maîtrise de soi, et la femme qui n'en détient pas au moins une partie n'est qu'un chiffon,[15] pour ne pas dire une chiffe.[16] J'aimerais que ces vertus complémentaires servent également au bien de tous. Mais supprimer les différences qui existent entre les sexes, si variables et si fluides que ces différences sociales et psychologiques puissent être, me paraît déplorable, comme tout ce qui pousse le genre humain, de notre temps, vers une morne uniformité.

—N'avez-vous jamais souffert d'être une femme?

—Pas le moins du monde, et je n'ai pas plus désiré être homme qu'étant homme je n'aurais désiré être femme. Qu'aurais-je d'ailleurs gagné à être homme, sauf le privilège de participer d'un peu plus près à quelques guerres? Il est vrai que l'avenir, maintenant, semble promettre aussi aux femmes ce genre de promotion.[17]

—Dans les pays méditerranéens, où vous avez longtemps vécu, n'avez-vous jamais eu l'impression d'être un «objet de scandale»?

—Jamais, sauf un jour peut-être où il m'est arrivé de nager sans vêtements aux pieds des ruines de Sélinonte,[18] et où quelques contadini[19] qui passaient se sont sans doute étonnés. Mais dans les pays méditerranéens j'étais, vous vous le

---

10. *aguicheuses* : arousing.
11. *frôlent* : touch, approach.
12. *nocives* : noxious, harmful.
13. *ânonnent* : stammer, spew forth.
14. *l'apanage* : appanage, endowment.
15. *chiffon* : rag.

16. *chiffe* : wet rag.
17. Combat duty of at least a limited nature has indeed become reality.
18. *Sélinonte* : ancient town in Sicily.
19. *contadini* : peasants (Italian word).

rappelez, une étrangère, et on acceptait d'elles ce qu'on n'acceptait pas des femmes indigènes.

Non que je considère que les femmes méditerranéennes fussent toujours aussi brimées[20] qu'on veut bien le dire. Que de maris grecs j'ai vus, dans les villages, injuriés parce qu'ils s'étaient trop longtemps attardés au café à boire un café «métrio» ou «poligliki» et trois verres d'eau. J'ai d'ailleurs également l'impression que les militantes d'aujourd'hui extrapolent les idées et les conditions présentes en parlant de la condition fort basse de la femme française d'autrefois. Mme Du Deffand[21] n'a certes jamais pensé à entrer à l'Académie; elle avait son salon où elle rassemblait les académiciens, et sans doute en faisait à sa guise. Je ne vois ni Marguerite d'Angoulême,[22] ni Marguerite de Navarre,[23] ni Mme Roland[24] comme des femmes brimées. J'ai montré dans *Souvenirs pieux* et dans *Archives du Nord*[25] trois épouses et mères du XIXe siècle tyranniquement dominatrices, deux odieuses, l'autre plus sympathique, et qui, dans son âge mûr, avait encore l'air d'une belle frégate, toutes voiles au vent. Mais il n'est pas sûr que même l'influence de Reine Bieswal de Briarde[26] ait toujours été bonne, puisqu'elle a fait faire à son fils, mon grand-père, un assez malheureux mariage d'argent.

—Et le viol,[27] qu'en pensez-vous?

—Que c'est un crime, et l'un des plus révoltants parmi les crimes. Si je croyais à la peine de mort, j'avoue que c'est l'un de ceux auxquels je serais tentée de l'appliquer. Un viol peut ruiner à jamais une vie et une psyché féminines. A la plupart des viols, seule la psychiatrie peut trouver des circonstances atténuantes. Il arrive aussi pourtant qu'ils soient motivés par une provocation sexuelle féminine, consciente ou non.

—Voilà un argument qui rejoint[28] celui des hommes les plus « machistes[29] ».

—En ce qui me concerne, je ne l'ai jamais entendu que sur des lèvres féminines, mères, sœurs ou parentes qui avaient constaté, à regret, l'imprudence de la victime. Une fille parée,[30] cosmétiquée, et à demi nue, qui fait du stop,[31] est bien naïve si elle ne s'attend au pire. L'an dernier, ici, une jeune touriste de vingt-sept ans a fait de l'auto-stop sur les routes du Parc national qu'elle devait pourtant savoir très solitaires, et elle s'est fait violer et tuer par une brute imbécile quelconque, mais il faut reconnaître qu'une pareille absence de prudence frise[32] la sottise, ou comporte une bonne part de provocation, ce qui n'empêche pas cette fin d'être infiniment triste.

—Et révoltante. Un homme n'aurait pas couru ce risque.

—Il en aurait couru d'autres, ceux de la guerre, ceux de la mine, ceux des travaux dangereux qui sont jusqu'ici rarement confiés aux femmes (je pense en ce moment à deux ouvriers carriers[33] de l'île, ensevelis sous un éboulement de rochers). Et surtout le danger d'avoir été assez bassement et misérablement élevé, d'avoir grandi rongé par de telles frustrations, chargé de telles rancunes, faites d'envies insatisfaites, que cet hypothétique garçon eût été capable de vouloir commettre un viol. Le viol est le crime d'une société qui n'a pas su résoudre, non pas tellement le problème des sexes que celui de la sexualité. Il faudrait que

---

20. *brimées* : victimized.
21. *Mme du Deffand* : Eighteenth-century Marquise whose salon attracted intellectuals and writers.
22. *Marguerite d'Angoulême* : Sister of King François Premier.
23. *Marguerite de Navarre* : Another name for the above-mentioned Marguerite d'Angoulême. Perhaps Yourcenar meant to name her mother, Louise de Savoie. Both were patrons of the arts.
24. *Mme Roland* : Prominent figure in the French Revolution.
25. *Souvenirs pieux ... Archives du Nord* : Two of Yourcenar's books about her aristocratic family.
26. *Bieswal de Briard* : Belgian Queen.
27. *viol* : rape.
28. *rejoint* : resembles.
29. *machistes* : macho. (Galey is clearly shocked that Yourcenar would imply that girls who dress provocatively are "asking for it.")
30. *parée* : decked out.
31. *stop* : hitchhiking (*l'auto-stop.*)
32. *frise* : approaches.
33. *ouvriers carriers* : stone-quarry workers.

l'enfant apprenne de bonne heure que le coït est un acte sacré, ce qu'ont su les civilisations primitives; que la satisfaction sexuelle dépend en grande partie des rapports de tendresse, de bonne volonté l'un pour l'autre. (A ce propos, le violateur dont j'ai parlé était un récidiviste; on a découvert qu'il était sous mandat d'arrêt pour avoir assommé son jeune frère dans un accès de rage.) Ce n'est ni par la violence, ni par l'argent, ni même par l'amour fou qu'on parvient à la volupté. Il y faut une compréhension réciproque.

—Mais cette compréhension suppose l'égalité des sexes.

—Égalité ne veut pas dire similitude.

—Dans vos livres, vous vous êtes pourtant toujours cachée derrière des hommes pour donner votre vision sur le monde.

—Cachée? Le mot me scandalise. Pas dans *Feux*, en tout cas, où c'est presque continuellement une femme qui parle; pas dans *Denier du rêve*, où les personnages féminins et masculins s'équilibrent; pas dans telle « nouvelle orientale » comme *Le lait de la mort* ou *La veuve Aphrodissia*. Dans *Mémoires d'Hadrien*, il s'agissait de faire passer une dernière vision du monde antique vue par un de ses derniers grands représentants, et que cet être eût l'expérience du pouvoir suprême, celle de la guerre, celle d'immenses voyages, celle du grand commis occupé de réformes économiques et civiles: aucune figure historique de femme n'était dans ces conditions-là, mais Hadrien, dans une pénombre[34] discrète, a sa parèdre[35] féminine. Je ne parle pas de quelques jeunes maîtresses, qui ont été pour

lui une distraction, je parle de Plotine, la conseillère et l'amie, avec qui le liait une « amitié amoureuse », dit textuellement l'un des chroniqueurs antiques. Dans *Le coup de grâce*, c'est Éric qui, ne fût-ce qu'en tant que narrateur, a l'avantage de la lucidité, mais c'est Sophie, comme il le dit, qui mène le jeu, et le mène avec une générosité et une fougue[36] qui l'éblouissent lui-même. Eux aussi sont parèdres; ils se comprennent jusqu'au bout, à travers toutes les différences, et même au moment de la mort. Il y a des femmes et des jeunes hommes dans la vie de Zénon,[37] personnage infiniment plus intellectuel que sensuel, mais qui accepte dans le domaine des sens le peu que lui offre la vie, quitte d'ailleurs ensuite à y renoncer. Lui aussi a cependant sa discrète parèdre, la dame de Frösö, la seule femme qui eût été aussi un compagnon intéressé dans ses travaux médicaux, et dont il n'est pas certain de n'avoir pas eu un fils. Mais toute l'image de ce monde du XVIe siècle n'aurait pas pu passer à travers la dame de Frösö, dans son manoir de Suède, pas plus que celle du monde antique ne serait apparue à travers Plotine.

—Si les femmes ont une existence aussi limitée que vous le dites,[38] comment expliquez-vous qu'il y ait des romancières[39] qui ne s'intéressent qu'aux femmes?

—Peut-être précisément parce qu'elles sont femmes, et ne s'intéressent qu'à elles-mêmes. S'il en était ainsi des hommes nous n'aurions ni la Didon[40] de Virgile, ni Mme Bovary, ni Mme de Langeais,[41] ni Anna Karénine.[42] Néanmoins, quand ils veulent décrire tous les courants d'un siècle, Tolstoï et Flaubert sont bien forcés de choisir des

---

34. *pénombre* : shadows.
35. *parèdre* : a divinity subservient to a greater divinity.
36. *fougue* : ardor.
37. *Zénon* : The fictional alchemist in *L'Oeuvre au noir*.
38. [Footnote by Galey in the original edition:] Je me permets d'interrompre mon interlocuteur, car il faut toujours protester. Une existence féminine de type traditionnel n'est pas forcément limitée dans tous les sens: Phèdre ou Andromaque (ou, pourquoi pas, la Félicité d'*Un cœur simple*?) sont des lancées vers l'infini.

39. *romancières* : woman novelists. (Galey's point here is that if the traditional woman's life were so oppressed and dull, women novelists would know from experience not to bother writing about such a tedious subject. He is provoking Yourcenar to reformulate her argument.)
40. *Didon* : Female character in the ancient Roman epic *The Aeneid*.
41. *Mme de Langeais* : Protagonist in Balzac's *La Duchesse de Langeais*.
42. *Anna Karénine* : Protagonist in novel of the same name by Tolstoy.

personnages masculins, que ce soit le prince André ou Pierre Besoukof[43] pour l'époque napoléonienne, ou, pour le XIXe siècle politique et social en France, ce miroir assez terne qu'est Frédéric Moreau,[44] ou ce sombre miroir qu'est Vautrin.[45]

—Mais dans l'histoire, il y a tout de même un certain nombre de femmes exceptionnelles qui auraient pu vous inspirer?

—Elles l'ont fait dans certains de mes essais, ou comme nous venons de le dire, comme *deutérogonistes* dans certains de mes livres. La vie d'une femme d'action comme Florence Nightingale aurait pu me tenter, elle a été racontée par Strachey, et fort bien, quoi qu'on en dise parfois. Antigone et Marie-Madeleine sont des personnages sublimes, quelle que soit la valeur des poèmes que je leur ai consacrés. Mais il y a parfois, chez de très grands hommes, une tendance à l'impersonnalité totale, dont Hadrien nous parle: «Un homme qui écrit ou qui calcule n'appartient plus à son sexe. Il échappe même à l'humain.» C'est beaucoup plus rare, du moins jusqu'à nos jours, même chez les plus éminentes des femmes.

—Vous êtes un exemple du contraire.

—Si c'est vrai, une hirondelle ne fait pas le printemps.[46]

12. The *Nouveau Roman*

The Stroke of Minuit

The Nouveau Roman was a fairly short-lived but still considerable literary movement in France that was the major trend of the 1960s and on into the 1970s. The name is a bad one; obviously *le nouveau roman* has become distinctly *vieux*. Perhaps *anti-roman*, a term suggested back in the 1960s by certain critics to place this movement in line with *anti-théâtre*, would have been preferable. But lacking very many affinities with the theater, this type of novel remained *nouveau*.

Basically the creation of publisher Jérôme Lindon and his stable of authors at *Les Editions de Minuit*, the movement arose, as usual, from dissatisfaction with prevailing types and standards. It is against nearly all the literary acceptances of the novel—against philosophical background, psychology, sharply drawn consistent characters, well-plotted storyline, chronology, magniloquent style, transitions, even metaphors. In short, it is against the concept of the novel as an arranged parallel to life, which the *nouveau romanciers* think lacks arrangement too. The Nouveau Roman also came about from a desire on the part of rebels to overthrow everything favored by the rich and powerful in society, including the old-school bourgeois novel.

The Mystery of Things

Following these massive rejections, the *nouveau romancier* seeks to create a new novel consisting of suggestion and mystery, often resembling a detective story, but usually without much resolution of the puzzle. The novel may describe things, especially everyday

43. *le prince André ...Pierre Besoukof* : Characters in Tolstoy's *War and Peace*.
44. *Frédéric Moreau* : Ambitious young man in Flaubert's *Une Education sentimentale*.
45. *Vautrin* : Villain in Balzac's *Le Père Goriot*.
46. *une hirondelle ne fait pas le printemps* : one swallow [bird] does not make springtime.

objects, with entire clarity. It may not engage in analysis of emotions and mental processes, for it has no right to enter others' spirits. Things are separate from human beings, who try to give things meanings that are not intrinsic. Characters are likely to be nameless. The novel may tell a story, but the story must be obscured by appearances, as it is in life. The reality is not the observable one, but an invented one. The Nouveau Roman favors the present tense as an escape from the artistic tyranny of time. The chronology is often nonlinear or deceptive. Repetitions abound endlessly, as our thoughts endlessly repeat. Form trumps content. Grammar is an unnecessary subjection; thought and language are dislocated as they are in our vacant minds. There is an obvious similarity of the writers' purpose to that of abstract painters who are trying to create "pure objects in themselves."

The Nouveau Roman was succeeded by the even more ridiculously named Nouveau Nouveau Roman. But this plunge deeper and deeper into abstraction would end up thwarted by a revival of the historical novel toward the end of the century.

A list of the best practitioners of Nouveau Roman would have to include Claude Simon, Alain Robbe-Grillet, Raymond Queneau, Nathalie Sarraute, Michel Butor, and Robert Pinget. They are all major names, which speaks well for the Nouveau Roman.

Claude Simon

[1913-2005]

Claude Simon. © The Nobel Foundation.

The Reluctant Author

Unlike most of our authors, Simon as a young man never aspired to be a writer, and was 32 years old before publishing anything. However, his late start did not prevent him from becoming a leader of the Nouveau Roman movement or from becoming a Nobel Laureate.

War and Memory

The son of a French military officer killed in World War I, Claude Simon was born in a French colony, the African island of Madagascar. His mother moved the family, including the infant Claude, to Perpignan, France, a small town in wine country near the Pyrenees mountains at the Spanish border. Claude was raised primarily by his grandparents, until he was sent to Paris for his secondary school education. Intending to become an artist, Simon studied for a short time in England at Cambridge and Oxford Universities as well as at an art academy in France. When the Spanish Civil War broke out, the 23-year-old Simon joined the rebel forces opposing the Hitler-backed regime of General Franco. Simon also fought for France in World War II, most notably at the battle of Meuse, and was taken prisoner by the Germans. But he escaped and joined the French Underground battling the German Occupational forces.

In 1945, Simon finished a novel called *Le Tricheur* which he had begun writing before the war began. More novels followed, with Simon gradually developing the techniques that would become known as the Nouveau Roman style. *Le Vent* in 1957 was an outstanding example, as was *La Route des Flandres*, a 1960 novel based on his memories of the war. The latter book won the literary award given by the magazine *L'Express*. Fifteen more books followed, each progressively less traditional (and, some would say, more difficult for the public to comprehend) than the previous one. *Les Géorgiques*, a 1981 novel drawing upon Simon's Spanish Civil War experiences, was especially cited by the Nobel Prize committee. His final novel, *Le Tramway*, recalled his boyhood in Perpignon. A recurring theme of most of these books is the disturbing effect of remembrance upon his characters.

The Old and the New

Perhaps the best summary of the so-called death of the old, realist novel, and the best justification for the existence of the Nouveau Roman literary movement were given by Simon in his speech at the Nobel Prize ceremonies in 1985.

CLAUDE SIMON'S NOBEL PRIZE LECTURE, 1985

[*Excerpts. This lecture, © The Nobel Foundation, is reprinted by permission. In it, Simon claims that the traditional realist novel died of natural causes and thus needed to be replaced by a new literature. He argues in favor of literary works that have a spontaneous, internal logic rather than a socially determined logic imposed from the outside.*]

«En décernant[1] le Nobel à Claude Simon, a-t-on voulu confirmer le bruit[2] que le roman était définitivement mort?», demande un critique. Il ne semble pas s'être encore aperçu que, si par «roman» il entend le modèle littéraire qui s'est épanoui au cours du XIXe siècle, celui-ci est en effet bien mort, en dépit du fait que dans les bibliothèques de gares ou ailleurs on continue, et on continuera encore longtemps, à vendre et à acheter par milliers d'aimables ou de terrifiants récits d'aventures à conclusions optimistes ou désespérées, et aux titres annonceurs de vérités révélées comme par exemple *La condition humaine*, *L'espoir* ou *Les chemins de la liberté*…

***

Ce qui me paraît plus intéressant, c'est de constater que, si au début de notre siècle ces deux géants que furent Proust et Joyce ont ouvert de tout autres voies, ils n'ont fait que sanctionner une lente évolution au cours de laquelle le roman dit réaliste s'est lui-même, lentement, donné la mort.

«J'essayais», a écrit Marcel Proust, «de trouver la beauté là où je ne m'étais jamais figuré qu'elle fût: dans les choses les plus usuelles, dans la vie profonde des natures mortes.» Et de son côté, dans un article publié à Leningrad en 1927 et intitulé «De l'évolution littéraire», l'essayiste russe Tynianov écrivait: «En gros, les description de la nature dans les romans anciens, que l'on serait tenté, du point de vue d'un certain système littéraire, de réduire à un rôle auxiliaire de soudure[3] ou de ralentissement[4] (et donc de rejeter presque), devraient, du point de vue d'un autre système littéraire, être considérés comme un élément principal, parce qu'il peut arriver que la fable ne soit que motivation, prétexte à

---

1. *En décernant* : By bestowing.
2. *bruit* : talk, rumor.
3. *soudure* : soldering (i.e., holding the book

together.)
4. *ralentissement* : slowing down.

accumuler des descriptions statiques». Ce texte, qui à certains égards apparaît comme prophétique, appelle, me semble-t-il, en certain nombre de remarques.

Tout d'abord, notons que, selon le dictionnaire, la première acception du mot «fable» est la suivante: «Petit récit d'où l'on tire une moralité.» Une objection vient aussitôt à l'esprit: c'est qu'en fait le véritable processus de fabrication de la fable se déroule exactement à l'inverse de ce schéma et qu'au contraire c'est le récit qui est tiré de la moralité. Pour le fabuliste, il y a d'abord une moralité—«La raison du plus fort est toujours la meilleure», ou «Tout flatteur vit aux dépens de celui qui l'écoute»—et ensuite seulement l'histoire qu'il imagine a titre de démonstration imagée, pour illustrer la maxime, le précepte ou la thèse que l'auteur cherche par ce moyen à rendre plus frappants.

C'est cette tradition qui, en France, à travers les fabliaux du Moyen Age, les fabulistes et la comédie dite de mœurs ou de caractère du XVIIe siècle, puis le conte philosophique du XVIIIe, a abouti au roman prétendument «réaliste» du XIXe aspirant à une vertu didactique: «Vous et quelques belles âmes, belles comme la vôtre», écrivait Balzac, «comprendront ma pensée en lisant La maison Nucingen accolée à César Birotteau. Dans ce contraste, n'y a-t-il pas tout un enseignement social?»

Hardiment novateur[5] à son époque (ce qu'oublient ses epigones attardés qui, un siècle et demi plus tard, le proposent en exemple), soutenu par un certain «emportement de l'écriture» et une certaine démesure qui le haussaient au-delà de ses intentions, le roman balzacien a ensuite dégénéré pour donner naissance à des œuvres qui n'en ont retenu que l'esprit purement démonstratif.

Et bien sûr, dans une telle optique, toute description apparaît non seulement superflue[6] mais, comme le souligne Tynianov, importune, puisqu'elle vient se greffer[7] de façon parasitaire sur l'action, interrompt son cours, ne fait que retarder le moment où le lecteur va enfin découvrir le sens de l'histoire: «Lorsque dans un roman j'arrive à une description, je saute la page», disait Henri de Montherlant, et, dans le Second manifeste du surréalisme, André Breton (que tout pourtant opposait à Montherlant), déclarant qu'il mourait d'ennui à la description de la chambre de Raskolnikov, s'exclamait avec fureur: «De quel droit l'auteur[8] nous refile-t-il ses cartes postales?»…

***

Types sociaux ou psychiques «en situation», simplifiés jusqu'à la caricature (du moins dans une certaine tradition française: «Harpagon[9] n'est qu'avare», remarquait Strindberg[10] dans sa préface à Mademoiselle Julie. «Il aurait en même temps pu être un excellent édile,[11] un excellent père de famille ou tout autre chose; non, il n'est qu'avare!»), les personnages du roman traditionnel sont entraînés dans une suite d'aventures, de réactions en chaîne se succédant par un prétendu implacable mécanisme de causes et d'effets qui peu à peu les conduit à ce dénouement qu'on a appelé le «couronnement logique du roman», démontrant le bien-fondé de la thèse soutenue par l'auteur et exprimant ce que son lecteur doit penser des hommes, des femmes, de la société ou de l'Histoire…

L'ennui, c'est que ces événements soi-disant déterminés et déterminants ne

---

5. *novateur* : innovative.
6. *superflue* : superfluous. In other words, if an author such as Balzac describes his characters' surroundings (home, furnishings, etc.) in such a way as to reveal the characters' psychology, then that makes the rest of the novel (including the character's storyline) redundant and unnecessary. Or, conversely, a psychologically revealing plot can be seen as making the descriptions superfluous.
7. *se greffer* : graft itself.
8. Dostoyevski.
9. *Harpagon* : The miser in Molière's play *L'Avare*. (Thus, not actually an example of something in a novel.)
10. *Strindberg* : August Strindberg, late nineteenth and early twentieth-century Swedish playwright.
11. *édile* : town official. (But Molière presents Harpagon as solely a miser.)

dépendent que du bon vouloir de celui qui les raconte et au gré duquel tels ou tels personnages se recontrent (ou se manquent), s'aiment (ou se détestent), meurent (ou survivent), et que si ces événements sont bien entendu possibles, ils pourraient tout aussi bien ne pas se produire. Comme le souligne Conrad dans sa préface au Nègre du Narcisse, l'auteur fait appel à notre seule crédulité, car, pour ce qui concerne la «logique» des caractères comme celle des situations, on pourrait en discuter sans fin: tandis qu'Henri Martineau, éminent stendhalien, nous assure que Julien Sorel est prédestiné dès le début du roman Le rouge et le noir à tirer le fatal coup de pistolet sur Madame de Rénal, Emile Faguet, lui, trouve ce dénouement «plus faux qu'il n'est permis»...

Sans doute est-ce là l'une des raisons du phénomène paradoxal qui fait que, dans le même temps qu'il naît, le roman réaliste commence déjà à travailler à sa propre destruction. Tout semble en effet se passer comme si, prenant conscience de la faiblesse du procédé auquel ils ont recours pour faire passer leur message didactique (procédé reposant tout entier sur un principe de causalité), ces auteurs avaient confusément ressenti le besoin, pour rendre leurs fables plus convaincantes, de leur donner une épaisseur matérielle. Jusque-là, dans le roman ou le conte philosophique, que ce soit *La princesse de Clèves*,[12] *Candide*,[13] *Les liaisons dangereuses*,[14] ou même *La nouvelle Héloïse*[15] écrite par cet amoureux de la nature qu'était Rousseau, la description est pour ainsi dire inexistante et n'apparaît que sous forme d'invariables stéréotypes: toutes les jolies femmes y ont invariablement un teint «de lys et de rosé», elles sont «faites au tour», les vieilles sont «hideuses», les ombrages «frais», les déserts «affreux», et ainsi de suite...Avec Balzac (et c'est là peut-être que réside son génie), on voit apparaître de longues et minutieuses descriptions de lieux ou de personnages, descriptions qui au cours du siècle se feront non seulement de plus en plus nombreuses mais, au lieu d'être confinées au commencement du récit ou à l'apparition des personnages, vont se fractionner, se mêler à doses plus ou moins massives au récit de l'action, au point qu'à la fin elles vont jouer le rôle d'une sorte de cheval de Troie et expulser tout simplement la fable à laquelle elles étaient censées donner corps: si la fin tragique de Julien Sorel sur l'échaufaud, celle d'Emma Bovary empoisonnée à l'arsenic ou celle d'Anna Karénine se jetant sous un train peuvent apparaître comme le couronnement logique de leurs aventures et en faire ressortir une morale, aucune, en revanche, ne peut être tirée de celle d'Albertine que Proust fait disparaître (on pourrait être tenté de dire: «dont il se débarrasse») par un banal accident de cheval...

***

[...] il semble aujourd'hui légitime de revendiquer[16] pour le roman (ou d'exiger de lui) une crédibilité, plus fiable que celle, toujours discutable, qu'on peut attribuer à une fiction, une crédibilité qui soit conférée au texte par la pertinence des rapports entre ses éléments, dont l'ordonnance, la succession et l'agencement ne relèveront plus d'une causalité extérieure au fait littéraire, comme la causalité d'ordre psychosocial qui est la règle dans le roman traditionnel dit réaliste, mais d'une causalité intérieure, en ce sens que tel événement, décrit et non plus rapporté suivra ou précédera tel autre en raison de leurs seules qualités propres.

Si je ne peux accorder crédit à ce deus ex machina qui fait trop opportunément se rencontrer ou se manquer les personnages d'un récit, en revanche il m'apparaît tout à fait crédible, parce que dans l'ordre sensible des choses, que Proust soit soudain transporté de la cour de l'hôtel des

---

12. *La Princesse de Clèves* : Famous seventeenth-century novel by Mme de Lafayette.
13. *Candide* : Eighteenth-century novel by Voltaire.
14. *Les Liaisons dangereuses* : Eighteenth-century novel by Choderlos de Laclos.
15. *La nouvelle Héloïse* : Eighteenth-century novel by Rousseau.
16. *revendiquer* : insist on.

Guermantes sur le parvis[17] de Saint-Marc à Venise par la sensation de deux pavés[18] inégaux sous son pied, crédible aussi que Molly Bloom[19] soit entraînée dans des rêveries érotiques par l'évocation des fruits juteux[20] qu'elle se propose d'acheter le lendemain au marché, crédible encore que le malheureux Benjy de Faulkner hurle de souffrance lorsqu'il entend les joueurs de golf crier le mot «caddie», et tout cela parce qu'entre ces choses, ces réminiscences, ces sensations, existe une évidente communauté de qualités, autrement dit une certaine harmonie qui, dans ces exemples, est le fait d'associations, d'assonances, mais peut aussi résulter, comme en peinture ou en musique, de contrastes, d'oppositions ou de dissonances.

***

Et dès lors on commence à entrevoir une réponse aux fameuses questions: «Pourquoi écrivez-vous? Qu'avez-vous à dire?»

«Si (…) l'on m'interroge», écrivait Paul Valéry, «si l'on s'inquiète (comme il arrive, et parfois assez vivement) de ce que j'ai voulu dire (…), je réponds que je n'ai pas voulu dire mais voulu faire et que c'est cette intention de faire qui a voulu ce que j'ai dit.» […]

***

Je suis maintenant un vieil homme, et, comme beaucoup d'habitants de notre vieille Europe, la première partie de ma vie a été assez mouvementée: j'ai été témoin d'une révolution, j'ai fait la guerre dans des conditions particulièrement meurtrières (j'appartenais à l'un de ces régiments que les états-majors sacrifient froidement à l'avance et dont, en huit jours, il n'est pratiquement rien resté), j'ai été fait prisonnier, j'ai connu la faim, le travail physique jusqu'à l'épuisement, je me suis évadé, j'ai été gravement malade, plusieurs fois au bord de la mort, violente ou naturelle, j'ai côtoyé les gens les plus divers, aussi bien

des prêtres que des incendiaires d'églises, de paisibles bourgeois que des anarchistes, des philosophes que des illettrés, j'ai partagé mon pain avec des truands, enfin j'ai voyagé un peu partout dans le monde… et cependent, je n'ai jamais encore, à soixante-douze ans, découvert aucun sens à tout cela, si ce n'est comme l'a dit, je crois, Barthes[21] après Shakespeare, que «si le monde signifie quelque chose, c'est qu'il ne signifie rien»—sauf qu'il est.

Comme on voit, je n'ai rien à dire, au sens sartrien de cette expression. D'ailleurs, si m'avait été révélée quelque vérité importante dans l'ordre du social, de l'histoire ou du sacré, il m'eût semblé pour le moins burlesque d'avoir recours pour l'exposer à une fiction inventée au lieu d'un traité raisonné de philosophie, de sociologie ou de théologie.

Que «faire», donc, pour reprendre le mot de Valéry qui, immédiatement, amène à la question suivante: faire avec quoi?

Eh bien, lorsque je me trouve devant ma page blanche, je suis confronté à deux choses: d'une part le trouble magma[22] d'émotions, de souvenirs, d'images qui se trouve en moi, d'autre part la langue, les mots que je vais chercher pour le dire, la syntaxe par laquelle ils vont être ordonnés et au sein de laquelle ils vont en quelque sorte se cristalliser.

Et, tout de suite, un premier constat: c'est que l'on n'écrit (ou ne décrit) jamais quelque chose qui s'est passé avant le travail d'écrire, mais bien ce qui se produit (et cela dans tous les sens du terme) au cours de ce travail, au présent de celui-ci, et résulte, non pas du conflit entre le très vague projet initial et la langue, mais au contraire d'une symbiose entre les deux qui fait, du moins chez moi, que le résultat est infiniment plus riche que l'intention.

[…]

Et s'il s'est produit une cassure, un changement radical dans l'histoire de l'art,

---

17. *parvis* : square in front of a cathedral.
18. *pavés* : paving stones.
19. *Molly Bloom* : Character in James Joyce's *Ulysses*.
20. *juteux* : juicy.
21. *Barthes* : Roland Barthes, twentieth-century literary critic.
22. *trouble magma* : great jumble.

c'est lorsque des peintres, bientôt suivis par des écrivains, ont cessé de prétendre représenter le monde visible mais seulement les impressions qu'ils en recevaient.

***

A la fin du siècle des Lumières[23] et avant que ne se forge le mythe du «réalisme», Novalis[24] énonçait avec une étonnante lucidité cet apparent paradoxe qu'«il en va du langage comme des formules mathématiques: elles constituent un monde en soi, pour elles seules; elles jouent entre elles exclusivement, n'expriment rien sinon leur propre nature merveilleuse, ce qui justement fait qu'elles sont si expressives que justement en elles se reflète le jeu étrange des rapports entre les choses».

C'est à la recherche de ce jeu que l'on pourrait peut-être concevoir un engagement de l'écriture qui, chaque fois qu'elle change un tant soit peu le rapport que par son langage l'homme entretient avec le monde, contribue dans sa modeste mesure à changer celui-ci. Le chemin suivi sera alors, on s'en doute, bien différent de celui du romancier qui, à partir d'un «commencement», arrive à une «fin». Cet autre,[25] frayé à grand-peine[26] par un explorateur dans une contrée inconnue (s'égarant, revenant, sur ses pas, guidé,—ou trompé—par la ressemblance de certains lieux pourtant différents ou, au contraire, les différents aspects du même lieu), cet autre se recoupe fréquemment, repasse par des carrefours[27] déjà traversés,

et il peut même arriver (c'est le plus logique) qu'à la fin de cette investigation dans le présent des images et des émotions dont aucune n'est plus loin ni plus près que l'autre (car les mots possèdent ce prodigieux pouvoir de rapprocher et de confronter ce qui, sans eux, resterait épars dans le temps des horloges et l'espace mesurable), il peut arriver que l'on soit ramené à la base de départ, seulement plus riche d'avoir indiqué quelques directions, jeté quelques passerelles pour être peut-être parvenu, par l'approfondissement acharné du particulier et sans prétendre avoir tout dit, à ce «fonds commun»[28] où chacun pourra reconnaître un peu—ou beaucoup—de lui-même.[29]

Aussi ne peut-il y avoir d'autre terme que l'épuisement[30] du voyageur explorant ce paysage inépuisable,[31] contemplant la carte approximative qu'il en a dressée et à demi rassuré seulement d'avoir obéi de son mieux dans sa marche à certains élans, certaines pulsions.[32] Rien n'est sûr ni n'offre d'autres garanties que celles dont Flaubert parle après Novalis: une harmonie, une musique. A sa recherche, l'écrivain progresse laborieusement, tâtonne en aveugle,[33] s'engage dans des impasses, s'embourbe,[34] repart—et, si l'on veut à tout prix tirer un enseignement de sa démarche, on dira que nous avançons toujours sur des sables mouvants.[35]

Merci de votre attention.

---

23. *A la fin du siècle de Lumières* : At the end of the century of the Enlightenment (i.e., at the end of the eighteenth century.)

24. *Novalis* : German romantic poet.

25. *Cet autre* : This other one (i.e., the seldom-be-fore-taken path of the nouveau romancier.)

26. *frayé à grand-peine* : beaten (i.e., walked down) with great difficulty.

27. *carrefours* : crossroads.

28. « *fonds commun* » : common sense.

29. This 130-odd-word sentence, although almost impossible to follow, gives a good idea of Simon's free-association style.

30. *l'épuisement* : exhaustion.

31. *inépuisable* : inexhaustible.

32. *pulsions* : impulsions.

33. *tâtonne en aveugle* : feels around as though blind.

34. *s'embourbe* : gets stuck.

35. *sables mouvants* : shifting sands.

Alain Robbe-Grillet

[1922-   ]

Among the Immortals

Elected to the Académie française in 2004, Robbe-Grillet earned this honor primarily for being an outstanding practitioner and theorist of *le Nouveau Roman*.

Multiple Professions

Born in the Atlantic coast town of Saint-Pierre-Quilbignon, which has since been absorbed into the city of Brest, Alain Robbe-Grillet avoided his father's industrial vocation and instead followed other family members into the field of science. Despite the interruption of being forced by the Germans to labor in a tank factory during World War II, Robbe-Grillet obtained a degree from the Institut National Agronomique in Paris in 1945 and became an agricultural engineer and statistician. Specializing in what were then known as colonial fruits and other tropical crops, he was sent on missions to Africa and the French West Indies. (Work on banana plantations eventually provided material for the exotic background in his novel *La Jalousie*.) Robbe-Grillet was in his thirties when he made the switch to literature. Living in Normandy in the seventeenth-century château of Le Mesnil-au-Grain and commuting to Paris for editorial duties at Les Editions de Minuit, he also found time to establish a reputation as an important screenplay writer.

External Reality

His scientific background informs his taste for exact description of physical objects, with specific measurements. As an advocate of what some have called "thing-ism" (*chosisme*), he is preoccupied with the furniture of the external world, in a way that Claude Simon seemingly was not.

Robbe-Grillet's subarea of *le Nouveau Roman* is *l'école du regard*. Externality, he says, must be described only as what the character sees. Typically the character sees constantly the same things, with small variations. Like a jazz musician doing improvisations on a theme, the narrator records every sight again and again without explanation or intervention by the author.

His most successful novels are *Les Gommes* (1953), *Le Voyeur* (1955) and *La Jalousie* (1957). Each recounts, apparently, the story of a crime. But the crimes, if they really took place, are never explained; they are suggested by the things seen and uninterpreted. In *Le Voyeur* the (apparent) criminal is a schizophrenic, who conveniently dismisses everything unpleasant from his conscious memory. In *La Jalousie* we see only two characters, the wife and the lover. There is a third character, the husband, who is never mentioned, who never appears; but he sees, and we see with him.

Robbe-Grillet's technique, so visual, lends itself well to the cinema. He won the top prize at the Venice Film Festival in 1961 with his script for *L'Année dernière à Marienbad*. That film was a thoroughly confusing yet artistically brilliant innovation. The "meaning" is obscure; indeed Robbe-Grillet says it is wrong to speculate on the meaning. The screenplay is merely itself—an hour and a half of wistful melancholy and poetic mystery, translated by director Alain Resnais into a work of visual beauty on the screen. Robbe-Grillet followed that film with a half-dozen more, including *L'Immortelle* and *La Belle Captive*. An interest in sado-masochistic subject matter has made a few of his works controversial.

Revitalization or Redundancy?

In his groundbreaking 1963 book of essays *Pour un Nouveau roman*, Robbe-Grillet asserted that the traditional novel had stultified and stagnated to such a degree that nothing short of a total revitalization could save the genre. And he certainly did his best to put his theories into action, producing novels of real freshness and intrigue. The Nouveau Roman, approached with the kind of respect accorded it by Robbe-Grillet, has its fascination. It is extremely intelligent; it produces often a powerful stimulus to emotional response. But its frame is small and its scope limited. Critics savaged it from the outset, complained that it rejects most of the possibilities developed in the traditional novel, including the picture of truly imagined characters against recognizable reality. It is overly obsessed with technique, and rife with monotony. Perhaps its downside has made us forget its virtues, which are not inconsiderable.

Obviously, it is not feasible to provide here a full-length Nouveau Roman. Fortunately, Robbe-Grillet created a mini-version that he called *Instantanés* (snapshots), a 1962 collection of short impressions that conveys a good idea of Robbe-Grillet's outlook and style.

INSTANTANÉS

[These selections from Les Instantanés *are © Les Editions de Minuit and reprinted by permission.]*

Le Remplaçant[1]

L'étudiant prit un peu de recul et leva la tête vers les branches les plus basses. Puis il fit un pas en avant, pour essayer de saisir un rameau[2] qui semblait à sa portée; il se haussa sur la pointe des pieds et tendit la main aussi haut qu'il put, mais il ne réussit pas à l'atteindre. Après plusieurs tentatives infructueuses, il parut y renoncer. Il abaissa le bras et continua seulement à fixer des yeux quelque chose dans le feuillage.

Ensuite il revint au pied de l'arbre, où il se posta dans la même position que la première fois: les genoux légèrement fléchis, le buste courbé vers la droite et la tête inclinée sur l'épaule. Il tenait toujours sa serviette[3] de la main gauche. On ne voyait pas l'autre main, de laquelle il s'appuyait sans doute au tronc, ni le visage qui était presque collé contre l'écorce, comme pour en examiner de très près quelque détail, à un mètre cinquante du sol environ.

L'enfant[4] s'était de nouveau arrêté dans sa lecture, mais cette fois-ci il devait y avoir un point, peut-être même un alinéa,[5] et l'on pouvait croire qu'il faisait un effort pour marquer la fin du paragraphe. L'étudiant se redressa pour inspecter l'écorce un peu plus haut.

Des chuchotements s'élevaient dans la classe. Le répétiteur[6] tourna la tête et vit que la plupart des élèves avaient les yeux levés, au lieu de suivre la lecture sur le livre; le lecteur luimême regardait vers la chaire d'un air vaguement interrogateur, ou craintif. Le répétiteur prit un ton sévère:

« Qu'est-ce que vous attendez pour continuer? »

Toutes les figures s'abaissèrent en silence et l'enfant reprit, de la même voix appliquée, sans nuance et un peu trop lente, qui donnait à tous les mots une valeur identique et les espaçait uniformément:

1. *Remplaçant*: Substitute. (This is part of a series called *Visions réfléchies*. *Réfléchies* has both the senses of "reflected" and "reflected upon." Who is le *Remplaçant*? The teacher?)
2. *rameau*: bough.
3. *serviette*: book bag.
4. *L'enfant*: Do not confuse with *l'étudiant*.
5. *alinéa*: indented line, paragraph.
6. *répétiteur*: instructor.

« Dans la soirée, Joseph de Hagen, un des lieutenants de Philippe, se rendit donc au palais de l'archevêque pour une prétendue visite de courtoisie.[7] Comme nous l'avons dit les deux frères... »

De l'autre côté de la rue, l'étudiant scrutait à nouveau les feuilles basses. Le répétiteur frappa sur le bureau du plat de sa main:

« Comme nous l'avons dit, virgule, les deux frères... »

Il retrouva le passage sur son propre livre et lut en exagérant la ponctuation:

« Reprenez: « Comme nous l'avons dit, les deux frères s'y trouvaient déjà, afin de pouvoir, le cas échéant, se retrancher derrière cet alibi... » et faites attention à ce que vous lisez. »

Après un silence, l'enfant recommença la phrase:

« Comme nous l'avons dit, les deux frères s'y trouvaient déjà, afin de pouvoir, le cas échéant, se retrancher derrière cet alibi—douteux en vérité, mais le meilleur qui leur fût permis dans cette conjoncture—sans que leur méfiant cousin... »

La voix monotone se tut brusquement, au beau milieu de la phrase. Les autres élèves, qui relevaient déjà la tête vers le pantin[8] de papier suspendu au mur, se replongèrent aussitôt dans leurs livres. Le répétiteur ramena les yeux de la fenêtre jusqu'au lecteur, assis du côté opposé, au premier rang près de la porte.

« Eh bien, continuez! Il n'y a pas de point. Vous avez l'air de ne rien comprendre à ce que vous lisez! »

L'enfant regarda le maître, et au-delà, un peu sur la droite, le pantin de papier blanc.

« Est-ce que vous comprenez, oui ou non?

—Oui, dit l'enfant d'une voix mal assurée.

—Oui, monsieur, corrigea le répétiteur.

—Oui, monsieur », répéta l'enfant.

Le répétiteur regarda le texte dans son livre et demanda:

« Que signifie pour vous le mot « alibi » ? »

L'enfant regarda le bonhomme de papier découpé, puis le mur nu, droit devant lui, puis le livre sur son pupitre; et de nouveau le mur, pendant près d'une minute.

« Eh bien?

—Je ne sais pas, monsieur », dit l'enfant.

Le répétiteur passa lentement la classe en revue. Un élève leva la main, près de la fenêtre du fond. Le maître tendit un doigt vers lui, et le garçon se leva de son banc:

« C'est pour qu'on croie qu'ils étaient là, monsieur.

—Précisez. De qui parlez-vous?

—Des deux frères, monsieur.

—Où voulaient-ils faire croire qu'ils étaient?

—Dans la ville, monsieur, chez l'archevêque.

—Et où étaient-ils en réalité? »

L'enfant réfléchit un moment avant de répondre.

« Mais ils y étaient vraiment, monsieur, seulement ils voulaient s'en aller ailleurs et faire croire aux autres qu'ils étaient encore là. »

Tard dans la nuit, dissimulés sous des masques noirs et enveloppés d'immenses capes, les deux frères se laissent glisser le long d'une échelle de corde au-dessus d'une ruelle déserte.

Le répétiteur hocha la tête plusieurs fois, sur le côté, comme s'il approuvait à demi. Au bout de quelques secondes, il dit: « Bon. »

« Maintenant vous allez nous résumer tout le passage, pour vos camarades qui n'ont pas compris. »

L'enfant regarda vers la fenêtre. Ensuite il posa les yeux sur son livre, pour les relever bientôt en direction de la chaire:

« Où faut-il commencer, monsieur?

—Commencez au début du chapitre. »

---

7. The boy is reading from an unidentified school history about intrigues in medieval Germany.

8. *pantin*: puppet, cut-out caricature.

Robbe-Grillet's boyhood vista near Brest. Courtesy of Bibliotheque nationale de France.

Sans se rasseoir, l'enfant tourna les pages de son livre et, après un court silence, se mit à raconter la conjuration de Philippe de Cobourg. Malgré de fréquentes hésitations et reprises, il le faisait de façon à peu près cohérente. Cependant il donnait beaucoup trop d'importance à des faits secondaires et, au contraire, mentionnait à peine, ou même pas du tout, certains événements de premier plan. Comme, par surcroît, il insistait plus volontiers sur les actes que sur leurs causes politiques, il aurait été bien difficile à un auditeur non averti de démêler les raisons de l'histoire et les liens qui unissaient les actions ainsi décrites entre elles comme avec les différents personnages. Le répétiteur déplaça insensiblement son regard le long des fenêtres. L'étudiant était revenu sous la branche la plus basse; il avait posé sa serviette au pied de l'arbre et sautillait[9] sur place en levant un bras. Voyant que tous ses efforts étaient vains, il resta de nouveau immobile, à contempler les feuilles inaccessibles. Philippe de Cobourg campait avec ses mercenaires sur les bords du Neckar.[10] Les écoliers, qui n'étaient plus censés suivre le texte imprimé, avaient tous relevé la tête et considéraient sans rien dire le pantin de papier accroché au mur. Il n'avait ni mains ni pieds, seulement quatre membres grossièrement découpés et une

tête ronde, trop grosse, où était passé le fil. Dix centimètres plus haut, à l'autre bout du fil, on voyait la boulette de buvard mâché[11] qui le retenait.

Mais le narrateur s'égarait dans des détails tout à fait insignifiants et le maître finit par l'interrompre:

« C'est bien, dit-il, nous en savons assez comme ça. Asseyez-vous et reprenez la lecture en haut de la page: « Mais Philippe et ses partisans… »

Toute la classe, avec ensemble, se pencha vers les pupitres, et le nouveau lecteur commença, d'une voix aussi inexpressive que son camarade, bien que marquant avec conscience les virgules et les points:

« Mais Philippe et ses partisans ne l'entendaient pas de cette oreille. Si la majorité des membres de la Diète—ou même seulement le parti des barons—renonçaient ainsi aux prérogatives accordées, à lui comme à eux, en récompense de l'inestimable soutien qu'ils avaient apporté à la cause archiducale lors du soulèvement,[12] ils ne pourraient plus dans l'avenir, ni eux ni lui, demander la mise en accusation d'aucun nouveau suspect, ou la suspension sans jugement de ses droits seigneuriaux. Il fallait à tout prix que ces pourparlers, qui lui paraissaient engagés de façon si défavorable à sa cause, fussent

---

9. *sautillait*: was hopping.
10. Neckar, a river in south-central Germany.
11. *boulette de buvard mâché*: ball of chewed-up
    blotting paper.
12. *soulèvement*: uprising.

interrompus avant la date fatidique.[13] Dans la soirée, Joseph de Hagen, un des lieutenants de Philippe, se rendit donc au palais de l'archevêque, pour une prétendue visite de courtoisie. Comme nous l'avons dit, les deux frères s'y trouvaient déjà… »

Les visages restaient sagement penchés sur les pupitres. Le répétiteur tourna les yeux vers la fenêtre. L'étudiant était appuyé contre l'arbre, absorbé dans son inspection de l'écorce. Il se baissa très lentement, comme pour suivre une ligne tracée sur le tronc—du côté qui n'était pas visible depuis les fenêtres de l'école. A un mètre cinquante du sol, environ, il arrêta son mouvement et inclina la tête sur le côté, dans la position exacte qu'il occupait auparavant. Une à une, dans la classe, les figures se relevèrent.

Les enfants regardèrent le maître, puis les fenêtres. Mais les carreaux du bas étaient dépolis et, au-dessus, ils ne pouvaient apercevoir que le haut des arbres et le ciel. Contre les vitres, il n'y avait ni mouche ni papillon. Bientôt tous les regards contemplèrent de nouveau le bonhomme en papier blanc.[14]

Scène

Quand le rideau s'ouvre, la première chose que l'on aperçoit depuis la salle[15]—entre les pans[16] de velours rouge qui s'écartent avec lenteur—la première chose que l'on aperçoit est un personnage vu de dos, assis à sa table de travail au milieu de la scène vivement éclairée.

Il se tient immobile, ses deux coudes et ses avant-bras reposant sur le dessus de la table. Sa tête est tournée vers la droite—à quarante-cinq degrés environ—pas assez pour que l'on distingue les traits du visage, sauf un commencement de profil perdu:[17] la joue, la tempe, l'arête du maxillaire,[18] le bord de l'oreille…

On ne voit pas non plus ses mains, bien que l'attitude du personnage laisse deviner leur position respective: la gauche étalée à plat sur des feuilles éparses, l'autre serrant un porteplume, relevé pour un instant de réflexion au-dessus du texte interrompu. De chaque côté sont empilés en désordre de gros livres, dont la forme et les dimensions sont celles de dictionnaires—de langue étrangère, sans doute—ancienne, probablement.

La tête, tournée vers la droite, est dressée: le regard a quitté les livres et la phrase interrompue. Il est dirigé vers le fond de la pièce, à l'endroit où de lourds rideaux de velours rouge masquent, du plafond jusqu'au sol, quelque large baie vitrée. Les plis des rideaux sont verticaux et réguliers, très rapprochés les uns des autres, ménageant entre eux de profonds creux d'ombre…

Un bruit violent attire l'attention à l'autre extrémité de la pièce: des coups frappés contre un panneau[19] de bois, avec suffisamment de force et d'insistance pour laisser comprendre qu'ils se répètent, à ce moment, au moins pour la seconde fois.

Cependant le personnage reste silencieux et immobile. Puis, sans bouger le buste, il fait pivoter sa tête, lentement, vers la gauche. Son regard levé décrit ainsi tout le mur qui constitue le fond de la grande pièce, un mur nu—c'est-à-dire sans aucun meuble—mais recouvert de boiseries sombres, depuis les rideaux rouges de la fenêtre jusqu'au battant[20] fermé d'une porte de taille ordinaire, sinon petite. Le regard

---

13. *fatidique*: fateful.
14. The teacher watches, through the dirty window, the student pursuing an incomprehensible investigation. The students watch the teacher and the caricature behind his head. All watch the ancient adventure in the textbook. Nothing happens. It is a "snapshot." There are feelings, but they are not stated.
15. *salle*: auditorium of theater.
16. *pans*: sections (of stage curtains).
17. *profil perdu*: receding profile.
18. *arête du maxillaire*: ridge of the jaw.
19. *panneau*: panel.
20. *battant*: swing-door.

s'y arrête, tandis que les coups y retentissent de nouveau, si violents que l'on croit voir trembler le panneau de bois.

Les traits du visage demeurent invisibles, malgré son changement d'orientation. En effet, après une rotation de quatre-vingt-dix degrés environ, la tête occupe maintenant une position symétrique de celle du début, par rapport à l'axe commun de la pièce, de la table et de la chaise. On aperçoit donc, en profil perdu, l'autre joue, l'autre tempe, l'autre oreille, etc.

On frappe à la porte, encore une fois, mais plus faiblement, comme une supplication dernière—ou comme sans espoir, ou bien avec un calme retrouvé, ou manque d'assurance, ou n'importe quoi. Quelques secondes plus tard, on entend des pas lourds qui décroissent peu à peu dans un long corridor.

Le personnage tourne de nouveau la tête vers les rideaux rouges de droite. Il siffle, entre ses dents, quelques notes de ce qui doit être une phrase musicale—complainte populaire ou mélodie—mais déformée, discontinue, difficilement identifiable.

Puis, après une minute d'immobilité silencieuse, il ramène les yeux sur son ouvrage.

La tête se baisse. Le dos s'arrondit. Le dossier de la chaise est formé d'un cadre rectangulaire, que viennent compléter deux barres verticales, supportant, au centre, un carré de bois plein. On entend, plus faibles, plus disloquées encore, quelques mesures du refrain, sifflées entre les dents.

Brusquement le personnage relève la tête en direction de la porte et s'immobilise, le cou tendu. Il reste ainsi de longues secondes—comme aux aguets.[21] Cependant, de la salle, on ne perçoit pas le moindre bruit.

Le personnage se met debout avec précaution, écarte sa chaise en évitant de la faire traîner ou heurter le sol, se met en marche à pas muets vers les rideaux de velours. Il en écarte légèrement le bord

extérieur, du côté droit, et regarde au dehors dans la direction de la porte (vers la gauche). On distinguerait donc, à ce moment, son profil gauche, s'il ne se trouvait masqué par le pan d'étoffe rouge que la main ramène contre la joue. En revanche on peut voir maintenant, sur la table, les feuilles étalées de papier blanc.

Elles sont assez nombreuses et se recouvrent partiellement l'une l'autre. Les feuilles inférieures, dont les angles dépassent de tous les côtés de façon très irrégulière, sont hachurées[22] par les lignes serrées d'une écriture soigneuse. Celle du dessus, la seule à être visible tout entière, n'est encore écrite qu'à moitié; elle se termine, au milieu d'une ligne, par une phrase interrompue, sans aucun signe de ponctuation après le dernier mot.

A droite de cette feuille apparaît le bord de celle d'au-dessous: un triangle très allongé, dont la base mesure environ deux centimètres et dont la pointe aiguë s'avance vers la partie postérieure de la table—là où sont les dictionnaires.

Plus à droite encore, au-delà de cette pointe, mais dirigé vers le côté de la table, un autre coin de page dépasse de toute la largeur d'une main; il présente également une forme triangulaire, voisine celle-ci d'un demi-carré (coupé suivant une diagonale). Entre le sommet de ce dernier triangle et le dictionnaire le plus proche est posé, sur le bois ciré de la table, un objet blanchâtre gros comme le poing: un caillou poli par l'usure,[23] creusé en une sorte de coupe très épaisse—beaucoup plus épaisse que creuse—aux contours irréguliers et arrondis. Dans le fond de la dépression, un bout de cigarette est écrasé au milieu des cendres. A son extrémité non brûlée, le papier porte des traces très apparentes de rouge à lèvres.

Le personnage présent en scène, cependant, était de toute évidence un homme: cheveux coupés courts, veste et pantalon. Relevant les yeux, on constate qu'il est maintenant debout devant la porte,

---

21. *aux aguets*: on the lookout.
22. *hachurées*: hatched, closely written.

23. *usure*: wear.

face à celle-ci, c'est-à-dire tournant toujours le dos à la salle. On dirait qu'il cherche à entendre quelque chose, qui se passerait de l'autre côté du panneau.

Mais aucun bruit ne parvient jusqu'à la salle. Sans se retourner, le personnage recule ensuite vers la rampe,[24] tout en continuant de regarder la porte. Lorsqu'il arrive à proximité de la table, il pose la main droite sur le coin de celle-ci et…

« Moins vite », dit à ce moment une voix dans la salle. C'est quelqu'un, sans doute, qui parle dans un porte-voix,[25] car les syllabes résonnent avec une ampleur anormale.

Le personnage s'arrête. La voix reprend:

« Moins vite, ce mouvement! Recommencez à partir de la porte: vous faites d'abord un pas en arrière—un seul—et vous restez immobile pendant quinze ou vingt secondes. Puis vous poursuivez votre recul vers la table, mais beaucoup plus lentement. »

Le personnage est donc debout contre la porte, face à celle-ci, c'est-à-dire tournant toujours le dos. On dirait qu'il cherche à entendre quelque chose, qui se passerait de l'autre côté du panneau. Aucun bruit ne parvient jusqu'à la salle. Sans se retourner, le personnage fait un pas en arrière et s'immobilise à nouveau. Au bout d'un certain temps il reprend sa marche à reculons, vers la table où l'attend son ouvrage, très lentement, à petits pas réguliers et silencieux, tandis qu'il continue de fixer la porte du regard. Son déplacement est rectiligne, sa vitesse uniforme. Au-dessus des jambes que l'on voit à peine bouger, le buste reste parfaitement rigide, ainsi que les deux bras, tenus un peu écartés du corps et arqués.

Lorsqu'il arrive à proximité de la table, il pose la main droite sur le coin de celle-ci et, pour en longer le bord latéral gauche, change légèrement sa direction. En se guidant sur l'arête[26] de bois, il progresse ainsi, maintenant, perpendiculairement à la rampe…puis, passé le coin, parallèlement à celle-ci…et il se rassoit sur sa chaise, masquant de son large dos les feuilles de papier étalées devant lui.

Il regarde les feuilles de papier, puis les rideaux rouges de la fenêtre, puis de nouveau la porte; et, tourné de ce côté il prononce quatre ou cinq mots indistincts.

« Plus fort! » dit le porte-voix dans la salle.

« A présent, ici, ma vie, encore… » prononce la voix naturelle—celle du personnage sur la scène.

« Plus fort! » dit le porte-voix.

« A présent, ici, ma vie, encore… » répète le personnage en haussant le ton.

Ensuite il se replonge dans son ouvrage.[27]

La Plage

Trois enfants marchent le long d'une grève.[28] Ils s'avancent, côte à côte, se tenant par la main. Ils ont sensiblement la même taille, et sans doute aussi le même âge: une douzaine d'années. Celui du milieu, cependant, est un peu plus petit que les deux autres.

Hormis ces trois enfants, toute la longue plage est déserte. C'est une bande de sable assez large, uniforme, dépourvue de roches isolées comme de trous d'eau, à peine inclinée entre la falaise[29] abrupte, qui paraît sans issue, et la mer.

Il fait très beau. Le soleil éclaire le sable jaune d'une lumière violente, verticale. Il n'y a pas un nuage dans le ciel. Il n'y a pas,

---

24. *rampe*: footlights.
25. *porte-voix*: megaphone.
26. *arête*: edge.
27. What have we learned of the stage play and of the character of the protagonist?
28. *grève*: beach.
29. *falaise*: cliff.

non plus, de vent. L'eau est bleue, calme, sans la moindre ondulation venant du large, bien que la plage soit ouverte sur la mer libre, jusqu'à l'horizon.

Mais à intervalles réguliers, une vague soudaine, toujours la même, née à quelques mètres du bord, s'enfle brusquement et déferle[30] aussitôt, toujours sur la même ligne. On n'a pas alors l'impression que l'eau avance, puis se retire; c'est, au contraire, comme si tout ce mouvement s'exécutait sur place. Le gonflement de l'eau produit d'abord une légère dépression, du côté de la grève, et la vague prend un peu de recul, dans un bruissement[31] de graviers[32] roulés; puis elle éclate et se répand, laiteuse, sur la pente, mais pour regagner seulement le terrain perdu. C'est à peine si une montée plus forte, çà et là, vient mouiller un instant quelques décimètres supplémentaires.

Et tout reste de nouveau immobile, la mer, plate et bleue, exactement arrêtée à la même hauteur sur le sable jaune de la plage, où marchent côte à côte les trois enfants.

Ils sont blonds, presque de la même couleur que le sable: la peau un peu plus foncée, les cheveux un peu plus clairs. Ils sont habillés tous les trois de la même façon, culotte courte et chemisette, l'une et l'autre en grosse[33] toile d'un bleu délavé.[34] Ils marchent côte à côté, se tenant par la main, en ligne droite, parallèlement à la mer et parallèlement à la falaise, presque à égale distance des deux, un peu plus près de l'eau pourtant. Le soleil, au zénith, ne laisse pas d'ombre à leur pied.

Devant eux le sable est tout à fait vierge, jaune et lisse depuis le rocher jusqu'à l'eau. Les enfants s'avancent en ligne droite, à une vitesse régulière, sans faire le plus petit crochet,[35] calmes et se tenant par la main. Derrière eux le sable, à peine humide, est marqué des trois lignes

d'empreintes laissées par leurs pieds nus, trois successions régulières d'empreintes semblables et pareillement espacées, bien creuses, sans bavures.[36]

Les enfants regardent droit devant eux. Ils n'ont pas un coup d'œil vers la haute falaise, sur leur gauche, ni vers la mer dont les petites vagues éclatent périodiquement, sur l'autre côté. A plus forte raison ne se retournent-ils pas, pour contempler derrière eux la distance parcourue. Ils poursuivent leur chemin, d'un pas égal et rapide.

Devant eux, une troupe d'oiseaux de mer arpente[37] le rivage, juste à la limite des vagues. Ils progressent parallèlement à la marche des enfants, dans le même sens que ceux-ci, à une centaine de mètres environ. Mais, comme les oiseaux vont beaucoup moins vite, les enfants se rapprochent d'eux. Et tandis que la mer efface au fur et à mesure les traces des pattes étoilées, les pas des enfants demeurent inscrits avec netteté dans le sable à peine humide, où les trois lignes d'empreintes continuent de s'allonger.

La profondeur de ces empreintes est constante: à peu près deux centimètres. Elles ne sont déformées ni par l'effondrement des bords ni par un trop grand enfoncement du talon, ou de la pointe. Elles ont l'air découpées à l'emporte-pièce[38] dans une couche superficielle, plus meuble,[39] du terrain.

Leur triple ligne ainsi se développe, toujours plus loin, et semble en même temps s'amenuiser,[40] se ralentir, se fondre en un seul trait, qui sépare la grève en deux bandes, sur toute sa longueur, et qui se termine à un menu mouvement mécanique, là-bas, exécuté comme sur place: la descente et la remontée alternative de six pieds nus.

Cependant à mesure que les pieds nus s'éloignent, ils se rapprochent des oiseaux.

---

30. *déferle*: breaks. (That is, the wave crests and then collapses.)
31. *bruissement*: rustling.
32. *graviers*: gravel.
33. *grosse*: coarse.
34. *délavé*: washed-out.
35. *crochet*: deviation.

36. *bavures*: dribblings.
37. *arpente*: walks along.
38. *à l'emporte-pièce*: with a punch. (They seem mechanically punched out, as if from a cookie-cutter.)
39. *meuble*: movable.
40. *s'amenuiser*: dwindle.

Non seulement ils gagnent rapidement du terrain, mais la distance relative qui sépare les deux groupes diminue encore beaucoup plus vite, comparée au chemin déjà parcouru. Il n'y a bientôt plus que quelques pas entre eux…

Mais, lorsque les enfants paraissent enfin sur le point d'atteindre les oiseaux, ceux-ci tout à coup battent des ailes et s'envolent, l'un d'abord, puis deux, puis dix…Et toute la troupe, blanche et grise, décrit une courbe au-dessus de la mer pour venir se reposer sur le sable et se remettre à l'arpenter, toujours dans le même sens, juste à la limite des vagues, à une centaine de mètres environ.

A cette distance, les mouvements de l'eau sont quasi imperceptibles, si ce n'est par un changement soudain de couleur, toutes les dix secondes, au moment où l'écume éclatante brille au soleil.

Sans s'occuper des traces qu'ils continuent de découper, avec précision, dans le sable vierge, ni des petites vagues sur leur droite, ni des oiseaux, tantôt volant, tantôt marchant, qui les précèdent, les trois enfants blonds s'avancent côte à côte, d'un pas égal et rapide, se tenant par la main.

Leurs trois visages hâlés,[41] plus foncés que les cheveux, se ressemblent. L'expression en est la même: sérieuse, réfléchie, préoccupée peut-être. Leurs traits aussi sont identiques, bien que, visiblement, deux de ces enfants soient des garçons et le troisième une fille.[42] Les cheveux de la fille sont seulement un peu plus longs, un peu plus bouclés, et ses membres à peine un peu plus graciles. Mais le costume est tout à fait le même: culotte courte et chemisette, l'une et l'autre en grosse toile d'un bleu délavé.

La fille se trouve à l'extrême droite, du côté de la mer. A sa gauche, marche celui des deux garçons qui est légèrement plus petit. L'autre garçon, le plus proche de la falaise, a la même taille que la fille.

Devant eux s'étend le sable jaune et uni, à perte de vue. Sur leur gauche se dresse la paroi[43] de pierre brune, presque verticale, où aucune issue n'apparaît. Sur leur droite, immoblie et bleue depuis l'horizon, la surface plate de l'eau est bordée d'un ourlet[44] subit, qui éclate aussitôt pour se répandre en mousse blanche.

Puis, dix secondes plus tard, l'onde qui se gonfle creuse à nouveau la même dépression, du côté de la plage, dans un bruissement de graviers[45] roulés.

La vaguelette déferle; l'écume laiteuse gravit à nouveau la pente, regagnant les quelques décimètres de terrain perdu. Pendant le silence qui suit, de très lointains coups de cloche résonnent dans l'air calme.

« Voilà la cloche », dit le plus petit des garçons, celui qui marche au milieu.[46]

Mais le bruit des graviers que la mer aspire couvre le trop faible tintement. Il faut attendre la fin du cycle pour percevoir à nouveau quelques sons, déformés par la distance.

« C'est la première cloche », dit le plus grand.

La vaguelette déferle, sur leur droite.

Quand le calme est revenu, ils n'entendent plus rien. Les trois enfants blonds marchent toujours à la même cadence régulière, se tenant tous les trois par la main. Devant eux, la troupe d'oiseaux qui n'était plus qu'à quelques enjambées, gagnée par une brusque contagion, bat des ailes et prend son vol.

Ils décrivent la même courbe au-dessus de l'eau, pour venir se reposer sur le sable et se remettre à l'arpenter, toujours dans le même sens, juste à la limite des vagues, à une centaine de mètres environ.

« C'est peut-être pas la première, reprend le plus petit, si on n'a pas entendu l'autre, avant…

—On l'aurait entendue pareil[47] », répond son voisin.

---

41. *hâlés*: tanned.
42. The unexpected piece of information that one of the children is a girl is typical of Robbe-Grillet's technique of adding new detail in the midst of a seeming repetition.
43. *paroi*: wall.
44. *ourlet*: hem, edge.
45. *graviers*: gravel.
46. The sounding of the bell – perhaps from a clock? – is the first real event to occur.
47. *pareil*: just the same.

Mais ils n'ont pas, pour cela, modifié leur allure; et les mêmes empreintes, derrière eux, continuent de naître, au fur et à mesure, sous leurs six pieds nus.

« Tout à l'heure, on n'était pas si près », dit la fille.

Au bout d'un moment, le plus grand des garçons, celui qui se trouve du côté de la falaise, dit:

« On est encore loin. »

Et ils marchent ensuite en silence tous les trois.

Ils se taisent ainsi jusqu'à ce que la cloche, toujours aussi peu distincte, résonne à nouveau dans l'air calme. Le plus grand des garçons dit alors: « Voilà la cloche. » Les autres ne répondent pas.[48]

Les oiseaux, qu'ils étaient sur le point de rattraper, battent des ailes et s'envolent, l'un d'abord, puis deux, puis dix…

Puis toute la troupe est de nouveau posée sur le sable, progressant le long du rivage, à cent mètres environ devant les enfants.

La mer efface à mesure les traces étoilées de leurs pattes. Les enfants, au contraire, qui marchent plus près de la falaise, côte à côte, se tenant par la main, laissent derrière eux de profondes empreintes, dont la triple ligne s'allonge parallèlement aux bords, à travers la très longue grève.

Sur la droite, du côté de l'eau immobile et plate, déferle, toujours à la même place, la même petite vague.[49]

Un Souterrain[50]

Une foule clairsemée[51] de gens pressés, marchant tous à la même vitesse, longe un couloir dépourvu de passages transversaux, limité d'un bout comme de l'autre par un coude, obtus, mais qui masque entièrement les issues terminales, et dont les murs sont garnis, à droite comme à gauche, par des affiches publicitaires toutes identiques se succédant à intervalles égaux. Elles représentent une tête de femme, presque aussi haute à elle seule qu'une des personnes de taille ordinaire qui défilent devant elle, d'un pas rapide, sans détourner le regard.

Cette figure géante, aux cheveux blonds bouclés, aux yeux encadrés de cils très longs, aux lèvres rouges, aux dents blanches, se présente de trois quarts, et sourit en regardant les passants qui se hâtent et la dépassent l'un après l'autre, tandis qu'à côté d'elle, sur la gauche, une bouteille de boisson gazeuse,[52] inclinée à

quarante-cinq degrés, tourne son goulot[53] vers la bouche entrouverte. La légende[54] est inscrite en écriture cursive, sur deux lignes: le mot « encore » placé au-dessus de la bouteille, et les deux mots « plus pure » au-dessous, tout en bas de l'affiche, sur une oblique légèrement montante par rapport au bord horizontal de celle-ci.

Sur l'affiche suivante se retrouvent les mêmes mots à la même place, la même bouteille inclinée dont le contenu est prêt à se répandre, le même sourire impersonnel. Puis, après un espace vide couvert de céramique blanche, la même scène de nouveau, figée au même instant où les lèvres s'approchent du goulot tendu et du liquide sur le point de couler, devant laquelle les mêmes gens pressés passent sans détourner la tête, poursuivant leur chemin vers l'affiche suivante.

---

48. Their lives seem dominated by the bell/clock. What does this tell us about the mechanization of modern life?

49. Can we call this tale a story? The plot is almost nonexistent, the characters unknown, the narrator unhelpful. All that we get is a very detailed, quasi-cinematographic description that has the feel of a dream, the sort that Freud called a mechanical dream. Could it be that the tale is

literally a dream, and the bell that of an alarm clock that we resist several times before rising?

50. *souterrain*: underground walkway in the métro, the Paris subway.

51. *clairsemée*: scattered.

52. *gazeuse*: carbonated.

53. *goulot*: neck, spout.

54. *légende*: caption.

Et les bouches se multiplient, et les bouteilles, et les yeux grands comme des mains au milieu de leurs longs cils[55] courbes. Et, sur l'autre paroi[56] du couloir, les mêmes éléments se reproduisent encore avec exactitude (à ceci près que les directions du regard et du goulot y sont interchangées), se succédant à intervalles constants de l'autre côté des silhouettes sombres des voyageurs, qui continuent à défiler, en ordre dispersé mais sans interruption, sur le fond bleu-ciel des panneaux, entre les bouteilles rougeâtres et les visages roses aux lèvres disjointes. Mais, juste avant le coude, leur passage est gêné par un homme arrêté, à un mètre environ du mur de gauche. Le personnage est habillé d'un costume gris, de teinte peu franche,[57] et tient dans la main droite qui pend le long de son corps un journal plié en quatre. Il est en train de contempler la paroi, aux environs d'un nez plus grand que tout son visage qui se trouve au niveau de ses propres yeux.

En dépit de la taille énorme du dessin et du peu de détails dont il s'orne, la tête du spectateur se penche en avant, comme pour mieux voir. Les passants doivent s'écarter un instant de leur trajectoire rectiligne afin de contourner cet obstacle inattendu; presque tous passent derrière, mais quelques-uns, s'apercevant trop tard de la contemplation qu'ils vont interrompre, ou ne voulant pas se déranger pour si peu de leur route, ou ne se rendant compte de rien, s'avancent entre l'homme et l'affiche, dont ils interceptent alors le regard.

13. The Rise of the Media

France at the Forefront

Books and stage theater had to share the literary limelight with other media barely conceivable before the twentieth century. Cinema (beginning with the first permanent movie theaters in Paris in 1905), radio (beginning with the first stations in early 1920s), television (taking hold in the late 1940s) and internet (arriving in the 1990s), among others, were the new electric and electronic media of the twentieth century that served as vehicles for authors to use to reach mass audiences.

France was the first leader in world cinema. French inventor Augustin LePrince, working in Leeds, England, made the first moving pictures in 1888, but he mysteriously disappeared in 1890, never to be seen again. In 1895, in a Paris café, the Lumière Brothers gave the world's first showing of motion pictures (which they made with a camera of their own design) to paying customers. In 1896, Georges Méliès, a professional magician, made the first of his 500 movies featuring special effects that still amaze. That same year, the Pathé Brothers founded a film empire built around their newsreels. And Léon Gaumont started a movie studio that would still be going strong a century later. In 1906, Eugène Lauste created the first film footage with sound. And for a decade, the French film industry easily rivaled that of the United States. But France was set back terribly by World War I. Hollywood took over as the leader in cinema and never looked back. The French cinema industry never fully recovered during the first half of the twentieth century, despite grand achievements by the great Jean Renoir and other capable filmmakers.

However, around 1960, French filmmaking found its unique style in a new kind of cinema designated *La Nouvelle Vague*, the New Wave. A number of young film critics,

55.   *cils*: lashes.
56.   *paroi*: wall.

57.   *peu franche*: impure, equivocal.

mostly writers for André Bazin's journal *Cahiers du cinéma*, proposed new ideas for a revitalized French cinema, and then actually put them into effect by making their own movies. These young filmmakers—François Truffaut, Jean-Luc Godard, Jacques Rivette, Alain Resnais, Louis Malle, Eric Rohmer, Claude Chabrol, and others—created inexpensive, personal films shot in the streets for a look of remarkable realism and a spirit of freewheeling verve. The idea of the director as a complete filmmaker, as an auteur who wrote, shot, and sometimes acted in his own work, was a great breakthrough in cinematic history that relaunched French cinema. Taking advantage of a program of government subsidies for artistic filmmakers, the French now produce over 200 films per year, a high percentage of them displaying real creativity and provocative thought content.

Film Festival at Cannes. Photo by Kenneth T. Rivers.

Meanwhile, radio and television battled the cinema. In a sense, the competition among the three spurred one another on. Whereas radio drama died out with the advent of TV in the U.S., it persisted in France and other countries until the end of the century. Radio drama constitutes a unique form of theater of the mind that cannot be replicated by any other media.

France got off to a late start with internet media because France already had the Minitel, a computer communication system that worked only in France, but which was available to French households free of charge for the hardware. Little by little, France was gaining use of the internet toward the end of the 1990s, and showed signs of becoming a leader in digitized imagery technology.

Jöel Magny

The Cinematic Auteur

Explaining for us the origins and ramifications of the notorious auteur controversy in French cinema is one of the leading French film critics, Jöel Magny. A film reviewer and theorist since 1970, Magny has also become an important historian of the movies. He co-edited *La Petite Encyclopédie du cinéma* and has served as adviser to the *Encyclopaedia Universalis*. He has been an editor of the important journals *Téléciné* and *Cinéma*, and written books about the films of Eric Rohmer, Claude Chabrol, Maurice Pialat and F.W. Murnau. In addition, he has held the post of Lecturer (*chargé de cours*) at Paris I and Paris VIII, and written screenplays. In 1991, Magny also organized and co-edited the valuable *Histoire des théories du cinéma* project in which the following selection was originally published as the contribution covering issues in French cinema 1953-1968.

As Magny makes clear, the auteur theory of filmmaking is actually known in France as *la politique des auteurs*. (*Politique*, in this case, means something like practice or tendency, a less grandiose term than *théorie*.) It proposed a totally personal, subjective approach to creating movies. This approach competed with a conception of theatrical-style filmmaking called *la mise-en-scène*, which favored an impersonal, objective approach. Thanks to theoretical-minded filmmakers like Eric Rohmer, the two opposing approaches were ultimately reconciled into a New Wave that replaced the old studios' stodgy, costume-drama style of moviemaking known as the *tradition de qualité* (that so often lacked quality, unfortunately.)

From *CinémAction* no. 60 : *Histoire des théories du cinéma*, © CinémAction-Corlet Télérama, 1991, reprinted by permission. The use of italics below is Magny's.

DE LA « MISE EN SCÈNE » À LA « POLITIQUE DES AUTEURS »

André Bazin[1] avait posé les fondements d'une théorie du cinéma fondée sur le dévoilement[2] de la réalité sous le regard discret, voire respectueux du cinéaste.[3] Ses continuateurs immédiats, en s'appuyant sur la notion de «mise en scène» et la trop fameuse «politique des auteurs », ne l'ont nullement trahi, mais l'évolution du cinéma n'a pas manqué de provoquer certaines dérives,[4] au point de vider parfois ces deux expressions de toute signification.

Il peut sembler paradoxal que la théorie bazinienne[5] ait engendré[6] deux notions apparemment aussi étrangères aux axiomes de bases que la toute puissance de la « mise en scène» et la «politique des auteurs ». La mise en scène - ce terme qui ne cache pas son origine théâtrale[7] - en tant qu'élaboration, mise en forme a priori, de l'image du réel s'oppose évidemment au principe fondamental de non intervention de l'artiste-observateur sur ce qu'il filme, tandis que la notion d'auteur, en tant que contenu psychologique, thématique, idéologique qui filtrerait la réalité, venant s'interposer entre celle-ci et l'objectif[8] de la caméra, est évidemment contraire à l'effacement du cinéaste qu'implique la pensée de Bazin.

Il est d'ailleurs significatif que lorsque cette politique des auteurs a commencé à se développer au sein des *Cahiers du cinéma* sous l'impulsion d'Éric Rohmer, François Truffaut, Jacques Rivette, Jean-Luc Godard et Claude Chabrol, Bazin soit intervenu à plusieurs reprises pour rectifier les excès potentiels des prises de position des « Jeunes Turcs »,[9] en particulier « *le culte esthétique de la personnalité* ». Mais ce fut toujours en reconnaissant l'intérêt de la démarche, sa fécondité et la validité de ses résultats.

---

1. *André Bazin* : Important film critic who co-founded the seminal journal *Cahier du cinéma* in 1952. Despite dying only six years later at the age of 40, Bazin had great influence and is often called the spiritual father of the New Wave.
2. *dévoilement* : unveiling, in the sense of revealing to the film viewer.
3. *cinéaste* : filmmaker.
4. *dérives* : drifts, detours.
5. *bazinienne* = de Bazin.
6. *ait engendré* : gave rise to. (Past subjunctive of *engendrer*.)
7. The term *mise-en-scène* literally means *stage setting*, and is often used to mean simply any kind of directing of a play or film. In this essay, Magny's use of the term refers primarily to

the objective style of filmmaking in which the director is self-effacing. This type of cinema in which the spectator has no feeling that the movie even *had* a director is what Bazin had wanted.

8. *l'objectif* : lens.
9. [*Magny's footnote:*] « Comment peut-on être hitchcocko-hawksien? », *Cahiers du cinéma*, n° 44, février 1955 ; « De la politique des auteurs », id., n° 70, avril 1957.
    [*"Jeunes Turcs"* is an expression meaning young revolutionary figures in a particular field of endeavor. Bazin was trying to soften the radical opinions of his youthful staff of critics. They wanted a highly personal cinema, quite the opposite of what he wanted them to want.]

Young filmmakers at work on the Riviera. Photo by Kenneth T. Rivers.

Deux notions intrinsèquement liées

On ne trouve, dans les ouvrages de Bazin sur Welles[10] ou Renoir,[11] aucun exposé de la pensée, de la psychologie, de l'univers mental de ces cinéastes. N'intéressent Bazin que leur pratique du cinéma et ce qu'elle donne à voir de la réalité. Importent moins les idées limitées et particulières des auteurs que la façon dont, en utilisant les vertus propres au cinématographe, ils nous permettent de voir des aspects du monde que nous n'aurions pas perçus sans eux. Si la personnalité, la situation culturelle, psychologique, sociale, historique, voire géographique, de certains leur permet de voir mieux, donc de faire mieux voir, c'est par ce qu'ils relèvent de la réalité, non par ce qu'ils lui ajouteraient. S'il arrive au critique Bazin de donner sa propre interprétation, le théoricien n'est intéressé, dans les films de Rossellini, par exemple, que par le fait que d'autres lectures restent possibles, que la démarche même du cinéaste appelle. S'y donnent à lire simultanément le réel et le point de vue de l'auteur sur ce réel, le spectateur ayant sans cesse le privilège de saisir l'un et l'autre, de les dissocier si bon lui semble, rejeter l'idéologie de l'auteur au profit de ce que son regard lui dévoile. « *C'est Naples,* écrit Bazin à propos de *Voyage en Italie*[12], « *filtrée* » *par la conscience de l'héroïne* [...]. *C'est un paysage mental à la fois objectif comme une pure photographie et subjectif comme une pure conscience.* »

Il importe en effet de se méfier de la métaphore du cinéma comme « *fenêtre ouverte sur le monde* » comme du pseudo concept de « *transparence* » qui servent parfois hâtivement[13] à définir la théorie bazinienne pour mieux la disqualifier. Si, pour lui, le cinéma fonctionne comme fenêtre, comme transparence, ce que le film révèle, c'est la co-présence du monde et de la conscience qui le vise.[14]

Des notions historiquement déviées

La notion de mise en scène comme la politique des auteurs ont subi bien des dévoiements. Une sacralisation de *la mise en scène comme pure inscription du geste dans l'espace* indépendamment de tout

10. [*Magny's footnote* :] *Orson Welles*, Éd. Chavane, Paris, 1950; *Orson Welles*, Éd. du Cerf, coll. « 7e Art ». Paris, 1972.
   [Orson Welles was an American director and star of numerous highly artistic films, most notably *Citizen Kane* in 1941.]

11. [*Magny's footnote* :] *Jean Renoir*, Éd. Champ Libre, Paris, 1971.
   [Jean Renoir was the greatest director of the first half of the twentieth century in France and one of the few of his era admired by the New Wave enthusiasts.]

12. [*Magny's footnote* :] « Défense de Rossellini », *Qu'est-ce que le cinéma*?, p. 347.
   [Roberto Rossellini was an Italian director who was a leader of the post-World War II cinematic movement known as Italian Neo-realism.]

13. *hâtivement* : hastily.

14. *qui le vise* : that takes view of it.

contenu subjectif (thématique) et de toute marque de style a été effectuée par le groupe dit des « Mac-Mahonniens » (du nom de la salle parisienne qu'ils programmaient), dans les années 60, au travers de leur revue *Présence du cinéma* et des écrits de leur chef de file, Michel Mourlet[15], pour qui « *la mise en place des acteurs et des objets, leurs déplacements à l'intérieur du cadre doivent tout exprimer.*»

Parmi les continuateurs de la pensée de Bazin, c'est sans doute Eric Rohmer qui permet le mieux de saisir cette dialectique de l'objectivité du cinéma et de la subjectivité de l'artiste et la façon dont les notions d' « *objectivité cinématographique* », et de « *mise en scène* » et d'« *auteur* » forment un tout indissociable. En 1948, dans «Le cinéma art de l'espace»[16], il substitue à la notion de réel—qui a engendré bien des ambiguïtés et des incompréhensions—celle d'espace. Le cinéma ne se définit plus dans une relation statique au réel, mais dans la construction dynamique d'un espace virtuel. Plus nettement encore que Bazin, Rohmer distingue objectivité mécanique et réalisme psychologique. Le premier avait conçu une théorie du spectateur, le second en fait une théorie de la création cinématographique. Pour lui, ce n'est que dans la conscience du spectateur que se constitue ce réalisme

et non sur la pellicule:[17] le phénomène physico-chimique de l'objectivité produit la ressemblance entre l'univers du film et le monde réel et la garantit. L'espace du film est un espace virtuel qui peut se distinguer de l'espace matériel sans le trahir, puisqu'il est composé de prélèvements[18] de ce dernier, C'est dans l'organisation de cet espace que se constitue l'auteur, en tant que sujet structurant qui donne cohésion à ces prélèvements comme aux divers films portant la même signature. Mais seul le respect de l'objectivité cinématographique peut donner un poids de vérité à la vision subjective d'un auteur. Sont ainsi réintroduits des éléments que la théorie bazinienne avait bannis, en un moment historique donné, tels que le montage,[19] dont la fonction est évidemment fort éloignée de celle que condamnait Bazin chez les Soviétiques.[20] Si Rohmer et les tenants de la politique des auteurs s'accordent sur la majeure partie des cinéastes—Murnau,[21] Flaherty,[22] Rossellini, Renoir …—ils peuvent faire entrer au Panthéon des Auteurs[23] un cinéaste tel qu'Hitchcock,[24] au cinéma fortement subjectif fort peu apprécié de Bazin.

L'idée d'auteur est un pari

Si l'on tient, comme le feront en particulier les Anglo-Saxons[25] dans les

---

15. [*Magny's footnote* :] Ses principaux textes ont été recueillis dans *Sur un art ignoré*, Éd. La Table ronde, Paris, 1965 ; réédition complétée: *La mise en scène comme langage*, Éd. Henri Veyrier, Paris, 1987.

16. [*Magny's footnote* :] In *La Revue du cinéma*, 2' série, n° 14, juin 1948, repris dans *Le goût de la beauté*, Éd. Cahiers du cinéma/Éditions de l'Étoile, coll. « Écrits », Paris, 1984, qui regroupe l'essentiel des textes d'Éric Rohmer (parfois signés de son véritable nom, Maurice Schérer).

17. *pellicule* : (roll of) film.

18. *prélèvements* : samples. In other words, the virtual universe onscreen seems real because things and people from reality are its raw material. (This would no longer be true in the case of computer-generated realities in movies.)

19. *tels que le montage* : such as film editing.

20. Russian filmmakers such as Sergei Eisenstein used rapid editing as a means of juxtaposing diverse shots for poetical effect. This *montage*

technique draws attention to the director's editing, and thus is too intrusive for Bazin's taste.

21. *Murnau* : F.W. Murnau, German Expressionistic filmmaker whose work was highly stylized.

22. *Flaherty* : Robert Flaherty, American director of nature films and other documentaries shot around the world. His *Nanook of the North*, 1922, was a landmark.

23. *Panthéon des Auteurs* : hall of fame of great *auteurs*. (Figurative use of the term *Pantheon*, which was the ancient Greeks' Temple of the Gods.)

24. *Hitchcock* : Alfred Hitchcock, director known as the Master of Suspense, whose films (*Vertigo*, for example) sometimes have the filmmaker's personal psychological concerns inserted into the storyline. Hitchcock always made a token appearance in each of his films as well, which was something Bazin must have found intolerable.

25. Europeans always think that Americans are Anglo-Saxons, all demographics to the contrary.

années 60 et 70,[26] la politique des auteurs pour une « *théorie* », on revient à une sorte de platonisme où le film ne serait plus que la mise en forme d'un univers mental préconçu par le cinéaste, ce qui remet totalement en cause l'apport de Bazin. Dans une réponse à Barthélemy Amengual,[27] Eric Rohmer précise clairement les enjeux:[28] l'attitude des adeptes[29] de cette pratique critique « *n'est pas exempte de tout parti-pris[30]* » et ne constitue pas « *l'affirmation d'un fait constamment vérifié, mais d'une ligne de conduite, d'une politique pour tout dire* ».

L'idée d'auteur est un pari.[31] Ni Bazin, ni Truffaut, ni Rohmer n'entendent que la personne même du cinéaste soit le responsable absolu de tous les aspects d'un film ou d'une œuvre. Ils supposent simplement que les divers points de vue qui se succèdent dans un film postulent[32] une unité de vision qui ne se réalise que dans la conscience du spectateur, unité qui constitue cette personnalité fictive nommée auteur. Seule cette conscience potentielle peut assurer la cohésion d'un film et sa lisibilité: quelle intelligibilité pourrait avoir un film dont on supposerait chaque plan, chaque détail rapporté à une conscience percevante différente? [33]

Eric Rohmer

[1920-   ]

Endurance

Whereas Jean-Luc Godard garnered the most attention at the dawn of the New Wave, and François Truffaut dominated the French cinema for twenty years until his untimely death in 1984, it turned out that the most lasting and prolific of New Wave directors was to be Eric Rohmer. Outlasting everyone else, the perpetually young Rohmer, even in his eighties, was still making movies mostly about young people's romantic relationships and the philosophical issues unexpectedly surrounding them.

---

26. [*Magny's footnote* :] Entre autres Andrew Serris. La « théorie des auteurs » n'est plus qu'une caricature de ce qu'elle fut chez les initiateurs de la méthode et prête aisément le flanc à toute sorte de critique politique ou idéologique. Cf. à ce sujet: « La politique des auteurs », par John Hess, paru dans la revue *Jump Cut*, traduit dans *Cinéma et politique*, collection *CinémAction*, Éd. Papyrus et Maison de la Culture de Rennes, 1960.
[Andrew Sarris was an early champion of the *auteur* theory of filmmaking, although he said he preferred for directors to become known for their films instead of the other way around. Magny implies that Sarris and other Americans went overboard in seeing the auteur principle as a theory rather than simply as a practice.]

27. [*Magny's footnote* :] « Les lecteurs des "Cahiers" et la politique des auteurs », *Cahiers du cinéma*, n° 63, octobre 1956.

28. *les enjeux* : what is at stake.

29. *adeptes* : followers, practitioners.

30. *parti-pris* : bias.

31. *pari* : wager.

32. *postulent* : postulate, suppose.

33. Magny's question implies that many films lack cohesion because the filmmaker lacks artistic control. In corporate (Hollywood style) filmmaking, the director may have relatively little control over his movie, as opposed to what is the case for a true *auteur*. The input of numerous minds, all potentially at cross-purposes (not just artistic but commercial), would presumably ruin any unity in the vision of a film. That would be one of the reasons why Hollywood filmmakers can only aspire, in most cases, to good craftsmanship at best on a commercial product, whereas subsidized or independent filmmakers relatively free of commercial pressures and enjoying artistic control of their project might potentially create a masterpiece. (Or a self-indulgent mess, of course.)

Privacy Above All

In a business where self-promotion is an obsession, Rohmer stand out as an exception, the most private of individuals. In 2001, when Rohmer received a lifetime achievement Golden Lion Award from the Venice Film Festival, a reporter for *The Observer*, a British newspaper, was delighted at the prospect of visiting the Paris office of Rohmer's production company for what he obviously hoped would be an enlightening interview. Not only did Rohmer proceed to reveal nothing about himself, but, according to the journalist, Rohmer's desk had not a single object on it of a personal nature. What little we think we know about Rohmer may not even be true, but the same little tidbits of information reappear in every story about him. He is said to be an ardent environmentalist, faithful Catholic, and hater of telephones and automobiles. He has apparently been married to the same wife for half a century. He was born with the name Jean-Marie Maurice Schérer or Scherer on December 1, 1920, and at the age of 26 published an unsuccessful novel under the name Gilbert Cordier. He became Eric Rohmer either because, as he has said, he just liked the sound of the name, or because he admired director Erich von Stroheim and writer Sax Rohmer. He worked as a journalist and teacher of literature before turning into a critic and filmmaker around 1950.

Launching the New Wave

With his younger friends Godard and Jacques Rivette, to whom he acted as a sort of big brother, Rohmer founded a journal, *Gazette du cinéma*, that only lasted a year. But in 1952 they all joined André Bazin's seminal journal *Cahiers du cinéma* and launched the Nouvelle Vague movement. From 1956 to 1963, Rohmer served as Editor-in-Chief and made the *pratique des auteurs* theory the talk of the cinematic world. Apparently appalled by the radically Marxist path that *Cahiers* took, Rohmer left to concentrate on directing. He finally struck gold in 1969 with his masterpiece *Ma Nuit chez Maud*, which landed Rohmer an Academy Award nomination for best screenplay, and a New York Film Critics Circle award for screenwriting. He wrote and directed many more remarkable films, probably the most impressive of which are *Le Genou de Claire* (1971), *Pauline à la plage* (1983), *Le Beau mariage* (1984), and *Le Rayon vert* (1986). Although his movies are complete stories individually, Rohmer has grouped several of them into series, such as the *Six Contes moraux*, the *Quatre Saisons* (the best of these probably *Conte de printemps*), and the *Comédies et proverbes*. His movies may not be aimed at the public as a whole, but they are inexpensive to make and they appeal to a loyal band of intelligent fans; that formula proved adequate to keep Rohmer in business for over four decades. Probably no serious filmmaker in the second half of the twentieth century made so many films as Rohmer, nor such a high percentage of excellent ones.

Philosophy Made Romantic

Most of Rohmer's films greatly resemble one another, which is something for which Rohmer has been both criticized and praised. Typically, in his movies, people discuss life, and often act in ways contrary to their self-deluding beliefs about themselves. The films are low-keyed: nothing explodes, no one slips on banana peels, and sometimes nothing really happens. The characters just talk, date, botch their relationships, and try again. And that is more than enough, especially when the dialogue is sparkling, the romantic insights charming, and the philosophical content intoxicatingly provocative.

Rohmer likes to send his characters on holiday to the beach, or to a bakery to buy cookies, and uses this seemingly fluffy premise as a structure upon which to hang discussions of ethical issues, psychological questions, and cosmic mysteries. If one were to hazard a guess as to Rohmer's own theological orientation, it would be safe to bet that his interest is in a modern-day version of Jansenism. Back in the seventeenth century, when Pascal was arguing the Jansenist case versus the Jesuits, the great issue was Predestination. Like the Protestants, the Catholic Jansenists believed that all was determined in advance by God. As such, humankind's decisions are not really choices at all, just the acting out of a pre-written script of life to which we are not privy. Rohmer's characters, especially in their romantic escapades, frequently believe themselves to be fated to love and marry a particular person, then test this destiny by flirting with another. Then they begin to wonder if their destiny might not be with the second person instead. They make choices and call them destiny, or perhaps it is the other way around, with destiny determining what they think is free will. Temptations abound, and discussions of Pascal's arguments often fit into the discourse inbetween romantic dalliances. No other filmmaker, except perhaps Woody Allen in his more serious works, even attempts anything of this order. American college students, starved for insight about relationships, love Rohmer's films. A perpetual teenager in love, Rohmer knows his way to the audience's hearts as well as their minds.

Original poster for film version of La Boulangère de Monceau. *From a private collection.*

A Baker's Half-Dozen

In the preface to his book *Six contes moraux*, Rohmer explains clearly his conception of his art. He says he sees literature as content, and cinema as form. Movies have to have something to film, so the filmmaker should start with fully written literary stories. Cinema then changes their spatial aspect, giving the stories a particular physical appearance.

For our goal of including cinematic art in a literary anthology, it is obviously inadequate to reprint a movie's dialogue, since that means the reader will miss out on everything visual that was in the film. Nor is it adequate to print a story by a literary author upon which a filmmaker based a film; if the author presumably never knew it was to be filmed, his story would therefore include no real cinematic aspect. Luckily, Rohmer is a filmmaker (perhaps the only one) who wrote something of his own that is intentionally a hybrid between short story and film script, and thus perfect for our purposes.

Rohmer says that back in the 1950s, when he was still unsure about whether he would ever get the chance to make feature films, he had ideas for several of them. Not wanting to waste these plots in the event that a film career did not materialize for him, he decided to write them down as short stories (dialogue-filled stories, with just enough description and narration to keep them from being pure screenplays.) The result was his *Six contes moraux*. (Fortunately, Rohmer did eventually get to film all six.)

The first of the stories in the collection is a particularly affecting one, *La Boulangère de Monceau*. The story is especially fine for our purposes because it is reasonably brief and yet explores a fair number of the psychological points that Rohmer would deal with at length in *Ma Nuit chez Maud* and *Le Genou de Claire*. The film version of *La Boulangère de Monceau* was finally produced in 1962 and starred unknown actors Barbet Schroeder (who went on to become Rohmer's business partner and producer), Fred Junk, Michèle Girardon, Claudine Soubrier and Michel Mardore.

Eric Rohmer's *La Boulangère de Monceau* and the rest of the collection *Six contes moraux* are © *Editions de L'Herne*, 1974, 2003. The story is reprinted by permission.

LA BOULANGÈRE DE MONCEAU[1]

Paris, le carrefour[2] Villiers. A l'est, le boulevard des Batignolles avec, en fond, la masse du Sacré-Cœur de Montmartre. Au nord, la rue de Lévis et son marché, le café «Le Dôme» faisant angle avec l'avenue de Villiers, puis, sur le trottoir opposé, la bouche de métro Villiers, s'ouvrant au pied d'une horloge, sous les arbres du terreplein,[3] aujourd'hui rasé.

A l'ouest, le boulevard de Courcelles. Il conduit au parc Monceau en bordure duquel l'ancien Cité-Club, un foyer d'étudiants,[4] occupait un hôtel Napoléon III démoli en 1960. C'est là que j'allais dîner tous les soirs, quand je préparais mon droit, car j'habitais non loin, rue de Rome. A la même heure, Sylvie, qui travaillait dans une galerie de peinture de la rue de Monceau, rentrait chez elle en traversant le parc.

Je ne la connaissais encore que de vue.[5] Nous nous croisions[6] parfois sur les trois cents mètres de boulevard qui séparent le carrefour du foyer. Nous avions échangé quelques regards furtifs, et nous en restions là.

Schmidt, mon camarade, me poussait à la hardiesse:

—Malheureusement, elle est un peu trop grande pour moi, mais toi, tente ta chance.

—Comment? Je ne vais pas l'aborder!

—Pourquoi? On ne sait jamais!…

Oui, elle n'était pas fille à se laisser aborder comme ça dans la rue. Et accoster «comme ça» c'était encore moins mon genre.[7] Pourtant, je la supposais prête à faire, en ma faveur, exception à sa règle, comme moi je l'eusse faite à la mienne, mais je ne voulais pour rien au monde gâter mes chances par quelque manœuvre prématurée. J'optai pour l'extrême discrétion, évitant même parfois son regard, et laissant à Schmidt le soin de la scruter.

—Elle a regardé?

—Oui.

—Longtemps?

—Assez. Nettement plus que d'habitude.

—Ecoute, dis-je, j'ai envie de la suivre, pour savoir au moins où elle habite.

—Accoste franchement, mais ne suis pas. Sinon, tu te grilles.[8]

—Accoster!

Je m'apercevais à quel point je tenais à elle. Nous étions en mai et la fin de l'année scolaire approchait. Nul doute qu'elle n'habitât dans le quartier. Nous l'avions aperçue un panier à la main, faisant des courses: c'était devant la terrasse du Dôme où nous prenions le café après dîner. Il n'était que huit heures moins le quart et les boutiques n'avaient pas encore fermé.

---

1. *La Boulangère de Monceau* : The bakery girl in the Monceau district. Monceau is a pleasantly modest Paris neighborhood northwest of the Garnier Opera and the big department stores, and much better known for its park and the Lévis street market than for any particular bakery.
2. *carrefour* : intersection.
3. *terreplein* : median strip with trees, dividing the street.
4. *foyer d'étudiants* : student housing.
5. *Je ne la connaissais encore que de vue* : I still knew her only by sight. (I.e., they have not yet met.)
6. *nous nous croisions* : we crossed paths.
7. *mon genre* : my style (of doing things.)
8. *tu te grilles* : you're cooked.

The Lévis street market, prominent in La Boulangère de Monceau. *Photo courtesy of Dianna L. Rivers.*

—Au fond, dis-je, quand elle eut tourné au coin de l'avenue, elle habite peut-être par ici.

—Attends, dit Schmidt, je vais jeter un coup d'œil.

Il revint au bout de quelques instants:

—Elle est entrée dans un magasin. Je ne sais dans quel sens elle sortira, c'est trop risqué.

Un peu plus tard, nous la revîmes passer, «regardant un peu trop droit devant elle», commenta Schmidt, «pour ne pas être impressionnée par nous».

—Je m'en fous, je la suis! dis-je en me levant.

J'oubliai toute prudence, et m'engageai presque sur ses talons dans la rue de Lévis. Mais je dus vite battre en retraite car, zigzaguant d'un éventaire[9] à l'autre, elle menaçait à tout moment de me capter dans son champ de vision. Je repris ma place et nous ne la revîmes plus de la soirée, mais, même si j'avais réussi à la suivre jusqu'à sa porte, aurais-je été plus avancé? Schmidt avait raison: cette petite guerre d'escarmouches[10] ne pouvait se prolonger indéfiniment. J'allais me décider à tenter le tout pour le tout, c'est-à-dire l'aborder carrément en plein milieu du boulevard, quand la chance, enfin, me sourit.

Il était sept heures à l'horloge du carrefour, nous allions dîner. Je m'étais arrêté pour acheter le journal. Schmidt, sans m'attendre, avait continué jusqu'au trottoir opposé, d'où il me regardait venir, courant tête baissée. Au moment de m'engager sur le passage clouté,[11] je le vois me faire des signes véhéments que je ne comprends pas tout d'abord. Je crois qu'il me désigne la chaussée et l'imminence d'un danger quelconque. En fait, c'est le trottoir, derrière moi, à droite, qui est visé. Je tourne la tête, mais le soleil, bas sur l'horizon, m'éblouit. Je recule un peu pour mieux voir: je heurte[12] alors, ou presque, de plein fouet,[13] l'objet désigné par Schmidt et qui n'est autre que Sylvie remontant le boulevard de son pas alerte. Je me confonds en excuses:

—Oh, pardon!

—Il n'y a pas de mal!

—Vraiment?

---

9. *éventaire* : street stall. (The street market on rue Lévis frequently has vendors selling fruits, vegetables, cooked chickens, etc.)

10. *escarmouches* : skirmishes (military term used

humorously here.)

11. *passage clouté* : crosswalk.

12. *heurte* : smack into.

13. *de plein fouet* : head-on.

—Nous ne nous sommes même pas cognés![14]

—Heureusement…Je ne sais pas ce que j'ai aujourd'hui: tout à l'heure j'ai failli me casser la figure[15] sur ces trucs-là, dis-je en désignant des gravats[16] posés le long du trottoir.

Elle éclate de rire:

—J'aurais voulu voir ça!

—Je dis: j'ai failli.

—Comment?

Le bruit de la circulation est si fort à cette heure que nous avons peine à nous comprendre. Je crie presque:

—J'ai failli: il n'y a pas de mal…Oh! ces voitures! On n'entend rien!

Toute conversation est manifestement impossible. Sylvie me quitte et je n'ose la retenir.

—Je vais par là, dit-elle.

—Et moi par là, dis-je.

Et j'ajoute très vite:

—Je vous dois un dédommagement.[17] Voulez-vous prendre le café avec nous, dans une heure?

Car je doute qu'elle accepte une invitation pour l'immédiat.

—Je suis prise ce soir. Une autre fois: nous nous croisons souvent! Au revoir, Monsieur!

—Au revoir, Mademoiselle!

Et, sans même la regarder s'éloigner, triomphant, je cours rejoindre Schmidt.

Pendant la brève minute que dura notre conversation, je n'avais eu qu'une seule pensée: la retenir à tout prix, dire n'importe quoi, sans songer à l'impression que je pouvais lui faire et qui ne pouvait pas être très bonne. Mais ma victoire était indiscutable. J'avais mis, il faut le dire, dans la bousculade un tout petit peu du mien. Elle n'avait pas eu l'air de s'en offusquer, et s'était empressée, bien au contraire, de

saisir la balle au bond. Son refus ne me tracassait guère, puisqu'elle m'autorisait à lui adresser la parole lors d'une prochaine rencontre qui ne saurait tarder: quoi de mieux?

Or il arriva la chose à quoi je m'attendais le moins. Ma chance inespérée fut suivie d'une malchance tout aussi extraordinaire. Trois jours, huit jours passèrent, je ne la croisai plus. Schmidt, pour mieux préparer son écrit,[18] était retourné dans sa famille. Tout amoureux que j'étais déjà, l'idée de distraire la moindre parcelle de mes heures d'étude à la recherche de Sylvie ne me venait même pas à l'esprit. Mon seul moment libre était le repas. Je me passai donc de dîner.[19]

Ce dîner durant trente minutes, et mon aller-et-retour trois, mes chances de croiser Sylvie seraient ainsi multipliées par dix. Mais le boulevard ne m'apparaissait pas comme le meilleur poste d'observation. En effet, elle pouvait fort bien passer par ailleurs et même—je ne savais pas d'où elle venait—prendre le métro, ou le bus. En revanche, il était impossible qu'elle eût cessé d'aller faire son marché. C'est pourquoi je décidai d'étendre le champ de mes investigations à la rue de Lévis.

Et puis, il faut bien le dire, le guet sur le boulevard, en ces fins d'après-midi chaudes, était monotone et fatigant. Le marché offrait la variété, la fraîcheur et l'irrésistible argument alimentaire. Mon estomac me tiraillait et, lassé des réfectoires, il réclamait précisément, avant-goût des vacances, cet intermède gastronomique que le temps des cerises était propre à lui octroyer.[20] Les odeurs maraîchères[21] de la rue et son brouhaha m'étaient à coup sûr, après tant d'heures de Dalloz[22] et de «polycopiés», meilleure récréation que le tintamarre[23] du foyer et ses effluves de popote.[24]

---

14. *cognés* : collide.
15. *j'ai failli me casser la figure* : I nearly broke my face.
16. *gravats* : chunks of plaster.
17. *dédommagement* : compensation.
18. *son écrit* : his written exam.
19. *je me passai donc de dîner* : I skipped dinner.
20. *que le temps … octroyer* : that cherry season was

able to provide.
21. *maraîchères* : of the market produce.
22. *Dalloz* : author who wrote works on theory of jurisprudence that every law student would have had to study.
23. *tintamarre* : racket, din.
24. *effluves de popote* : cooking emanations (smells).

Toutefois, ma recherche restait vaine. Des milliers de personnes habitaient le quartier. C'est peut-être même l'un de ceux, dans Paris, où la population est la plus dense. Fallait-il rester en place? Fallait-il tourner en rond? J'étais jeune et l'espoir un peu niais peut-être m'habitait de voir Sylvie soudain surgir à sa fenêtre, ou sortir tout à coup d'un magasin et se trouver, comme l'autre jour, nez à nez avec moi. J'optai donc pour la marche et la flânerie.

C'est ainsi que j'avais découvert, au coin de la rue Lebouteux, une petite boulangerie où je pris l'habitude d'acheter les gâteaux qui constituaient la partie la plus substantielle de mon repas. Deux femmes la tenaient: la patronne occupée presque toujours, à cette heure, dans sa cuisine, et une brunette assez jolie, œil vif, lèvres charnues,[25] visage avenant.[26] Les premiers jours, si je me souviens bien, je la trouvais souvent aux prises avec des voyous[27] du quartier, venus lui débiter leurs âneries.[28] Elle mettait du temps à me servir, tant ils étaient collants. J'avais tout loisir de faire mon choix, mais je n'achetais guère que des sablés.[29] Ces sablés n'étaient ni meilleurs ni moins bons que dans une autre boulangerie. Ils sont fabriqués en usine, et on les trouve partout. Mais, d'une part, la rue déserte, par laquelle j'achevais mon périple,[30] m'offrait l'avantage de manger tout à mon aise sans être vu de Sylvie qui, dans la foule du marché, pouvait au contraire surgir à l'improviste, d'autre part, l'achat de mon gâteau avait fini par sacrifier à une sorte de cérémonial mis au point par moi et la petite boulangère.

Ce fut elle, à vrai dire, qui commença. Pour agacer son petit copain, elle s'était mise, au plus fort de leur querelle, à feindre entre elle et moi comme un accord tacite, par force clins d'œil et sourires en coin auxquels j'opposais un visage de marbre. Je n'avais pris qu'un sablé, et je mis à le manger le temps du parcours qui me ramena au marché. Là, j'eus envie d'un autre, et retournai sur mes pas. Le sourire que la boulangère, maintenant seule, m'adressa comme à une personne connue renforça ma froideur. A mon âge, on ne hait rien tant que faire les courses. J'évite soigneusement toute familiarité avec les vendeurs. J'aime à entrer toujours dans un magasin avec le ton et l'allure de celui qui y pénètre pour la première fois.

—Je voudrais un sablé, dis-je de ma voix la plus neutre.

Surprise et comme pour s'assurer de mon identité, elle me jeta un regard un peu appuyé qui me fit honte. Je n'osai poursuivre la comédie et lui demander «combien?» du même air ingénu.

—Quarante francs? fis-je, sans trop peser sur l'interrogation.

—Oui, répondit-elle du tac au tac, devinant déjà ma manie et décidée à jouer le jeu.

Et toujours pas de Sylvie à l'horizon. Me fuyait-elle? Pourquoi, grands dieux? Etait-elle à la campagne, malade, morte, mariée? Toutes les hypothèses étaient permises. A la fin de la semaine, mon guet quotidien[31] était devenu simple formalité. J'avais hâte de retrouver ma boulangerie, soignant chaque jour un peu mieux mon entrée, mes lenteurs, mes bizarreries.

Le masque d'obséquiosité et d'indifférence commerciale arboré par ma vendeuse ne lui servait, je le voyais bien, qu'à mieux relancer le jeu, et ses entorses à la règle n'étaient pas des oublis ou des impatiences, mais bien des provocations. Si jamais elle se hasardait à prévenir mes demandes par le moindre petit geste ou regard vers le gâteau sur lequel j'avais jeté

---

25. *lèvres charnues* : full lips.
26. *avenant* : pleasing.
27. *voyous* : hoodlums.
28. *lui débiter leurs âneries* : tell her their dumb-ass stories.
29. *je n'achetais guère que des sablés* : I scarcely bought anything other than *sablés*. (*Sablés* are large shortbread cookies, almost like cake in their consistency. They are a very common type of cookie in France, roughly similar in shape and thickness to the sugar cookie in the United States.)
30. *périple* : journey.
31. *mon guet quotidien* : my daily lying in wait (for Sylvie.)

mon dévolu, je feignais de changer d'avis, quitte à retomber sur mon premier choix.

—Deux sablés?

—Non…Euh!…Oui, unsablé…Euh! …Et puis un autre, oui, donnez-m'en deux!

Docile, elle s'exécutait sans trace d'impatience, heureuse de trouver un prétexte à me faire rester plus longtemps dans la boutique peu fréquentée à cette heure tardive. Et ses battements de cils, ses pincements de lèvres, ses maladresses de toutes sortes trahissaient un émoi de moins en moins innocent. Je n'avais pas mis longtemps à m'apercevoir que je ne déplaisais pas à la jolie boulangère, mais, fatuité si l'on veut, le fait que je plaise à une fille me paraissait aller de soi. Et comme, d'autre part, elle n'entrait pas dans mes catégories—c'était le moins qu'on puisse dire—et que Sylvie seule occupait ma pensée…Oui, c'est précisément parce que je pensais à Sylvie que j'acceptais les avances—car c'en étaient—de la boulangère, de bien meilleure humeur que si je n'avais pas été amoureux d'une autre fille.

Cependant la comédie, entraînée sur sa propre pente, sortait de la réserve où elle s'était cantonnée les premiers jours, et menaçait de tourner au burlesque. Sûr de ses sentiments à mon égard, je m'amusais à éprouver la docilité de ma vendeuse à mes moindres caprices, arrêtant ses mouvements en plein élan, la surprenant par ma sobriété, ou, tantôt, ma voracité. Il m'arriva de commander jusqu'à dix gâteaux à la fois, incertain de pouvoir les avaler. J'y parvins toutefois, mais y mis un bon quart d'heure, debout dans la rue, à quelques pas de la boutique, sans la moindre peur, maintenant, d'être vu.

Je m'engageais ainsi chaque jour de plus en plus, tout en pensant que cela ne pouvait me mener très loin. Et puis, c'était une façon comme une autre non seulement d'occuper mon temps, mais de me venger de Sylvie et de son absence. Toutefois cette vengeance me paraissait assez indigne de moi, et c'est contre la boulangère elle-même que je finissais par tourner mon irritation. Ce qui me choquait, ce n'était pas que je puisse lui plaire, moi, mais qu'elle ait pu penser qu'elle pouvait me plaire, elle, de quelque façon. Et pour me justifier à mes propres yeux, je ne cessais de me répéter que c'était sa faute à elle et qu'il fallait la punir de s'être frottée au loup.[32]

Vint donc le moment où je passai à l'attaque. La boutique était déserte. On allait fermer dans quelques minutes, la patronne surveillait le rôti. Je mangeais mes gâteaux sur place: l'idée me prit d'en offrir un à la boulangère. Elle se fit un peu prier et choisit une part de tarte qu'elle engloutit[33] très voracement. Je la taquinai:

—Je croyais qu'à voir des gâteaux toute la journée, on finissait par s'en dégoûter.

—Vous savez, dit-elle, la bouche pleine, il y a un mois seulement que je suis ici. Et je ne reste pas longtemps. En septembre, j'aurai une place aux Galeries Lafayette.[34]

—Vous êtes ici toute la journée?

—Oui.

—Et le soir, qu'est-ce que vous faites?

Elle ne répond pas. Elle est appuyée en arrière contre le comptoir et baisse les yeux. J'insiste:

—Vous voulez sortir, un soir, avec moi?

Elle fait deux pas en avant jusqu'à la porte, dans la lumière frisante. Son décolleté carré met en valeur la ligne de sa nuque et de ses épaules. Après un silence, elle tourne un peu la tête:

—Vous savez, j'ai juste dix-huit ans!

Je m'avance vers elle et touche du doigt son dos nu:

—Et alors, vos parents ne vous laissent pas sortir?

L'arrivée de la patronne lui permet d'esquiver[35] la réponse. Vivement, elle retourne à son comptoir.

---

32. *de …loup* : for having played with fire (by starting the flirtation.)

33. *engloutit* : gobbled down.

34. *Galeries Lafayette* : Large department store nearby.

35. *esquiver* : to avoid.

Mes examens se terminaient. J'allais partir en vacances. Je croyais Sylvie à tout jamais perdue. Seule, la force de l'habitude me faisait poursuivre tous les soirs ma tournée d'inspection—et peut-être aussi l'espoir d'obtenir de la boulangère la promesse d'un rendez-vous, maigre consolation à mes déboires.[36] L'avant-veille de mon départ, je la croisai dans la rue, portant un cageot[37] de pain. Je m'arrêtai:

—Vous voulez que je vous aide?

—Vous pensez?

—Je vous gêne? Vous avez peur qu'on nous voie?

—Oh non! De toute façon, je pars dans un mois.

Elle a un petit sourire qu'elle voudrait provocant. Pour dissiper l'embarras, je l'invite à reprendre sa marche:

—Ça vous gêne que je vous accompagne un bout de chemin?

—Enfin…

J'avise heureusement une porte cochère:[38]

—Ecoutez, mettons-nous là, j'ai un mot à vous dire.

Elle me suit, docilement, jusqu'à une cour intérieure. Elle a posé son cageot à terre et s'est adossée au mur. Elle lève vers moi ses yeux interrogateurs et graves.

—Je vous fais du tort? dis-je.

—Non, je vous ai dit, c'est pas ça.

Je la regarde bien en face. J'appuie ma main à la muraille, à la hauteur de ses épaules:

—Sortons ensemble un soir. Demain?

—Laissez-moi, il vaut mieux.

—Pourquoi?

—J'sais pas. J'vous connais pas!

—Nous ferons connaissance. J'ai l'air si méchant?

Elle sourit:

—Non!

Je lui prends la main et joue avec ses doigts:

—Ça ne vous engage à rien. Nous irons au cinéma. Sur les Champs-Elysées.

Vous allez bien au ciné?

—Oui, le samedi.

—Sortons samedi…

—J'y vais avec des copains.

—Des garçons?

—Des garçons, des filles. Ils sont bêtes!

—Raison de plus. Samedi alors?

—Non, pas samedi.

—Un autre jour? Vos parents vous bouclent?[39]

—Oh non! J'espère bien que non.

—Eh bien! Demain, alors! Nous dînerons dans un bon petit restaurant, puis nous irons aux Champs-Elysées. Je vous attends à huit heures au café du carrefour, Le Dôme, vous voyez?

—Il faudra que je m'habille?

Je glisse ma main sous la bretelle[40] de sa robe et, du bout des doigts, caresse son épaule. Elle se laisse faire, mais je sens qu'elle tremble.

—Mais non…Vous êtes très bien comme ça. D'accord?

—Je ne sais pas si ma mère…

—Mais vous avez dit que…

—Oui, en principe, mais…

—Dites que vous sortez avec une amie.

—J'sais bien…Enfin, peut-être.

D'un mouvement d'épaule, elle me force à retirer ma main. Sa voix est rauque. La mienne n'est pas très assurée non plus. J'essaie de plaisanter:

—Ecoutez: vous êtes romanesque?[41]

—Comment?

Je détache les syllabes:

—Ro-ma-nesque. Je passe demain vers sept heures et demie. Au cas où on ne pourrait pas se parler dans la boulangerie, voilà ce qu'on va faire. Je demande un gâteau. Si vous m'en donnez deux, c'est d'accord. Dans ce cas, rendez-vous à huit heures au café. Compris?

—Ben, oui.

—Répétez. Il s'agit de ne pas se tromper.

—Si je vous donne deux gâteaux, c'est

---

36. *déboires* : disappointments.
37. *cageot* : crate.
38. *j'avise …cochère* : I see an opening.
39. *vous bouclent* : keep you locked up.
40. *bretelle* : strap.
41. *romanesque* : a romantic type (as in novels.)

oui, dit-elle avec un sérieux consommé, sans le moindre sourire ou ce minimum de désinvolture qui m'eût mis à l'aise et donné meilleure conscience. Où m'étais-je fourré?[42]

Le lendemain, un vendredi, je passai mon oral et je fus reçu. Je n'avais plus envie d'aller à mon rendez-vous, mais les camarades avec qui j'aurais pu sortir et fêter mon succès faisaient partie d'autres groupes d'examen, et la perspective d'une soirée solitaire m'était insupportable.

Quand j'arrivai rue Lebouteux, il était déjà huit heures moins le quart. Fidèle à notre convention, je demandai un sablé et je vis la boulangère m'en tendre un premier, puis un second, avec une pointe d'hésitation ironique qui, ma foi, plaida en sa faveur. Je sortis et repris le chemin du carrefour, tout en commençant d'entamer mes gâteaux. Mais à peine avais-je fait une dizaine de mètres que je sursautai. Oui, c'était Sylvie qui s'avançait sur le trottoir opposé et traversait la rue à ma rencontre. Elle portait un bandage à la cheville[43] et s'appuyait sur une canne. J'eus le temps d'avaler ma bouchée et de dissimuler les sablés dans le creux de ma main.

—Bonjour! dit-elle, toute souriante.

—Bonjour! Comment allez-vous? Vous êtes blessée?

—Oh rien! Une entorse[44] qui a traîné trois semaines.

—Je m'étonnais de ne pas vous avoir revue.

—Je vous ai aperçu hier, mais vous aviez l'air perdu dans vos pensées.

—Ah oui? Tiens!…

En un instant ma décision fut prise. Sylvie était là. Tout le reste disparaissait. Il fallait au plus vite quitter ce lieu maudit.

—Vous avez dîné? dis-je.

—Non…Je n'ai même pas goûté.

Et elle fixait ostensiblement les sablés dans ma main.

—La chaleur me donne faim, dis-je platement.

—C'est votre droit!

Elle se mit à rire, mais qu'importaient ses sarcasmes! Je n'avais qu'une idée: l'entraîner loin d'ici. Je repris:

—On dîne ensemble, vous voulez?

—Pourquoi pas? Mais il faut que je remonte chez moi. Voulez-vous m'attendre? J'habite au premier, j'en ai pour une minute.

Et je la vis s'engouffrer dans la porte de l'immeuble d'angle,[45] juste en face de la boulangerie.

Cette minute-là en dura quinze et j'eus tout loisir de méditer sur mon imprudence. Sans doute aurais-je pu convier Sylvie un autre jour et garder pour ce soir la boulangère. Mais mon choix fut, avant tout, moral. Sylvie retrouvée, poursuivre la boulangère était pis[46] que du vice: un pur non-sens.

Pour compliquer la situation, la pluie s'était mise à tomber. C'est cela pourtant qui me sauva. Huit heures avaient déjà sonné, mais la boulangère devait attendre que l'averse[47] eût cessé avant de sortir. Les dernières gouttes achevaient de tomber quand Sylvie apparut, un imperméable sur les épaules. Je lui proposai d'aller chercher un taxi.

—Avec la pluie, vous n'en trouverez pas, dit-elle. Je peux très bien marcher.

—Vraiment?

—Oui.

Je me mis à son côté et me contraignis à suivre son rythme. La rue était déserte et la boulangère, si elle sortait, pourrait nous apercevoir. De toute façon, pensai-je lâchement, elle sera trop loin pour qu'il y ait un drame. Je n'osai me retourner et le trajet fut interminable. Nous aperçut-elle ou languit-elle au café à m'attendre? Je n'en saurai jamais rien.

Quant à la conquête de Sylvie, c'était déjà chose faite. La raison m'en fut révélée le soir même.

—Dans mon immobilité forcée, j'avais des distractions, dit-elle en me fixant d'un

---

42. *Où m'étais-je fourré?*: Now where was I?
43. *cheville* : ankle.
44. *entorse* : sprain.
45. *Et je …d'angle* : And I saw her slip into the door of

a corner apartment building.
46. *pis* : worse.
47. *l'averse* : the downpour.

air moqueur. Vous ne savez peut-être pas, ma fenêtre donne sur la rue: j'ai tout vu.

Je tremblai une seconde, mais elle enchaîna:

—Vous êtes odieux, vous avez failli me donner des remords. Je ne pouvais tout de même pas vous faire signe! J'ai horreur des gens qui font les cent pas[48] devant ma porte. Tant pis, si vous vous détraquez l'estomac avec vos sales petits sablés.

—Ils sont très bons.

—Je le sais. J'y ai goûté. En somme, je connais tous vos vices!

Nous nous sommes mariés six mois plus tard et, au début, nous avons habité quelque temps rue Lebouteux. Nous allons parfois acheter notre pain ensemble, mais ce n'est plus la même petite boulangère.

Vera Feyder

[1939-]

Champion of the Oppressed

A success in virtually all fields of literature, Vera Feyder has earned a reputation for lending voice to the mistreated of the world in their quest for dignity. She dedicates her work "to the exiled, the uprooted, the tortured—human beings and animals alike."

Survivor

Born in Liège, Belgium, in 1939, Feyder (not her real name) refers to

Vera Feyder. Photo courtesy of Vera Feyder.

her ethnic makeup as "judéo-polono-tchéco-wallonne." Her mother, described as "serbo-belge," was of Czechoslovakian origins, and lived to the age of 91. Vera's father, however, was to become a fatality of the Holocaust. A Jewish immigrant poet from Galicia, Poland, he was arrested and sent by the Nazis to Auschwitz, where he died in the concentration camp. At the age of 17, subjected to denunciations and Gestapo harassment, Vera escaped to Paris. She reports that she eventually realized that she owed her survival to the confluence of three forces: her mother's courage, Koch's bacillus (a scientific discovery that led to a cure for tuberculosis), and the laxity of a fascist collaborator who luckily did a poor job of betraying her. Becoming an actress, she took on several different stage names before settling on Vera Feyder. She settled into the literary milieu of the Left Bank of Paris, but says that her true homeland is not really France or Belgium, for her "unique patrie est la langue française: la seule où elle se sent véritablement *en lieu sûr*."

Acclaim

A career as a published author began auspiciously when, at the age of only 21, Feyder's first volume of poetry *Le Temps Démuni*, won the Prix Découverte. When she was 26, her 1965 novella *Un Jaspe pour Liza* was discovered by Simone de Beauvoir who published it in her literary journal *Les Temps modernes*. When that story was eventually adapted

---

48. *qui font les cent pas* : who pace back and forth.

for radio in 1985, it won the Prix Annuel of the Belgian SACD (Société des Auteurs et Compositeurs Dramatiques). Feyder's first novel, *La Derelitta*, took the Prix Rossel in 1977 and was turned into a television film featuring movie star Bulle Ogier in 1983. Awards kept coming: the Prix François Villon for the 1970 poetry collection *Pays l'Absence*, an Académie française prize for another volume of poems entitled *Passionnaire*, the 1977 Prix Vaxelaire for the play *Emballage perdu* (which has continued to play around the world ever since), the Prix Radio of the Paris SACD in 1985, the 1995 Prix d'automne de Poésie from the Société des Gens de Lettres for *Le Fond de l'être est froid*, the 1996 Prix Louis Praga given by the Académie de Langue et de Littératures Françaises de Belgique for her plays *Piano Seul* and *Deluso*, and the 2003 Prix Amnesty Littérature for the novel *La Bouche de l'Ogre*. Showing no signs of slowing down, she came out with a major play in Paris (*Le Mélampyre*) and her longest novel (*La Belle voyageuse endormie dans la brousse*), both in 2003.

Horizon to Imagination

When it comes to radio drama—*le drame radiophonique*—Feyder has been a dominating presence. Besides having served as Vice President for the SACD Radio Commission, Feyder's forty or more original radio dramas, broadcast primarily by France Culture Radio and Radio Suisse, have given fresh life to a genre that many thought moribund. While considering television to be a sort of lobotimizing machine, she has faithfully poured her ideas and feelings into her radio work. Radio is not just television with the pictures missing. Radio is the theater of the mind, a stage in which the listener actually participates in an active fashion, using imagination to paint a mental canvas suggested by the author and the actors. Indeed, Feyder calls radio "l'horizon le plus ouvert à l'imagination." In the hands of an able scriptwriter who understands the medium, radio actually has advantages over visual theater in that the listener's "blindness" enables the author to keep certain facts hidden (for reasons of suspense, for instance) that would otherwise be seen immediately by a viewer. Feyder is such an author who understands the medium intimately.

Feyder's plays, for radio or other media, often have a common motif: a second chance in life for the downtrodden and the dispossessed. Democracy, in her view, is the antidote to the tyrants of the world. Her brief yet trenchant radio play *Démocrite aux champs*, appearing in print here for the first time, serves as an excellent introduction to Feyder's œuvre because it contains several of her recurring themes. She lists them as follows, noting parenthetically which characters are indicative of them:

"*L'enfance orpheline* (Manu) seule face à ses questionnements; *l'émigrant, l'exilé, l'éternel étranger* (Mosty), employé aux plus rudes travaux, et qui fera alliance avec l'enfant, tous deux sans famille; les adultes: Bébert, un peu fruste[1] – et malheureux de l'être – et Drienne, sa femme, plus intelligente donc plus humaine, qui essaie de parer aux manques[2] de son rustaud de mari.[3] Aussi, porté par Mosty: *l'amour de la poésie* (de Victor Hugo, en particulier) et ce qu'elle peut engendrer de rêves (insurrectionnels, bucoliques, humanistes), d'éveils[4] à la conscience du monde tel qu'il va (d'infamie en barbarie) et tel qu'il faudrait le changer, si le pouvoir des mots remplaçait celui du totalitarianisme, et des armes qui le servent."

This play is provided courtesy of the author, who has also been kind enough to supply special footnotes explaining some of the colloquial expressions common to rural France. For radio broadcast, the description of decor and stage directions could be narrated by an announcer.

---

1. *fruste* : unpolished.
2. *parer aux manques* : remedy the shortcomings.
3. *rustaud de mari* : hick of a husband.
4. *d'éveils* : awakenings.

✤ ✤ ✤

DÉMOCRITE AUX CHAMPS[5]

Personnages:

MANU: orphelin[6] en vacances, 11 ans
BÉBERT: agriculteur,[7] 40/50 ans
DRIENNE: sa femme, même âge
MOSTY: Journalier (ouvrier agricole) engagé pour les moissons.[8]

Les lieux:

une ferme, à la campagne, l'été, pendant les moissons.
Et le tour de France cycliste (à la télévision).

La cuisine-salle à manger d'une ferme, fenêtre ouverte sur les champs, où on rentre les foins. A la table centrale, MANU sèche[9] sur son devoir de vacances.

Un poste de télévision (éteint) est posé sur une armoire (écran caché). Manu va à la fenêtre, et sifflote[10] en imitant des oiseaux.

Bruit de pas, Manu court se remettre à table, le nez dans son cahier.

Entre BEBERT, mégot[11] aux lèvres.

BEBERT: Alors, ce devoir de vacances, il avance! (*marmonnement de Manu*) Des chaleurs à vous tuer un boeuf sur pieds! (*il sort une bière du refrigérateur, et allume la télévision*) Voyons un peu où en sont nos champions? (*il tombe sur le Tour de France*) Eux aussi ils souffrent…Seulement eux, ils sont payés pour! Et pas des clous[12] comme nous…

Le commentaire sportif couvre bientôt tout l'espace sonore.

Entre, courant et suant, DRIENNE, qui coupe le son à la télé-commande.

DRIENNE: Ca ne va pas, non? Faire hurler le poste ainsi quand le petit fait ses devoirs! Au moins, si on le prend chez nous l'été, qu'il ait la paix pour travailler!

BEBERT: La paix pour travailler, est-ce qu'on l'a nous? Hein? (*elle sort un cruchon du réfrigérateur, le pose sur la table, avec des verres qu'elle remplit*) Avec la chaleur, les taons,[13] les touristes qui klaxonnent[14] le tracteur sur les routes parce que, eux, ils sont en vacances, donc pressés de ne rien faire…

DRIENNE: Les touristes, ils font vivre le village, qui en a bien besoin…(*bas à Manu*) Bois, petit, et l'écoute pas trop! C'est un vieux ronchon[15]…Ça avance, au moins?

MANU: Mouais![16]

BEBERT: (*buvant au goulot*) Les vacances, nous on connaît pas! Moi, en tout cas, j'ai jamais connu!

DRIENNE: Tu ne vas pas rengainer[17] et enfant toute la sainte journée avec tes jérémiades![18] Tu le vois, il a déjà bien du mal…

Bébert se tait de mauvaise grâce, et boit sa bière tout en bougonnant.[19] Drienne

---

5. *Démocrite aux champs* : Democritus in the Fields. Democritus of Abdera (460-370 B.C.) was an ancient Greek philosopher known for his theory of atoms and also for constantly laughing at human folly. His name, by its resemblance to the word *démocratique*, implies in the title that democracy is taking root in the farmlands of this play.
6. *orphelin* : orphan.
7. *agriculteur* : farmer.
8. *moissons* : harvests. (This character, Mosty, is a Black hired hand from Haïti employed just for crop-picking season.)
9. *sèche* : is stumped. (I.e., he can't think of any

ideas for his composition.)
10. *sifflote* : whistles.
11. *mégot* : cigarette butt.
12. *clous* : pennies. (Literally, nails.)
13. *taons* : horseflies.
14. *klaxonnent* : honk at.
15. [*Feyder's note* :] ronchon = grognon. [Grumbler.]
16. *Mouais* : Hmm, yeah.
17. [*Feyder's note* :] rengainer = rabâcher, ressasser. [To nag by harping on the same thing over and over.]
18. *jérémiades* : Jeremiads, lamentations.
19. *bougonnant* : grumbling.

s'assoit à un bout de table, s'éponge, boit et se met à écosser[20] des petits pois.

BEBERT: Alors, c'est quoi au juste, ce fameux devoir de vacances! Sujet, verbe, complément? (*Manu fait celui qui n'a pas entendu*) Hein, je te parle, Fiston[21]…

DRIENNE: Inutile de crier. Il n'est pas sourd.

BEBERT: A croire que si! Un devoir de vacances, il y a forcément un sujet: alors, je demande, quel sujet? Pas difficile à dire!

MANU: (*embarrassé*) Si, justement, c'est difficile à dire…

BÉBERT: Difficile à dire, difficile à écrire…C'est tout de même pas le Coran en hébreu! (*il rit complaisamment*) Non, là je rigole, blague à part, c'est quoi?

MANU: (*effort visible de concision*): Un devoir sur la démocratie.

BEBERT: Sur quoi?

MANU: La démocratie!

BEBERT: T'entends ça, Drienne? Voilà qu'ils font de la politique à l'orphelinat, maintenant. Je te demande un peu…De mon temps, on apprenait à lire, à écrire et à compter, compter surtout…La politique, c'était dans le journal, point, et on se triturait pas le cervelas…[22]

MANU (*spontané*): La cervelle!

BEBERT: Hein?

MANU: La cervelle.

BEBERT: Cervelle et cervelas, c'est du pareil au même.

MANU: Le cervelas, c'est une sorte de saucisson…

BEBERT (*vexé, à Drienne*): Tu sais qu'il me donnerait des leçons, là, le petit Einchetaigne![23] Moi, gamin, j'aurais répondu comme ça à mon père, ni une ni deux sa main je l'avais dans la figure, et son pied au cul.[24]

DRIENNE: (*réfléchissant*) C'était l'un ou l'autre, à mon avis. Les deux en même temps…

MANU (*sérieux*): Techniquement parlant, c'est impossible!

BEBERT (*désarçonné*) Et voilà où va la France! Et bientôt l'Europe! Des techniciens, des raisonneurs tous azimuts.[25] Et tous candidats au chômage![26] (*s'énervant*) La terre, ils ne se sont jamais penchés dessus pour savoir de quoi ça parlait la terre…Parce qu'elle parle, la terre, elle parle et quand on l'écoute, fiston, la terre elle en sait plus long que tout ce qu'on peut apprendre à l'école ou trouver dans un livre…

Pendant qu'il parlait, est entré MOSTY, un grand haïtien souriant, torse nu.

MOSTY: C'est vrai qu'elle parle, la terre! Il suffit de coller son oreille, tout près, pour l'entendre!

BEBERT: Ah, voilà notre travailleur!

DRIENNE (*remplissant un verre*): Buvez, Mosty, par cette chaleur, il faut boire!

MOSTY: Je vous remercie, Madame Adrienne!

MOSTY s'assoit à la table, pose sa chemise au dossier de sa chaise, et boit.

MOSTY (*à Manu*): Pas trop dur, ces devoirs?

BEBERT: Ah si, c'est dur! Donner de la politique aux enfants, ce n'est pas ça qui, plus tard, mettra du foin dans leurs bottes. Ni du beurre dans leurs épinards.[27]

---

20. *écosser* : to shell.
21. *Fiston* : Sonny.
22. *on se triturait pas le cervelas* : and one did not grind one's sausage over it. This sentence is humorous because Bébert meant to say "grind one's *brain* over it." He botched up by saying *cervelas* (a Saveloy sausage) instead of *cervelle* (brain).
23. [*Feyder's note* :] *Einchetaigne* = Einstein (*chaque syllabe volontairement appuyée, par dérision.*)
24. *Moi, gamin …au cul* : Hey, kid, if I had talked to my old man like that, he'd have had both hands smacking my face and his foot up my behind.
25. *tous azimuts* : in all directions.
26. *chômage* : unemployment.
27. [*Feyder's note* :] *Mettre du foin dans ses bottes, et Du beurre dans les épinards* : Gagner de l'argent en économisant et en améliorant son ordinaire.

MOSTY (*riant*) Les bottes et les épinards tout seuls, c'est déjà pas mal, Monsieur Dieulefit. Chaussé et nourri…

BEBERT: (*n'écoutant que lui*): Moi, mon père, il m'aurait vu assis comme ça toute la sainte journée à travailler du cervelas…(*il s'arrête net; Manu et Drienne se regardent; il se dirige vers Mosty*) Pour vous, Mosty, c'est du pareil au même, non? Hein? cervelle et cervelas, c'est kif-kif bourricot![28]

MOSTY (*riant*): Cervelas, je ne connais pas, Monsieur Dieulefit…Mais c'est joli aussi! Pourquoi pas?

BEBERT: (*triomphant*): Et voilà! Heureusement qu'il y a ici des étrangers pour me comprendre! (*il donne un tape dans le dos de Mosty*) Allez, Mosty, au travail, je ne vous paie pas pour faire salon![29]

MOSTY, riant, se lève, va laver son verre à l'évier et le pose sur l'égouttoir. Il reprend sa chemise et sort en chantonnant. MANU le suit des yeux.

BEBERT: Faut toujours un peu les pousser, les colorettes[30]… parce que dans leur pays, ils se la coulent douce[31]…Hamac, vahiné et paréo![32]

DRIENNE (*consternée*): Mais mon pauvre Dagobert, qu'est-ce que tu racontes?

BEBERT: "Tahiti, un vrai paradis" (*il entonne en dansant:*) "Si t'as été à Tahiti/ t'as pas pu y'aller en auto/ si t'as été à Tahiti…t'as pas pu y'aller en vélo."

DRIENNE: Tu le fais exprès, c'est pas possible! Mosty, je te l'ai dit cent fois, il ne vient pas de Tahiti, mais de Haïti! Ha-ï-ti! un des pays les plus pauvres du monde.

MANU: 6.500.000 habitants. Capitale: Port au Prince. Langues parlées: créole et français.

BEBERT (*attrapant sa casquette*): Haïti, Tahiti, tout ça c'est dans la mer et c'est loin! Moi, la terre, je ne connais qu'elle, et la terre n'attend pas…Ce qu'elle donne faut le prendre quand elle le donne…Et encore, donner c'est trop dire, faut aller le chercher. Et à la force des poignets encore! Bonsoir les travailleurs…(*remettant sa casquette*) du chapeau![33]

DRIENNE: Tout l'énerve, c'est la chaleur. Ce qu'il peut être bête parfois!

MANU: Bête et malheureux de l'être!

DRIENNE (*en l'embrassant*): Toi, tu ne l'es pas, bête…mais tu n'as pas l'air bien heureux non plus! (*pour elle*) Orphelin aussi, pour un enfant, c'est pas une vie faut dire…

DRIENNE sort. Musique. Le soleil décline. MANU s'endort sur son cahier. Entre MOSTY. Il va vers Manu, s'assoit en face de lui, et entonne une berceuse[34] de son pays. MANU se réveille.

MANU: Ah…Il y a longtemps que tu es là? (*signe que non*) Il est où Bébert?

MOSTY: Au bistro, avec les ouvriers. Pour commenter le Tour de France!

MANU: Et pourquoi tu n'es pas avec eux?

MOSTY: Je préfère. Et eux aussi. Dans la couleur locale, moi, je fais un peu tache.[35] (*il boit*) Et toi, ton travail ça avance?

MANU: Dans la tête oui, mais sur le papier, pas vraiment!

MOSTY: C'est le plus important pourtant! Une idée en l'air, elle meurt sous la

---

28. [*Feyder's note :*] *kif-kif bourricot = du pareil au même.* [Equivalent of the English expression, "Six of one, half-dozen of the other."]

29. [*Feyder's note :*] *Faire salon: bavarder.*

30. *colorettes* : racially insensitive term. (Bébert's ignorance shows through in his prejudicial language.)

31. *ils se la coulent douce* : they just slide along.

32. *Hamac, vahiné et paréo* : Hammock, wahine (Tahitian word for "woman"), and pareo (Tahitian skirt). (Bébert does not seem to know that Haïti and Tahiti are not the same place.)

33. *travailleurs du chapeau* : eggheads.

34. *entonne une berceuse* : sings a lullaby.

35. *je fais un peu tache* : I make a stain (on their whiteness.)

première balle du chasseur qui passe. Alors que le papier lui donne des ailes pour aller loin. Moi, c'est à cause d'un bout de papier que je suis ici…

MANU (*sceptique*) Chez Monsieur Dieulefit?

MOSTY: (*riant*) Non, en France…Mais, je choisis toujours le nom des gens où je vais travailler. DIEULEFIT, ça m'a plu…Le dernier, c'était BIENVENU… DIEULEFIT, c'est ce que j'ai trouvé de mieux…

MANU: T'as dû être un rien déçu en le voyant, Bébert! En l'entendant, surtout![36]

MOSTY: Ah, ce n'est pas un Dieu à mettre dans une église…Mais sur son tracteur, il fait l'affaire…(*riant*) Et son nom, Dagobert, ça c'est une trouvaille! La chanson, même à Port au Prince, on la chante! Moi, je l'ai appris à l'école, comme tous les enfants!

MANU: Mosty, c'est un nom de chez toi?

MOSTY (*riant*): Ah non! Et sans me vanter, je dois être le seul à Haïti, et peut-être bien dans le monde, à le porter ce nom. C'est mon père qui me l'a donné, quand il était en prison et que ma mère m'attendait. Il y tenait, et moi aussi, aujourd'hui, j'en suis fier.

MANU: Moi, c'est Manu. Mais, en fait c'est Emmanuel.

MOSTY (*triomphant*): Dieu est avec toi, et le peuple est avec moi!

MANU: Alors Mosty, c'est quoi?

MOSTY: Le nom de guerre de Démocrite.

MANU: Démocrite, le grec?

MOSTY: Tout juste!

MANU: Alors, toi, Démocrite, (*MOSTY rit*) tu vas pouvoir m'aider pour mon devoir: "Qu'est-ce que la Démocratie?"

MOSTY (*grave, après un temps*): La Démocratie, c'est la mort de tous les tyrans! La fin de toutes les tyrannies.

MANU: Alors, c'est du rêve? Du bidon,[37] quoi!

MOSTY (*riant*): Du bidon, mais avec quelque chose dedans, tout de même!

MANU: Les tyrans, ils sont partout. Voir Bébert et ses gueulantes![38]

MOSTY: Pour frimer![39] Des paroles pas bien méchantes, comme dit la chanson. Ce qu'il fait, Monsieur Dieulefit, vaut mieux que ce qu'il dit. Sinon, réfléchis, on ne serait pas là tous les deux…Moi, comme journalier pour faire les foins, et toi pour passer l'été loin de l'orphelinat…Et s'il parle haut, c'est sans doute par peur…La peur, comme on a tous de ne pas être entendu…Sa façon à lui d'affirmer qu'il existe, qu'il veut être compris, aimé…La voix du peuple, c'est ça aussi: une voix pour chacun et des milliers de bouches qui s'ouvrent en même temps…

MANU: Tu parles d'une cacophonie![40]

MOSTY: Et la Démocratie, elle, elle essaie de les écouter toutes!

MANU (*sceptique*): Au total, ça donne quoi?

MOSTY: De la vie à l'air libre, un air qu'on peut respirer librement sans avoir peur…Dans mon pays, au temps des dictateurs, on était tous muets. Il régnait sur tout un silence effrayant: dans les rues, les maisons, à l'école, sur les marchés…Silence partout, sauf dans les prisons, les plaintes des torturés, des insurgés…Ce qu'était mon père. De lui, j'avais reçu très tôt l'ordre de me taire, de filer doux, de courber l'échine,[41] ou en tout cas de faire semblant. Se taire, filer doux, courber l'échine, tout cela

---

36. *T'as dû …surtout* : You must have been awfully disappointed seeing and especially hearing Bébert (considering that his name "Dieulefit" means "God Made Him.")
37. [*Feyder's note* :] bidon = *faux*.
38. *gueulantes* : loudmouth rantings.
39. *pour frimer* : to make a big phony show (of

toughness).
40. *Tu parles d'une cacophonie* : You're talking about a cacophony (a lot of noise from people all talking at once.)
41. *courber l'échine* : bend my spine (i.e., bow down.)

multiplié par le nombre d'habitants, faisait un silence de mort sur toute l'île, où seuls les oiseaux dans un ciel trop bleu semblaient libres…Mais eux non plus ne l'étaient pas vraiment: si des gamins en attrapaient un, c'était pour le mettre en cage, et l'accrocher aux murs de leur maison pour qu'elle chante un peu…Mais c'était raté: en cage, les oiseaux, ils ne chantaient plus…

MANU: Toi aussi, t'en as attrapé des oiseaux?

MOSTY: Oui. Bêtement. Pour dire, devant les grands, je l'ai fait. Pour éprouver ma force sur un plus faible. Comme les tontons macoute[42] avec nous…

MANU: Tes oncles?[43]

MOSTY: La police du tyran…oui! Tous imbus du même pouvoir qui vous descend un chien, un homme, un enfant de la même façon, pour le seul plaisir de l'exercer.

MANU: C'est pour ça que tu es parti?

MOSTY: "Ca", oui. Et aussi parce que mon père a passé la moitié de sa vie en prison, avant d'y mourir…et qu'il ne voulait pas que je finisse comme lui… Avant de quitter l'île, j'ai ouvert toutes les cages que j'ai trouvé sur le chemin qui descendait vers le port, où un bateau acceptait de me prendre, en passager clandestin, dans ses soutes[44]…

MANU: Avec le papier qui t'a donné des ailes?

MOSTY (*riant*): Eh oui! Un sacré bout de papier…que j'ai encore, là, sur moi…C'est comme un talisman. Il volait devant mes yeux, comme un oiseau, le jour où je l'ai trouvé…La police venait d'arrêter un instituteur…Dans leur furie, ils avaient sorti tous ses livres, et en arrachaient les pages avec une espèce de joie sauvage, comme si eux aussi étaient coupables…Il y avait grand vent, ce jour-là, et moi, caché derrière une palissade, j'ai vu voler sur ma tête toutes ces pages arrachées…Vite fait, j'en ai attrapé une, et j'ai été la lire, tout seul, caché dans une cave…C'était un morceau de poème, mutilé aux trois quarts, mais on pouvait en lire encore quelques vers, qui disaient:

"Toute la liberté qu'on prend à des oiseaux/ le destin juste et dur la reprend à des hommes/ nous avons des tyrans, parce que nous en sommes."

Et après l'avoir lu, j'ai dit: je veux aller vivre dans le pays où des hommes ont la liberté d'écrire cela. (*temps*). C'était un poème de Victor Hugo. La Démocratie, ce sont des hommes comme lui, qui écrivent pour que des hommes comme moi, des enfants comme toi, deviennent, un jour, tous égaux en droits.

Rentrent BÉBERT et DRIENNE, fatigués mais détendus.

BEBERT: Et voilà, le Tour de France, c'est encore un macaroni[45] qui va nous le souffler![46]

MOSTY: (*riant*) Orazio Van Zitten!

BEBERT: Tout juste! Il est pas Italien?

MOSTY: Italien et hollandais. Avec une grand'mère indonésienne, je crois bien!

BEBERT (*se servant à boire*): Les victoires, ça donne soif. Même celles des autres. (*Drienne le sert*) Alors, cette Démocratie, où elle en est?

MANU: Elle avance.

MOSTY et MANU se sourient. DRIENNE remplit les verres.

BEBERT: Si vous le dites! Alors, buvons à sa santé!

Ils lèvent leurs verres et trinquent[47] à cet heureux avènement![48]

FIN

---

42. *tontons macoute*: police thugs and death squads used by the brutal dictator J.C. "Papa Doc" Duvallier from 1957 to 1986 to terrorize his people.
43. *Tonton* is a children's word for "uncle."
44. *soutes* : store rooms, baggage compartments.

45. [*Feyder's note* :] *macaroni*: italien (*péjoratif*).
46. *qui va nous le souffler* : who is going to rob us (of the Tour de France.)
47. *trinquent* : clink glasses (making a toast.)
48. *avènement* : advent (i.e., the coming of democracy for all.)

✤ ✤ ✤

14. Beyond France: Quebec, Cajun Country, and the Maghreb

There was a time, not so long ago, when Americans thought of French literature as simply the literature of France. Gradually, we have come to change our thinking and recognize that the French-speaking world, *la Francophonie*, is every bit as rich in literary creativity as France itself. Around the world, there are over forty-five countries and other geographical entities in which French is either an official language or a major language. In virtually all of them, from Tahiti to Luxembourg, from Monaco to Saint Martin, there is a literature in French that represents the unique culture of the place that produced it. In this volume, we have already seen the Antilles represented by Césaire, Sub-Saharan Africa represented by Senghor, French colonial Algeria represented by Camus, and Belgium represented by three authors who left that country for what they perceived as greener pastures. Other authors that we have experienced in preceding pages were born in Madagascar, Rumania, even Ireland. The French language is the one common denominator that binds them all.

In this chapter, we encounter literature from three regions that we have yet to treat: 1) Le Québec, which is the French-speaking province in Canada that has repeatedly threatened to secede but never done so; 2) the other French-speaking part of the North American mainland, Louisiana; and 3) the francophone Arab and/or Muslim population of North Africa known collectively as the Maghreb.

The three authors below have been chosen because they in various ways are representative of the three regions from which they come. They are also authors of immense talent. Of course, there are many other authors who could just have easily been chosen based on the same criteria. It is difficult if not impossible to know who will still be read and regarded highly twenty, fifty, a hundred years from now. We can only say that these are three who impress us now, and who seem unlikely to disappoint future generations.

Anne Hébert

[1916–2000]

Global Renown

One of the most honored of Quebec's authors, Anne Hébert is also one of its most widely read around the world, her works having been translated into many languages.

Prodigal Daughter

Hébert was born near Quebec City in the town of Sainte-Catherine-de-la-Jacques-Cartier, although at the time it was called Sainte-Catherine-de-Fossambault. Descended from nobility on both sides of her family, she was influenced primarily by her father, who besides being a government bureaucrat also happened to be a rather prominent literary critic and poet who gained membership into the Canadian Royal Society. Her mother told her stories about their ancestors, which led to Anne's writing a very successful historical murder novel about one of them entitled *Kamouraska*. Another influence was her cousin

Hector de Saint-Denys Garneau, a poet who convinced her to read the France's major poets of the time. Home schooled until the age of 11, she then finished her education in Quebec City. She could not wait to get back to her beloved countryside, which would imbue her works to come. Writing plays, stories, and poems, she made a splash early and won the Prix David at the age of 26 for her first collection of poems, *Les Songes en équilibre*. But unable to find a publisher for her subsequent works, she was forced to go to France where she obtained a contract with a major French publisher, Seuil. In the period 1942 to 1965, she shuttled back and forth between Paris and Quebec. From 1965 to 1998 she lived on the Left Bank of Paris, then returned to Canada, dying in Montreal in 2000 at the age of 83.

Quebec in Mind

Hébert is one of the few writers ever to win substantial awards in five different decades. Her greatest acclaim was for her novel *Les Fous de Bassan* which won her the prestigious Prix Fémina in 1992, fifteen years after she started writing it. That made Hébert only the second woman writer from Quebec ever to garner a literary award of that magnitude (Marie-Claire Blais being the other with her win in the Prix Médicis competition of 1966.)

Despite spending so much of her adult life as the proverbial starving poet in Paris, Hébert apparently always felt like a Québecoise writer, as evidenced by the fact that five of her novels as well as many of her poems and plays are set in Quebec or use Quebec as a clear inspiration. The subject matter of her novels leans to the dark side: vampires, black sabbaths, grisly murders, rapes, and sensational trials. Her poems are sometimes lighter and more nostalgic, although some, such as *Piano*, echo the outrages and violence depicted in her prose. The following examples display a bittersweet quality as memories of the author's childhood clearly evoke a mixture of delight and despair.

Le Piano is from Hébert's *Oeuvre Poétique* 1950–1990 and is © Les Editions du Boréal. It is reprinted by permission. The poem explores a slave's symbolic revolt through music, and depicts a master who, surprisingly, is perceptive enough to comprehend that something is amiss.

LE PIANO

Il a suffi d'une note légère
D'un seul doigt frappée[1]
Par un esclave tranquille
Une seule note un instant tenue
Pour que la clameur sourde des outrages
Enfouis au creux[2] des veines noires
Monte et se décharge dans l'air immobile
Le maître ne sachant que faire
Devant ce tumulte
Ordonne qu'on ferme le piano
A jamais.

Hébert's Le Piano. *Courtesy of Bibliothèque nationale de France.*

---

1. *frappée* : struck. The alert reader will immediately see that *frappée* is feminine and thus refers   to *note légère* rather than *doigt*.

2. *enfouis au creux* : hidden within the hollows.

Baigneuse is also from Hébert's *Oeuvre Poétique* 1950–1990 and is © Les Editions du Boréal. It is reprinted by permission. The reader should ponder the question of what the sea into which the swimmer plunges might represent to the author.

BAIGNEUSE[3]

Soleil en pluie sur la mer
Soleil roux soleil jaune
Blanc soleil de midi
Bleu soleil sur la mer
Mélange des eaux et du feu
A midi.
Onde profonde où je descends
Mer verte mer bleue
Rutilante[4]
Verte bleue
Profonde où je descends
Du bout de l'eau ramenée

Remonte à la surface
Comme une bulle de jour
Poisson d'argent
Sur le dos sur le ventre
Criblée de flèches d'or[5]
Invente à loisir
Des pièges fins
Des écluses[6] tranquilles
Des nasses[7] liquides
Pour saisir le soleil
Entre mes doigts mouillés.

Les Grandes fontaines is part of *Le Tombeau des rois* and is found in her *Poèmes* © Editions du Seuil, 1960. The author creates interesting images of forest and waters intermingled. Remark also the use of much of the same vocabulary—*eau, profond, creux*— as in the preceding two poems. Such terms resonate like echoes throughout Hébert's works. Do you think it is right (perhaps intended?) that the reader interpret one poem in the light of what was conveyed by the author in another poem using the same imagery?

LES GRANDES FONTAINES

N'allons pas en ces bois profonds[8]
A cause des grandes fontaines
Qui dorment au fond.

N'éveillons pas les grandes fontaines
Un faux sommeil clôt[9] leurs paupières salées
Aucun rêve n'y invente de floraisons
Sous-marines et blanches et rares.

Les jours alentour[10]
Et les arbres longs et chantants
N'y plongent aucune image.
L'eau de ces bois sombres
Est si pure et si uniquement fluide

---

3. *Baigneuse* : Female bather, swimmer.
4. *Rutilante* : gleaming (usually with a reddish glow.)
5. *Criblée de flèches d'or* : riddled by golden arrows.
6. *écluses* : sluice gates.
7. *nasses* : lobster nets.
8. *bois profonds* : deep woods. Hébert utilizes imagery common to authors from Canada.
9. *clôt* : closes.
10. *alentour* : surrounding.

Et consacrée en cet écoulement de source[11]
Vocation marine où je me mire.[12]

O larmes[13] à l'intérieur de moi
Au creux de cet espace grave
Où veillent les droits piliers
De ma patience ancienne
Pour vous garder
Solitude éternelle solitude de l'eau.

Nos mains au jardin is also part of Le Tombeau des rois and found in her Poèmes ©
Editions du Seuil, 1960. The poem is built around a truly striking image.

NOS MAINS AU JARDIN

Nous avons eu cette idée
de planter nos mains au jardin
Branches des dix doigts
Petits arbres d'ossements[14]
Chère plate-bande.[15]
Tout le jour
Nous avons attendu l'oiseau roux[16]
Et les feuilles fraîches
A nos ongles polis.[17]
Nul oiseau
Nul printemps
Ne se sont pris au piège de nos mains coupées.
Pour une seule fleur
Une seule minuscule étoile de couleur
Un seul vol d'aile[18] calme
Pour une seule note pure
Répétée trois fois.
Il faudra la saison prochaine
Et nos mains fondues[19] comme l'eau.

11. *source* : spring (from which gushes the water.)
12. *je me mire* : where I am mirrored (or admire my reflection.)
13. This is the meaning, or at least a meaning, of the water.
14. *ossements* : bones (especially someone's remains.)
15. *plate-bande* : flower bed.

16. *l'oiseau roux* : probably a robin, although *rouge-gorge* is the common term. In Canada, where winter is severe, the sight of the first robin of spring is a major event.
17. *ongles polis* : polished fingernails.
18. *vol d'aile* : winged flight.
19. *fondues* : melted (like snow – another typical Canadian image.)

Zachary Richard

[1950-   ]

Zachary Richard. Photo from www. zacharyrichard.com, courtesy of the author.

Standard-Bearer

Carrying on a superb yet little-understood francophone tradition, Zachary Richard has used poetry, song, and documentary film to promote the flourishing of an endangered way of life centered in Louisiana.

The Cajun Past

In 1755, the French-speaking Acadian people were cruelly expelled from Canada by the British (who used Scottish settlers to turn Acadia into English-speaking Nova Scotia). A great many of the Acadians ended up migrating to Louisiana, where they settled successfully in bayou territory and came to be known as Cajuns. Over time, the language of the Cajuns evolved, becoming a dialect definitely discernable from what is spoken in Canada or France, but still certainly French. The Cajun literary tradition was almost entirely oral.

At the start of the twentieth century, Southwest Louisiana (as opposed to primarily English-speaking New Orleans) was still a place where the vast majority of residents spoke only French. But, by the end of the century, practically the only fluent native speakers of the Cajun dialect left were over the age of 65. In part, this decline in the use of Cajun French was due to assimilation, which occurred especially after each major war that took Louisianans away from home and made at least some of them decide to change their way of life. Also, thousands of people left the swamps of Louisiana for jobs in the oil refineries of Southeast Texas, so that today there may be more residents of French descent in Texas than in Louisiana. (The area popularly called Cajun Country ranges roughly from Baton Rouge westward, with the focal points being Lafayette, Louisiana and Beaumont, Texas.) The most serious blow to the culture, however, was the effort on the part of the Louisiana government and its public school system to eradicate the populace's use of the French language. Espousing the ignorant idea that children cannot handle more than one language, school officials ordered children spanked and publicly humiliated if they spoke a word of French at school or in the playground. The result was a generation that could only understand some French but not really speak it. They had been conditioned to believe their language and culture inferior to that of English-speaking America. Over the last quarter of the twentieth century, a new awareness started to grow of the cultural riches nearly lost forever by the schools' crime of linguistic decimation perpetrated upon Cajuns and Creoles.[1]

---

1. The term Creole, which technically means mixture (the original Creoles were immigrants from France who mixed in with the Cajun population), is used today primarily to designate African-Americans of French-speaking background. They were forcibly deprived of the use of their version of the French language at the same time as the white Cajuns.

A revival of pride slowly developed, in part stimulated by the efforts of an organization known as CODOFIL (Conseil pour le Développement du Français en Louisiane). In literature, there arose what is known in some circles as the *renaissance cadienne*. Poets and songwriters in particular spearheaded this movement. By century's end, important authors such as Jean Arceneaux (the pen name of scholar Barry Jean Ancelet), David Cheramie, Creole poet Deborah Clifton, and Richard were enjoying renown not only at home but in Quebec, where there is a lively market for their francophone works.

Against the Tide

Born Ralph Zachary Richard in 1950, the poet-singer-songwriter is from the small town of Scott, Louisiana, just to the west of Lafayette. Taking up piano and guitar as a child, he aspired early to a musical career. A meeting with Beat poet Allen Ginsberg in New Orleans in 1968 put Richard on the road to becoming a true poet. Richard, an ardent environmentalist, says he was also inspired by nature poet Gary Snyder. Receiving a degree in history from Tulane University in 1972, Richard pursued a music career, both performing concerts and recording, with considerable success. (His 1997 album *Cap enragé*, for example, has reportedly sold some 300,000 copies.) A tireless activist, Richard has done much to dispel the inaccurate image of the Cajuns perpetuated in sources such as some clearly prejudicial Hollywood movies. He has produced and narrated a television documentary, *Against the Tide*, on the history of the Cajuns. In addition, he is co-founder of an organization of volunteers called ActionCadienne, which is dedicated to promoting Cajun language and culture. Radio France Internationale calls Richard "le porte-parole de cette communauté à travers le monde entier."

Richard has seen his poetry published successfully in the collections *Voyage de nuit*, *Feu*, and *Faire récolte*. The latter won the Prix Littéraire Champlain in 1998. As might be expected of the poetry of a musician, it is the rhythms, the sounds, the musicality that add complexity to his verse. His poems go straight to the heart of human awareness, as is worthy of an artist whose works frequently reveal him dedicated to the search for Zen enlightenment, the epiphany known as *satori*. His idea content is clear and compelling, conveying his political and social consciousness without unneccessary ornamentation. He combines form and content in a style that feels effortless, an achievement rare in any era.

In the following essay, Richard gives his inside view of the rise of a Cajun literature during the last part of the twentieth century, and also shows how this fits into the history of the Cajun culture. The essay, courtesy of www.zacharyrichard.com, was originally written for a Université de Poitiers project and is reprinted by permission of the author.

L'émergence d'une littérature francophone en Louisiane

Certainement l'exemple le plus étonnant de l'émergence d'une littérature francophone en milieu minoritaire est celui de la Louisiane à la fin du 20e siècle. Dans une situation linguistique extrêmement précaire, on y trouve une production poétique et la publication de livres de langue française, pour la première fois depuis environ un siècle. Et cela à l'intérieur de la communauté cadienne qui, d'elle-même, n'a pas connu de tradition littéraire auparavant. Pour comprendre la dimension de cette ranaissance culturelle, ou plutôt naissance, il faut comprendre l'importance de la question de l'identité cadienne.

Si l'on a pu créer une étincelle littéraire de langue française en Louisiane, c'est dû à la puissance et à la ténacité de l'identité

cadienne qui se définit par la langue.
Les racines de cette identité sont très
profondes. Les colons[1] qui allaient devenir
les Acadiens, sont venus de la même région
et de la même couche[2] sociale. Parties de
l'ouest de la France et surtout du nord du
Poitou, les premières familles étaient unies
par une culture commune. Avant d'arriver
au Nouveau Monde, ils partageaient déjà
une expérience et une vision sociale qui
donnaient à leur groupe un grande cohésion.
Cette cohésion fut renforcée de plus en plus
par leur expérience nord-américaine.

La majeure partie des colons est
arrivée en Acadie entre 1632 et 1651. Déjà
en arrivant ils furent confrontés à un conflit
inter-colonial qui les obligeait à s'entraider.[3]
Le Cardinal Richelieu installa plusieurs
seigneurs en Acadie, qui se trouvèrent en
concurrence.[4] Cette concurrence allait
surtout devenir très chaude entre d'Aulnay
et de la Tour. Ainsi, les premiers colons
acadiens se sont trouvés au milieu d'une
guerre civile dès leur débarquement. Pris
dans les conflits, leur notion de groupe et la
cohésion de leur société furent renforcées
par leur situation menacée.

En 1652, l'Acadie repasse sous le
contrôle des Anglais. Ce n'était que le
début d'un jeu géopolitique dans lequel les
Acadiens se sont trouvés parfois sous la
dominance de l'Angleterre, et parfois sous
la dominance de la France. À l'intérieur
de la colonie, les sphères d'influences
divisèrent les Acadiens. Ceux qui vivaient
sous les canons d'Annapolis Royale
avaient une toute autre relation avec les
Britanniques, et par conséquent avec les
Micmacs,[5] que ceux qui vivaient dans
la région relativement éloignée des trois
rivières. Malgré ces divisions, les Acadiens
ont développé une identité unique. Ils ont
été le premier peuple d'origine européenne
installé sur le continent nord-américain à se

faire appeler et à s'appeler par un nouveau
nom.

Isolés géographiquement et politiquement, les Acadiens ont développé une
notion d'identité détachée de l'empire
européen qui régnait dans la colonie à
n'importe quel moment. Cet isolement
a provoqué chez les Acadiens l'illusion
d'indépendance. Ils ont cru, jusqu'à la
déportation[6] même, qu'ils allaient pouvoir
négocier leur neutralité. Cette illusion a fini
par leur coûter le pays et pour beaucoup
d'entre eux, la vie. Pour ceux qui ont subi
l'exil, leur solidarité, encore une fois, a été
renforcée par l'expérience.

Envoyés dans les treize colonies
britanniques d'Amérique du Nord, ou plus
tard, directement en France, les Acadiens
en exil ont toujours été considérés comme
un peuple à part. Pendant l'exil, on trouvait
des Acadiens au Québec, dans les colonies
britanniques d'Amérique, dans les ports
de l'ouest de la France, en Corse, à Saint
Domingue, en Guyane et dans les Îles
Malouines. Dans la plupart des cas, ils
n'ont jamais pu s'intégrer dans la société
des pays dans lesquels ils se trouvaient,
aussi bien au Maryland qu'en France ou en
Angleterre.

Pendant l'exil, les Acadiens n'ont
cessé de pétitionner les gouvernements
sous le contrôle desquels ils se trouvaient.
On peut parler du début littéraire acadien.
Comme l'a fait remarquer M. de Finney,
ces pétitions ont contribué à la création
du mythe de l'Acadie, ou plus tard de la
Louisiane, comme terre promise. Toutes
ces pétitions, aussi bien au roi de France,
aux gouvernements britanniques ou au
roi d'Angleterre, contiennent deux points
fondamentaux: 1) la déportation est un acte
injuste, et 2) le pouvoir politique doit rétablir
les Acadiens dans une situation semblable
à celle qui existait avant la déportation.

---

1. *colons*: colonial settlers.
2. *couche*: class. (Literally, stratum.)
3. *s'entraider*: help one another.
4. *concurrence*: competition.
5. *Micmacs*: Native American tribe numbering about 3,000 individuals at that time.

6. The deportation of 1755 from Canada at the hands of the British. As Richard goes on to explain, not all Acadians went directly to Louisiana, some never going there at all. It took a decade to establish the Cajun settlements.

Donc, on voit la création de deux mythes parallèles: l'Acadie comme Éden, précédant la déportation, et l'Acadie, ou bien la Louisiane, comme terre promise suite à la déportation. Pour la plus grande partie de la communauté en exil, la Louisiane remplaça l'Acadie comme destination, sans jamais la détrôner dans l'imaginaire des premières générations d'exilés.

Dans toute cette histoire assez incroyable d'exil, la chose que je trouve la plus étonnante est l'existence d'un réseau de communication inter-acadien. Dès leur arrivée, en février 1765, les premiers exilés en Louisiane commencent à communiquer avec les familles éparpillées[7] autour du bassin atlantique. Ils demandent aux autres exilés de venir les rejoindre. L'exil est la période mythique pour la communauté acadienne en Louisiane, et c'est très intéressant d'examiner les mythes qui ont été créés.

D'abord il y a la chanson. Selon la légende, quand les déportés ont marché vers les chaloupes[8] qui les emmèneraient vers l'exil, ils chantaient. La chanson en question parle de trouver le bonheur avec le seigneur et d'accepter le sort, c'est à dire le malheur, avec résignation. Voilà le mythe de la victime. Mais, à part cette interprétation, il existe une autre possibilité diamétralement opposée. On peut voir cette chanson non pas comme la preuve d'une passivité, mais comme la manifestation d'une résistance courageuse. Malgré les apparences de résignation, on peut quand même imaginer les déportés chantant non pas la tête baissée comme un peuple soumis, mais comme un peuple fier, la tête haute, apeuré certes, mais prêt à affronter le défi. Ce sont les deux traditions mythiques qui font partie de la tradition acadienne en Louisiane: les Acadiens comme victimes, ou bien les Acadiens comme résistants.

Cette opposition entre les deux visions du mythe est apparente dans la façon dont les Cadiens (et aussi les Acadiens) perçoivent l'histoire d'Evangeline.[9] Pour une partie de la communauté, Évangeline est l'incarnation de l'idéal romantique. Séparée de son amant, elle a passé sa vie à l'attendre et à le chercher. Sans pouvoir le trouver, elle s'est consacrée à Dieu. Pour les poètes cadiens contemporains, Évangeline est devenue une caricature de passivité. Le mythe d'Évangeline renforce l'idée des Acadiens comme des gens passifs qui ont subi leur sort avec résignation, priant Dieu qui allait tout arranger au paradis. Pour nous cette idée est inacceptable.

Il existe un autre courant, celui du mythe de Beausoleil.[10] Sans dénigrer la brutalité de la déportation et de la perfidie du gouvernement de la Nouvelle-Écosse, la tradition de Beausoleil permet d'imaginer les Acadiens comme des gens qui eurent la possibilité d'agir. Dans cette tradition, on imagine les Acadiens ayant une volonté, et une part de responsabilité pour ce qui leur est arrivé. Selon la légende, quand les exilés de Beausoleil (311 personnes) sont arrivés à Saint Domingue, ils sont restés le temps de s'approvisionner en eau douce et de tenir un bal. Donc, est né le mythe du Cadien bon vivant, riant dans sa misère. En Acadie du Nord, le contrepoint d'Évangeline est offert par la *Pélagie* d'Antonine Maillet. En Louisiane, la plupart des héros sont des hommes (normal, on peut dire dans une société patriarcale), mais notre version de Pélagie nous est offerte par Antoine Bourque dans l'histoire romancée d'Élisabeth Brasseux. Suite au décès de son mari à Baltimore, Élisabeth Brasseux prend sa famille en main et l'emmène en Louisiane. Dans la société acadienne, autant en Louisiane que dans les provinces maritimes canadiennes, le rôle de la femme est primordial. C'est la femme acadienne qui transmet la culture. C'est la femme acadienne qui a pu maintenir la cohésion de la famille et donc de la société pendant

---

7. *éparpillées*: scattered.
8. *chaloupes*: rowboats.
9. *Evangeline*: This young woman's story is the subject of Longfellow's touching poem *Evan-*

geline.
10. Acadian hero who led an unsuccessful resistance against the British.

l'exil. Pour nous maintenant, le mythe de la femme cadienne est celui d'une fonceuse, téméraire, féroce comme une lionne à la défense de sa famille. Vu notre situation précaire, voilà un mythe plus à l'heure que celui d'Emmeline Labiche (Évangeline), assise sous un chêne au bord du bayou attendant son Gabriel qui ne viendra jamais.

Si l'événement déterminant de l'histoire acadienne a été la déportation, la suite de cette catastrophe, pour les diverses communautés acadiennes, est suffisamment divergente pour qu'à nos jours, les Acadiens des Maritimes canadiennes et les Cadiens de la Louisiane se distinguent par leurs différences plutôt que par leurs ressemblances. Pour les deux communautés, n'empêche,[11] le passé comme le futur est déterminé par le conflit entre l'isolement et l'assimilation. Parce que les forces d'assimilation y sont beaucoup plus puissantes, ce conflit est d'autant plus dramatique en Louisiane.

Dès leur arrivée en Louisiane, les Acadiens ont subi des influences qui allaient finir par diviser leur société. Cette divergence est caractérisée par une distinction de classe qui, elle, fut basée sur l'acquisition d'esclaves. En Louisiane, les Acadiens ont eu accès au capitalisme basé sur l'esclavage. Ceux qui ont adopté le système esclavagiste, et ce ne fut qu'une minorité, avaient ainsi la possibilité d'acquérir beaucoup de biens matériels et par le même biais, de s'intégrer dans l'aristocratie locale, autant créole[12] qu'anglo-américaine. Avant la guerre de Sécession, il y avait de nombreuses familles acadiennes qui ont pu grimper l'échelle sociale et faire partie de la classe des planteurs. Alexandre Mouton en est l'exemple le plus connu. Son grand-père Salvador fut exilé de Grand-Pré en 1755, l'année où Jean, le père d'Alexandre, naquit. Jean Mouton est arrivé en Louisiane, avec ses parents, du Maryland.

Grâce à la fondation (il est spéculateur) de Vermillionville (aujourd'hui Lafayette), Jean Mouton devient un homme riche. Avec une vision tout autre que celle des créoles (qui envoyaient leurs fils en Europe), Jean Mouton, comme la plupart de l'élite acadienne, envoya son fils dans une université de la côte est américaine, Georgetown University à Washington D.C.

Dès son jeune âge, Alexandre Mouton côtoie les anglophones. Il devient sénateur américain, gouverneur de la Louisiane, propriétaire de 120 esclaves et président de la convention de sécession de 1860. Sa première femme est une créole, Melle[13] Rousseau. Suite à son décès, il épouse une américaine, Melle Jardiner. Alexandre Mouton a pu s'intégrer à l'aristocratie louisianaise d'une façon inimaginable pour la plupart des Acadiens, devenus Cajuns. Son fils, Jean-Jacques Alfred étudie à West Point et devient général de l'armée sudiste. On l'appelle «Buck».

Alexandre Mouton se considérait créole, «Lousiana Creole». Cela ne l'empêche pas d'appeler une de ses filles Acadie, mais Alexandre Mouton, comme les autres familles de l'élite acadienne, se tenait loin de la plupart des Cadiens, et s'identifiait aux gens de sa classe sociale. De plus en plus, la culture cadienne est associée à l'ignorance et à la pauvreté. Elle devient, autant pour l'élite acadienne que pour les Américains, un objet de ridicule.

L'isolement social et géographique est l'élément le plus important pour la préservation de la culture traditionnelle acadienne ainsi que la langue française en Louisiane mais, petit à petit, l'assimilation gagne sur l'isolement. La loi de 1916, qui impose l'éducation obligatoire de langue anglaise, donne le coup de grâce. Pour la génération des Cadiens nés au début du 20e siècle, leur langue française est considérée inférieure à l'anglais des Américains.

En 1900, 85% de la population du sud-ouest de la Louisiane est monolingue

---

11. *n'empêche*: all the same.
12. *créole*: Name given to settlers from France, unrelated to the Cajuns. (Later on, the term

Creole would apply primarily to francophone African-Americans.)
13. *Melle = Mlle*.

francophone. En 1950, ce pourcentage est d'environ 50%. Selon le recensement de 1990, il y avait 250 000 francophones en Louisiane, moins que 12% de la population, et la majorité de ces gens sont âgés de plus de soixante ans. Dans cette situation peu prometteuse, arrivent quatre poètes francophones, comme trois mages,[14] comme des ronces[15] dans la neige.

Pendant la table ronde,[16] on m'a demandé si la littérature cadienne pouvait s'exprimer en anglais. La réponse, qui paraît peut-être paradoxale pour une communauté vivant aux USA, est définitivement «non». Certes, il y a des éléments de la culture qui peuvent se transmettre malgré la disparition de la langue. Il y a toute une génération de jeunes Cadiens qui se considèrent comme Cadien, ou plutôt comme «Cajun», face aux anglo-américains. La perception d'identité pour ces jeunes est culturelle plutôt que linguistique. Ceci dit, il est impossible de concevoir une littérature cadienne sans qu'elle soit de langue française. Une expression anglophone fera partie de la littérature américaine. James Lee Burke, natif de New Iberia, Louisiana, dans ses romans policiers avec son héros détective Cajun, ne fait pas partie d'une littérature cadienne bien que beaucoup de ses personnages soient «Cajun». Ce n'est qu'un exemple parmi plusieurs. Une littérature cadienne est par définition de langue française.

J'ai soulevé la question de langue comme marque d'identité pendant la table ronde avec mes collègues écrivains, Rino Morin Rossignol et Gérard Leblanc. Je fus particulièrement intéressé d'apprendre leur point de vue sur le «chiac». Cette langue hybride entre l'Anglais et le Français est pour moi une manifestation unique de la société acadienne. En Louisiane, un hybride semblable existe mais il est moins bien établi. Chez nous, c'est la langue créole plutôt que le franglais qui est le produit

le plus fascinant de la collision culturelle. Dans une situation sociale où deux ethnies se confrontent, le groupe dominé finit par s'accommoder et incorporer des éléments de la langue dominante pour créer un hybride. En Louisiane, ça finit par donner non simplement la langue créole, mais aussi la musique et la cuisine qui sont la gloire du pays. Parmi les quatre poètes louisianais contemporains se trouve Debbie Clifton, femme créole, c'est-à-dire noire louisianaise. Dans sa poésie, je suis particulièrement touché par ses écrits créoles (Blackie Frugé). Bien que je ne parle pas le créole, pour moi la sonorité de cette langue est enivrante de beauté. Le manque de facilité de compréhension ne diminue pas l'estime que j'ai pour son talent de poète. Et pourtant, cette langue souffre de médisance[17] chez nous. Le créole est toujours considéré, face au français plutôt classique qui est le parler cadien, comme une langue inférieure. De même pour le «chiac».

Je suis particulièrement sensible à ce problème. Dans mes chansons, de plus en plus, j'imagine des personnages qui sont typiquement nord-américains, c'est-à-dire métissés.[18] Dans mon prochain album, il y aura des chansons chantées en créole louisianais, en chiac, en franglais, des chansons de métisses, de coureurs de bois,[19] etc…Mon univers est très personnel, et donc ne définit pas l'Amérique du Nord. Cette géographie linguistique rend mes textes souvent difficiles à comprendre pour un public francophone international. Ceci dit, je suis incapable d'adapter mes textes car j'estime que cette adaptation risquerait de compromettre l'intégrité des chansons. En même temps, j'essaie d'affiner mon expression et d'évoluer dans mon métier d'auteur. Je suis peut-être l'exemple le plus flagrant de ce dilemme, mais il est partagé, plus ou moins, par tous les auteurs francophones d'Amérique. Il n'y a pas de

---

14. *mages*: Magi.
15. *ronces*: brambles.
16. *table ronde*: reference to a roundtable discussion at the Université de Poitiers.
17. *médisance*: slander.
18. *métissés*: mixed (culturally or ethnically.)
19. *coureurs de bois*: trappers.

bonne réponse à la question de la pureté de la langue, et il n'y a certainement pas de solution facile. Chaque auteur doit respecter les influences qui lui sont particulières et essayer de les accorder avec la compréhension francophone internationale d'une façon originale.

Nous sommes tous sur une corde raide suspendue au-dessus du canyon creux de la disparition. Beaucoup du charme de ce que nous exprimons, nous les Francophones de minorité, est très «local». Suffisamment local pour ne pas être compris. Je suis d'accord avec mon ami Rino Morin Rossignol quand il dit que nous ne pouvons pas accepter la décadence de la langue française. C'est avant tout une question politique. Mais cette question politique est pertinente surtout au Québec. Elle ne l'est certainement pas autant en Acadie, et encore moins en Louisiane: pouvoir communiquer notre spécificité d'une façon compréhensible pour un public francophone international, en restant fidèles à nous-mêmes.

Le problème qu'évoquait M. N'Doki N'Gulu pour les auteurs africains est le même pour les poètes louisianais. Il faut que nous arrivions à trouver un public en dehors de la Louisiane. En Afrique au moins, il y a un public pour la littérature de langue française. Pour nous en Louisiane, sans le soutien de la francophonie, nous n'avons aucun espoir d'être lus. Depuis le début, nous avons été et restons (resterons) dépendants de la francophonie pour donner vie à nos espoirs littéraires. En 1979, Jean Arceneaux est venu me trouver à Québec en quémandant[20] des textes de chansons. Je l'ai surpris avec des poèmes. Ce fut le début de Cris sur le bayou. Par la suite, j'ai pu trouver un éditeur pour Voyage de nuit. Ces deux livres ont été publiés au Québec.

Le Congrès Mondial de 1994 (avec le spectacle Acadie parle au monde, à Shédiac, birthplace du Shiac[21]) a donné à la famille pan-acadienne un grand coup de fouet. Nous avons découvert des étincelles qui brillaient, parfois faiblement, parfois brillamment, sur notre prairie, et de ça on a fait un feu. À partir de ce moment, nous avons trouvé la motivation pour accomplir plusieurs projets inimaginables auparavant. En Louisiane, on a fondé ActionCadienne, organisme bénévole dédié à la survie de la langue française. Plusieurs échanges entre la Louisiane et l'Acadie ont été entrepris. Aussi, dans le domaine littéraire, des éditeurs du Nouveau-Brunswick ont publié des poètes louisianais. Les Éditions d'Acadie ont publié Lait à mère de David Cheramie. Les Éditions Perce-Neige ont commencé une nouvelle série, intitulée Acadie tropicale. La série a débuté avec Faire récolte, de Zachary Richard, récipiendaire du prix Champlain 1998, suivi par Suite du loup, de Jean Arceneaux, et plus récemment À cette heure, la louve, de Debbie Clifton.

Ce que je trouve particulièrement touchant c'est que ces quatre livres sont la manifestation d'une culture pan-acadienne. Comme si on n'arrivait pas à s'oublier. Comme si on faisait des aboiteaux de paroles et que tout le monde se mettait à les protéger.

Il est beaucoup trop tôt pour dire si nos quatre poètes, comme disait Gaston Miron, entament[22] la transition entre la tradition orale et la littérature, ou si leur (notre) poésie n'est que le dernier cri d'un oiseau de mer tombé dans un océan d'oubli. Au moins, c'est un bel hommage à la ténacité d'une vieille culture nord-américaine, une culture qui a pu surmonter déportation et exil, et qui a pu résister à l'assimilation pour bientôt près de quatre cents ans. Ce sont les prochaines générations qui vont pouvoir nous dire si cette littérature louisianaise du début du 21e siècle est le cri de ralliement d'un peuple cherchant sa voix, ou bien si elle est le dernier délire d'un vieux cadavre joyeux, enfin bon à enterrer.

---

20. *quémandant*: requesting.
21. *Shiac* = *Chiac* (the Canadian mixture of French and English mentioned earlier.)
22. *entament*: are initiating.

Bibliographie [*Supplied by Richard as part of this essay.*]

Arceneaux, Jean. *Cris sur le bayou*, Collection, Montréal, Éd. Intermèdes, 1980.

————————-, *Suite du loup*, Moncton, Éd. Perce-Neige, 1998, «Acadie tropicale».

Cheramie, David. *Lait à mère*, Moncton, Éd. d'Acadie, 1997.

Clifton, Deborah. *À cette heure*, la louve, Moncton, Éd. Perce-Neige, 1999, «Acadie tropicale».

Richard, Zachary. *Voyage de nuit, Montréal et Lafayette*, L. Courteau/Éd. de la Nouvelle Acadie, 1987, révisé 2001, Montréal, Éd. Les Intouchables

————————-, *Faire récolte*, Moncton, Éd. Perce-Neige, 1997, «Acadie tropicale».

————————-, *Feu*, Montréal, Éd. Les Intouchables, 2001.

————————-, «*Conte Cajun, L'Histoire de Télésphore et Petit Edvard*», Montréal, Éd. Les Intouchables, 2000

✦ ✦ ✦

The poem *Le Livreur* by Richard is from his 1997 book *Faire récolte* © Les Editions Perce-Neige Itée and is published by permission. The poem is a splendid example of the tradition, found in Cajun songs as well as poems, of concisely creating a psychologically interesting portrait of a unique character.

LE LIVREUR[23]

Vaillant[24] vieux villageois[25]
Bamboucheur.[26]
L'étincelle de tes yeux
Allumés par ton whisky,
Une jolie mélodie
Une belle jeune fille.
Livreur sifflant[27] un air
Du temps passé.

Emmenant des petits paquets
Enveloppés de pleines couleurs,
Bourrés de chaleur
Canaille,[28] demandant seulement
Un petit peu à manger et
Une petit peu à boire.

17 juin, 1972, à Dewey Balfa

✦ ✦ ✦

Richard's poem *Cris sur le bayou* is another selection from his 1997 book *Faire récolte* © Les Editions Perce-Neige Itée and is published by permission. It expresses vividly the link between nature and the Cajun culture, both of which have been seriously endangered at the same time.

CRIS SUR LE BAYOU

Comme si c'est trop tard,
Comme si la bataille était perdue,
Tout le monde proche de
S'retourner de bord et
Courir se cacher dans le grand bois.
Comme si aucune graine
Poussait dans cette terre

Sèche et poussièreuse
Et que la Saint-Médard[29] s'annonçait
Sans pitié.
Comme si rien
Même bien amarré[30]
Pouvait résister
De se faire garocher[31]

---

23. *Livreur*: Delivery man.
24. *Vaillant*: Valiant.
25. *villageois*: villager or country boy.
26. *Bamboucheur*: Reveller.
27. *sifflant*: whistling.
28. *Bourré de chaleur canaille*: Stuffed full of

damned heat.
29. *la Saint-Médard = la Fête de Saint Médard* (June 8.)
30. *amarré*: moored (tied to the dock.)
31. *se faire garocher*: to get thrown.

D'un bord à l'autre
Dans ce vent grand comme
Le Plus Gros Ouragan.[32]
Comme si la charité et l'espoir
Nous avaient abandonnés
Et que ni les hommes,
Ni les animaux, ni les plantes,
Ni les pierres, ni les microbes,
Ni les atomes, ni les soupçons
S'entendaient, mais se lançaient
Des grimace et des insultes,
Des trahison et des injures et
Des coups de poing dans le noir,
Les dents grinçants, les yeux rouges,
Et que les courageux
Avaient tous tombés
Comme des chênes[33] blancs
À la fin de leur temps,
Laissant un silence
De cercueil[34] sauvage
Étouffant inspiration,
Enlèvant tout même
La conception de la
Fin subie.
Quand le vent est tombé brut,
Soudainement un silence propagé
Comme un brouillard
De pestilence et de noir,
Plus grand silence
Qui pourrait jamais avoir
Écrasé sur

Le sud-ouest de la Louisianne,
J'ai entendu un cri.
Un cri sur le bayou
Comme j'avais jamais entendu.
Fort et résonnant
Comme un cocodris[35] au fond du
    marais,[36]
Comme le roi des cocodris,
Ses poumons remplis de musique,
Splendide comme le cri d'un feurset[37]
Courtisant[38] le soir,
Comme un marlion[39]
Au fin fond du ciel,
Un cri fier et beau,
Comme un ange,
Comme la voix de dieu
Parlant à son amant
Après avoir fait l'amour.
Un cri venant de
Loin, loin là-bas,
Loin, loin dans bayou.
Et mon coeur s'est mis
À battre comme pour
Casser ma poitrine.
Et sans faire le moindre petit train,[40]
J'ai regardé autour de moi,
Furtif, me demandant si
Quelqu'un d'autre
L'aurait entendu
Aussi.

---

32. *Le Plus Gros Ouragan*: The Big One (hurri-
    cane.)
33. *chênes*: oaks.
34. *cercueil*: coffin.
35. *cocodris*: crocodile or alligator.
36. *marais*: swamp.
37. [*Richard's vocabulary note*:] *feurset: chordeiles*

*minor, oiseau qui vit la nuit, connu pour un vol
acrobatique au crepuscule.*
38. *courtisant*: wooing.
39. [*Richard's vocabulary note*:] *marlion: falco
    sparverius, petit oiseau de proie.*
40. *train*: movement.

Abdellatif Laâbi

[1942-   ]

Abdellatif Laâbi has earned his place among the most courageous and highly principled of all writers in the French language, as well as among its most talented. His role in the revival of Moroccan cultural consciousness in the post-colonial era, combined with his literary achievements in French, have made him an eminent figure on both sides of the Mediterranean.

The Maghreb and its Literature

Laâbi is one of numerous authors to come to France from the Maghreb. The word "Maghreb" is an Arabic term designating North Africa. In Francophone Studies, the term is generally employed in reference to the countries, people, cultures, and literatures of former French colonies such as Algeria, Morocco, and Tunisia. The Maghrebi writers are primarily Muslim and of Arabic descent, although not all would fall under both categories.

Adbellatif Laâbi. Photo from www. laabi.net, courtesy of the author.

North Africa suffered the same colonialization and cultural devastation that befell Sub-Saharan West Africa. Algeria, for example, was under French hegemony from 1830 to 1962. The latter date was two years after independence came to most of the Black African colonies, although the Algerian revolt had begun back in 1954. Thus, in a sense, the Sub-Saharan nations (Senegal, Guinea, etc.) benefited from the rebellion in the Maghreb, although it can also be argued that the Maghreb owes a debt to the Sub-Saharans for launching the Négritude movement that made all African peoples conscious of their situation and the opportunity to become self-governing.

Once rid of the French government's yoke, most of the Maghrebi peoples had to contest with home-grown dictators who oppressed democratic movements and failed to produce economic justice. A literature of rebellion, much of it written in French, developed in the 1970s with the aim of bringing an end to repression. That struggle still goes on, often impeded by competition from fundamentalists seeking to install religiously repressive regimes.

Many Maghrebi authors writing in French have engaged in vigorous debate via their essays, novels, and (less frequently) poems. Among the most prominent names are Laâbi, Tahar Ben Jelloun (*L'Enfant de sable*), Mohamed Dib (*L'Incendie*), Kateb Yacine (*Soliloques*), Amim Maalouf (Prix Méditerranée for *Origines*), Tahar Djaout (*Le Dernier été de la raison*; assassinated in 1993 by religious extremists), Yasmina Khadra (actually Mohamed Moulessehul, writing political thrillers under his wife's name), Malika Mokeddem (an Algerian-born physician in France perhaps best known for her novel *La Transe des insoumis*), and Assia Djebar (renowned for novels such as *La Soif* as well as for her film scripts) who in 2005 became the first person from the Maghreb ever elected to the Académie française. As writers such as these have become more well known, Maghrebi Studies has become a growing field at universities around the world.

A Breath of Inspiration

Born in Fez, Morocco, in 1942, Abdellatif Laâbi studied in French-Islamic schools. He was 14 when his land gained independence. Although he aspired to study cinema and philosophy, his university studies in Rabat led to his becoming a teacher of French. At the age of 21, he helped in the formation of a new theater company. In it, he met his future wife Jocelyne, who would go on to become an author of repute herself. With a circle of other young Moroccan poets, Laâbi also founded the Association de Recherche Culturelle, the publishing house Atlantes, and, perhaps most importantly, a tremendously influential literary and political journal called *Souffles* (a word with a number of appropriate meanings: breaths, gusts, inspirations, nerve). Published in the Moroccan capital of Rabat during the period 1966-1971, *Souffles* contained literature, criticism, essays, manifestos, letters and other genres. Its content was topical, its tone a combination of intellectual and practical. Much of it was politically explosive; almost all of it dealt with red-hot social, cultural, religious, and linguistic issues facing the Maghreb. Foremost among these was the question of democracy and self-determination. Another interesting question was whether French should continue to be the language of the francophone Maghreb, or should be just a transition to the use of Arabic, or (as Yacine had proposed) should be eliminated along with Arabic in favor of Berber (the Moroccan language prevalent prior to the Arab conquest of Morocco in the year 685).

Decade of Darkness

The Moroccan government was displeased by *Souffles* and by the intellectuals who criticized the monarchy's policies and practices. A crackdown ensued.

In 1972, the government arrested Laâbi. At his trial, it produced no evidence of sedition. All that it entered into evidence were the twenty-two issues of *Souffles*. He was jailed, tortured, and subjected to countless interrogations. He spent eight years in prison, during which time he says he reflected on the nature of liberty and wrote much correspondence. His release in 1980 came following protests on his behalf by authors and other supporters around the world. He emerged from prison more dedicated than ever to the cause of freedom, and thus was still in danger from the regime in power.

Constant Production

Moving to France in 1985, Laâbi began an exile in which he became one of the most prolific of authors, publishing by century's end a total of eleven volumes of poetry (including *Le Règne de barbarie* and *Le Soleil se meurt*), three novels, three plays, two children's books, a volume of prison letters, two volumes of essays and interviews, and fourteen volumes of translations of Arab works. His many awards include the Prix International de Poésie de la Fondation Nationale des Arts (Rotterdam), the Prix Albert Droin de la Société des Gens de Lettres de France, the Prix de Poésie Wallonie-Bruxelles, and the Fonlon Nichols Prize of the African Literature Association. The French government named him Commandeur des Arts et Lettres in 1985. And in 1998 he was elected to the Académie Mallarmé. Laâbi has continued to denounce fanaticism and terrorism while working in support of tolerance, brotherhood, and the right of authors to express their views.

Bridging the Gap

Laâbi's poems are highly personal in that they typically take as a starting point some small personal incident, perception, or feeling. The poet then applies that starting point to larger concerns, making a bridge from the individual to the universal. The poems that follow are from a number of different collections and periods and give a good notion of the directions in which Laâbi's works have gravitated.

La Langue de ma mère and *Deux heures de train*, both originally from *L'Étreinte du monde* © 1993, are courtesy of Editions de la Différence and reprinted with the permission of the author from www.laabi.net, © 2004.

LA LANGUE DE MA MÈRE

Je n'ai pas vu ma mère depuis vingt ans
Elle s'est laissée mourir de faim
On raconte qu'elle enlevait chaque matin
son foulard de tête[1]
et frappait sept fois le sol
en maudissant[2] le ciel et le Tyran
J'étais dans la caverne
là où le forçat[3] lit dans les ombres
et peint sur les parois[4] le bestiaire[5] de l'avenir
Je n'ai pas vu ma mère depuis vingt ans
Elle m'a laissé un service à café chinois[6]
dont les tasses se cassent une à une
sans que je les regrette tant elles sont laides
Mais je n'en aime que plus le café
Aujourd'hui, quand je suis seul
j'emprunte la voix de ma mère
ou plutôt c'est elle qui parle dans ma bouche
avec ses jurons, ses grossièretés et ses imprécations[7]
le chapelet introuvable de ses diminutifs[8]
toute l'espèce menacée de ses mots
Je n'ai pas vu ma mère depuis vingt ans
mais je suis le dernier homme
à parler encore sa langue

---

1. *foulard de tête*: headscarf (traditional in Muslim society.)
2. *maudissant*: cursing.
3. *forçat*: convict.
4. *parois*: walls.
5. *bestiaire*: bestiary. (Presumably an allusion to how prehistoric Cro-Magnon man, in nearby caves, painted animal figures on the walls, just as the political prisoner does in his underground cell.)
6. *un service à café chinois*: a set of china made up of coffee cups and saucers.
7. *imprécations*: curses.
8. *le chapelet introuvable de ses diminutifs*: her priceless string of nicknames (for other people, presumably.)

DEUX HEURES DE TRAIN

En deux heures de train
je repasse le film de ma vie
Deux minutes par année en moyenne[9]
Une demi-heure pour l'enfance
une autre pour la prison
L'amour, les livres, l'errance[10]
se partagent le reste
La main de ma compagne[11]

fond peu à peu dans la mienne
et sa tête sur mon épaule
est aussi légère qu'une colombe
A notre arrivée
j'aurai la cinquantaine[12]
et il me restera à vivre
une heure environ

❖ ❖ ❖

Dans les fruits du corps was originally part of *Les Fruits du corps* © 2003, courtesy of Éditions de la Différence, and reprinted with the permission of the author from www. laabi.net, © 2004.

DANS LES FRUITS DU CORPS

Dans les fruits du corps
tout est bon
La peau
le jus
la chair
Même les noyaux[13]
sont délicieux
Misérables hypocrites
qui montez au lit
du pied droit
et invoquez le nom de Dieu
avant de copuler
De la porte

donnant sur le plaisir
vous ne connaîtrez
que le trou aveugle
de la serrure
Je peine[14] à lire
les traités d'érotologie[15]
La gymnastique m'ennuie
Si l'amour
n'était pas
création
œuvre personnelle
j'aurais déserté son école

Ces carnets s'achèvent was originally part of *L'automne promet* © 2003, courtesy of Éditions de la Différence, and reprinted with the permission of the author from www.laabi. net, © 2004.

CES CARNETS S'ACHÈVENT[16]

Ces carnets s'achèvent
je le sens
Que ne suis-je musicien
et virtuose
pour interpréter le final

naturellement au violoncelle
et par ma voix travaillée
déployer le chant tremblé
que voici:
Homme de l'entre-deux[17]

---

9. *en moyenne*: on average.
10. *l'errance*: wanderings.
11. *compagne*: companion.
12. *la cinquantaine*: fifty years of age.
13. *noyaux*: pits, stones (of the fruit.)
14. *je peine*: I struggle.

15. *les traités d'érotologie*: sexology treatises.
16. *s'achèvent*: draw to a close.
17. *Homme de l'entre-deux*: Inbetween Man. (A perfect nickname for someone in exile, stuck between two worlds.)

qu'as-tu à chercher
le pays et la demeure
Ne vois-tu pas qu'en toi
c'est l'humanité qui se cherche
et tente l'impossible?
Homme de l'entre-deux
sais-tu que tu es né
dans le continent que tu as découvert
Que l'amour t'a fait grandir
avant que la poésie
ne te restitue ton enfance?
Homme de l'entre-deux
ta voile
ce sont les voiles qui se dressent
    encore
sur ton itinéraire
Appartenir dis-tu?

Tu ne t'appartiens même pas
à toi-même
Homme de l'entre-deux
accepte enfin de te réjouir
de ta liberté de parole
et de mouvement
Les miracles se fêtent
surtout quand ils s'accomplissent
au détriment des tyrans
Et maintenant
quelle autre promesse
veux-tu arracher à l'automne
Juste l'énergie pour le livre suivant?
Soit
Adjugé[18]
et bon vent![19]

✤ ✤ ✤

Marasmes, written between 1965 and 1967, and first published in 1980, is reprinted with the permission of the author, 2005. It exemplifies Laâbi's earlier, more surrealistic poetry. While reading it, just try to get the flavor of the work, rather than worrying about understanding every line (which you won't.) The totality of the feeling conveyed is what counts the most.

MARASMES[20]

reddition[21]
simple parole d'allégeance
et la terre pâlit
tourne
la manivelle[22] des siècles
la décoction[23] des armes tourne
m i n é
notre globe est miné
nos voix humaines sont polluées
quand tournent tournent les équations
les racines cubiques de missiles
tourne   tourne
                la ronde du scorpion
le suicide de l'arachnide
noir comme ma face
                ou ce corbeau qui me veille
ma face brûle

18. *Adjugé*: gone.
19. *bon vent!*: good sailing!
20. *Marasmes*: Troubles. (The word "marasmus" is a medical term that means "emaciation" or "wasting away." Figuratively, the word is used to indicate hard times or a lot of problems, hence our suggested translation of "troubles.")
21. *reddition*: rendering (of an account, an allegiance; also surrendering.)
22. *manivelle*: crank.
23. *décoction*: decoction (extraction, usually by means of boiling.)

        comme une coriandre sèche
ma face qui ne me ressemble plus
ma face
      t
       o
        m
         b
          e
grappe[24] de fourmis et de crachats
                ma face crie
il gèle
      quelque part dans mon cerveau
une verrière se brise dans mes tempes
un peuple claque des dents
le cimetière se repeuple
             de mains
il neige sur des tombes
           là quelque part
               dans mon cerveau
mon corps se soulève
un poème me tord
        je l'éjacule
le dépose sous vos lamelles[25]
vos lentilles[26] détraquées[27]
ce n'est vaccin que je vous sers
formules magiques ou vérités allègres
(Seigneur donnez-nous notre lot d'absurdités quotidiennes et préservez-nous de notre
accablante liberté)
je vous émascule
dans vos fiertés d'époux
votre culture claironnante
vos babils de palier[28]
vous m'éteignez
vous me disséquez en petites cérémonies
comment-ça-va-et-la-santé-c'est-le-principal
vous m'assenez[29] vos fadeurs[30]
votre horizontale familiarité
vous me schématisez frères
mais vous souillez[31] à peine mon tronc
j'ai des racines
un itinéraire souterrain de signes
un souffle d'éléments inconnus
Sortez de mon corps
hyènes à balafres[32]

---

24. *grappe*: cluster.
25. *lamelles*: lamellas (probably in the sense of "layers.")
26. *lentilles*: lenses (such as of the eyes or eyeglasses.)
27. *détraquées*: out-of-order, not working right.
28. *babils de palier*: neighborhood babblings.
29. *vous m'assenez*: you hit me.
30. *vos fadeurs*: your insipid remarks.
31. *vous souillez*: you soil.
32. *balafres*: gashes.

évacuez mon sang jaune de vos biles
sortez
je vous laisse ma carapace[33]
mon appétit et mon langage quotidiens
je m'exile parmi vous
je me tais
rentre ma colère
ma fraternité qui vous choque
mes mots qui s'usent[34] à votre encontre[35]
gèlent sous votre regard
des poèmes me guettent[36]
complotent[37]
les charges
   ma mise à mort
le mot tonne
j'en suis la première victime
cependant je l'extrais
   le propulse[38]
  vers vous
vent fort
        peuple un
tu explores mon histoire
marche
        pendu ou guillotine
mais navette corps
sue
   marche
        use
marche
    tais le pilori[39]
défais le langage
          forme le mot
reviens à moi
       donne la main
             serre le nombril[40]
profère tes hérésies
je n'aime pas ta lune d'hommes bleus
           écrase la recette
cache tes doléances
tes mégots d'espoir
       ta risée[41] au jour le jour
 rude et mienne
       bribe[42]
quotidienne

---

33. *carapace*: shell (such as a lobster's).
34. *s'usent*: break down, wear down.
35. *à votre encontre*: in opposition to you.
36. *me guettent*: lie in wait (to ambush me.)
37. *complotent*: plot, conspire.
38. *le propulse*: propel it.
39. *le pilori*: pillory (punishment device also known as the stocks.)
40. *le nombril*: navel.
41. *risée*: derision.
42. *bribe*: bit, scrap.

tu viens de l'aube rabougrie[43]
                    d'un entre-choc[44] de siècles
et tu déclines ton nom
tu ne concernes que ma liberté
tu ne saisis que ma liberté
tu ne recoupes que ma liberté
tu ne me connais pas
mais reste
       ne me plains pas
ne me plaide pas non coupable
ne trompe pas la foule
pour me blanchir
toi
tu n'as qu'un jour
brumes[45] de digues
           arêtes[46] de villes
tu dois parler
partir après serait facile
            ils te lapideront[47]
dis alors ce qu'un poignard[48] peut suggérer
entre l'œil et la plaie[49]
raconte ce sang
         qui s'évapore dans ton haleine
tu montes la garde
ta torche
     c'est le mot
           qui explose dans tes artères
éclate aux carrefours[50]
          aux puits[51]
           aux sources[52]
ainsi polluer
la vie stérilisée du monde

j'accuse encore
reddition
simple parole d'allégeance
et tourne tourne la noria[53]
          temps nul
tourne l'arbitraire des saisons
tourne vaste vent de criquets
des loques[54]
      le typhus
        le trachome[55]

---

43. *rabougrie*: stunted.
44. *entre-choc*: collision.
45. *brumes*: mists.
46. *arêtes*: ridges.
47. *ils te lapideront*: they will stone you.
48. *poignard*: dagger.
49. *plaie*: wound.
50. *carrefours*: crossroads.
51. *puits*: wells.
52. *sources*: springs.
53. *noria*: bucket wheel.
54. *loques*: rags.
55. *trachome*: trachoma (a contagious eye disease.)

les bâtiments se taisent
quand tourne la mort
                 dans les ruelles[56]
                      boueuses
comme ma face
dépossédé de cette face
qu'une taupe[57] a nuitamment[58] souillée
ma face
       multipliée dans toutes les faces
qui crient
         la voix du ventre
               du sexe
et d'une dignité blême[59]   non écrite
qui rôde[60]
dans un bombardement naïf
               de frondes[61]

15. Postmodernism

The Century's Final "-ism"

What is Postmodernism? There is no standardized definition, which may be appropriate because Postmodernism is, in a sense, a systemized resistance to standardization. Just as all "-isms" pose problems of definition, the term Postmodernism poses the most because it is used differently in so many various disciplines and intellectual domains. In the interest of simplification, we will concentrate here solely on the major characteristics pertinent to our purpose of understanding French literature.

Postmodernist literature tends to reflect, in a variety of fashions, the point of view that life in general and personal identity in particular are: unstable, plural, fragmented, irrational, self-conscious, and only minimally controllable. Reality is made up of various realities; the science fiction concept of multiple dimensions or parallel universes is the most extreme expression of this perspective, while the computer concept of virtual realities provides yet another incarnation. Human nature is not abolished, as in the realm of the Existentialists (who thought that everyone could construct a new personality and identity from scratch), but there is a new sense that human nature has a multiple aspect to it, enabling the individual to be more than one thing at a time. A person may simultaneously be a Parisian, a Socialist, a Catholic, a student, a spouse, a parent, a caregiver, a bicyclist, a vegetarian, a jazz-lover, a soccer fan and a Red Cross volunteer. None of these are mutually exclusive, all of them contribute to one's identity, and most of them change at various times. Characters in Postmodernist literature are likewise assumed to have more facets to them than just some core-value ideal that they stand for (as is the case in much of traditional literature.)

---

56. *ruelles*: alleys.
57. *taupe*: mole, gopher.
58. *nuitamment*: by night.

59. *blême*: dim.
60. *rôde*: prowls.
61. *frondes*: slings (slingshots.)

Some of these aspects of Postmodernism look strangely like those of Modernism. In certain instances, the difference is a matter of degree, in favor of more instability, more plurality, and so forth. In other cases, the difference is one of attitude. Modernism tended to see fragmentation and lack of a firm philosophical anchoring as a crisis. It often resulted in fear and despair (although the literary treatment could be satirical, ironic, etc., rather than classically tragic.) Postmodernism looks at the same fragmentation and lack of anchoring and regards that situation as a potentially good thing. Even if unsettling, a life of multiple identities is bound to be exhilarating. The chance to "find yourself" and explore new avenues in life is a wonderful opportunity, even if there is an assumption that there is no "grand meaning" to life that will result in cosmic enlightenment on the final page.

Playfully Serious

As regards literary formats, Postmodernism is primarily (though not always) located in the novel. In many ways a reaction to the Nouveau Roman and its "nothing happening here" attitude, an outlook of fresh possibilities and perhaps even joy emerges in the Postmodernist stories, which really are stories as opposed to literary snapshots. In respect to style, the language tends to be playful.

Theorists such as Roland Barthes, Jean-François Lyotard, Jean Baudrillard, Michel Foucault, and Jacques Derrida, as well as other Deconstructionists, are generally considered the foundation of the Postmodernist movement. The playfulness of Postmodernist literary language reflects Barthes' notion that because language is dictatorial (full of grammatical rules) and literature is rebellious, the proper style of literary creativity is word-play and linguistic mischievousness. The tone of voice of much Postmodernist work is lighter and more pleasant than that of the bleak literature of the century's war years, although Postmodernism certainly deals with significant issues. Politics, sexual matters, and social questions abound in Postmodernist work, but they are treated without any of the ideological strictness of Marxist or Existentialist writings. Many Postmodernist authors see their writing as a chance to write free of the domination of prevailing philosophies and modes of thought.

Postmodernism has taken a beating from traditionalists who do not like the idea of a universe or culture in which truth is relative, knowledge is uncertain, personality is changeable, words are denotative rather than connotative, and cherished values are exposed as a disguised imposition of power by the dominant class and dominant sex upon the weakest members of the society. Postmodernists and traditionalists frequently accuse each other of intellectual fraud and hypocrisy. That is not surprising, considering that they are each undercutting each others' belief systems and intellectual foundations.

Although nearly all authors resist being labeled, two of the best French authors widely considered Postmodernists are Michel Tournier and Amélie Nothomb.

❖ ❖ ❖

Michel Tournier

[1924-   ]

Revitalizer of Myths

Tournier is perhaps best known for his ability to take mythological or folkloric characters and stories and transform them into fresh and vital forms. A great sense of humor and a willingness to find modern interpretations for old tales make Tournier a perpetual pleasure to read.

The Dunce

Michel Tournier was born in Paris in 1924, and raised in nearby Saint-Germain-en-Laye. His devoutly Catholic parents were Germanophiles and taught the boy to speak German. Any student who is having problems is school can take comfort from the fact that the future literary great was a disaster in the classroom. In fact, Tournier reports that he was labeled a "cancre inscolarisable"—an unschoolable dunce. Exasperated, his parents shuffled him from school to school, always with the same abominable results. When Michel was fourteen, they shipped him off to a boarding school, Saint-François d'Alençon, run by strict priests. Michel felt like a convict, and says he actually prayed for war to break out so that he could escape—and in 1939 he got his wish. (Years later, says Tournier, he told that story to Italian author Italo Calvino, who replied, "Oh, so it was you!") World War II turned out to be far less desirable than Michel had imagined in his adolescent dreams, and his next few years consisted of moving from one part of France to another to avoid massacres and hunger. When an end to the war was announced, the family returned to their original home, only to find it still occupied by some twenty German soldiers. Michel had to share quarters with the Germans, who had given up on war and were indulging in wine, women and song to all hours. The lad's working knowledge of German came in handy in communicating with the uninvited houseguests, and he says he ended up enjoying it all immensely.

Fresh Start

Now convinced that he was not a dunce after all, Michel put his German to good use by studying philosophy at the University of Tübingen in Germany. Finishing in 1950, he decided to return to France and take the aggregation degree exam, which would be necessary for teaching school. But his years as an academic slacker caught up with him, and he failed the tests.

Working as a translator, radio reporter, television host, and publishing editor, Tournier began to wonder if he might be able to convey his philosophical ideas to the public via literature. At the age of 43, he published his first novel, *Vendredi, ou les limbes du Pacifique*. This satirical take on Defoe's classic tale of Robinson Crusoe and Friday on a desert island turned out to be one of the most auspicious debuts of all time, winning the rookie author the 1967 Grand Prix of the Académie française. Proving it was no fluke, he followed it up with *Le Roi des aulnes*, which was unanimously voted the equally prestigious Prix de l'Académie Goncourt in 1970, and he was elected to the latter academy in 1972. Considered by many the top novelist in France ever since, Tournier has continued to write acclaimed novels such as a refiguring of the story of the Three Wise Men (*Gaspard, Melchior et Balthazar*) and a travel-filled novel about twins called *Les Météores*. Many authors have been known to travel as research for their books, but Tournier must hold the world record, having taken a two-year trip around the world in preparation for writing *Les Météores*.

Celebrating Difference

Much of Tournier's fiction concerns likable characters who have to cope with being considered weird by the hard-nosed types around them. Frequently, the protagonists are dealing with sexual ambiguities, physical oddities or split personalities that pose a problem at first but often turn out to be all right, even advantageous. His Tom Thumb story is a prime example, as is the Santa Claus tale reproduced below. Although a few of his stories end tragically, most are playful and have his Postmodern protagonists somehow comically triumph over adversity. Tournier says he likes best his tales that can be appreciated by children.

La Mère Noël, part of the collection *Le Coq de bruyère*, is © Les Editions Gallimard, 1978, and is reprinted by permission.

LA MÈRE NOËL

Conte de Noël

Le village de Pouldreuzic[1] allait-il connaître une période de paix? Depuis des lustres,[2] il était déchiré par l'opposition des cléricaux et des radicaux,[3] de l'école libre[4] des Frères et de la communale laïque,[5] du curé et de l'instituteur. Les hostilités qui empruntaient les couleurs des saisons viraient à l'enluminure[6] légendaire avec les fêtes de fin d'année. La messe de minuit[7] avait lieu pour des raisons pratiques le 24 décembre à six heures du soir. A la même heure, l'instituteur, déguisé en Père Noël, distribuait des jouets aux élèves de l'école laïque. Ainsi le Père Noël devenait-il par ses soins un héros païen, radical et anticlérical, et le curé lui opposait le Petit Jésus de sa crèche vivante—célèbre dans tout le canton—comme on jette une ondée d'eau bénite[8] à la face du Diable.

Oui, Pouldreuzic allait-il connaître une trêve?[9] C'est que l'instituteur, ayant pris sa retraite, avait été remplacé par une institutrice étrangère au pays, et tout le monde l'observait pour savoir de quel bois elle était faite. Mme Oiselin, mère de deux enfants—dont un bébé de trois mois—était divorcée, ce qui paraissait un gage de fidélité laïque. Mais le parti clérical triompha dès le premier dimanche, lorsqu'on vit la nouvelle maîtresse faire une entrée remarquée à l'église.

Les dés paraissaient jetés.[10] Il n'y aurait plus d'arbre de Noël sacrilège à l'heure de la messe de «minuit», et le curé resterait seul maître du terrain. Aussi la surprise fut-elle grande quand Mme Oiselin annonça à ses écoliers que rien ne serait changé à la tradition, et que le Père Noël distribuerait ses cadeaux à l'heure habituelle. Quel jeu jouait-elle? Et qui allait tenir le rôle du Père Noël? Le facteur et le garde champêtre,[11] auxquels tout le monde songeait en raison de leurs opinions socialistes, affirmaient n'être au courant de rien. L'étonnement fut à son comble quand on apprit que Mme

---

1. *Pouldreuzic*: a real town near Quimper in Brittany.
2. *lustres*: ages. (A lustre is literally a five-year period.)
3. Many towns in France have long been torn between staunch Catholics favoring a religiously influenced community and seculars (often Socialists) insisting on the separation of church and state.
4. *l'école libre*: Catholic private school (called *libre* because of being free of government control.)
5. *la communale laïque*: public school.
6. *l'enluminure*: illumination (i.e., Christmas lighting, decorating, etc.)
7. *messe de minuit*: the traditional midnight mass of Christmas Eve that is the primary Catholic ceremony of the season. It is humorous that the small town holds it at 6 p.m.
8. *une ondée d'eau bénite*: a showering of holy water.
9. *trêve*: truce.
10. *Les dés paraissaient jetés*: The die was cast.
11. *Le facteur et le garde champêtre*: The mail deliverer and the village policeman.

Tournier's Saint-Germain-en-Laye. Courtesy of Bibliothèque nationale de France.

Oiselin prêtait son bébé au curé pour faire le Petit Jésus de sa crèche vivante.[12]

Au début tout alla bien. Le petit Oiselin dormait à poings fermés quand les fidèles défilèrent devant la crèche, les yeux affûtés[13] par la curiosité. Le bœuf et l'âne—un vrai bœuf, un vrai âne—paraissaient attendris devant le bébé laïque si miraculeusement métamorphosé en Sauveur.

Malheureusement il commença à s'agiter dès l'Évangile,[14] et ses hurlements éclatèrent au moment où le curé montait en chaire.[15] Jamais on n'avait entendu une voix de bébé aussi éclatante. En vain la fillette qui jouait la Vierge Marie le berça-t-elle contre sa maigre poitrine. Le marmot,[16] rouge de colère, trépignant[17] des bras et des jambes, faisait retentir les voûtes de l'église de ses cris furieux, et le curé ne pouvait placer un mot.

Finalement il appela l'un des enfants de chœur et lui glissa un ordre à l'oreille. Sans quitter son surplis,[18] le jeune garçon sortit, et on entendit le bruit de ses galoches[19] décroître au-dehors.

Quelques minutes plus tard, la moitié cléricale du village, tout entière réunie dans la nef,[20] eut une vision inouïe qui s'inscrivit à tout jamais dans la légende dorée du Pays bigouden.[21] On vit le Père Noël en personne faire irruption[22] dans l'église. Il se dirigea a grands pas vers la crèche. Puis il écarta sa grande barbe de coton blanc, il déboutonna sa houppelande rouge et tendit un sein généreux au Petit Jésus soudain apaisé.[23]

---

12. *crèche vivante*: nativity scene with live persons.
13. *affûtés*: sharpened.
14. *dès l'Evangile*: as soon as the reading of the Gospel began.
15. *montait en chaire*: ascended the pulpit.
16. *le marmot*: brat.
17. *trépignant*: flailing.
18. *surplis*: surplice. (A loose garment worn by a choir boy or clergyman over his shirt during ceremonies.)
19. *galoches*: clogs.
20. *nef*: nave (main aisle of the church.)
21. *Pays bigouden*: Bigouden Country, the region of Brittany in which the story takes place.
22. *faire irruption*: burst into.
23. *Puis il écarta ... apaisé*: Then he brushed aside his big, white cotton beard, unbuttoned his big red coat, and offered an ample breast to Baby Jesus, suddenly satisfied.

Amélie Nothomb

[1967-   ]

Amélie Nothomb. Snapshot at photo session.

Into the Twenty-first Century

The youngest member of our roster of authors, Nothomb is by far the favorite of her generation of readers. She is the rarest of literary figures: a French-language author who is not only one of the best of her era, but also one of the best selling.

Diplomacy Brat

Although a member of one of Belgium's prominent aristocratic families, Amélie Nothomb was born in Kobe, Japan. Her father, a baron by title and an ambassador by profession, served in diplomatic posts around the world. Thus Amélie was exposed to a series of different cultures all the time that she was growing up. (This experience certainly would seem to be what formed her Postmodern sensibilities, her conception of the individual as made up of multiple essences.) Essentially tutored in diplomatic compounds after the age of 10 rather than educated in schools, Amélie received almost no intellectual indoctrination. She read the classic French authors voraciously on her own, thus unwittingly preparing herself for her future career.

Her early childhood was spent in Japan, where the traditional childrearing attitudes convinced her she was a child-god. Except for a brief time in New York City at the time when her father had a position at the United Nations, Amélie's upbringing in the 1960s and 70s took place in Asian countries marked by some of the worst poverty on earth: China, Laos, Bangladesh, Burma. Perhaps emotionally scarred by the surrounding sight of people who had no food, Amélie developed an aversion to eating, and suffered from severe anorexia as a young teenager. (Another interpretation that she has offered is that she wanted to postpone puberty so as to remain a child deity.) Unhappiness with the female body would become a recurring theme in her books, especially the ones most popular with teens, although she did recover her health before becoming an adult.

Finally living in Belgium at age 17, Amélie found she could not identify well with a homeland that she had never known. After studying romance philology—she says she had learned to speak Latin by the age of 16—at a Brussels university, she took a job with a company in Japan. Failing to adjust, and running afoul of her female boss, Nothomb worked her way down the corporate ladder from translator to toilet cleaner. This disastrous experience eventually became the plot of her most honored novel, *Stupeur et tremblements*.

Spectacular Success

Turning published novelist at the age of 25, Nothomb proceeded to win awards for virtually all her books, most of them winning at least two. Her amazing debut novel, *L'Hygiène de l'assassin*, featured a bracing dose of violence and the grotesque, two of her most lasting motifs. Her fourth novel, the above-mentioned *Stupeur et tremblements*, created real-life stupor among her rivals when it won the 1999 Grand Prix de l'Académie française and chalked up stratospheric sales for a book in French (an estimated 400,000 copies.) By the end of the century, Nothomb had come out with ten books, had been translated into some two dozen languages, and was actually just getting started. One of her greatest successes, *Robert des noms*, about a child born in prison, dominated the French book charts throughout 2002. Her literature shows a great mixture of witty humor, dark psychology, and creative daring.

A master of publicity, Nothomb grants interviews in large numbers. Occasionally the information that she gives in one interview may not exactly match that in any other, but fiction writers are not to be constrained to petty consistency. Like any true Postmodernist, she has reinvented her image again and again, with her publicity photos going from depicting her as a sweet young girl to a spooky goth to a confident eccentric usually wearing an oversized black chapeau reminiscent of the Cat in the Hat. She has created a legend for herself, complete with juicy details for her fans. She paints herself as someone who sleeps but two hours a night, subsists on enormously strong tea, obsesses about the rings around her eyes, vacuums for fun, finds furniture in trash dumpsters, feels perpetual guilt, fears abandonment, laughs continually in fits of "joyful pessimism," draws inspiration from many religions, thinks of her books as spontaneous pregnancies, and writes them at a fever pitch often without needing to revise a word. She also claims to have over thirty unpublished novels in her drawer just waiting to be released. How much of this is factual is left to the reader to decide.

Nameless Ideal

Nothomb's stories focus frequently on the quest by the individual to find an internal identity apart from what society has bestowed upon him or her. Cutting off contact with others seems a prelude to reconnecting in relationships. Desire for the ideal, especially in matters of love, is simultaneously a curse and a blessing. Dreams can supply the essence of the characters' motivations, leading them into and out of emotional and philosophical sterility. Happy endings are possible, but not easy.

One of Nothomb's most impressive efforts yet is the novella *Sans Nom*. A story with a male narrator, it tells of a search for true love in a frozen landscape. The author questions the purpose of desire and the nature of language itself. Satirizing television and other aspects of popular culture, *Sans Nom* ironically made its debut appearance in a pop culture context, *Elle* magazine (a favorite of her younger fans). The idea of being *sans nom*, or at least free of the name given you by your parents, must resonate deeply with Nothomb, whose birth name was not Amélie. We do not know her real name. Or perhaps Amélie is her real name, as opposed the one on her birth certificate.

Sans Nom © Amélie Nothomb, 2001, is reprinted by permission obtained via her publisher, Albin Michel.

SANS NOM

Il est un lieu de cette planète qui est aussi mal connu que le Sud: c'est le Nord. Les propos que l'on rapporte au sujet du Midi[1] sont aberrants; ce que l'on dit du septentrion[2] l'est tout autant. C'est logique: on ne peut discréditer l'un sans déshonorer l'autre.

Je tiens à rendre justice à ces deux pôles de notre géographie et de nos métaphysiques. Un jour, je raconterai les hauts faits du Grand Sud que j'aime tant. Si je décide de commencer par une légende du Nord, c'est pour cette seule raison que j'ai froid depuis trois nuits: mon esprit s'est enfoncé au nord de lui-même. Ma plume s'en accommodera.

Il est un lieu de cette planète qui m'est aussi précieux que le Sud: c'est le Nord. Plutôt que de disserter sur les splendeurs boréales, je me propose de les évoquer par un récit dont je suis l'unique dépositaire, sans savoir pourquoi ce privilège m'est échu.[3]

Je sais encore moins pourquoi cette histoire me vient à la première personne du singulier. Ne me demandez pas qui se cache derrière ce «je» innombrable: je n'en ai aucune idée. On savait déjà que je était un autre. Je découvre que je est une multitude d'autres qui se servent de ma plume pour raconter. Je cède la parole au je du septentrion.

C'était en Finlande, quelque part entre Faaaa et Aaaaa.

J'étais parti trois jours auparavant, à la recherche de la dame de mes pensées, car dans le Nord, si l'on part en voyage, c'est que l'on cherche la dame de ses pensées. (C'est l'un des points communs les plus étranges entre le Nord et le Sud.)

Cédant à une impulsion sottement romantique, je n'étais pas parti au volant de ma traction avant[4] Finlandia ZX, mais d'un traîneau[5] tiré par des chiens exotiques.

Le premier jour m'avait semblé d'une beauté insoutenable. C'était au cœur de l'hiver. Mon attelage était parti dans la neige vers sept heures du matin; il faisait nuit noire. Le jour s'était levé à onze heures du matin.

Le temps de prendre conscience de la lumière, le soleil s'était déjà recouché: il était deux heures de l'après-midi. Ce jour éphémère m'avait laissé une impression déchirante de poésie. Et mes chiens galopaient au travers des forêts enneigées, et j'étais émerveillé par ces splendeurs désertes.

Vers sept heures du soir, je décidai de bivouaquer.[6] Je préparai un feu: la nuit promettait d'être sublime. Je m'aperçus alors que je crevais de faim.

Bien évidemment, je n'avais rien emporté à manger: j'étais beaucoup trop amoureux pour cela. Et puis, d'ordinaire, j'aime la faim, ce riche creux de l'être tout entier qui laisse entrevoir des possibilités de jouissance inconnues des ventres pleins.[7]

Ce soir-là, je découvris la souffrance du corps affamé, aggravée par le froid et la solitude. Cette sensation de misère physique était détestable. Comme je n'avais rien emporté non plus pour nourrir les chiens, je les voyais me regarder avec appétit, l'air de penser que cet humain pourrait constituer un repas très correct. Du coup, je me rappelai la devise de la jungle: «Manger ou être mangé».

Certes, nous n'étions pas dans la jungle, mais il arrive que les adages du Sud conviennent aussi au Nord. Je songeai que les Chinois mangeaient les chiens:

---

1. *Midi* : The south.
2. *septentrion* : north.
3. *m'est échu* : fell to me.
4. *au volant de ma traction avant* : at the steering wheel of my front-wheel drive (vehicle).
5. *traîneau* : dog-sled.
6. *bivouaquer* : make camp.
7. *possibilités de jouissance inconnues des ventres pleins*: possibilities for enjoyment unknown to the well-fed. (An echo of the author's past anorexia.)

en regardant le plus gros de la meute,[8] je calculai un gigot[9] pour moi et le reste pour les autres bêtes. Cela réglerait deux problèmes: je n'aurais plus faim et les chiens survivants cesseraient d'avoir pour moi ces tendres regards qu'inspire la viande.

Ainsi fut fait. La meute ne s'embarrassa d'aucune sensiblerie pour dévorer cet ancien collègue. Pour ma part, je mangeai le gigot rôti avec un certain dégoût: cela avait vraiment un goût de chien. Un tel propos est absurde quand on n'a jamais mangé de chair canine et pourtant je retrouvai dans cette viande la saveur que n'auraient pas manqué d'avoir les teckels[10] et autres labradors de ma vie, si j'avais eu l'idée saugrenue d'en manger une patte. Au moins ce barbecue calma-t-il ma faim.

Le lendemain, même scénario. Mon attelage m'emmena plein nord. Ne pas savoir où j'allais ne m'empêchait pas d'y aller.

Le soir venu, les chiens eurent pour moi des yeux identiques à ceux de la veille et mon estomac eut pour mon cerveau des propos semblables. Je sélectionnai la bête la plus grasse et la partageai avec mes convives canins.

Le surlendemain, ce fut encore le cas. Mais ce fut cette fois avec un seul survivant que je dînai autour du feu. Je tentai de le raisonner:

—Avant-hier, vous étiez trois à vous partager un chien et vous avez eu trois repas suffisants. Hier, vous étiez deux à vous partager un chien et vous avez eu deux repas copieux. Ce soir, tu es seul à manger ce que je te laisse du chien: pense à demain. Avant-hier, tu étais content avec trois fois moins. Tu pourrais cette fois te satisfaire d'un gigot, comme moi. Demain soir, il nous resterait à chacun un gigot supplémentaire.

Je perdais mon temps. Il dévora la totalité de son congénère en me regardant

d'un air narquois.[11] Il savait qu'il était en position de force. S'il avait pu parler, il m'eût répondu:

—Cesse ton baratin.[12] Demain soir, tu ne pourras pas me manger: tu as trop besoin de moi. Que ferais-tu sans au moins un chien pour tirer le traîneau? Tandis que moi, je n'ai aucun besoin de toi. Ce n'est pas par générosité que je te laisse ta part ce soir: comme je te boufferai[13] demain, ce gigot finira dans mon ventre de toute façon. Tu peux t'estimer heureux si je te laisse la vie sauve jusque demain.

Je savais qu'il avait raison. Je savais aussi que s'il m'accordait encore vingt-quatre heures, ce n'était pas par bonté mais par manque d'appétit.

Après son festin, l'animal tomba endormi. Je songeai qu'il me fallait profiter de ce sommeil lourd de réplétion pour m'enfuir. Je pris celles de mes affaires qui me parurent le plus indispensables, abandonnai les autres avec un pincement de cœur et disparus dans la nuit.

Un nombre indéfinissable d'heures plus tard, je regrettai amèrement ma folie. Comment l'expliquer sinon par cette transe du Nord qui s'empare des rêveurs? En temps ordinaire, je n'étais pas un abruti[14] complet. Si je m'étais conduit comme tel cette fois, c'était pour avoir été la victime de ces mythologies boréales qui frappent les âmes sensibles dès qu'il neige.

Il fallait reconnaître que les lieux où je marchais étaient d'une beauté sidérante.[15] Je n'étais cependant pas certain d'être prêt à mourir pour un paysage, fût-il superbe.

Quand le soleil se leva, vers onze heures du matin, j'étais déjà mort de fatigue. J'en avais pour trois heures de lumière devant moi: je priai les divinités nordiques d'apercevoir une trace de vie humaine avant le crépuscule.

Hélas, le soleil se coucha sans que je voie le passage de l'homme dans ces

---

8.   *meute* : pack.
9.   *gigot* : leg. (Term usually used in reference to leg of lamb, rather than leg of sled-dog.)
10.   *teckels* : dachshunds.
11.   *narquois* : mocking.
12.   *baratin* : chatter.
13.   *je te boufferai* : I'll gobble you up.
14.   *abruti* : idiot.
15.   *sidérante* : staggering.

contrées. Je continuai à marcher dans le noir. Il me semblait entendre, au loin, le galop d'un chien, mais ce devaient être les battements de mon cœur. La peur me tenait lieu d'énergie.

Soudain, à l'horizon, je distinguai une lueur. Je me demandai si ce n'était pas le fruit de mon imagination. En m'approchant, je sus que je ne rêvais pas. Quiconque a longtemps marché dans la nuit pour voir enfin une lumière sait quelle émotion on ressent alors. Je hurlai de joie.

Erreur: à mon cri solitaire répondit le lointain aboiement d'un chien. Je reconnus son timbre et je sus que mon convive de la veille me poursuivait.

Je courus vers la lueur qui se révéla peu à peu être celle d'une fenêtre éclairée. En temps normal, j'aurais été bouleversé par le spectacle de cette demeure perdue. Le bruit du galop du chien dans la neige ne m'en laissa pas le loisir.

Je courus au point de sentir mon cœur lâcher. Une porte: si elle était fermée à clef, c'en était fini de moi. J'entendais désormais le souffle de la bête, à une dizaine de mètres de moi.

La porte était ouverte: je la refermai sur mon passage et j'entendis le corps du chien qui s'écrasait sur elle. Je tirai le verrou.[16]

Cette pièce était comme un vestibule rudimentaire. Il n'y avait personne. On ne devait pas m'avoir entendu. Les gens devaient se tenir dans une autre pièce.

C'était une vaste demeure qui datait du début du XXe siècle. Le charme m'en parut si puissant que je ne pus m'empêcher d'y rêver la présence de la dame de mes pensées. Il eût été fabuleux de la rencontrer là, dans cette maison solitaire. Je me pris à croire au destin.

Je poussai une porte et arrivai dans une autre pièce, vide également. Cette pièce donnait sur une pièce d'un vide comparable, qui elle-même débouchait sur le vide d'une pièce, et ainsi de suite. Il

eût été impossible de nommer ces pièces en fonction d'une terminologie classique, de penser, par exemple, que ceci était le salon, la salle à manger, le bureau ou la chambre à coucher. Le seul terme vague qui eût pu convenir à chacune de ces pièces était le mot débarras.[17] Car le vide de ces pièces n'était pas absolu. Il y avait toujours, dans un coin, un amoncellement de choses indéfinissables. Il était difficile de déterminer si ce fatras[18] était là dans le but d'être jeté à la poubelle ou d'être conservé à des fins on ne peut plus mystérieuses. Peut-être les habitants de cette maison ne le savaient-ils pas non plus.

Oui, mais y avait-il des gens dans cette demeure? Il fallait bien qu'il y ait quelqu'un, puisque j'avais vu une lumière allumée. Il fallait même qu'ils soient plusieurs: vivre seul, en cette maison du bout du monde, eût été intenable. Décidément, il me tardait de rencontrer ces individus. On ne choisit pas d'habiter un tel lieu sans avoir une histoire.

La énième[19] porte donnait sur un escalier qui descendait au sous-sol. Je m'y engouffrai, non sans appréhension. J'arrivai dans un genre de cave aussi gigantesque qu'un magasin de meubles. Une lampe électrique éclairait des caisses en carton de tailles diverses. Il me sembla entendre, au loin, une voix humaine. En écoutant plus attentivement, je discernai plusieurs voix qui parlaient une langue étrangère avec vivacité. Je marchai dans la direction du bruit. Je me risquai à demander bien fort:

—Il y a quelqu'un?

Personne ne répondit. Réflexion faite, ma question était stupide. Quand on entend une voix, c'est qu'il y a quelqu'un.

En m'approchant, je pus reconnaître que ces gens parlaient finnois.[20] Je songeai qu'en Finlande il n'y avait là rien d'étonnant. Ce qui était embêtant, c'était que je ne comprenais pas cette langue. J'espérai qu'ils connussent l'anglais.

---

16. *Je tirai le verrou* : I bolted the door.
17. *débarras* : storage room.
18. *fatras* : rubbish.

19. *énième* : umpteenth.
20. *finnois* : Finnish.

Into the frozen north of Sans Nom. *Courtesy of Bibliothèque nationale de France.*

D'autre part, je remarquai qu'il y avait une voix de femme. Je souris.

Cependant, il y avait dans ces voix inconnues un timbre bizarre. J'aurais été incapable de dire en quoi consistait cette étrangeté. C'était comme si c'était trop naturel pour être naturel. Je me raisonnai en pensant que c'était peut-être une façon de parler typique de la Finlande.

En tout cas, ces gens devaient être très absorbés par leur conversation, car ils n'avaient entendu ni mes appels ni le bruit de mes pas. De fait, le ton passionné de leurs voix me laissait supposer qu'ils étaient en train de vivre des moments essentiels de leur existence. Je me sentis soudain très indiscret. Si je n'avais pas été perdu au fin fond du Grand Nord, je me serais éclipsé pour ne pas les déranger. Mais là, je ne pouvais me le permettre.

Au détour d'un container de carton, je tombai sur la scène à laquelle je m'attendais le moins: quatre jeunes hommes d'une trentaine d'années étaient affalés[21] sur de vieux canapés en Skaï[22] et regardaient la télévision. Les voix que j'avais entendues venaient du téléviseur.

Ils n'eurent pas un regard pour moi. J'en conclus qu'ils n'avaient pas encore remarqué ma présence et je m'adressai à eux en un anglais hésitant:

—Bonjour! Excusez-moi, je me suis perdu et…

Les quatre gaillards, sans même se tourner vers moi, poussèrent des «chchchcht» indignés et, joignant le geste à l'onomatopée, me firent ce signe de la main dont le sens universel est: «Ferme-la!» Si j'avais été le président des États-Unis, ils m'auraient traité d'une façon identique, puisqu'ils n'avaient pas eu l'idée de regarder mon visage.

Cet accueil me laissa abasourdi. Je restai quelques instants debout comme un idiot, on ne peut plus embarrassé de ma présence. Qu'allais-je faire de mon corps pour me sentir moins stupide? J'avisai une place libre dans l'un des canapés et j'allai m'y asseoir, perclus de timidité. Cela ne dérangea pas mes «hôtes» qui ne m'accordèrent pas davantage d'attention.

Je me mis à les regarder avec une perplexité sans borne. Dans ce coin du bout du monde où ils vivaient, ils ne

---

21. *affalés* : flopped, sprawled.
22. *canapés en Skaï* : sofas upholstered in Skaï, a

leather-like material.

devaient pas recevoir souvent de visiteurs. Manifestement, la rareté de la chose ne lui donnait pas davantage de valeur à leurs yeux, car mon intrusion les intéressait aussi peu que possible.

Je n'en dirais pas autant de la télévision. Si le programme avait été les premiers pas de l'homme sur la Lune ou un match de football où jouait l'équipe finlandaise, j'aurais compris que ces quatre lascars[23] soient à ce point captivés. Or, il s'agissait de l'un des feuilletons américains aussi banals qu'interchangeables, dont le titre était quelque chose comme «Alerte à Melrose Place»[24] ou autre «Miami by night».

Si au moins ils avaient contemplé cette niaiserie d'outre-Atlantique avec la naïveté passionnée d'une concierge, j'aurais peut-être pu comprendre. Mais les quatre inconnus avaient l'expression blasée de l'avachissement.[25] Et pour cause: ce feuilleton semblait d'une nullité inexprimable. Alors, pourquoi le regardaient-ils au point de ne pas s'apercevoir de mon existence?

«C'est très étrange», pensai-je.

Je me mis à observer autour de moi. Entre les canapés et la télévision, il y avait une caisse en carton qui tenait lieu de table basse et sur laquelle traînaient des assiettes sales et des verres à demi remplis de liquides inidentifiables. Contre un mur, il y avait un grand réfrigérateur, un long congélateur en forme de cercueil et, posés sur une caisse, un four à micro-ondes et un percolateur.

Sur les accoudoirs des canapés, il y avait des cendriers que l'on n'avait pas vidés depuis longtemps. Les quatre hommes portaient des survêtements, plus par confort que par tempérament sportif, semblait-il. Ils n'étaient pas particulièrement typés.

Qu'allais-je faire? Il me parut que je n'avais pas l'embarras du choix: je me mis à regarder la télévision avec eux.

Très vite, je m'aperçus que je ne comprenais rien. «Evidemment: ils parlent finnois», pensai-je. Une partie de moi n'osait pas s'avouer que je n'aurais sans doute pas mieux compris s'ils avaient parlé français. Je n'ai jamais réussi à suivre ces histoires où les personnages s'emportent continuellement, que ce soit pour leurs héritages ou leurs liaisons extraconjugales.

Je ne parvenais à m'attacher qu'aux problèmes de doublage[26] qui sont toute la saveur de ce genre de programme. Visiblement, passer de l'anglais à cette langue pleine de A qu'est le finnois, en s'adaptant cependant aux mouvements labiaux de ces héros tragiques, revenait à faire réciter le «Mahabharata» par un barde breton[27]—et je me surpris à éclater de rire, ce qui me valut une nouvelle salve de «chchchcht» indignés avec gestes de la main.

J'en conclus que j'avais ri à un moment particulièrement bouleversant de cette saga. Que se passait-il donc? Une jeune femme au bord des larmes tenait à un homme hébété des propos convulsifs. Cette fille eût été presque jolie si elle n'avait pas été coiffée comme ça. Pourquoi les Américaines avaient-elles toujours ce brushing ridicule? C'était d'autant plus regrettable qu'ensuite des nuées de villageoises européennes iraient demander à leur coiffeuse de donner à leur chevelure le même mouvement. Et ce qui était vilain sur Cindy l'était davantage encore sur Jeannine, Marijke, Gigliola et Gudrun.[28]

Une nouvelle envie de rire s'empara de moi. Je l'étouffai, de peur d'encourir

---

23. *lascars* : lazy guys.
24. The author is making fun of American soap operas (*feuilletons*) and other television series with continuing stories that are popular in Europe. The program name *Alerte à Melrose Place* is a spoof combining *Melrose Place* with the French title of *Bay Watch* (*Alerte à Malibu*).
25. *l'avachissement* : having gone to seed.
26. *doublage* : dubbing. (The American show has had a Finnish voice track dubbed in, with the result that the actors' lips do not match the speech.)
27. I.e., it gave the same impression as if a poet from Brittany were reciting an Indian poem in Sanskrit.
28. *Jeannine, ... Gudrun* : names typical of women in various countries.

derechef la colère de mes hôtes. Qui donc pouvaient être ces derniers? À quelle espèce de demeurés fallait-il appartenir pour venir s'enterrer ici dans le seul but, semblait-il, de regarder des feuilletons télévisés? Certes, si l'on avait horreur d'être dérangé pendant son programme préféré, on ne pouvait rêver meilleur domicile. Mais pouvait-on vraiment en arriver à ne vivre que pour ça? Voilà qui dépassait mon entendement.

Cependant, le plus grand crétin de l'affaire, c'était encore moi. Dire que j'avais parcouru des milliers de kilomètres, mû par l'idéal le plus éthéré, le plus romantique, nourri des mythologies septentrionales les plus belles, les plus déchirantes, pour me retrouver affalé sur un canapé avec quatre imbéciles en train de regarder un feuilleton américain à la télévision!

Je me demandai s'il restait une trace du Nord que j'aimais tant. Où était-il, ce monde de mystères glacés, de sublime solitude, où l'âpre nature a rendu l'homme farouche et la femme hautaine?

«Ça m'apprendra à poursuivre des lieux communs éculés[29]», me dis-je. J'aurais pu me douter qu'avec les progrès techniques, je n'allais pas tomber ici sur de fiers Vikings.

D'autre part, la façon pour le moins bizarre dont on m'avait reçu devait prouver, de manière paradoxale, que l'esprit du Nord n'était pas mort. Ces gens se montraient à la fois singulièrement inhospitaliers et étrangement hospitaliers: inhospitaliers, parce qu'ils ne m'adressaient ni un mot ni un regard; hospitaliers, pour les motifs identiques—sans même m'avoir regardé, sans avoir la moindre idée de qui j'étais, ils acceptaient ma présence chez eux, sur leur canapé, et n'en paraissaient pas le moins du monde gênés.

C'était comme si, dès l'instant où j'étais entré dans leur maison, j'étais ici chez moi, au point de mériter aussi peu d'égards qu'un être vivant parmi les siens.

Si l'on s'appliquait à faire abstraction des voix des acteurs et de la musique hyper expressive qui accompagnait certaines scènes (de peur que le spectateur n'ait pas compris le tragique de tel moment ou l'émotion de tel personnage), on entendait un silence souligné par l'apaisant ronronnement du réfrigérateur. Le lieu était bien chauffé, le canapé était confortable: tout cela respirait l'ennui d'une sécurité profonde.

Pour moi qui venais de passer trois jours et trois nuits à la lune,[30] c'était un luxe de palace. Au fond, cela m'arrangeait bien que mes hôtes me remarquent si peu; cela me permettait de me pénétrer des voluptés élémentaires de la chaleur et du sofa moelleux. Je fermai les yeux et me laissai envahir par une torpeur exquise. Avant de m'endormir, j'eus le temps de lire l'heure à l'horloge du téléviseur: 17 h 19.

Quand je m'éveillai, il était 19 h 31. Rien n'avait changé: mes quatre lascars étaient toujours vautrés autour de moi et regardaient, pour ma perplexité, le même feuilleton. Il devait s'agir d'un épisode ultérieur, car les cheveux de l'héroïne étaient plus longs. Je compris alors que les quatre gaillards ne regardaient pas la télévision mais la vidéo, où ils avaient enregistré un certain nombre d'épisodes de la série américaine. Il y avait lieu de penser que pendant mes deux heures de sommeil ils n'avaient pas interrompu leur contemplation des aventures de Sandra et de Michael ou autres Brandon.

Cela renforça mon étonnement. Car enfin, si c'était une vidéo, rien ne les empêchait d'arrêter la cassette, le temps, par exemple, de me dire bonjour, avant de continuer à la regarder. Sans parler de mon ébahissement face à leur capacité à s'abrutir devant ces sottises des heures d'affilée.

Pour mon malheur, j'avais besoin d'aller aux toilettes. Or, mes hôtes ne semblaient pas plus enclins à répondre à mes questions que deux heures auparavant. J'hésitai longuement à me lever pour partir

---

29. *lieux communs éculés* : worn-out clichés.
30. The narrator is comparing the frozen wasteland outside to a lunar landscape.

seul à la recherche des commodités: il me semblait que ce serait impoli de ma part. Je finis par me dire que ces gens étaient eux-mêmes très loin d'être des modèles de courtoisie.

Cet argument eut raison de ma gêne. Je quittai le canapé sans que les quatre types aient l'air de s'en apercevoir et m'en allai. Après avoir ouvert un nombre considérable de portes qui débouchaient sur des débarras emplis de fatras, je tombai, par miracle, sur une salle de bains avec chiottes.[31] Je m'exécutai. Soulagé, je contemplai la baignoire avec concupiscence.

Qu'est-ce qui m'empêchait de prendre un bain? À supposer que les habitants de ces lieux le remarquent, ce n'était pas un crime.

Je ne résistai pas à la tentation: je fis couler les robinets, j'enlevai mes vêtements crasseux et j'entrai dans la baignoire où je versai du bain mousse. Pendant que le niveau d'eau montait, je m'étirai de bien-être, en savourant l'exotisme des inscriptions incompréhensibles sur les shampooings.

Je restai un long moment dans les délices du bain moussant. Quand je fus lavé de pied en cap, je m'enveloppai dans un peignoir en éponge moelleux à souhait.

Ainsi vêtu, je rejoignis mes hôtes devant la télévision. N'allaient-ils pas s'offusquer de me voir porter leur peignoir, sans que j'en aie demandé la permission? Je l'espérai presque: cela leur donnerait enfin l'occasion de s'exprimer. Mais ils ne firent aucun commentaire.

Ils regardaient toujours leur feuilleton. Je les observai un à un: ils n'avaient pas l'air d'être des demeurés. Ils semblaient normaux. Leur comportement ne m'en intriguait que plus.

Certes, les traits de leurs visages s'affaissaient en une vague moue d'abrutissement: il y avait de quoi, après tant d'heures passées devant cette série télévisée. Fallait-il qu'ils se soient ennuyés, au cours de leur vie, pour trouver de l'attrait à ce genre de spectacle.

Je ne sais pas combien de temps s'écoula encore de cette manière.

Soudain, au moment où je ne l'attendais plus, la vidéo s'arrêta. Le garçon qui tenait les commandes fit rembobiner l'interminable cassette.[32] Les autres s'étirèrent comme au sortir d'un long sommeil. Ils se dressèrent et secouèrent leurs jambes engourdies.

Une brusque panique s'empara de moi, comme si la télévision m'avait protégé jusqu'à ce moment. À présent, ils allaient certainement me parler, me poser des questions. Et moi, qu'allais-je leur dire? Que j'étais venu si loin pour trouver la dame de mes pensées? De quoi aurais-je l'air?

J'avais bien tort de m'inquiéter: les quatre types se souciaient de ma présence comme d'une guigne.[33] L'un d'entre eux sortit de leur surgélateur une grande pizza et la mit au four. Ils se mirent à parler entre eux dans leur langue, sans passion, le regard éteint.

Quand la pizza fut prête, ils la sortirent du four. Je constatai, non sans étonnement, qu'ils la découpèrent en cinq: s'étaient-ils donc aperçus de mon existence?

Ils disposèrent les parts dans des assiettes et m'en tendirent une, sans pour autant m'adresser la parole. J'acceptai et remerciai. Ils distribuèrent aussi des canettes de bière. Je ne me fis pas prier. Je crevais autant de faim que de soif.

Nous mangeâmes en silence. Après trois jours passés à me nourrir de chien grillé et de neige fondue, cette médiocre pizza et cette bière ordinaire me parurent dignes de Lucullus.[34] Je dégustai chaque bouchée religieusement. Je rongeai les noyaux des olives noires.

---

31. *chiottes*: toilet.
32. *Le garçon qui tenait les commandes fit rembobiner l'interminable cassette*: The boy holding the remote control rewound the interminable videocassette. [This story obviously takes place before the advent of DVD recorders.]
33. *comme d'une guigne:* as if I were nothing.
34. *Lucullus*: Ancient Roman consul (118-56 BC) remembered for his lavish lifestyle.

Quand j'eus fini mon assiette, je souris en pensant que, si j'avais espéré manger du renne[35] fumé ou autres spécialités locales, c'était fichu.

Mais si cette nourriture était sottement internationale, j'étais conscient de vivre un phénomène typique du pays où j'étais. Ces Finlandais étaient les premiers que je rencontrais et pourtant, je sentais que leur comportement était profondément finlandais: dans quelle autre nation m'eût-on reçu de cette manière? Aucune, à n'en pas douter. Et je me surpris à trouver sublime cette hospitalité singulière.

Ces gens ne m'avaient pas jeté un regard, ne m'avaient posé aucune question, ils n'avaient donc aucune idée de qui j'étais et, cependant, ils partageaient avec moi leur confort et leur pitance. J'aurais pu être un terroriste en fuite, un empoisonneur, un bandit de grand chemin, un témoin de Jéhovah: ils ne s'en souciaient pas. Ils me recevaient sans même que cela se discute.

Cette attitude devait s'expliquer entre autres par la géographie: quand on s'aventurait si loin dans les hivers du Nord, la solidarité devenait un devoir. À partir d'une certaine latitude, l'homme se débarrassait de son passé, de sa personnalité, de son identité, voire de son casier judiciaire,[36] pour ne plus être qu'un homme, cette créature effarée, composée de cinquante pour cent de faim et de cinquante pour cent de froid.

Sans doute en raison de leur manque de curiosité à mon endroit, j'éprouvai envers mes hôtes une curiosité croissante. Qui étaient-ils? À quoi occupaient-ils leur temps, à part regarder leur feuilleton en vidéo?

Hélas, j'étais mal placé pour leur poser ces questions. C'étaient eux qui étaient en droit de me questionner, ce qui m'eût peut-être donné l'occasion de les interroger également.

L'un des maux de cette époque est que l'on ne peut plus demander aux gens ce qu'ils font. Cette question jadis innocente entraîne aujourd'hui un malaise trop profond. Le chômage[37] y est pour beaucoup. Je trouve cela dommage. Si quelqu'un me disait très simplement qu'il ne faisait rien dans la vie, j'aurais pour lui de l'admiration. Il est magnifique de ne rien faire. Si peu de gens en sont capables.

D'autre part, allais-je vraiment, le lendemain ou le surlendemain, quitter ces gaillards sans rien savoir d'eux? Entre la sottise et l'indiscrétion, j'optai pour la seconde.

Comme ils finissaient leur pizza, je demandai, en anglais:

—Vous vivez ici depuis longtemps?

L'un d'eux opina. Je supposai que la réponse était valable pour les quatre. J'étais bien avancé: «longtemps», cela pouvait dire deux ans ou vingt ans.

—Vous êtes né ici?

Le même secoua la tête pour dire non. Si je n'avais droit qu'à des oui ou à des non, je n'allais pas être très renseigné.

Tant pis. Quitte à être grossier, je tenterais le tout pour le tout.

Je posai la question taboue:

—Vous faites quoi, ici?

Ils soupirèrent. Celui qui s'avéra leur porte-parole daigna enfin émettre un son:

—Que voulez-vous savoir?

—Ce que vous voudrez bien me dire.

Silence.

—Vous l'avez vu, ce que nous faisons.

—Vous ne faites rien d'autre?

Cette fois, mon impolitesse les consterna. Le seul d'entre eux qui parlait me rendit la monnaie de ma pièce.

—Et vous, qu'est-ce que vous faites ici?

—Je voyage.

—Drôle d'endroit pour voyager. Il n'y a rien à voir dans le coin.

—Ce rien m'attirait.

—Si le rien vous attire, ne vous étonnez pas que nous ne fassions rien.

—Je ne m'étonne pas. Je veux seulement savoir.

---

35. *renne*: reindeer.
36. *casier judiciaire*: legal record.

37. *chômage*: unemployment.

—Vous êtes de la police?

—Non! C'est de la curiosité.

—Nous, nous vous avons reçu ici sans vous poser de questions.

—Je sais. J'admire beaucoup votre hospitalité. Mais comprenez-moi: je suis curieux.

—Nous pas.

—Cela me rend plus curieux encore. Vous vivez ici, à quatre, depuis longtemps. J'imagine que vous ne voyez pas passer grand monde. Et pour une fois qu'il passe quelqu'un, ça n'a pas l'air de vous intéresser.

—Vous vous trouvez intéressant? me demanda-t-il sur ce ton de sarcasme nordique que je commençais à identifier à mes dépens.

—Ni plus ni moins que n'importe quel être humain.

—Nous ne trouvons pas que les êtres humains soient intéressants.

—Vous regardez pourtant, des heures durant, des feuilletons qui mettent en scène des êtres humains.

—Ces feuilletons ne sont pas intéressants.

—Alors, pourquoi les regardez-vous?

—Pour passer le temps.

—N'y a-t-il donc rien d'autre à faire ici?

—Le jour, non.

J'aurais dû relever. J'eus le tort de m'enfermer dans une précision terminologique:

—Vous appelez ça le jour?

—C'est l'hiver et c'est le Nord, mais c'est quand même le jour.

—Quand commence la nuit, selon vous?

—À minuit, dit mon interlocuteur avec une voix dont je ne compris pas la ferveur.

—Eh bien, je me demande ce qu'il vous faut. Pour moi, dans ce pays, la nuit commence à deux heures de l'après-midi. Ça ne vous pèse pas, cette obscurité?

—Non.

—C'est vrai que, quand on passe ses journées devant la télévision, on se fiche de ce genre de considérations.

—Si vous le dites.

Sans m'en apercevoir, je me mis à devenir insupportable:

—Comment pouvez-vous vous abrutir pendant des heures devant des feuilletons que vous ne trouvez pas intéressants? Il y a mieux à faire, dans la vie, vous savez. Je comprends que le froid vous empêche de sortir. Mais vous pourriez vous occuper plus intelligemment. Vous pourriez lire, par exemple. C'est un tel enrichissement. Ou, si vous n'aimez pas lire, vous pourriez écouter de la grande musique. Et si vous aimez tant la télévision, regardez plutôt de bons programmes: des documentaires, des vidéos de films qui en valent la peine. Pourquoi acceptez-vous de vous vautrer devant de telles âneries?[38] Vous ne semblez pas idiots, pourtant.

D'abord estomaqués,[39] les quatre gaillards éclatèrent de rire devant cet individu qui, non content de profiter de leur hospitalité et de leur poser des questions indiscrètes, se permettait à présent de leur donner des leçons de morale. Je me rendis compte du ridicule de mon attitude:

—Pardonnez-moi, je ne sais pas ce qui m'a pris.

—Ce n'est pas grave. Vous êtes drôle.

—Je vais vous parler franchement. Dans un ou deux jours, je partirai d'ici et nous ne nous verrons plus jamais. Eh bien, je ne voudrais pas vous quitter sans savoir qui vous êtes. Vous m'intriguez. Nous sommes des êtres humains: c'est un lien suffisant pour que je me sente votre ami. J'ai parcouru un si long chemin pour parvenir jusqu'ici: je ne puis croire que notre rencontre soit insignifiante.

Je me trouvais émouvant. Apparemment, j'étais le seul à le penser.

—Et que voulez-vous savoir, au juste? dit le porte-parole en soupirant avec lassitude.

---

38. *Pourquoi acceptez-vous de vous vautrer devant de telles âneries?*: Why settle for wallowing in front of such foolishness?

39. *estomaqués*: shocked, taken aback (also with the connotation of being offended.)

—Tant de choses. Si vous exercez un métier ou une fonction. À quoi vous pensez. Quel hasard vous a conduits jusqu'ici. Si vous êtes mariés.

—Vous êtes marié?

—Non.

—Vous avez une fiancée?

—Non. Ça alors, mais vous vous intéressez à moi, tout à coup! Vous allez jusqu'à m'interroger! Évidemment, dès qu'il est question de femmes… Puisque ce genre de propos vous tient à cœur, je vais vous confier mon secret—j'espère que cela vous incitera à m'imiter. Savez-vous ce qui m'a poussé à venir jusqu'ici?

—Non.

—Vous allez vous moquer de moi: je suis à la recherche de la dame de mes pensées.

Ils n'eurent pas l'air de comprendre.

—Qui est la dame de vos pensées?

—Je n'en sais rien. Je ne l'ai jamais rencontrée.

—Vous avez répondu à une petite annonce[40]?

—Non! m'écriai-je, effaré de les découvrir si bornés.

—Alors quoi? Vous êtes venu ici pour trouver une femme?

—Oui.

Ils éclatèrent de rire. Je me sentis mal.

—Enfin! Il y a des femmes partout sur terre, et il a fallu que vous veniez juste à l'endroit où il n'y en avait aucune! Vous êtes fou! Il fallait aller à Tahiti!

—Je sais. Je suis toujours à la recherche de chimères[41] absurdes, dis-je avec amertume.

—Aucune femme ne voudrait vivre ici.

—Je m'en rends compte.

Je me sentais encore plus grotesque que Don Quichotte qui, lui au moins, était resté dans le Sud: les rêveurs ne devraient jamais dépasser certaines latitudes.

Il y eut un silence prolongé. J'étais incapable de regarder autre chose que mes pieds. Je me disais que le Nord était une terre dure, faite pour des hommes comme mes hôtes, les pieds bien ancrés dans le réel et la tête emplie de soucis matériels. Pourquoi étais-je venu me fourvoyer[42] ici?

J'en voulus à mort à[43] Schubert, à Purcell, à Goethe, à Perutz—à ces artistes qui, sans être originaires du Nord véritable, avaient contribué à me bâtir un imaginaire boréal[44] aussi sublime que naïf. Si je n'avais pas tant écouté l'air[45] du «Génie du froid» et «Le Voyage d'hiver», si je n'avais pas tant lu «Le Cavalier suédois» et la ballade du «Roi des Aulnes», plus nocive encore quand Schubert la mit en musique, je n'en aurais pas été là.[46]

N'en déplût à Purcell, il n'y avait pas de génie dans le froid. Il y en avait dans ses opéras, point final. Dans le froid, il y avait la souffrance abrutie des hommes que le gel avait restitués à leur animalité. S'il y avait un génie dans le froid, le fameux air n'eût pas été composé par un Anglais, mais par un Esquimau. Semblablement, s'il y avait eu tant de charmes aux voyages d'hiver, les fameux lieder n'eussent pas été l'œuvre d'un Autrichien, mais d'un Lapon.[47] Les vrais Nordiques, eux, se terraient dans leur demeure pour ne pas s'exposer à ces risques inutiles.

«Aucune femme ne voudrait vivre ici», m'avait dit l'homme. Comme les femmes étaient sages! Il fallait être idiot pour vouloir habiter ces contrées désolantes et vides.

En un éclair de lucidité, il me sembla entrevoir dans quelles circonstances Purcell avait pu écrire l'air du «Génie du froid»: c'était une œuvre de sortie de banquet. Le meilleur moment de ces atroces festins, pris dans une convivialité forcée et une atmosphère surchauffée, n'était-il pas celui où, après avoir remercié ses hôtes et salué ses

---

40. *une petite annonce*: a want ad.
41. *chimères*: dreams.
42. *fourvoyer*: mislead.
43. *J'en voulus à mort à*: I (now) held a deadly grudge against.
44. *un imaginaire boréal*: an imaginary northland.

45. *l'air*: melody.
46. Another similarity to Don Quixote, Cervantes' fictional knight who was inspired by literary sources to believe in a falsely romantic picture of life.
47. *Lapon*: Laplander.

compagnons de beuverie, on se retrouvait seul, à l'extérieur, à s'emplir les poumons de l'air glacial de la nuit? Comment ne pas croire, en cet instant sublime où le souffle et la liberté vous sont rendus, qu'il y a dans le froid la pureté du génie? Fallait-il pour autant confondre ces quelques minutes avec l'éternité et consacrer aux températures négatives une musique aussi mensongère?

Mensongère, oui. Quiconque a essayé de dormir en grelottant sait que le froid est la pire des détresses. Et moi, j'avais parcouru des milliers et des milliers de kilomètres, fasciné par ce chant des sirènes boréales, à cause de quelques œuvres de sorties de banquet, écrites par des habitants de pays tempérés.

Je me rappelais aussi avoir repéré, dans une encyclopédie mythique, le nom de plusieurs fées septentrionales qui m'avaient fait rêver. Nul doute, à présent, que ces charmantes créatures étaient nées dans le cerveau d'un type s'enfuyant d'un festin. On ne dira jamais assez le mal causé par les idées trop belles de celui qui s'échappe d'un banquet nocturne. Et moi, j'étais la madame Bovary[48] de ces gens: la victime de leurs trop beaux mensonges.

Mieux valait en rire. Mes hôtes avaient raison.

—Il est 23 heures, dit leur porte-parole. C'est l'heure où nous nous couchons. Suivez-moi, je vais vous montrer votre chambre.

Ils semblaient soudain très heureux. J'avais souvent remarqué que les êtres dont la vie était vide attendaient avec impatience l'heure du coucher, comme si c'était le moment le plus important de leur quotidien, le seul, du moins, où il se passait quelque chose. En ce cas, pourquoi ne se couchaient-ils pas plus tôt?

Je suivis l'homme qui me fit monter des escaliers et me mena au travers d'un dédale[49] de pièces si semblables les unes aux autres que je me demandais comment il s'y retrouvait. Au terme d'un parcours indéfini, nous arrivâmes dans une chambre aussi insignifiante que les précédentes.

—Voici votre chambre, me dit-il avec une certitude qui m'étonna.

J'eus envie de lui demander à quoi il avait vu que cette chambre était la mienne. Pourquoi celle-ci plutôt qu'une autre? Mais j'eus le sentiment que cette absurdité ne m'autorisait pas à être indiscret.

Il prit congé sans cérémonie et me laissa seul. La chambre était meublée d'un lit fonctionnel et d'une chaise, point final. Dans un coin, il y avait un lavabo.[50] Les murs étaient blancs et nus. Une fenêtre à double vitrage et aux volets fermés ne laissait rien voir du paysage.

Le lit était fait, le lieu était propre: c'était comme si on avait préparé la chambre. Ce détail m'intrigua. Peut-être l'un des quatre hommes s'en était-il occupé quand je marinais dans la baignoire.

Pourtant, je ne parvenais pas à me départir de l'étrange impression d'avoir été attendu. Je me rendis compte, alors, que je n'avais obtenu aucune réponse à mes questions quant aux éventuelles fonctions de mes hôtes: peut-être tenaient-ils ici un genre d'auberge. À moins qu'il ne s'agît d'un refuge.

J'étais toujours en peignoir. Comme la pièce était bien chauffée, je pouvais me permettre de dormir nu. J'avais emporté mes affaires que je disposai sur la chaise. Ma montre tiendrait lieu d'horloge de chevet.

Je fus soudain pris d'un ardent besoin de me laver les dents: il est vrai que je ne l'avais plus fait depuis trois jours. Nu comme un ver, je quittai la chambre. Je me retrouvai dans une pièce qui donnait sur une pièce qui donnait sur une autre pièce, etc. Un dédale. J'eus la sagesse de tourner les talons et de revenir dans ma chambre: si j'avais continué, je ne l'aurais sans doute jamais retrouvée.

---

48. *madame Bovary*: Flaubert's character who, like Don Quixote, is victimized by taking Romantic literature as a guide to life.

49. *dédale*: maze, labyrinth.
50. *lavabo*: sink.

«Tant pis, me dis-je. J'attendrai demain pour leur demander une brosse à dents et du dentifrice.» Quand même, n'était-il pas angoissant de penser que sans l'aide de mes hôtes, je resterais perdu dans ce labyrinthe? Pourvu qu'ils aient l'idée de venir me chercher, le lendemain matin!

«Bien sûr qu'ils viendront, me rassurai-je. Ils n'ont aucun intérêt à te garder prisonnier ici.» Cette sage considération me calma. Renonçant à mon hygiène dentaire, je me couchai. Le lit était plus confortable que son aspect rudimentaire ne l'avait laissé présager. Je soupirai d'aise. Après avoir passé trois nuits sur mon traîneau, à mourir de froid, se glisser, nu et propre, dans des draps frais et doux, sous une couette épaisse, sur un matelas accueillant, avec des oreillers moelleux—c'était Byzance![51]

L'inventeur du lit était le bienfaiteur inconnu de l'humanité. Vers 23 h 30, j'éteignis la lumière. Commencèrent les bizarres flux mentaux qui précèdent le sommeil: «Demain, je leur demanderai où est la gare la plus proche, ils ont sûrement une voiture pour m'y conduire, pourquoi est-ce que je ne plais pas aux femmes, je ne suis pas plus moche qu'un autre, je mangerais bien une sole meunière, non mais une sole meunière à cette heure-ci, tu as de ces idées, ce sera bon de se brosser les dents demain, ils sont quand même étranges, ces bonshommes, leurs feuilletons ont dû leur ramollir le cerveau, je suis vraiment trop bien dans ce lit, je fais souvent ce rêve étrange et pénétrant, non, mon vieux, ça, ce n'est pas de toi...» Après, je ne sais plus.

Il y eut un néant d'une durée indéterminable. Il correspondit peut-être à un endormissement. Je n'en sais rien. Je sais seulement que le miracle eut lieu.

La bise mugissait[52] à travers l'infini enneigé quand je m'aperçus que quelque chose ou quelqu'un était venu me rejoindre.

Je ne sais pas ce que c'était. Je sais que c'était de sexe féminin—n'a-t-on pas tendance à attribuer ce sexe à ce à quoi l'on succombe?

Cette nuit-là, je compris le sens du verbe succomber. Étais-je dans le sommeil ou l'éveil? Aucune idée. Je découvris que l'on pouvait, pour le plaisir, approcher la mort.

Ce qui me donna cette volupté trop forte et trop profonde, je l'appellerai fée.[53] C'est plus qu'une commodité de langage. Il n'y a pas de fé.[54] La fée est ce vertige féminin que le destin vous envoie pour vous faire succomber. «Succombe ou meurs», tel est son propos.

Ce fut la nuit la plus sublime et longue de ma vie.

Comme les mots soudain me paraissent grossiers, convenus, bêtes et lourds, quand il s'agirait d'évoquer le contraire! Il faudrait n'avoir jamais parlé, n'avoir jamais lu, pour que le verbe n'ait pas cet air de déjà vu, pour qu'il ait encore l'éclat tranchant de la lame neuve.

Pourquoi chercher à dire ce qui est de l'ordre de l'indicible?[55] Peut-être pour me prouver à moi-même que je n'ai pas inventé. Il m'est arrivé de penser que les évangélistes[56] avaient écrit dans ce seul but.

Mon évangile de la féerie cache sans doute une intention confondante de naïveté: faire ressurgir la jouissance par son évocation. Puissent mes pauvres phrases avoir les mains de la fée, pour autant que cette présence nocturne eût des mains, afin de rendre mon corps et mon âme, ma peau et mon sang à cette fulgurance interminable, à cette suavité meurtrière, à cette incandescence boréale, à cette ineffable ivresse de succomber.

Certes, dans les années de vie qui avaient précédé, j'avais connu des femmes et je n'avais pas eu à me plaindre de ce

---

51. *c'était Byzance*!: it was Byzantium! (i.e., Byzantine luxury.)
52. *La bise mugissait*: the wind roared.
53. *fée*: fairy.
54. *fé*: male fairy.
55. *l'indicible*: the inexpressible.
56. *évangélistes*: authors of the Gospels (*Evangiles.*)

qu'elles m'avaient offert. Mais l'étreinte féerique n'était en rien comparable, qui me propulsait dans des paysages intérieurs et des couleurs mentales dont j'ignorais tout, qui transformait l'architecture de mes os en leur équivalent musical, qui se servait avec science de mes souffrances passées pour jouir plus loin encore, qui dictait à mon cœur le rythme génial du plaisir.

Et cela n'en finissait pas.

Il y eut un soir, il y eut un matin.

Je ne sais pas si je m'éveillai. Je ne sais pas si j'étais endormi. Je ne sais pas de quoi j'émergeai. Je sais seulement que je restai quelque temps au lit, stupéfait.

Que m'était-il arrivé?

Auparavant, j'avais déjà eu des rêves érotiques. Si merveilleux fussent-ils, ils n'étaient pas du même ordre que ce dont je sortais. Loin de moi l'idée de diminuer le pouvoir des songes, mais enfin, ce n'étaient que des rêves. Le sentiment qu'ils laissaient était diffus et donnait envie de sourire.

Là, j'avais envie de hurler. Si j'avais dû me lever, c'eût été pour aller ouvrir la fenêtre et jeter des cris analphabètes dans l'immensité blanche.

J'étais à la fois comblé et frustré—au degré le plus haut.

En temps ordinaire, dans les meilleurs des cas, la jouissance sexuelle satisfaisait—verbe immonde[57]—et apportait le contentement—mot abject, si proche de la réplétion.[58] Combien d'hommes n'ai-je pas entendus dire avec joie: «Faire l'amour, c'est comme un bon repas!»

De tels propos ne pouvaient que me décourager. Si faire l'amour équivalait à manger, alors pourquoi faire l'amour?

Je savais à présent que j'avais eu raison d'en attendre davantage. Mais même dans mes espérances les plus folles, je n'avais pas imaginé que l'on pouvait connaître un assouvissement[59] aussi profond du corps et de l'âme: j'étais comblé à en mourir.

C'est précisément quand on est comblé à ce point que l'on en veut encore.

Le plaisir de qualité laisse à l'esprit une part de son désir. D'où ma frustration, qui s'accompagnait de cette angoisse: avais-je une seule chance de retrouver une volupté qui m'avait été accordée de si mystérieuse manière?

Si j'avais connu cette jouissance dans les bras d'une femme, je serais resté éternellement auprès d'elle. Mais là, auprès de qui ou de quoi devais-je demeurer, à quelle condition devais-je satisfaire? J'étais prêt à tout, absolument tout. Encore fallait-il que la marche à suivre me soit transmise.

Jamais je n'aurais cru que l'ivresse sensuelle pouvait inspirer un tel tourment, une telle panique à l'idée de ne la plus éprouver. C'était une drogue si violente qu'une prise unique avait suffi à me rendre dépendant au degré le plus grave.

Ce miracle avait dû me transfigurer. Je me levai pour aller me regarder dans le miroir qui surplombait le lavabo: mon visage me parut ordinaire.

Je ris: moi et mon romantisme stupide! Comme si une expérience, si belle fût-elle, avait le pouvoir de changer ma pauvre gueule!

Ce constat me ramena sur terre. Je regardai l'heure: il était 8 h 30. J'ouvris les volets, qui avaient la bonne idée d'être à l'intérieur des fenêtres: il faisait nuit noire sur le paysage enneigé. Il me sembla que c'était le lieu parfait pour ce qui m'était arrivé.

On frappa à la porte de ma chambre. Je passai le peignoir et allai ouvrir: c'était le porte-parole des quatre hommes.

—Heureusement que vous êtes venu me chercher. J'aurais été incapable de retrouver mon chemin jusqu'en bas, avec toutes ces pièces pleines de portes.

—Je sais, dit-il sans me regarder.

Il me conduisit à une cuisine où régnait une odeur de café. Les trois autres gaillards étaient attablés devant des bols et des toasts. Ils me saluèrent d'un vague signe de tête.

---

57. *immonde*: dirty.
58. *la réplétion*: satiation.
59. *assouvissement*: satisfaction.

Nous nous assîmes avec eux. Mes quatre hôtes mangeaient avec appétit. Je m'aperçus que je crevais de faim. Je mordis dans un toast à la confiture dont le goût banal me parut suprême: je compris alors que la volupté éprouvée cette nuit rehaussait les sensations les plus simples.

Tandis que je dévorais toast sur toast, j'observais le visage des quatre hommes qui mangeaient sans parler ni se regarder: comme ils avaient l'air morne! Ni malheureux ni las, mais abruti. J'eus envie de rire à l'idée du contraste entre la folle nuit que je venais de passer et leur expression vide.

«Quoi de plus aristocratique que la jouissance! pensai-je gaiement. Comme il faut plaindre ceux qui, faute de la connaître, la croient basse, animale, ordurière et limitée, quand elle est exactement le contraire! Cette nuit m'a tellement ennobli que ce matin le monde me paraît fascinant, riche, savoureux, plein!»

Je ris de joie en avalant une gorgée de café. Ce fut alors que je surpris le regard des autres sur moi. Ils avaient fini leur petit déjeuner et à présent, pour la première fois depuis mon arrivée de la veille, ils me dévisageaient avec curiosité. Était-ce parce que j'avais ri? Je me sentis rougir et je balbutiai:

—Pardonnez-moi. Je riais parce que…

Parce que quoi, au fond? Je n'allais quand même pas leur raconter mes extases nocturnes. Je ne trouvai rien à dire et restai bouche bée.

Mes quatre hôtes me contemplaient fixement. Je baissai la tête tant j'étais gêné. Une éternité passa. Quand je relevai les yeux, ils me regardaient toujours.

Je tentai une diversion:

—Qu'allez-vous faire aujourd'hui?

—Et vous? dit le porte-parole.

Encore cette façon de répondre à mes questions par la répétition de ma question!

—Cela dépendra de vous, rétorquai-je.

—Nous aussi.

J'étais bien avancé. Je persistai cependant:

—Alors, si je ne fais rien, vous, que ferez-vous?

—Rien.

Silence. Les quatre hommes continuaient à m'observer avec un intérêt scientifique.

Au comble de l'embarras, je finis par craquer:

—Pourquoi me regardez-vous comme ça?

Leur porte-parole sourit:

—Hier, vous sembliez regretter notre manque de curiosité.

—Mais non, je trouvais ça très bien…

—Votre discours sur la fraternité entre les êtres humains, sur notre rencontre qui ne pouvait pas être insignifiante, allez-vous nous reprocher de l'avoir pris au mot?

—Vous vous moquez de moi. Hier, vous disiez que les humains ne vous intéressaient pas.

—Les humains, non.

Que voulait-il dire?

—Je suis un être humain! protestai-je.

—Nous le savons.

—En ce cas, pourquoi vous intéressez-vous à moi?

—Nous ne nous intéressons pas à vous.

—Cessez de me regarder, si vous ne vous intéressez pas à moi.

—Ce n'est pas à vous que nous nous intéressons.

Silence. Ils plongeaient leurs yeux dans les miens. J'aurais voulu être ailleurs.

—Je vous en supplie, arrêtez!

—C'est drôle. Vous qui posez tant de questions, vous ne posez jamais les bonnes.

—Laquelle devrais-je poser?

—Réfléchissez.

—Comment voulez-vous que je réfléchisse, si vous me dévisagez comme ça?

—À votre avis, pourquoi le faisons-nous?

—Je ne sais pas. Pour me déranger?

—Quel égocentrisme! Peu nous importe de vous déranger, puisque vous êtes quantité négligeable. Je le répète: ce n'est pas à vous que nous nous intéressons.

—À qui, si ce n'est pas à moi?

—À qui…ou à quoi?

J'ouvris des yeux effarés: ils plongèrent la tête en avant, comme pour en mieux explorer le contenu. Se pût-il que…Non! Non!

Pour ma plus grande stupeur, les trois autres types, qui jusque-là étaient restés muets, se mirent à parler:

—Eh oui…Lui aussi!

—Aucun doute, hein?

—Aucun.

Ils soupirèrent.

—Que voulez-vous dire par «lui aussi»? m'insurgeai-je.

—Vous nous avez bien compris, reprit le porte-parole.

—Vous voulez dire que, vous aussi, la nuit dernière…

Ils éclatèrent de rire.

—Pas seulement la nuit dernière.

—Quoi? m'estomaquai-je.

—Toutes les nuits.

—Toutes les nuits? Toutes les nuits! Mais parlons-nous bien de la même… chose?

—Comment l'appelez-vous, vous?

—Ça ne vous regarde pas!

J'étais furieux: je ne voulais pas les croire. C'était moi, l'élu[60]!

Le porte-parole se mit à raconter lentement, sans regarder personne:

—À présent, nous ne vous observerons plus. Nous avons vu.

—Qu'avez-vous vu?

—Ne protestez plus. Ça se voit.

—C'est faux. Je me suis regardé dans le miroir ce matin. Ça ne se voit pas.

Ils rirent.

—Vous voyez bien que ça vous est arrivé. Nous non plus, ça ne se voit pas.

—Alors, pourquoi me disiez-vous que ça se voyait?

—Pour que vous cessiez enfin de nier. Si vous saviez comme vous êtes banal! Au premier matin, chacun de nous était comme vous, à se croire le seul.

J'étais suffoqué:

—Que se passe-t-il donc, ici?

—Mystère. Il y a cinq ans, j'ai été nommé ici par le gouvernement en tant que garde du refuge, continua le porte-parole.

—Un refuge, en ce coin perdu? Vous n'avez pas dû voir passer grand monde.

—Une personne par an, répondit-il. Vous les voyez tous autour de cette table.

—Quoi?!

—Cessez de m'interrompre J'étais chômeur[61] à Helsinki. Quand l'administration m'a proposé ce poste, qui n'exigeait aucune autre qualification que le permis de conduire, j'ai accepté avec des semelles de plomb. Ils disaient que le refuge était immense et pourvu de tout le confort moderne. Moi, je me demandais ce que j'allais faire seul dans ce trou. Mais le salaire était intéressant et je suis venu. Le premier soir, je suis allé me coucher sans savoir ce qui allait m'arriver. Et puis c'est arrivé. Le matin, j'étais ahuri, fou de bonheur. Je ne savais pas encore que cela allait se reproduire toutes les nuits.

—Sans exception?

—Sans exception, de minuit à 8 heures du matin précises.

—Qu'est-ce que c'est?

—Le savez-vous?

—Non.

—Nous ne le savons pas davantage.

—Nuit après nuit, est-ce que cela reste aussi…?

—C'est de mieux en mieux. On ne s'en lasse pas. Au contraire. La première année, j'ai vécu seul ici. Une fois par mois, j'allais à la bourgade[62] la plus proche remplir le véhicule gouvernemental de provisions. Croyez-vous que j'étais avide de ce contact humain mensuel? Pas du tout. Et même, je m'efforçais d'être aussi peu bavard que possible avec les commerçants. Leur

---

60. *l'élu*: the chosen one. (Obviously, he does not wish to accept the possibility that everyone else has been having the identical nocturnal experience.)

61. *chômeur*: unemployed person.

62. *bourgade*: large village.

maigre conversation parvenait à me peser. Moi qui avais tant redouté cette solitude du bout du monde, je découvrais que j'en avais un besoin féroce. Je ne vivais que pour mes nuits.

—C'est merveilleux.

—C'est bien plus que cela. Je passais mes journées à ressasser[63] cette volupté nocturne. Bizarre, hein, d'être dépendant, sans savoir de quoi?

—Après cinq ans, vous ne le savez toujours pas?

—Je le sais de moins en moins et j'aime de plus en plus. Esclave de ce qui ne porte pas de nom, j'en étais arrivé à ne plus parler. Plus grave: peu à peu, je ne pensais plus avec des mots.

—En quoi est-ce grave?

—En ceci que j'étais en train de perdre le langage. Je passais le temps à vaquer[64] à des tâches plus ou moins utiles de gardien de refuge, l'esprit hanté de visions, de sensations. Cette maison était d'ailleurs au refuge ce que la forteresse du «Désert des Tartares» était à la guerre. Une erreur de gouvernement: il ne venait jamais personne—personne à secourir, à sauver, à guider, à loger ou à réchauffer. Un refuge absurde, en somme. J'étais terrifié à l'idée que le ministère ne s'en aperçût et ne me congédiât.[65] Pour cette raison, je me forçai à être plus loquace[66] avec les commerçants de la ville, à leur raconter des bobards[67] sur les gens que j'avais prétendument hébergés et soignés[68], à acheter des choses dont je n'avais pas besoin, comme du matériel médical et des excès de provisions.

—Vous n'aviez donc pas perdu le langage à cent pour cent.

—Vous n'imaginez pas les efforts que cela me demandait. Au terme de chaque mois sans humain, la simple articulation des sons était un problème. Je m'exerçais seul devant un miroir avant d'aller faire les courses. Peu à peu, la notion du temps commença à me fuir. L'humanité était en train de me déserter quand cet individu est arrivé, dit-il en montrant l'un des gaillards.

—Je voulais découvrir cette région, je m'étais perdu, commenta celui-ci qui, épuisé par une si longue déclaration, se réinstalla dans le silence.

—Imaginez mon choc en tombant sur ce corps dans la neige. Je le ramenai au refuge qui méritait enfin son nom et le réconfortai. Il n'était d'ailleurs pas malade et j'aurais peut-être été mieux inspiré de lui conseiller de partir avant la nuit. Mais pouvais-je deviner que le charme opérerait sur lui aussi? Le lendemain matin, il était ensorcelé, comme moi, comme vous.

—Et vous pensez que vous auriez mieux fait de lui éviter ça?

—C'est d'abord par égoïsme que je l'ai pensé.

—Pourquoi? Vos nuits étaient-elles moins sublimes depuis que vous n'étiez plus seul?

—Les nuits, non. La maison est immense et dès minuit, on y perd conscience de tout ce qui n'est pas le sortilège.[69] C'était pour mes jours que je craignais. J'ai vite compris qu'il ne repartirait plus. Moi qui m'étais si profondément enfoncé dans la solitude et le mutisme, je redoutais d'avoir à partager mes journées avec quelqu'un. À juste titre: déjà, le langage n'était plus mon élément. J'avais du mal à trouver les mots pour répondre aux questions les plus simples. Le vocabulaire me manquait cependant moins que le désir de parler: à quoi bon échanger ces propos? Quand on a connu ce que vous avez connu cette nuit, quelle phrase vaut-elle encore la peine d'être prononcée?

—Moi, j'ai envie de dire des tas de choses.

---

63. *ressasser*: recapture.

64. *vaquer*: vacantly engage in.

65. *J'étais terrifié ... me congédiât*: I was terrified by the idea that the (government) ministry might notice and fire me. (The last two verbs are in the imperfect subjunctive.)

66. *loquace*: talkative.

67. *bobards*: lies, hoaxes.

68. *que j'avais prétendument hébergés et soignés*: that I had allegedly lodged and taken care of.

69. *sortilège*: charm, sorcery spell.

—Vous êtes naïf. Vous croyez encore que c'est possible.

—Et si ce l'était?

—Si ce l'était, je ne le voudrais pas davantage. Dès que l'on dit quelque chose, cela cesse d'être vrai. D'où l'importance du secret. C'est ce que j'essayais d'expliquer à ce nouveau compagnon, il y a quatre ans. Il ne voulait rien comprendre et s'obstinait à me parler, me parler, jusqu'au moment où je n'y tins plus et lui dis: «Ou tu restes et tu la fermes[70], ou tu parles et je te mets dehors.»

—Dois-je prendre cela pour un message personnel?

—Cela dépend si vous voulez rester. Ce qui est clair, c'est que c'est moi le gardien du refuge. C'est avec mon salaire que je nourris les hôtes clandestins qui vivent ici depuis des années. On me doit donc un minimum de respect. De toute façon, entretemps, nous avons trouvé la solution.

—La solution à quoi?

—Au besoin de parler de mon nouveau compagnon. Malgré mes injonctions, il restait bavard. Je lui ordonnai de partir: il protesta que c'était impossible. Je pouvais le comprendre: pour rien au monde je ne partirais. «Plutôt mourir», disait-il. Je lui dis alors très calmement que j'allais le prendre au mot et le tuer: personne n'en saurait rien en ces contrées solitaires. L'après-midi même, il eut l'idée salvatrice: il alluma la télévision.

—Les bras m'en tombent.

—Je découvris le mérite des programmes abrutissants. Non seulement ils incitaient mon compagnon à se taire, mais en plus ils nous maintenaient dans une sorte de léthargie propice à notre état d'esprit: ainsi, nous passons nos journées en veilleuse, de manière à conserver pour la nuit notre énergie vitale. Quand nous regardons ces feuilletons, nous n'avons besoin que d'un minimum de conscience. Le reste de notre être peut plonger dans notre inconscient, dont les ténèbres n'ont jamais été aussi jouissives.

—Faut-il vraiment s'avachir[71] devant la télévision pour ça?

—Oui. Plus le programme est stupide, plus l'effet est hypnotique.

—Vous me désespérez.

—Pourquoi? N'est-il pas rassurant de se rendre compte que cette sotte invention sert à quelque chose? Ne soyez pas moralisateur. Depuis cette nuit, vous devriez savoir que seule compte la volupté.

—C'est que cette histoire est si belle! La télévision vient tout gâcher.

—Vos critères sont idiots. Pour vous plaire, il faudrait que nous passions nos journées à prendre la pose, une main sur le front, à contempler l'horizon d'un air méditatif, c'est ça? Si le récit vous paraît moins beau, ça me rassure: ça vous donnera d'autant moins envie de le raconter.

—Toujours votre obsession du secret.

—Et pour cause: il faut que personne ne sache ce qui nous arrive ici. Si cela se savait, nous risquerions deux catastrophes: la première serait que le monde entier vienne loger ici; la seconde serait que le gouvernement ne[72] supprime mon poste. Ces deux dangers sont d'ailleurs compatibles.

—Le ministère pourrait difficilement trouver cause plus noble à subventionner, pourtant.

—Je doute de pouvoir l'en convaincre. Mais vous perturbez mon récit. J'ai donc passé la deuxième année de mon poste à regarder la télévision avec le nouveau venu, en attendant la nuit. Très vite, nous nous sommes aperçus que malgré la mauvaise volonté des chaînes publiques et privées, il n'y avait pas assez de programmes idiots pour occuper les journées entières. Alors, nous avons acheté un magnétoscope[73] et nous louons régulièrement des cassettes de feuilletons-fleuves[74] à la vidéothèque[75] de la ville. Après deux ans est arrivé le troisième compagnon.

---

70. *tu la fermes*: you shut up.
71. *s'avachir*: slack off.
72. Pleonastic *ne* following an expression of fear. The *ne* has no meaning in the sentence, which is not negative.
73. *magnétoscope*: video cassette player.
74. *feuilletons-fleuves*: soap operas.
75. *vidéothèque*: video rental store.

Il montra du menton le troisième homme qui dit avec effort:

—Je randonnais dans le coin, je me suis égaré.

Exténué, il laissa le silence reprendre possession de lui.

Le porte-parole continua:

—Moi, j'avais désormais l'habitude. Il a passé la nuit ici, il a eu la révélation, je lui ai dit le peu que j'en savais. Alors, il s'est installé avec nous devant la télévision.

J'ai commencé à rire. Ils n'ont pas eu l'air de le remarquer.

—La moyenne est restée valable. Chaque année, un hôte nouveau est arrivé. L'an passé, ce fut ce quatrième compagnon.

—Un pneu crevé,[76] dit simplement celui-ci, fatigué avant d'avoir débuté.

—Il s'est acclimaté aussi bien que les précédents. Mais quelle idée, quand même, de rouler à moto dans une région pareille!

—Pourriez-vous me dire vos noms? À force de ne nous connaître que par numéro d'arrivée, j'ai la tête qui tourne.

Ce fut leur tour de rire.

—Présentez-vous d'abord, m'enjoignit le porte-parole.

Je m'apprêtai à décliner mon identité quand je me rendis compte, pour ma plus profonde stupeur, que je l'avais oubliée. Je restai bouche bée devant leur air hilare.

—Eh oui, commenta le garde. Il suffit d'une nuit ici pour ne plus savoir son nom.

—C'est effrayant! m'écriai-je.

—Non, rassurez-vous. Chaque fois que vous en aurez un besoin concret, vous irez lire votre nom sur vos papiers d'identité.

—Je cours les chercher!

—C'est inutile: vous l'oublierez dès que vous aurez fini de le déchiffrer et nous ne le retiendrons pas davantage. Cela fait partie du sortilège: nous sommes incapables de nous souvenir de nos noms et de ceux de nos comparses.

—Mais comment vivre sans savoir comment l'on s'appelle?

—On vit très bien sans cela. Le symbole n'est pas sans beauté: pour accéder au sommet de la jouissance, il faut accepter de renoncer à son identité.

—Accepter? Vous en avez de bonnes! On ne m'a pas demandé mon avis!

—Qu'est-ce que cela aurait changé?

—Tout! Si vous aviez eu, hier soir, l'honnêteté de me prévenir de ce qui allait m'arriver, je n'aurais jamais dormi dans cette maison!

—Vous seriez allé dormir dehors? me demandat-il d'un air goguenard.

—Oui, dans votre voiture ou alors n'importe où. Je ne comprends pas que, sciemment, vous m'ayez laissé entrer dans cette machination.

—Pas plus tard qu'hier soir, vous nous disiez être venu ici pour trouver une femme.

—Une femme, oui. Pas une…

—…une quoi?

Je ne pus prononcer le mot. Le porte-parole reprit:

—Si nous vous avions prévenu, il n'y aurait eu que deux possibilités: soit vous ne nous auriez pas crus, et la curiosité aurait été la plus forte. À moins d'avoir l'âme la plus basse de la terre, un homme à qui on laisse entendre qu'il va connaître le sommet de la jouissance, au seul prix de la conscience de son nom, ne va pas coucher dehors.

—Au seul prix de la conscience de son nom? Vous voulez rire? Regardez-vous! Vous y avez perdu bien davantage! Vous avez perdu votre liberté!

—Quelle liberté?

—La liberté de partir d'ici, d'aller vivre ailleurs.

—Vous appelez ça la liberté? En quoi serions-nous plus libres ailleurs?

—Vous pourriez voyager, rencontrer des gens…

—Les gens ne nous intéressent pas. Et nous faisons chaque nuit le plus beau des voyages.

—Nierez-vous que vous êtes des prisonniers?

---

76. *pneu crevé*: flat tire.

—Nous le sommes moins que l'immense majorité des humains. La première des prisons, c'est de gagner sa vie. Ici, nous avons résolu ce problème. Les autres prisons sont matérielles et affectives: les gens sont prisonniers du logis dont ils paient le loyer et des êtres dont ils ont obtenu l'affection. Et toutes ces chaînes ne leur garantissent que des existences minables dans des lieux pas terribles et avec des amours médiocres. Voyez où nous habitons et avec qui nous passons nos nuits.

—C'est une prison dorée, en somme.

—Vous sentiez-vous prisonnier quand cette volupté incroyable vous soulevait?

Le souvenir du plaisir me traversa et je dus reconnaître que non.

—Vous voyez!

—Mais peut-on ne vivre que pour ça? m'insurgeai-je.

—«Que» pour ça?

Ils me regardèrent comme on dévisage un imbécile.

—C'est comme si on demandait à Marco Polo: «Alors, vous avez parcouru une telle distance pour ne découvrir que la Chine?»

—Exemple judicieux, remarquai-je: Marco Polo a fini en prison.

—Exemple très judicieux: si Marco Polo était resté en Chine, il n'aurait pas fini en prison.

—Ce n'est pas sa faute: il fallait bien qu'il avertisse ses supérieurs de sa découverte!

—Et vous, quels supérieurs vous sentez-vous obligé d'avertir?

Bonne question: je n'en trouvai pas la réponse.

—Vous voyez bien: la vraie liberté, c'est de rester ici. Si Marco Polo s'était senti réellement libre, il ne serait pas revenue en Occident référer de sa mission. Pour la reconnaissance qu'on lui en a témoignée!

Je secouai la tête comme si je cherchais à me débattre:

—Suis-je donc forcé de rester ici?

—Contrairement à ce que vous pensez, vous n'êtes pas prisonnier. Vous pouvez partir. Rien ne vous enchaîne. Personnellement, je préférerais que vous partiez. Moins nous serons, mieux je me porterai. C'est dans votre intérêt que je vous conseille de ne pas vous leurrer[77] sur la liberté véritable.

Ai-je l'esprit de contradiction? Quand j'appris que mon hôte voulait me voir partir, cela me donna envie de rester. J'eus trop de fierté pour l'avouer aussitôt et posai des questions qui se voulaient de simple curiosité.

—Et aucun d'entre vous n'a essayé de s'en aller?

—Aucun.

—Ne serait-ce que pour quelques jours?

—Pour quoi faire?

—Je ne sais pas. Aller rendre visite à votre famille?

—Vous avez envie de rendre visite à votre famille, vous?

Me repassèrent en tête ces déjeuners du dimanche, interminables, où oncle Machin[78] vous demande: «Quand vas-tu te mettre à travailler?» et où tante Bidule vous dit: «Toujours pas de fiancée?», et je répondis:

—Non.

—Nous non plus.

—Et vos amis, ils ne vous manquent pas?

—Si. Mais la vie est une affaire de choix. Et si vos amis vous aiment, ils préfèrent vous savoir heureux plutôt que de vous voir régulièrement.

—Savent-ils au moins où vous êtes?

—Oui. Nous le leur avons écrit. À la ville, nous avons une boîte postale.

—J'imagine que vous ne leur avez pas écrit pourquoi vous viviez ici.

—Pour moi, la réponse coule de source: c'est mon métier. Mes quatre comparses se sont contentés de propos vagues, disant qu'ils avaient trouvé un emploi de laveur de

---

77. *leurrer*: lure. (In this case, *vous leurrer* could be translated as tempt yourself.)

78. *oncle Machin*: uncle What's-his-name. Counterpart to *tante Bidule* (aunt Whoever).

vitres[79] dans une entreprise où s'effectuaient des recherches nucléaires.

—Pourquoi ce mensonge étrange?

—Comme toutes les lettres amicales, nos missives se terminent par: «Tu viens quand tu veux.» Pour être sûrs de ne pas être pris au mot, nous avons inventé cette histoire de nucléaire: rien de tel pour que même nos meilleurs amis préfèrent se tenir à distance.

—Mes amis me manqueraient atrocement, si je restais ici.

—Écrivez-leur. S'ils vous répondent, vous saurez qu'ils sont vraiment vos amis. Le courrier ne remplace pas les conversations, mais c'est une autre façon de se connaître et de se parler. Certaines de nos amitiés y ont beaucoup perdu, certaines y ont beaucoup gagné.

—Vous faites donc parfois autre chose que regarder la télévision.

—Cela nous arrive. Cependant, quand nous regardons nos feuilletons idiots, nous n'avons pas l'impression de mal employer notre temps: ce sont les heures où, dans notre inconscient, nous remâchons nos voluptés nocturnes.

—Pourquoi tentez-vous de vous justifier?

—Je ne tente pas de nous justifier. La télévision est peut-être stupide, mais ceux qui s'abrutissent devant elle des après-midi entiers ne sont pas forcément des crétins.

—Vous essayez de me gagner à votre cause?

—Je vous avertis seulement que si vous avez l'intention de vivre ici, il ne s'agira pas de nous déranger. Vous, de votre côté, vous ferez ce que vous voudrez. D'autre part, si nous découvrons que vous avez trahi notre secret, vous serez mis à la porte aussitôt et pour de bon.

—Très bien.

—À présent, j'estime en avoir dit assez.

Et, en homme peu habitué à tant parler, il s'affala, épuisé, dans le silence.

Chacun débarrassa sa place de petit déjeuner, rangea son bol dans le lave-vaisselle, quitta la cuisine et alla vaquer à ses occupations.

Je retrouvai le chemin de la salle de bains et pus enfin me brosser les dents. J'éprouvai de la délectation à me débarrasser de ce tartre déjà ancien. Mon image, dans le miroir, était aussi insignifiante que jamais.

J'occupai le reste de ma journée à faire des repérages[80]: je voulais devenir capable de m'y retrouver dans cette maison sans l'aide de personne. Avec obstination, je parvins à revenir à ma chambre. Je m'inventai une ritournelle mnémotechnique[81] pour ne pas oublier cet itinéraire.

Ces diversions me servaient sans doute à ne pas me poser la vraie question: allais-je vraiment rester ici? La veille, en arrivant en ces lieux, j'avais éprouvé un tel sentiment de supériorité vis-à-vis de ces quatre hommes qui s'abrutissaient, des heures durant, devant la télévision: je découvrais à présent que rien ne me séparait d'eux et je préférais me voiler la face plutôt que d'avoir à constater ma médiocrité.

Au coucher du soleil, vers 14 heures, je pris soudain conscience de ma bêtise: de quoi étais-je en train de me plaindre? Avais-je donc oublié ma nuit? Médiocre, moi? Personne n'est médiocre qui est capable d'une volupté si grande! J'étais un élu et, si j'en croyais les dires de mes comparses, j'allais l'être à nouveau dès minuit. Y avait-il quoi que ce fût d'autre qui méritât une pensée?

À cette idée, une transe me traversa les tripes.[82] L'indicible allait recommencer! Rien n'importait en dehors de cela. Un hurlement s'échappa de ma bouche et je sus que j'avais crié.

Je souris en pensant aux sirènes[83] de l'Odyssée: les marins qui avaient entendu

---

79. *laveur de vitres*: window washer.
80. *repérages*: locating things.
81. *une ritournelle mnémotechnique*: a memory device.
82. *tripes*: guts.

83. *sirènes*: sirens, mermaids. In Homer's ancient Greek epic poem *The Odyssey*, the sirens' song enticed enraptured sailors into captivity. Ulysses resisted the song by having his men tie him to the mast of his ship.

leur chant devenaient leurs prisonniers. Ils étaient tenus pour morts, mais cela signifiait seulement qu'ils avaient décidé de consacrer le reste de leur vie à écouter ces voix si belles qui les élevaient à l'extase. Comme ils avaient raison! Il n'y avait pas meilleur choix d'existence sur cette terre.

Et cet Ulysse qui s'enorgueillissait[84] de leur avoir résisté! D'abord, il n'avait aucun mérite, puisqu'il avait ordonné à ses hommes de le ligoter[85] au grand mât du bateau afin de ne pas avoir les moyens physiques de rejoindre les sirènes. Mais surtout, quel idiot! Il avait eu la chance inouïe (le cas de le dire) de découvrir le chant le plus sublime du monde et plutôt que d'y vouer sa vie, il avait préféré retourner à Ithaque.[86]

Certes, il avait quelques excuses: sur son île l'attendaient un fils, une femme et le meilleur des vieux chiens. Moi, dans mon pays tempéré, personne ne m'attendait—à part l'oncle Machin et la tante Bidule qui avaient des questions si agréables à me poser.

Bref, si je quittais cette maison, j'étais le dernier des imbéciles. L'analogie avec les sirènes n'était pas mauvaise: seule la musique eût pu donner une vague idée de ce qu'avait été ma nuit de jouissance. «Sans la musique, la vie serait une erreur», dit Nietzsche. Je ne me tromperais pas.

Allais-je imiter mes comparses et donner de mes nouvelles aux miens restés au pays? Je n'en avais pas envie. J'ai toujours considéré la famille comme l'Armée du salut[87]: quand plus personne ne veut de vous, quand votre vie est un échec irrémédiable, quand vous n'avez plus un sou vaillant, quand vous crevez de faim et de solitude, alors je conçois que vous alliez dîner chez oncle Machin et tante Bidule. Sinon, je ne le conçois pas.

Ce n'était pas mon cas: mon existence prenait l'allure d'un mystère voluptueux où je serais nourri, logé et blanchi gratuitement. CQFD.[88]

Par ailleurs, avais-je envie de raconter cela à des amis? Mon meilleur ami, Philippe, était le genre de garçon à comprendre les choses sans qu'on lui dise rien: avec lui, ce ne serait donc pas nécessaire. Quant aux rares autres, si bien intentionnés fussent-ils, je savais qu'ils me demanderaient une explication: «Enfin, ce n'est pas possible! Laveur de vitres dans une centrale nucléaire en Finlande! Tu as perdu la raison? Il doit y avoir du jupon[89] là-dessous, sinon, c'est incompréhensible!»

Et comme je n'aurais pas le droit de leur en confier davantage, il valait mieux que je ne leur dise rien. Je n'étais même pas sûr que cela me manquerait.

J'avais entendu parler d'un milliardaire qui avait déclaré: «Le bonheur, c'est de vivre à l'hôtel et de ne pas répondre à son courrier.» Je n'avais aucune fortune et pourtant, j'allais connaître mieux que ce riche personnage: je vivrais dans un confortable refuge à l'écart du monde, je n'entamerais aucune correspondance—et chaque nuit, j'attendrais le plaisir.

Vers 20 heures, je commençai à m'angoisser: n'avais-je pas été trop confiant? Mes quatre compagnons m'avaient peut-être menti. Ou alors, ce qui leur arrivait à eux ne m'arriverait plus à moi: il ne fallait pas exclure que je n'aie plus droit à la jouissance.

Les miracles, par définition, sont injustes et irréguliers: on ne peut pas s'y abonner. Je pourrais m'estimer heureux d'en avoir eu un dans ma vie. N'étais-je pas présomptueux de m'attendre à une réédition de ce prodige? On a toujours raison d'être pessimiste.

Hélas, je découvrais à quel point j'étais déjà drogué. J'étais incapable de cette sagesse qui consiste à se contenter du beau

---

84. *s'enorgueillissait*: swelled with pride.
85. *ligoter*: bind.
86. *Ithaque*: Ithaca, Greece, the home town of Ulysses.
87. *L'Armée du salut*: The Salvation Army. (A charitable organization.)

88. *CQFD: Ce Qu'il Fallait Démontrer.* (Expression usually placed at the end of a mathematical proof.)
89. *jupon*: petticoat. (I.e., there must be a woman keeping you there.)

cadeau que l'on a reçu: j'en voulais encore et encore et je savais que si le destin m'en privait, j'en ferais une maladie.

Mon anxiété était si douloureuse qu'à part un dîner insignifiant et hâtif, je ne partageai rien avec les quatre habitants de cette maison: je passai la soirée dans ma chambre à tourner en rond comme un prisonnier à la promenade.

À 23 h 30, j'éteignis la lumière. J'étais dans un état d'esprit affreusement rationnel, analysant les moindres détails du silence. «Quelle fée voudrait d'un tel olibrius[90]?» pensai-je.

Il ne faut pas sous-estimer le pouvoir de l'indicible. Le moment vint où m'échappa la conscience. Je ne sus plus rien.

Ce fut encore plus neuf que la veille. La présence était là—il me faut cette tautologie pour dire à quel point elle était là. La chose était là qui saisissait le vif.

La nuit entière ne fut que déferlement.

Au matin, j'étais perclus,[91] vidé, et pourtant je me sentais reposé comme jamais. Je demeurai longtemps sous la couette pour analyser ce fabuleux bien-être.

Je souriais aux anges à l'idée de la vie qui m'attendait. À l'éternelle question d'oncle Machin sur mon travail, je répondrais: «Si, j'ai un emploi: je suis jouisseur[92]!» Et à la sempiternelle[93] interrogation de tante Bidule quant à une éventuelle fiancée, je clamerais: «Je suis l'heureux élu d'une chose qui me fait crever de plaisir!»

Ô félicité!

En cette époque sinistre où la plupart des gens se tuaient à des métiers stupides pour avoir le droit de dormir dans un lit, moi, je passerais mes journées à me reposer afin d'être frais et dispos pour la volupté nocturne.

J'étais le héros d'une aventure qui me plaisait à fond.

Je descendis rejoindre les quatre hommes qui prenaient leur petit déjeuner.

—Alors, rassuré? dit leur porte-parole en voyant mon air réjoui.

—Comment saviez-vous que j'avais peur?

Ils éclatèrent de rire. Le garde officiel du refuge reprit:

—Ô homme ordinaire, qui se croit le seul et le premier à vivre!

Les visages des quatre types étaient redevenus mornes, mais je savais désormais ce qu'une absence d'expression pouvait cacher.

De retour dans ma chambre, je commençai à rédiger[94] ce texte qui n'a aucune raison d'être, puisqu'il n'est pas destiné à être lu. Qui pourrait le lire? J'ai découvert que l'on pouvait écrire dans le but unique de dire son plaisir.

J'ai découvert, par la même occasion, qu'écrire sa jouissance la décuplait[95]—non pas dans le texte, mais dans la vie.

Ensuite, je suis allé rejoindre les autres au sous-sol. Je me suis assis avec eux sur un canapé et je me suis mis à regarder la télévision.

---

90. *olibrius*: stupid, eccentric person.
91. *perclus*: non-functional.
92. *jouisseur*: enjoyer.
93. *sempiternelle*: everlasting.
94. *rédiger*: compose.
95. *qu'écrire sa jouissance la décuplait*: that writing (about) one's enjoyment increased it tenfold. (Do you think that may be why authors write?)

BIBLIOGRAPHY

For further reading about the authors and their works, the following secondary source books are recommended. Some are renowned classics of their kind, while others represent more recent research. Almost all are widely available as of this writing.

French Literature in General

Cabeen, David C., editor. *Critical Bibliography of French Literature.* (Syracuse University Press, 1983.)

Dictionnaire des Oeuvres littéraires de langue française. (Bordas, 1994.)

Harvey, Paul, and Heseltine, J.E., editors. *New Oxford Companion to Literature in French.* (Oxford University Press, 1995.)

Hollier, Denis, editor. *A New History of French Literature.* (Harvard University Press, 1989.)

Lagarde, André and Michard, Laurent, editors. *Le Lagarde et Michard.* (Bordas, four-volume set with CD-Rom, 2003.)

Lanson, Gustave and Tuffrau, Paul, editors. *Manuel illustré d'histoire de la litterature francaise.* (Hachette, 1968.)

Levi, Anthony. *Guide to French Literature: Beginnings to 1789* (St. James, 1994.)

Stade, George, editor. *Européan Writers.* (Scribner, 1989.)

The Twentieth Century

Brée, Germaine. *Camus and Sartre : Crisis and Commitment.* (Delacorte, 1972.)

Caw, Mary Ann. *Surrealism: Themes and Movements.* (Phaidon, 2004.)

Esslin, Martin. *The Theatre of the Absurd.* (Anchor, 1961.)

Michaud, Guy, editor. *Négritude: Traditions et Développement.* (Editions Complexe, 1978.)

Picon, Gaëton. *Contemporary French Literature 1945 and After.* (Ungar, 1974.)

Robbe-Grillet, Alain. *Pour un nouveau roman.* (Editions de Minuit, 1963.)

Robinson, Christopher. *French Literature in the Twentieth Century.* (Barnes & Noble, 1980.)

Tadie, Jean-Yves. *Le Roman au XXe siècle.* (Belfond, 1990.)

Libraries and Museums at the Trocadero. Alison Mason Kingsbury.

A BIOGRAPHICAL NOTE ABOUT THE EDITORS

Kenneth T. Rivers is a Professor of French at Lamar University, Beaumont, in the Texas State University System. Born in Oakland, California in 1950, he went on to receive his BA, MA, and PhD in French, with a minor in History, from the University of California at Berkeley. While there in the 1960's and 70's during much social upheaval, he developed an expertise on socially conscious literature and art. He has authored a previous book, *Transmutations: Understanding Literary and Pictorial Caricature*, and many scholarly articles on a variety of subjects including the works of Balzac, Flaubert, and other authors; the art of Daumier; French cinema; French politics; and, perhaps most notably, the effects of climate changes throughout history upon European culture. The journals in which he has published include, among others, the *Stanford French Review*, *The European Studies Journal*, *Images*, and *Revue du Pacifique*. He has also authored fourteen biographical encyclopedia entries on French writers and filmmakers from Lesage and Prévost to Cousteau and Godard. Lamar University named him its Distinguished Faculty Lecturer in 2005. He has been awarded two National Endowment for the Humanities fellowships and eight grants. He experienced his fifteen minutes of fame when interviewed on CNN about his research on the effects of the Internet upon language and international relations. In his spare time, he has acted in community theater, won a play writing contest, and led, or co-led with his wife, Dr. Dianna Rivers, over a dozen study-abroad tours to at least ten European countries. He believes the study of literature and languages, combined with world travel, to be a key to international understanding that ought to be made available to all students.

Kenneth T. Rivers attending the Cannes Film Festival. Photo by Dianna Rivers

Morris Bishop. Photo courtesy of Alison Jolly.

Morris Gilbert Bishop (1893-1973) was one of the great literary scholars of his time and an acclaimed biographer. He championed the academic life, not only in books — *A Survey of French Literature* (first and second editions) and *A History of Cornell* — but also by serving as President of the Modern Language Association. He had a unique start in life, being born at Willard State Insane Asylum in Ovid, New York, where his father was a medical doctor. Bishop would remark that he learned early that five out of six of the people he met were insane, and saw little reason to revise his opinion later. Although orphaned as a boy, he went on to attend Cornell University, graduating in the class of 1914. He was an infantry lieutenant in World War I, using his college French to serve as a translator. He gained an abiding love of France — its people, not just its literature. After some time in advertising, he obtained his PhD at Cornell and taught there for the rest of his life, punctuated by sabbaticals in Europe. He wrote light verse for the New Yorker and Saturday Evening Post, hundreds of essays, and biographies of people he admired, including writers such as Pascal, Ronsard and Petrarch, the explorers Champlain and Cabeza de Vaca, and Saint Francis of Assisi. Returning from the devastated Europe of World War II, Bishop declared that "literature, in the broadest sense, is wisdom. It represents the long effort of man to understand himself and, if the youth of today are to guide the world safely through the terrors of the atomic age, they must now serve their apprenticeship to wisdom. If I propose the study of literature as a means to wisdom, it is because I believe that in literature are most clearly written the means for the understanding of man's nature and man's world. And I propose that the teacher of literature take up this dreadful burden, not for the sake of literature, but for the sake of humanity."